普通高等院校工商管理类专业系列教材

品牌管理

徐 玲 安 萌 主编

北京理工大学出版社
BEIJING INSTITUTE OF TECHNOLOGY PRESS

内容简介

本书从内容上可分为品牌创建、品牌维护和品牌提升三部分。品牌创建部分包括品牌的概念、特征、核心价值以及管理模式，品牌设计的相关元素，品牌定位的理论、方法和策略，国内外品牌个性的内容和特征及个性打造思路，品牌整合传播的途径和策略。品牌维护包括品牌的经营维护、法律维护和应对品牌危机的思路、策略。品牌提升部分包括品牌延伸、品牌授权和品牌联合等，借助品牌资产的评估方法和模型，利用品牌资产价值的积累成果，实现品牌的资本运营，推动品牌的国际化进程。

本书适合作为普通高等学校经济管理类专业教材，也可供工商企业的管理层参考。

版权专有　侵权必究

图书在版编目（CIP）数据

品牌管理／徐玲，安萌主编． -- 北京：北京理工大学出版社，2022.7（2022.8 重印）

ISBN 978-7-5763-1425-0

Ⅰ．①品… Ⅱ．①徐… ②安… Ⅲ．①品牌-企业管理-高等学校-教材 Ⅳ．①F273.2

中国版本图书馆 CIP 数据核字（2022）第 110480 号

出版发行 ／ 北京理工大学出版社有限责任公司
社　　址 ／ 北京市海淀区中关村南大街 5 号
邮　　编 ／ 100081
电　　话 ／ （010）68914775（总编室）
　　　　　　（010）82562903（教材售后服务热线）
　　　　　　（010）68944723（其他图书服务热线）
网　　址 ／ http://www.bitpress.com.cn
经　　销 ／ 全国各地新华书店
印　　刷 ／ 北京广达印刷有限公司
开　　本 ／ 787 毫米×1092 毫米　1/16
印　　张 ／ 18.75　　　　　　　　　　　　　　　责任编辑 ／ 王晓莉
字　　数 ／ 437 千字　　　　　　　　　　　　　　文案编辑 ／ 王晓莉
版　　次 ／ 2022 年 7 月第 1 版　2022 年 8 月第 2 次印刷　责任校对 ／ 刘亚男
定　　价 ／ 49.80 元　　　　　　　　　　　　　　责任印制 ／ 李志强

图书出现印装质量问题，请拨打售后服务热线，本社负责调换

前言

品牌竞争无处不在，强势品牌是企业进入全球竞争的入场券。作为一门科学，品牌管理已成为企业营销管理领域的热门主题，引导企业做好品牌工作。如今，企业面临的环境尤为复杂，市场竞争由全国范围延伸到全球，消费者需求不断变化，各种营销工具不断兴起，数字化技术引起品牌传播的不断变革，等等。企业唯有以变应变，不断提高品牌决策的质量，做好品牌管理工作，才能使品牌永葆青春，在竞争中立于不败之地。因此，系统掌握品牌管理的理论和方法是企业塑造强势品牌的有效途径。

未来很多大学生会参与到企业的品牌管理工作当中，因此，很多高校的市场营销专业及许多其他经济管理类专业都开设了品牌管理课程。

品牌管理作为艺术性、理论性与实践性兼具的一门学科，其内容体系的应用性和实践性是关键。为了适应课程建设和教学需要，使在校大学生能全面深入地理解和掌握品牌管理的基本理论与方法，同时满足企业对高素质人才的需求，我们编写了本书。

本书以品牌管理过程为主线，沿着品牌概述、品牌管理模式、品牌定位、品牌设计、品牌个性、品牌传播、品牌延伸、品牌运营、品牌资产、品牌维护和品牌危机展开论述。本书注重对品牌管理理论框架的构建和树立，脉络清晰、内容全面、案例丰富；以培养学生综合应用能力和实际执行能力为主导思想，对重点内容进行挖掘，突出应用性和实践性；在相关案例之后，适当加入思政话题，引导学生树立正确的价值观。每章先以案例导入，引出要介绍的内容；章节内容中穿插阅读材料，开阔学生视野；每章之后，附有本章小结、复习思考题、案例分析和本章实训，引导学生思考问题并举一反三，有助于他们创造性思维和创新能力的培养，也适合教师在本课程教学中使用。

本书在编写过程中参考和引用了国内外相关教材、论著的材料和案例，在此表示衷心感谢。

由于编者水平有限，书中难免有不足和疏漏之处，诚望读者批评指正。

青岛科技大学　徐玲　安萌
2022 年 3 月

第一章 品牌概述 (001)
第一节 品牌的概念与内涵 (002)
一、品牌概念 (002)
二、品牌内涵 (004)
三、品牌的构成要素 (006)
第二节 品牌的核心价值 (010)
一、功能型核心价值 (010)
二、情感型核心价值 (010)
三、社会型核心价值 (011)
第三节 品牌与相关概念辨析 (012)
一、品牌与产品 (012)
二、品牌与商标 (013)
三、品牌与品类 (014)
第四节 品牌的意义 (015)
一、品牌对于国家的意义 (015)
二、品牌对于企业的意义 (019)
三、品牌对于消费者的意义 (020)

本章小结 (020)
复习思考题 (021)
案例分析 (021)
本章实训 (025)

第二章 品牌管理模式 (026)
第一节 品牌管理概述 (028)
一、品牌管理的概念 (028)
二、品牌管理的特点 (028)
三、品牌管理的内容 (029)
第二节 品牌管理理论 (030)

一、9S品牌管理理论 …………………………………………………… (031)
　　二、达彼思的品牌轮盘 …………………………………………………… (032)
　　三、战略品牌管理 ………………………………………………………… (033)
第三节　品牌管理的组织形式 ……………………………………………… (034)
　　一、业主负责制 …………………………………………………………… (034)
　　二、职能管理制 …………………………………………………………… (035)
　　三、品牌经理制 …………………………………………………………… (036)
　　四、品类经理制 …………………………………………………………… (038)
　　五、客户型品牌管理组织 ………………………………………………… (040)
　　六、品牌管理委员会 ……………………………………………………… (040)
本章小结 ……………………………………………………………………… (044)
复习思考题 …………………………………………………………………… (044)
案例分析 ……………………………………………………………………… (044)
本章实训 ……………………………………………………………………… (048)

第三章　品牌定位 …………………………………………………………… (049)

第一节　品牌定位的内涵 …………………………………………………… (050)
　　一、定位理论的历史沿革 ………………………………………………… (050)
　　二、品牌定位的定义 ……………………………………………………… (052)
　　三、品牌定位的意义 ……………………………………………………… (053)
　　四、品牌定位的原则 ……………………………………………………… (054)
第二节　品牌定位的过程 …………………………………………………… (057)
　　一、目标消费者分析 ……………………………………………………… (057)
　　二、竞争者分析 …………………………………………………………… (058)
　　三、竞争异同点分析 ……………………………………………………… (058)
　　四、企业内部条件分析 …………………………………………………… (059)
第三节　品牌定位的策略 …………………………………………………… (060)
　　一、企业产品定位 ………………………………………………………… (060)
　　二、目标消费者定位 ……………………………………………………… (062)
　　三、竞争者定位 …………………………………………………………… (064)
　　四、品牌战略定位 ………………………………………………………… (065)
第四节　品牌重定位策略 …………………………………………………… (066)
　　一、品牌重定位的含义 …………………………………………………… (066)
　　二、品牌重定位的时机选择 ……………………………………………… (066)
本章小结 ……………………………………………………………………… (068)
复习思考题 …………………………………………………………………… (069)
案例分析 ……………………………………………………………………… (069)
本章实训 ……………………………………………………………………… (073)

第四章　品牌设计 …………………………………………………………… (074)

第一节　品牌的命名 ………………………………………………………… (075)

一、品牌命名的原则 …………………………………………………… (075)
　　二、品牌命名的程序 …………………………………………………… (078)
　　三、品牌命名的策略 …………………………………………………… (079)
　第二节　品牌标志设计 …………………………………………………… (084)
　　一、品牌标志的定义 …………………………………………………… (084)
　　二、品牌标志的设计原则 ……………………………………………… (085)
　　三、品牌标志的形式 …………………………………………………… (087)
　第三节　品牌设计的其他要素 …………………………………………… (090)
　　一、品牌标准字 ………………………………………………………… (090)
　　二、品牌标准色 ………………………………………………………… (093)
　　三、品牌音乐 …………………………………………………………… (099)
　　四、品牌包装 …………………………………………………………… (101)
　本章小结 …………………………………………………………………… (104)
　复习思考题 ………………………………………………………………… (104)
　案例分析 …………………………………………………………………… (104)
　本章实训 …………………………………………………………………… (107)

第五章　品牌个性 …………………………………………………………… (108)
　第一节　品牌个性的内涵 ………………………………………………… (109)
　　一、品牌个性的定义 …………………………………………………… (109)
　　二、品牌个性的特征 …………………………………………………… (110)
　第二节　品牌个性维度 …………………………………………………… (111)
　　一、美国品牌个性维度 ………………………………………………… (111)
　　二、中国品牌个性维度 ………………………………………………… (118)
　第三节　品牌个性的塑造策略 …………………………………………… (119)
　　一、品牌个性的塑造原则 ……………………………………………… (119)
　　二、品牌个性的来源 …………………………………………………… (120)
　　三、品牌个性的塑造方法 ……………………………………………… (124)
　本章小结 …………………………………………………………………… (127)
　复习思考题 ………………………………………………………………… (127)
　案例分析 …………………………………………………………………… (127)
　本章实训 …………………………………………………………………… (133)

第六章　品牌传播 …………………………………………………………… (135)
　第一节　品牌传播概述 …………………………………………………… (137)
　　一、品牌传播的定义 …………………………………………………… (137)
　　二、品牌传播的特点 …………………………………………………… (137)
　　三、品牌传播的意义 …………………………………………………… (138)
　第二节　品牌传播模式 …………………………………………………… (139)
　　一、信息沟通模式 ……………………………………………………… (139)
　　二、AIDMA 模式 ……………………………………………………… (142)

第三节　品牌传播步骤 ································· (142)
　　　　一、确定目标受众 ································· (142)
　　　　二、确定品牌传播目标 ····························· (143)
　　　　三、设计品牌传播信息 ····························· (143)
　　　　四、编制品牌传播预算 ····························· (145)
　　　　五、选择品牌传播渠道 ····························· (146)
　　　　六、制定品牌传播组合 ····························· (147)
　　　　七、测定品牌传播效果 ····························· (147)
　　第四节　品牌传播策略 ································· (147)
　　　　一、广告传播策略 ································· (147)
　　　　二、公共关系传播策略 ····························· (152)
　　　　三、口碑传播策略 ································· (155)
　　　　四、互联网传播策略 ······························· (156)
　本章小结 ··· (158)
　复习思考题 ··· (159)
　案例分析 ··· (159)
　本章实训 ··· (161)

第七章　品牌延伸 ····································· (162)

　　第一节　品牌延伸概述 ································· (163)
　　　　一、品牌延伸的定义 ······························· (164)
　　　　二、品牌延伸的分类 ······························· (164)
　　　　三、品牌延伸的作用 ······························· (167)
　　第二节　品牌延伸的策略 ······························· (171)
　　　　一、塑造强势品牌 ································· (171)
　　　　二、注重延伸产品与主品牌的相似性 ················· (172)
　　　　三、延伸产品本身要运作成功 ······················· (173)
　　第三节　品牌延伸的步骤 ······························· (174)
　　　　一、根据企业战略规划来选择延伸的母品牌 ··········· (174)
　　　　二、选择品牌延伸的类型 ··························· (175)
　　　　三、测量消费者对母品牌的认知情况 ················· (175)
　　　　四、识别可能的品牌延伸候选对象 ··················· (176)
　　　　五、评估和选择延伸产品 ··························· (180)
　　　　六、设计实施延伸的品牌营销计划 ··················· (180)
　　　　七、评价品牌延伸的成败 ··························· (181)
　本章小结 ··· (181)
　复习思考题 ··· (182)
　案例分析 ··· (182)
　本章实训 ··· (184)

第八章　品牌运营 ····································· (185)

　　第一节　品牌联合 ····································· (186)

一、品牌联合的定义 ……………………………………………………………… (186)
　　二、品牌联合的类型 ……………………………………………………………… (186)
　　三、品牌联合的原则 ……………………………………………………………… (189)
　　四、品牌联合的优势与风险 ……………………………………………………… (190)
　第二节　品牌授权 …………………………………………………………………… (191)
　　一、品牌授权的定义 ……………………………………………………………… (202)
　　二、品牌授权的种类 ……………………………………………………………… (202)
　　三、品牌授权的优势 ……………………………………………………………… (203)
　　四、品牌授权的风险 ……………………………………………………………… (204)
　　五、品牌授权的步骤 ……………………………………………………………… (206)
　本章小结 ……………………………………………………………………………… (211)
　复习思考题 …………………………………………………………………………… (212)
　案例分析 ……………………………………………………………………………… (212)
　本章实训 ……………………………………………………………………………… (215)

第九章　品牌资产 ………………………………………………………………… (216)

　第一节　品牌资产概述 ……………………………………………………………… (217)
　　一、品牌资产的定义 ……………………………………………………………… (217)
　　二、品牌资产的特征 ……………………………………………………………… (219)
　第二节　品牌资产的构成 …………………………………………………………… (221)
　　一、品牌资产构成要素 …………………………………………………………… (221)
　　二、品牌资产构成的无形要素 …………………………………………………… (221)
　第三节　品牌资产的评估方法 ……………………………………………………… (229)
　　一、基于财务要素的品牌资产评估方法 ………………………………………… (230)
　　二、基于消费者和市场要素的品牌资产评估方法 ……………………………… (231)
　　三、基于财务要素和市场要素的品牌资产评估方法 …………………………… (231)
　　四、基于财务要素和消费者要素的品牌资产评估方法 ………………………… (239)
　第四节　品牌资产的提升策略 ……………………………………………………… (240)
　　一、提高品牌资产的差异化价值 ………………………………………………… (240)
　　二、理性延伸，提升品牌资产 …………………………………………………… (241)
　　三、讲好品牌故事，提升品牌资产价值 ………………………………………… (241)
　　四、通过加强企业内部管理来提升品牌资产价值 ……………………………… (242)
　本章小结 ……………………………………………………………………………… (243)
　复习思考题 …………………………………………………………………………… (243)
　案例分析 ……………………………………………………………………………… (243)
　本章实训 ……………………………………………………………………………… (246)

第十章　品牌维护 ………………………………………………………………… (247)

　第一节　品牌维护的内涵 …………………………………………………………… (248)
　　一、品牌维护的定义 ……………………………………………………………… (248)
　　二、品牌维护的意义 ……………………………………………………………… (249)

第二节　品牌的自我维护 ··· (250)
　　　　一、防伪打假 ··· (250)
　　　　二、控制品牌机密 ·· (255)
　　　　三、避免恶性竞争 ·· (256)
　　第三节　品牌的经营维护 ··· (257)
　　　　一、维持高质量的品牌形象 ··· (257)
　　　　二、建立品牌档案 ·· (258)
　　　　三、品牌更新 ··· (258)
　　第四节　品牌的法律维护 ··· (259)
　　　　一、法律维护的内涵 ·· (259)
　　　　二、商标的注册与保护 ·· (260)
　　本章小结 ··· (262)
　　复习思考题 ·· (262)
　　案例分析 ··· (263)
　　本章实训 ··· (264)

第十一章　品牌危机 ··· (266)
　　第一节　品牌危机概述 ·· (267)
　　　　一、品牌危机的定义 ·· (267)
　　　　二、品牌危机的特征 ·· (268)
　　　　三、品牌危机的影响 ·· (270)
　　第二节　品牌危机的成因 ··· (271)
　　　　一、组织内因素 ·· (272)
　　　　二、组织外因素 ·· (274)
　　第三节　品牌危机的管理 ··· (275)
　　　　一、品牌危机的管理组织 ·· (275)
　　　　二、品牌危机的管理原则 ·· (276)
　　　　三、品牌危机的处理措施 ·· (279)
　　　　四、品牌危机的善后处理 ·· (282)
　　本章小结 ··· (284)
　　复习思考题 ·· (284)
　　案例分析 ··· (284)
　　本章实训 ··· (285)

参考文献 ··· (287)

第一章 品牌概述

学习目的与要求

(1) 理解品牌的定义
(2) 掌握品牌的内涵与核心价值
(3) 了解品牌相关概念的辨析
(4) 掌握研究品牌的意义

开篇案例

最古老的品牌

我国是一个有着悠久历史的国家,很早就出现了与商品交换相联系的商品标记。北宋时期,山东济南"刘家功夫针铺"的"白兔儿"铜版,是中国最早的品牌,是我国至今发现使用较早、图形较为完整的一个早期商标,如图1-1所示。

这一商标的设计:在这张4寸(约13.33厘米)见方的印刷纸上,清楚地印有标题"济南刘家功夫针铺"。铜版正中有店铺标记"白兔捣药图",而且还有标注"认门前白兔儿为记"。

广告词:铜版下方的广告文字为:"收买上等钢条,造功夫细针。不误宅院使用,转卖兴贩,别有加饶,谓记白。"

这块印版现保存在中国历史博物馆,它是我国商标与广告的珍贵文物,被视为历史上最古老的品牌。商标图形蕴含着一段传说"嫦娥奔月"。刘家针铺细针借嫦娥化身的白兔作商标,蕴意深刻、情趣盎然,博得广大群众的喜爱,有利于带动营销。

图1-1 广告印版

小小一块铜版,不仅清楚地说明了店铺的名称,同时还注明店铺的经营范围、方法、质量等,形象生动,简洁明了,真可谓设计精巧。

这幅图画无论是在产品商标选择上,还是广告用语上,都具有一定水平,至今仍不失为一个典范。品牌名称就是"功夫针铺",类似于现在的企业名称;产品是功夫针;并设计了"白兔捣药图"作为品牌的标志,形成了品牌传播的抽象化。

案例启示

品牌商标,是企业文化的灵魂,与企业的名称同样重要,在现代营销传播中,品牌商标既是企业宣传的载体,又是企业形象持续营销的引爆点。一个好的品牌商标,可以让企业营销事半功倍,甚至能影响企业的发展。

本章知识结构图

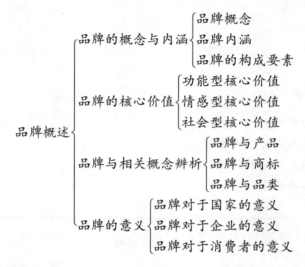

全球著名管理大师彼得·德鲁克说:"21世纪的组织只有依靠品牌竞争了,因为除此之外它们一无所有。"美国广告专家莱瑞·莱特指出:"未来的营销是品牌的战争,是品牌互争长短的竞争。拥有市场比拥有工厂更重要。拥有市场的唯一办法,就是拥有市场主导地位的品牌。"管理大师汤姆·彼德斯在其著作《新圈》中写道:"品牌!品牌!!品牌!!!这就是赋予20世纪90年代末及以后的信息。"这些预言在今天已经成为现实。在经过产品竞争、价格竞争、广告竞争、服务竞争之后,商业社会已跨入品牌竞争时代。如今,"品牌"成为营销界最热门的主题。本章着重介绍品牌的起源、内涵、核心价值、作用以及与品牌相关的概念等。

第一节　品牌的概念与内涵

一、品牌概念

国内外学者对品牌的界定并没有达成共识,归纳起来有如下几类。

(一) 符号说

品牌的英文"brand"词义源自古挪威词汇"brandr",最初的含义是"烧灼",指在牲畜身上烙上标志,用以区分其所有者,起到识别和证明的作用。品牌最初的含义就具有了识别的功能。通过对符号的区别，品牌承担着所有权的识别功能，是最为直观的识别，这类定义一般都是着眼于品牌的识别功能。

美国学者菲利普·科特勒将品牌定义为："品牌是一种名称、术语、标记、符号或图案，或是它们的相互组合，用以识别某个消费者或某群消费者的产品或服务，使之与竞争对手的产品或服务相区别。"

美国市场营销协会将品牌定义为："用以识别一个或一群产品或劳务的名称、术语、象征、记号或设计及其组合，用以和其他竞争者的产品或劳务相区别。"

国内学者的普遍认识也具有相同之处，年小山认为："所谓品牌，也就是产品的牌子，它是销售者给自己的产品规定的商业名称，通常由文字、标记、符号、图案和颜色等要素组成或是这些要素的组合构成，用作一个销售者或是销售者集团的标识，以便与竞争者的产品相区别。"

以上这些定义，都是从品牌的识别功能进行表述的。从最直观、最外在的表现出发，将品牌看作是一种标榜个性、区别其他的特殊符号。消费者对一个品牌的认识无疑是先通过视觉来感知的。因此，一个品牌的设计、包装等个性要素，作为一种能激发视觉印象的符号，如果能够给消费者带来较强的视觉冲击，那它就能产生很大的威力。许多世界名牌的标志，如麦当劳的M形招牌、耐克的钩形标志等，它们长期以来带给消费者的强烈视觉冲击，已经潜移默化地成为其品牌密不可分的一部分，在一些消费者眼中甚至成了品牌的全部。

诚然，就像大卫·艾克（David A. Aaker）所说的那样："一个成功的符号（或标志），能整合和强化一个品牌的认同，并且让消费者对这个品牌的认同更加印象深刻，可能会替这个品牌奠定下成功的基石。"一个完整的品牌所具有的符号或标志的属性有着重要的识别、区分功能，但这只是作为品牌应具有的一个基本而必要的条件，而不是品牌的全部。识别一个品牌依靠的不仅是它的名称或标志，更重要的是其体现出来的理念、文化等核心价值。所以，上述定义只将品牌看成单纯的用以区别的标志或名称，而没有揭示品牌的完整内涵，不免失之表面。

（二）综合说

随着时间的推移，商业竞争格局以及零售业形态不断变迁，品牌承载的含义也越来越丰富，品牌不仅包括有形的东西，还包括无形的信息。

广告大师大卫·奥格威对品牌的定义为："品牌是一种错综复杂的象征，它是品牌的属性、名称、包装、价格、历史、声誉、广告风格的无形组合。"

我国学者王海涛认为："广泛意义上的品牌包括了三个层次，首先是商标，这是从法律意义上说的；其次是一种牌子，是金字招牌，这是从经济或市场意义上说的；再次，品牌是一种口碑、一种品位、一种格调，这是从文化或心理意义上说的。"

这一类定义认为品牌不仅包括了品牌名、包装、标志等有形的东西，而且包含了和品牌密不可分的其他无形环节，如历史、声誉、法律意义、市场经济意义、社会文化心理意义等，这些东西都是无形的，很容易被人忽略，但它们又是真实存在的，是构成品牌的必要部分。只有将这些要素最大限度地加以整合，品牌才是个完整的概念。

上述定义虽然对品牌做了较完整的概括，但只是从品牌的产出方或品牌本身来说的，而对品牌的接受方、评价方——消费者没有给予足够的重视。事实上,"真正的品牌存在于关系利益人的想法和内心中"。

(三) 关系说

奥美广告公司把品牌定义为:"品牌是一个商品透过消费者生活中的认知、体验、信任及感情,争到一席之地后所建立的一种关系。"消费者才是品牌的最后拥有者,品牌是消费者经验的总和。

联合利华认为,品牌是消费者如何感受一个产品。它代表消费者在其生活中对产品与服务的感受而生的信任、相关性与意义的总和。

著名品牌专家大卫·艾格提出了基于品牌关系的品牌定义:"品牌就是产品、符号、人、企业与消费者之间的联结和沟通。品牌是一个全方位的架构,牵涉到消费者与品牌沟通的方方面面。"

这些定义从消费者和品牌之间的沟通来强调消费者在其中的决定性作用,没有消费者的认可就没有品牌可言,品牌资产的价值就体现在品牌关系当中,因此,这一定义逐渐被品牌理论界广泛认可。

关系说很好地将品牌放到一个更广阔的领域里加以认定,充分肯定了消费领域对品牌的打造所具有的决定性作用,这较前几种定义无疑是一种飞跃。但它又片面强调了消费者的作用,忽视了品牌自身因素的功能,同时也只偏重说明产品与消费者间的关系,而忽略了其他关系利益团体,如政府、供应商、技术市场等对产品的影响。而整合营销学认为,其他主要关系利益团体对品牌的影响并不亚于消费者。

(四) 资源说

美国人贝尔(Alexander Bel)认为:"品牌资产是一种超越生产、商品及所有有形资产以外的价值。品牌带来的好处是可以预期未来的进账远超过推出具有竞争力的其他品牌所需的扩充成本。"

韩志锋在其文章《品牌是一种资源》中说:"品牌是企业内在属性在外部环境中创造出来的一种资源。它不仅是企业内在属性在外部环境集中体现出来的(外化的)有价值的形象标志,而且因为其能整合企业外不同资源对企业内在属性发展产生反作用,它更是一种资源。"

《大营销——新世纪营销战略》一书对品牌这样定义:"品牌是一种独立的资源和资本,它是能够进行营运的。品牌是一种知识产权,也可以像资本一样运营,实现增值。"

资源说的定义方式着眼于品牌具有的价值,站在经济学的立场上,从品牌的外延,如品牌资产方面进行阐述,突出品牌作为一种无形财产时给企业带来的财富、利润,给社会带来的文化及时尚等价值意义。它认为品牌即一种价值,可以在一定程度上脱离产品而存在,可以买卖,是一种获利能力。这种说法主要侧重于品牌在市场运营中的作用。

以上,我们把传统及现今业界对品牌的定义进行了一番梳理和分析,上述各种定义有着不同的侧重点,也有着各自的优缺点。

二、品牌内涵

现代营销学之父科特勒认为:"品牌是销售者向购买者长期提供的一组特定的特点、利益和服务。"品牌包含六个层面的内涵:属性、利益、价值、文化、个性、使用者。

（一）属性

品牌首先使人想到某种属性，即品牌产品在性能、质量、技术、定价等方面的独特之处。例如，NESTLE（雀巢）意味着安全、放心、营养和健康，奔驰意味着昂贵、做工精湛、马力强大、高贵、速度快，等等。特定的属性附着在一定的产品之上，不同品牌的产品表现为不同的属性。

（二）利益

利益是指品牌产品给用户带来的好处和消费者在使用产品过程中需求得到满足的感受。顾客购买的意图是获得真实的利益，而并非属性。属性需要转化成功能性或情感性的现实利益：优良品质、上乘服务或是感情的寄托、释放等。如，奔驰的昂贵车价和高贵品质转化为受尊重的情感利益，做工精湛转化为安全需求的利益。

（三）价值

价值是指品牌生产者所追求和所评估的产品价值，品牌价值是选择目标市场的一个重要标准。品牌对象的价值导向最好与品牌生产者接近。例如，奔驰品牌代表高绩效、声望等，这一点与奔驰车的消费群体追求的价值是一致的。

（四）文化

文化是指品牌背景中的精神层面，品牌文化常常代表着国家文化或民族文化。可口可乐就是一种美国精神文化：积极、乐观、向上、勇敢、刺激、追求卓越与创新。奔驰车代表德国文化：严谨、效率、质量。

 阅读材料

向德国品牌学什么

品牌感悟：

中国有真正的世界品牌吗？要产生令人尊敬的品牌，中国制造和中国品牌，还有很长的路要走。

品牌分析：

在欧债危机下，德国经济一枝独秀，德国经济的基础在于闻名世界的德国制造和德国品牌。目前，德国制造和德国品牌已成为全球"质量和信誉"的代名词，可谓"众厂之厂"，成为仅次于中国的第二出口大国。

与中国制造和中国品牌比较，德国制造和德国品牌在全球的美誉度更高、品牌附加值更高，技术含量也更高。德国制造的产品，意味着可靠安全和有保障，这就是品牌的力量。

中国向德国制造和品牌学习什么？最重要的就是专注。一直以来，德国将主要资源专注于制造业产品质量与技术水平的提高上，这种制造业战略不仅使德国保持了较高的就业率，扶持了大量中小企业制造，同时也促进了产品科技创新能力的提高。

德国制造和德国品牌不仅包括奔驰、宝马、奥迪这些高端汽车品牌，还包括各类产品中的隐形冠军：中小企业。这些国际市场上技术领先的家族企业，不会进入《财富》500

强的排行榜，不从横向上占领整个行业，也不从纵向上进行产业链上游、下游的延伸。这些中小企业长期专注研发生产单一的专业产品，努力将这种产品的工艺和技术做到最好，产品销售到全球，应用到无数行业中去。

比如，德国伍尔特公司只生产螺丝、螺母等金属配件和紧固件产品，这个家族企业却做到了全球领先。伍尔特公司认为，质量决定价格。伍尔特公司从来不加入价格战，与此相反，公司总是选择更贵的渠道和网络，并在产品包装箱上印上伍尔特商标，让客户一眼就能认出使用的是高质量和高品质的产品。

在发展过程中，伍尔特不仅没有扩张产品品类和领域，相反，它尽可能缩小纵向的生产范围。伍尔特与保时捷等知名客户形成了长期定制的合作模式，保证了其产品的高附加值。

当然，品牌的背后是文化，德国有着成熟的工业文化和文明。德国教育引导人才流向制造业，盛行工程师文化和蓝领文化，从业者们在社会受到尊敬。

中国企业应该学习德国企业，专注实体经济，回归品牌，构建自己的工业文化和制造文化，从世界组装车间转向中国创造和中国名牌，精耕细作，做出品牌，做出价值。

品牌指南：
坚持坚守好实体经济，才能创造出中国乃至世界名牌。

思政话题：
我们应该做些什么以更好地传播中国文化？

（五）个性

个性是指品牌形象人格化后所具有的个性。美国著名品牌学家大卫·艾克提出，人格化品牌的个性有五个维度：真诚、刺激、可靠、老练和强悍。

（六）使用者

品牌暗示了购买或使用产品的消费者类型。不同的品牌个性区分不同的消费者群体。奔驰轿车的使用者是一位50多岁的高级经理，这更能获得我们的认同。

三、品牌的构成要素

品牌冰山的概念是品牌专家戴维森（Davidson）于1997年提出的，如图1-2所示。他认为，一个品牌就好像是漂浮在海面上的一座冰山，显露在"水上部分"是一个品牌带给消费者最直观的印象与感受，是品牌形象的代言；深藏在"水下部分"是支撑一个品牌的深厚根基，"水下部分"越深厚越强大，显露在"水上部分"的优点就越多，品牌就会受更多消费者的青睐，品牌这座冰山就会变得越来越大，企业就会发展得更好。

其中，"水上部分"是品牌的显性要素，是消费者对品牌最直观的印象与理解，具体表现为品牌名称、标志、广告语等，约占品牌内涵的15%；"水下部分"则指品牌的隐性要素，包括品牌承诺、品牌体验等，约占品牌内涵的85%。

图 1-2 品牌冰山

（一）显性要素

显性要素是品牌外在的、具象的，可以直接给消费者感觉上的冲击的要素。具体包括：品牌名称、品牌标志物、品牌标志字、品牌标准色、品牌标志包装、品牌广告曲等。

（1）品牌名称：品牌中可以用语言称呼的部分，是品牌内容的概括和体现。品牌名称是形成品牌的第一步，一个好的品牌名称不仅对产品本身的内容加以概括，还反映着企业的经营理念、价值观念等。它在整个品牌中起着提纲挈领的作用，是消费者记忆品牌和品牌传播的主要依据。

> **小链接**
>
> **蝌蝌啃蜡 vs 可口可乐**
>
> 20世纪20年代，可口可乐已在上海生产，一开始翻译成了一个非常奇怪的中文名字，叫"蝌蝌啃蜡"，被接受状况可想而知。于是可口可乐专门负责海外业务的出口公司，公开登报悬赏350英镑征求译名。当时身在英国的上海教授蒋彝，以"可口可乐"四个字击败其他对手，赢得了奖金。

（2）品牌标志物：品牌中可以被识别但不能用语言表达的部分，即品牌的图形记号，包括抽象的图案和实物图案。

（3）品牌标志字：品牌中可以读出来的文字部分，用独特的形式书写，如品牌名称、经营口号、广告语等。

（4）品牌标准色：用以体现自我个性以区别于其他产品的色彩体系。它一般选用鲜明的色彩，将愉悦的、欢快的、活力的、积极向上的情绪传达给消费者。

（5）品牌标志包装：产品的包装设计。品牌的个性包装，代表了与产品一致的品质。

（6）品牌广告曲：用来传递品牌内涵的声音效果。很多品牌产品常常是通过广告曲深入人心的，富有特色的广告歌曲会使品牌迅速传播。

（二）隐性要素

隐性要素是品牌内含的因素，不易直接被人们感知，但其存在于品牌的整个形成过程中，包括品牌承诺、品牌个性、品牌体验等。

(1) 品牌承诺：是组织对消费者做出的在品牌利益和产品性能方面的综合许诺，反映出一个企业的经营理念。品牌承诺传递了与消费者建立长期关系的强烈渴望，并做出了情感承诺，以提高客户忠诚度。同仁堂古训"炮制虽繁必不敢省人工，品味虽贵必不敢减物力"，就是典型的品牌承诺。海尔的品牌承诺是"品质保障"，为了兑现这个承诺，当年张瑞敏做出了"砸冰箱"的壮举。

承担多大的责任，就做多大的品牌。强势品牌永远实现着自己的承诺。

 阅读材料

责任感提升美誉度

品牌感悟：

责任与企业最终利益相关。责任感能有效提升企业品牌美誉度，美誉度的提升则能促进品牌溢价率的提高。企业应该在提升品牌影响力中履行企业社会责任，在承担企业社会责任的过程中提升品牌影响力。

品牌分析：

在产品趋于同质化的环境下，如何与竞争对手进行区分？良好的品牌责任形象是重要的差异化依据。

品牌营销的最高层次是文化和情感的营销。履行责任、慈善关怀和节能环保可以给品牌利益相关方带来精神上的认同和满足，使品牌直接进入利益相关方的心灵深处，对品牌产生情感上的认可，建立起美誉度和忠诚度。这是任何一个品牌都梦寐以求的目标。

2008年5月18日晚，汶川大地震后，在多个部委和央视联合举办的募捐晚会上，1亿元巨额捐款让"王老吉"的生产商——广东加多宝集团"一夜成名"。

"要捐就捐1个亿，要喝就喝王老吉！""中国人只喝王老吉"等言论迅速得到网友追捧。在最短的时间里，在一个最佳的责任平台上，加多宝旗下的王老吉品牌的知名度和美誉度迅速上升。

经过商标战之后，广药集团收回王老吉商标，加多宝推出自有凉茶品牌——加多宝，继续推进品牌责任建设。

2013年4月26日，在雅安大地震后，加多宝再次宣布捐赠1亿元，支持灾区重建，加多宝成为芦山地震后捐赠数额最高的企业。加多宝表示："捐款1元和1亿元并不重要，在灾难面前，爱心没有轻重之分，关键是大家要行动起来。"

品牌责任提升品牌美誉度和溢价率。良好的品牌责任形象深深植入消费者心智之中，消费者愿意为这一差异化埋单。

比较加多宝与广药王老吉品牌的茶饮料，从口感来说大同小异，但是品牌的差异化却显现出来了，特别在品牌责任方面。这也影响了两者的销售和定价，加多宝凉茶的进货价是48元一箱，而王老吉是45元一箱，3元的差距很大程度是因为品牌责任的差异。

品牌指南：

品牌责任感，提升美誉度和溢价率。

思政话题：

如何做一个信守承诺、有责任感的人？

（2）品牌个性：每个品牌都有自己的"风格"，即品牌个性。企业创造了品牌的个性，这种个性带来的相关情感暗示，满足了不同人的需求，从而更好地使品牌与消费者建立良好的关系。

个性是品牌的第一本质——差异比完美更重要，唯一比第一更重要。迈克尔·波特曾说过：企业一切的努力都是为了与众不同；重要的不是做得更好和争取第一，而是创造差异与唯一；消费者记住品牌的差异与区别就是最伟大的胜利。

（3）品牌体验：品牌是消费者体验的综合，是企业与顾客互动关系的体现。消费者对品牌的信任、满意、肯定等正面情感归属，能够使品牌历久不衰，而他们对品牌的厌恶、怀疑和拒绝等负面感知，必然使品牌受挫甚至夭折。把品牌体验上升到心灵体验层次，是一个品牌的最高目标和最终归属。

 阅读材料

星巴克还是一家咖啡店吗？

品牌感悟：

品牌已经迈入互联网时代。人们的生活方式和消费习惯发生了巨大的变化，互联网式生活会更加普及，电子商务的渗透率也会更高。在这种巨变的背景下，传统企业和品牌需要面临一次全新的升级，拥抱互联网。

品牌分析：

当今世界已经处于数字化时代，移动互联网不仅改变着人们的生活方式和消费习惯，也在极大地影响着企业的品牌管理和营销传播模式。

提起星巴克，你会想到什么？第三空间体验，可以不用点餐也能免费享受服务的地方，一个有品质的社交场合。这只是过去。现在，星巴克正成为一家新型的互联网零售公司。

2008年，星巴克创始人霍华德·舒尔茨重新担任公司CEO，全新定位星巴克。大规模地建设IT基础设施，开始了令人惊叹的转型。2012年3月9日，星巴克任命首席数字官（CDO），全面发展星巴克网站手机、社交媒体、数字管销、Starbucks Card和电子商务以及WiFi技术。

在中国，星巴克引入"第三空间"理念，打造家庭和办公室之外的休闲空间，赢得了全球第二大市场。现在，互联网是星巴克的下一站，星巴克以惊人的速度打造以移动互联网为平台的"第四空间"，"第四空间"由智能手机APP、微博和微信等各类社交媒体和消费者共同组成。

"顾客去哪，星巴克就在哪儿"。星巴克这次掀起的不是产品的革命，而是一场品牌和营销的革命，目的在于满足消费者的互联网体验。

早在2010年秋，星巴克在北美启动星巴克数字免费WiFi计划，黏合了当今流行的数字信息渠道与平台。顾客在星巴克门店内，可以通过免费的WiFi网络，免费阅读《华尔街日报》《纽约时报》等付费内容，收看ESPN的赛事。它与雅虎合作，在其数字网络上链接多种免费电子书籍、新闻、音乐和电影。

星巴克目前在Twitter上拥有超过400万粉丝，星巴克中国的微博粉丝达78万，微信平台积累了30万的粉丝。

当传统零售公司的客户纷纷离开实体店,走向网购时,星巴克的客户并没有流失,反而扩大,互联网技术使得星巴克与客户的关系更为紧密。2012年星巴克总营收133亿美元,运营利润20亿美元,在全球拥有1.8万家门店。

品牌指南:
远离互联网就是远离未来。

思政话题:
互联网时代,我们应该培养怎样的职业技能?

第二节 品牌的核心价值

品牌的核心价值就是品牌的内核,是与其他品牌特别是竞争品牌相区别的根本所在,是品牌最突出、最鲜明的个性。它让消费者明确、清晰地记住并识别品牌的利益点与个性,是驱动消费者认同乃至喜欢上一个品牌的主要力量。核心价值是品牌的终极追求,是一个品牌营销传播活动的中心点,即企业的一切价值活动(直接展现在消费者面前的是营销传播活动)都要围绕品牌核心价值而展开,对品牌核心价值进行体现与演绎,并强化品牌核心价值。

品牌的核心价值包括功能型核心价值、情感型核心价值、社会型核心价值。

一、功能型核心价值

品牌的功能型核心价值简单地说就是将产品自身的功能特点更好地展示出来,偏重品牌给消费者带来的物质层面的功能利益,如技术上的领先乃至垄断、原料的精挑细选、原产地等。

沈永和黄酒强调"技术上的领先,始创于清朝康熙年间,拥有百年酿酒工艺"。舒肤佳的核心价值是"有效去除细菌,保持家人健康";潘婷品牌的核心价值是"健康亮泽";海飞丝的核心价值是"去屑";飘柔的核心价值是"柔顺"。

二、情感型核心价值

消费者是理智和情感的混合物,品牌核心价值的塑造,既要关注功能型利益,还要关注人们的情感。

情感型核心价值,是指消费者在购买和使用某品牌的过程中所获得的情感满足,体现在感情、友情、时尚等方面。

品牌要打造一些能与消费者产生共鸣的情感内涵,使品牌朝着塑造"精神认同"甚至向"满意度"的方向发展。

强生——"妈妈的爱",南方黑芝麻糊——"对过去美好生活的回忆",优乐美——"爱恋的滋味"。这些品牌都强调用情感去感动人们,让消费者拥有一个更好的购物体验和使用体验,产生快乐的感觉。品牌的情感型核心价值可以满足顾客更高层次上的精神需求。

可口可乐的新老配方之争

1985年第一季度,可口可乐公司的销售额比百事可乐公司低1.3%,处于竞争劣势。为了提高竞争力,可口可乐公司决定将神秘的老配方打入冷宫,而改用新配方。在这项决策之前,公司曾对19万消费者进行过调查,其中55%的人喜欢新配方制成的饮料。但是,公司以新配方进行生产以后,却激起了许多顾客的强烈抗议。公司每天平均收到1 500个抗议电话和许多抗议信。有一位女顾客在抗议信中说:"我一生中只有两件事最重要,上帝和可口可乐。但是现在你们夺走了一件。"6月份,在美国旧金山发生了"全国'老可口可乐'饮者协会"举行的一场抗议大示威。在西雅图、达拉斯和亚特兰大,有十几万人要求恢复可口可乐的老配方。这些顾客组织了"老可口可乐"俱乐部,发起示威游行,有人甚至向法院提出控告。可口可乐的销量因此而大跌。

在这种情况下,可口可乐公司对使用新配方的决策进行了评价,决定恢复老配方生产,同时继续生产新配方的可口可乐,以满足不同顾客的需要。这样一来,就形成了新、老可口可乐共同夹击百事可乐的局面。于是,形势大转,可口可乐公司股票大涨。

思政话题:
我们应该树立怎样的民族情感?

三、社会型核心价值

品牌的社会型核心价值,又称自我表现型核心价值,是指消费者利用品牌来表达自己对社会、对人、对自己的态度和观点。这时,品牌成为消费者表达个人价值观、财富、身份地位与审美品位的一种载体与媒介,成为顾客表达个人主张或宣泄的方式。

很多高端品牌都有自己清晰的社会型核心价值和极致的个性与风格。比如,奔驰车代表着"地位和声望";阿玛尼则代表简洁;LV象征经典;Dior代表夸张与浪漫;万宝路是"勇敢、冒险、激情、进取的男子汉形象的代表";耐克品牌的价值观是激励那些充满激情的人时刻进取,无论在运动上或者在风格上,都是最棒的,故而其广告语是"JUST DO IT";哈雷摩托代表自由、反叛、无拘无束的精神气质,"年轻时有辆哈雷摩托,年老时有辆凯迪拉克,则此生了无他愿"。

品牌的核心价值既可以是功能型价值,也可以是情感型和社会型价值。对于某一个具体品牌而言,它的核心价值究竟以哪一种为主,主要应按品牌核心价值对目标消费群起到最大的感染力并与竞争者形成鲜明的差异来确定。每一个行业,其核心价值的归属都会有所侧重。例如,食品产业会侧重于生态、环保等价值,信息产业会侧重于科技、创新等价值,医药产业会侧重于关怀、健康等价值。

一个品牌资产极高的品牌往往具有让消费者十分心动的情感型与社会型价值,特别是在经济发达地区,品牌是否具有触动消费者内心世界的情感型与社会型价值,已成为一个品牌能否立足市场的根本。

功能型价值也非常重要，只不过具体到许多产品与行业，情感型价值与社会型价值成为消费者认同品牌的主要驱动力，品牌的核心价值自然会聚焦到情感型价值与社会型价值。但这都是以卓越的功能型价值为强力支撑的，也有很多品牌的核心价值就是三种价值的和谐统一。没有功能型价值，情感型价值与社会型价值就没有根基，像随波逐流的浮萍。

第三节 品牌与相关概念辨析

一、品牌与产品

（一）品牌与产品的联系

首先，品牌就是产品，但它是加上其他各种特性的产品，以便使其以某种方式区别于其他用来满足同种需求的产品。这些差异也许是现实的、可见的（与品牌的业绩有关），或更加具有象征性，更情感化、更不可见的（与有所表现的品牌有关）。一个营销观察家这样表述："更特别的是，能够将一个品牌与其未品牌化的同类产品相区分，并且赋予它资产净值的是消费者对该产品的特性、功能、品牌名声及相关企业的感受和感觉。"一个品牌化的产品可以是一个实体产品，也可以是服务、商店、地名、组织或思想。

其次，产品是企业品牌成长的基础，对品牌的成长具有促进作用，甚至一些品牌依靠其产品的业绩创造了竞争优势。这也是为什么现在人们一提到某些品牌，会很自然地联想到某个具体的产品。例如，提到海尔，人们会想到电器，甚至具体的洗衣机、冰箱等。因此，如果没有有效产品的支撑，品牌无异于空中楼阁。

最后，品牌为产品积累着价值。品牌的不断成长会为更多的产品创造更多的机会，同时也会促进现有产品品牌的成长。品牌通过在研究和开发方面的稳定投资，确保消费市场对技术的迅速吸收等手段，为其他不相关或是相关的产品创造竞争优势。因此，企业品牌与产品品牌是互动的，相互促进、相辅相成。

（二）品牌与产品的区别

产品和品牌是品牌形成过程中两个不同的阶段；产品就像是原子核，是一种很单纯的东西；而品牌则是原子，它不仅具有原子核，在核外还围绕着电子和其他介质。现代企划业鼻祖史蒂芬·金说："产品是工厂里生产的东西，品牌是由消费者带来的东西；产品可以被竞争者模仿，品牌却是独一无二的；产品极易过时落伍，但成功的品牌却能持久不坠。"他的这段话明确地界定了品牌和产品的区别，具体来说，二者的区别主要表现在以下几个方面。

首先，产品是具体的；而品牌是抽象的，它存在于消费者的意识中。产品是物理属性的组合，具有某种特定功能来满足消费者的实际需求，消费者可以通过视觉、味觉、嗅觉、触觉等感官系统来加以辨认、体会，如食可果腹、衣可避寒。品牌则是消费者在使用了产品后所产生的想法、情感、感觉，它包括了消费者自身的认知、态度。特定的品牌消费体现了消费的情感化。当一个品牌被市场广泛了解和接受之后，它就会给消费者带来特定的价值、情感。如一件休闲T恤，当它被冠以"真维斯"这个品牌时，往往会给消费者带来一种流行、时尚的感觉。

其次，两者产生的环节不同。产品处于生产环节（工厂、车间），而品牌则形成于流通环节。每个品牌之下都有一个产品，而一个产品却未必能成就一个品牌。由产品到品牌，并不是一个顺其自然的过程。品牌的形成除了受企业内部环境的制约外，还受企业外部环境如供应商、消费者、技术市场、资本市场、法律法规等多种因素的制约。企业主要保证产品的品质和功能，营销和广告人员负责将产品的附加信息加以整合告知目标消费群体，消费者通过对产品的感受、认知而形成一种认同、信赖后将这些信息反馈给生产者，这时，产品才实现品牌的转化。

最后，任何产品都有生命周期，只有强势品牌才可常青。激烈的市场竞争、消费者需求的不断变化使产品更新换代成为必然，科学技术的迅猛发展为产品更新提供了可能。不断地开发新产品是赢得消费者的重要手段，任何产品都会在完成其历史使命后退出市场舞台。作为品牌载体的产品也只有不断更新才能使品牌之树常青。

二、品牌与商标

（一）品牌与商标的联系

商标是商业主体在其提供的商品或服务上使用的，可以区分于其他市场主体提供的商品或服务。如果企业要想得到商标专用权，就必须向商标局提出申请注册。只有获得注册，才能向消费者表明：这个标志是注册商标，会受到法律的保护。

商标是品牌的一部分。商标是品牌中的标志和名称部分，品牌不仅仅是一个易于区分的名称和符号，更是一个综合的象征，需要赋予其形象、个性、生命。

注册商标是建立品牌的第一项工作，要真正成为品牌，还要着手品牌个性、品牌认同、品牌定位、品牌传播、品牌管理等各方面内容的完善。这样，消费者对品牌的认识才会由形式到内容、由感性到理性，完成由未知到理解、购买的转变，形成品牌忠诚。

（二）品牌与商标的区别

1. 商标属于法律概念，品牌是市场概念

商标是法律概念，它强调对生产经营者合法权益的保护；品牌是市场概念，它强调企业与顾客之间关系的建立、维系与发展。

商标是指商品生产者或经营者为使自己的商品在市场上同其他商品生产者或经营者的商品相区别，而使用于商品或其包装上的，由文字、图案或文字和图案的组合所构成的一种标记。从定义上看，商标与品牌似乎没有什么区别，其实不然，商标最大的特点是具有独占性，这种独占性是通过法律来作为保证的。

商标的法律作用主要表现在通过商标专用权的确立、续展、转让、争议仲裁等法律程序，保护商标所有者的合法权益；同时促使生产经营者保护商品质量，维护商标信誉。在与商标有关的利益受到侵犯的时候，可以通过法律手段来维护自己的权益。商标显现出法律的庄严与不可侵犯。

品牌是一种名称、术语、标记、符号或图案，或是它们的相互组合，用来区隔、识别和区分其他组织及其产品或服务，以及通过其产品或服务所提供的一切利益关系、情感关系和社会关系的综合体验的总和。品牌最大的特点是它的差异化的个性，这种个性是通过市场来验证的。

品牌的市场作用表现在：品牌有益于促进销售，增加品牌效益；有利于强化顾客品牌认知，引导顾客选购商品，并建立顾客品牌忠诚。

2. 品牌与商标的构件不同

商标是通过形象、生动、独特的视觉符号将产品的信息传达给消费者的，其目的是将不同的产品区别开来。一般情况下，企业注册商标都作为品牌标识，是品牌的一部分。品牌则不同，起个名字画个图案，就可宣称自己有了品牌，但品牌一旦得到市场认可、有了价值就需要向国家商标主管部门申请注册，以保护自己的专用权，实现企业价值。除商标标识外，品牌还强调将定位、核心价值、个性等信息传达给目标市场，使消费者据以识别和认同。

3. 知名品牌不一定注册了商标

有的企业自我保护意识淡薄，只注重市场经营，品牌有了一定的知名度，但是没有向国家商标主管部门申请注册商标，结果品牌名被别人盗用而产生了很多法律纠纷。

还有的企业是因为特殊原因，没有掌握商标的所有权，结果把品牌经营到全国皆知，最后也吃了亏。比如加多宝公司将"王老吉"品牌经营到家喻户晓，但是"王老吉"这个商标是广药公司的，广药公司收回商标使用权后，加多宝公司遭受了巨大的损失。

4. 商标权有国界，品牌使用无国界

商标具有专用性，在同一国家，同一商标只能由一个商标注册人在指定的商品上注册并持所有权，不能有多个注册人。同时，商标获得注册后，商标注册人依法取得商标所有权，其他人未经商标所有人同意不准使用，否则构成侵权。品牌与商标不同，在中国，"凤凰"及其图案是品牌，在其他国家也是品牌，你可以使用，他也可以使用。

5. 品牌可以延伸，商标则需重新申请注册

品牌延伸是某类产品的品牌用到另一类产品中去，如从娃哈哈营养液，到娃哈哈果奶，再到娃哈哈纯净水等。品牌延伸并没有改变品牌，因为其品牌的名称不变，品牌的标志、图案也不变。但按照我国的规定，当品牌延伸到一种新产品时，必须作为一件新商标重新办理商标登记注册。商标注册时必须严格注明用于什么产品。可口可乐在美国申请商标时要注明是用于碳酸软饮料。商标注册使用有时效性，而品牌没有。

三、品牌与品类

（一）品类的概念

品类，即产品的类别，是指满足消费者特定需求的某类产品的总和。品类区别于我们通常所说的行业，行业由国家统计局规定，有严格的分类标准，而品类由企业决定，没有明确的边界。行业的范围更宽泛，如服装是一个行业，而职业装是一个品类；洗面奶是一个行业，而男士祛痘洗面奶是一个品类。品类是一个动态的概念，如橙汁饮料也是一个品类。

(二) 品牌与品类的关系

品牌与品类的区别在于，品类是同类产品的集合，而品牌是某个具体产品的区隔符号。如笔记本电脑是一个品类，而戴尔是一个笔记本电脑的品牌，它不同于联想和东芝的品牌。但不少品牌转化成或被等同于品类。例如，美国克莱斯勒汽车公司的"吉普"品牌在中国被看成是一种车型而非品牌，"商务通"曾一度被消费者认为就是掌上电脑的代名词，"酸酸乳"是商标还是通用名称之争至今尚无定论。

事实上，传统的品类并不容易同品牌混淆，目前出现二者混淆现象的最主要原因是企业创造了新的品类，再利用这个新品类推出新品牌。品牌要独占品类资源，就可以成为强势的品类代表，获得所有品类消费者的选择，并独占该品类市场，结果消费者接受品牌的同时也混淆了品类。例如，统一企业创造了鲜橙多橙汁饮料，作为统一旗下的一个子品牌，但是随后，市面上大量涌现各种牌子的鲜橙多，于是消费者便把鲜橙多看成是品类了。由此可见，市场给了创新者机遇，当企业的品牌名称被当作品类时，企业便有了先入为主的先机，但这并没有为创新者承诺未来，随之而来的行业竞争会加剧。

第四节 品牌的意义

一、品牌对于国家的意义

品牌不仅是一个企业在市场战胜对手的有力武器，更是一个国家形象与实力象征。

(一) 品牌是国家形象的代表

日本前首相中曾根康弘就说过："在国际交往中，索尼是我的左脸，松下是我的右脸。"

民族品牌不仅代表着国家产业的高端水平，而且代表着国家的形象，承载着重构民族自尊心和自信心的历史责任。在经济全球化的时代，如果一个国家没有优秀的民族品牌，它可能永远只能充当他国的贴牌生产基地。

(二) 品牌是国家经济与实力的体现

从英特、品牌公司和福布斯等各类机构对全球最有价值品牌和最大企业业绩的排名来看，一个国家或地区的经济实力和地位，与品牌的多寡、强弱有着密切的关系。目前，我国有170多类产品的产量居世界第一位，却少有世界水平的品牌，是典型的"制造大国，品牌小国"。据联合国工业计划署统计，世界上各类品牌商共有约8.5万种，其中发达国家和新兴工业化经济体拥有90%以上的名牌所有权，处于垄断地位，而我国拥有的国际知名品牌却寥寥无几。

在每年英特品牌公司与美国《商业周刊》联合发布的全球最有价值100个品牌中，从未出现过中国品牌的身影，直到2014年，华为打破了这个传统。

2014年10月9日，英特品牌发布的"最佳全球品牌"排行榜中，苹果和谷歌连续第二年位居榜单第一位和第二位。华为作为中国通信与信息网络设备的供应商，成为首次上榜的中国品牌（排名94）。华为的收益不只来自中国国内，其65%的收入来自海外，而且横跨欧洲、中东以及非洲，呈直线增长，这使华为能够迅速崛起，成为全球最大的通信设备供应商，也是当时仅次于三星和苹果的世界第三大智能手机的制造商。

近年来，世界经济进入品牌竞争时代，品牌对国家经济发展的贡献率也在不断提高，目前美国品牌所创造的价值占GDP的比重达60%，而中国名牌产品对经济的贡献率仅占25%。由于品牌少而弱，所以虽然我国对外贸易规模不断扩大，但是效益并不是很好。

"让世界爱上中国造"，其实这不只是一句广告语，更是一个美好的目标和愿景。中国品牌想要获得更大的国际市场占有率和国际影响力，甚至成为世界品牌、世界名牌，培育品牌市场无疑是关键路径。

品牌是生产者和消费者共同的追求，是供给侧和需求侧升级的方向，是企业乃至国家综合竞争力的重要体现。加强品牌建设，有利于推动经济大国向经济强国转变，有利于满足人们更高层次物质文化需求，有利于弘扬中华文化、提升中国形象。发展品牌经济，就是以新发展理念为指导，全面改善影响品牌发展的质量、创新、诚信、文化、人才、营销和环境等要素，推动产业结构调整，促进经济转型升级，为实现中华民族伟大复兴的中国梦奠定更加坚实的基础。

2016年6月10日，《国务院办公厅关于发挥品牌引领作用推动供需结构升级的意见》（以下简称《意见》）发布，其中提出设立"中国品牌日"，这个倡议振奋人心，这也是国务院站在国家层面首次正式提出品牌建设。同时，《意见》强调，大力宣传知名自主品牌，讲好中国品牌故事，提高自主品牌影响力和认知度。鼓励各级电视台、广播电台以及平面、网络等媒体，在重要时段、重要版面安排自主品牌公益宣传。

2017年4月24日，国务院印发《国务院关于同意设立"中国品牌日"的批复》，同意自2017年起，将每年5月10日设立为"中国品牌日"。

 小链接

中国品牌日

标识及释义

"中国品牌日"标识整体为由篆书"品"字为核心的三足圆鼎形中国印，如图1-3所示。

"品"字一方面体现中国品牌日的"品牌"核心理念，昭示开启品牌发展新时代；另一方面蕴含"品级、品质、品位"之意，象征品牌引领经济向高质量发展。

"鼎"是中华文明的见证，是立国重器、庆典礼器、地位象征。以鼎作为中国品牌日标识符号要素，象征品牌发展是兴国之策、富国之道、强国之法，彰显中国品牌声誉大名鼎鼎，中国品牌承诺一言九鼎，中国品牌发展迈向鼎盛之时。

"印章"是我国传统文化的代表，是易货的凭证、信誉的标记、权力的象征。以印章作为中国品牌日标识符号要素，体现了中国品牌重信守诺，象征着中国品牌发展的国家意志。

历届节日

第一届

2017年5月10日，中国国务院批准设立"中国品牌日"的第

图1-3 "中国品牌日"标识

一个庆典日。中国商业联合会、中国企业联合会联合在北京举办"首届中国品牌日座谈会",一百多家协会、企业代表参加会议,并签名发布了"中国品牌日宣言"。

2017年5月10日,中央电视台财经频道围绕"中国品牌日",推出"品牌的力量"系列主题活动,发布"CCTV中国品牌榜"首批入围名单。

第二届

2018年3月21日,国家发改委联合多部委,在国家发改委召开"中国品牌日"标识发布会,正式对外发布"中国品牌日"标识和2018年中国品牌日活动信息。

2018年5月10日,中国品牌日活动于上海拉开序幕,其包括中国自主品牌博览会和中国品牌发展国际论坛两大环节,主题为"中国品牌 世界共享"。

第三届

2019年5月10日是第三个"中国品牌日",2019年"中国品牌日"活动在上海拉开帷幕,主题是:中国品牌,世界共享;加快品牌建设,引领高质量发展;聚焦国货精品,感受品牌魅力。活动内容包括2019年中国品牌发展国际论坛、自主品牌消费品体验区以及地方自行开展的特色活动。

第四届

2020年5月10日第四个"中国品牌日"利用互联网平台,运用三维虚拟现实等技术,兼顾电脑和手机终端服务,采用全程在线形式,举办网上中国自主品牌博览会和2020年中国品牌发展国际论坛。

第五届

2021年5月10日是第五个"中国品牌日"。当天,以"中国品牌,世界共享;聚力双循环,引领新消费"为主题的2021中国品牌日活动在上海开幕,集中宣传展示中国品牌发展新成果、新形象。活动全程采用线上线下相结合的方式,包括中国品牌发展国际论坛、中国自主品牌博览会、地方品牌特色活动等。

小链接

中国品牌发展史

早在商周时期,我国就有了品牌的萌芽,这个时期的手工艺人开始在他们生产的商品上面刻上标记符号,这些标记符号是商标和品牌的萌芽。

到了春秋战国时期,商业作为一门独立的职业从生产劳动中分离出来,形成了一些固定的商品交易场所。为了明确自己的身份,宣传自己的产品,人们主要采用叫卖(声响广告:拨浪鼓、油梆子)的形式将自己和其他人区别开来,并进行宣传。在河南出土的大约春秋战国时期的陶器上,刻有篆体的字迹"阳城",这可以被认为是我国品牌的雏形。"阳城"标记是我国最早的文字品牌。文字发明后应用于品牌和广告,是品牌发展史和广告发展史上的大事,它标志着品牌摆脱了原始的叫卖吆喝和口耳相传的模式,注册意识已经觉醒,品牌的传播逐步开始走向标准化、规范化和商业化。秦朝兵马俑制造者是处于秦朝社会下层的陶工。工匠在制作的陶俑身上刻上自己的名字,以便于统计数量和质量。

西汉时期,品牌意识已经深入社会生活中。比如卖灯笼的店铺就在门口挂灯笼,卖酒的多在门口悬挂酒旗或垒一个温酒的"垆"。垆,就是酒铺在店里或门口安放酒瓮的土台子,也可以被看作酒的户外广告,过路人看到了"垆",就知道是卖酒。《史记·司马相如列传》载,司马相如带着卓文君在临邛开了一家小酒店谋生。因"文君姣好,眉色如望远山,脸际常若芙蓉,肌肤柔滑如脂",所以司马相如让卓文君当垆卖酒。卓文君作为形象代言人,坐在垆边,以吸引着过往的客人来买酒,最大限度地拉近了酒与顾客的距离,从而提升了广告的宣传作用。东汉时期,市场上流行的著名文具品牌有"张芝笔""左伯纸""韦诞墨"等。这些品牌都是以能工巧匠的名字命名,说明当时人们已经懂得用具有鲜明特征的品牌来体现商品的卓越价值。

唐朝是我国封建社会的鼎盛时期,商业贸易异常繁荣。品牌意识在这个时期得到了充分发展,特色叫卖、酒幌、幡旗、铭牌、挂饰、灯笼、刻碑等品牌传播手段的运用达到了一个非常自觉的阶段,很多店铺和饭馆为了扩大影响,突出自身特色,大量使用幌子和灯笼作为品牌标志,这在我国的品牌史上具有非常重要的意义。幌子,也称"酒幌""青帘""酒帘",是周围呈锯齿状的长条旗子,最初多以青白二色布制作,长约一尺,后来发展到用五彩酒旗绣上图案或店名,悬于门头,招揽顾客。唐朝诗人杜牧的诗《江南春绝句》生动地描述了这种景象:"千里莺啼绿映红,水村山郭酒旗风。南朝四百八十寺,多少楼台烟雨中。"而李中在《江边吟》中也有"闪闪酒旗招醉客,深深绿树隐啼莺"的绝句,可见当时酒幌广告的发达程度。

到了宋代,张择端的名画《清明上河图》上,招牌广告遍布汴梁城(今河南开封),仅汴梁城东门外十字路口附近就有各式招牌、横匾、竖标、广告牌等30余块:名称简单明确,大多以人名、街道名加上店铺主要产品作为招牌名称。宋朝还出现了可见到的最早的铜板广告印刷作品——北宋山东济南"刘家功夫针铺"的"白兔儿"铜版。

明朝资本主义的生产关系出现萌芽,商品经济较以前更为发达,广告明显增多。明清时期的知识分子开始涉足广告领域。一批有内涵、有个性的品牌自此诞生。很多品牌的生命力延续到现在,也就是我们所说的老字号,譬如"同仁堂""桂发祥""全聚德"。

中国近代的品牌发展,一方面随着科技的迅速发展和普遍运用得以迅速传播和扩展,同时,民族品牌又在特殊历史背景下艰难生存。直到第一次世界大战的间隙,民族品牌才得到了一次发展的机遇。1871年《申报》创刊后专门开辟广告版面,商品广告如雨后春笋,遍及四方,尤其是香烟广告,更是纷呈多彩。当时的国产著名品牌有"美丽牌"香烟,仕女图和明星照交相辉映,给人留下深刻印象。

随着社会和经济的发展,品牌策划和创意的水平也日渐提高。如1902年,英美烟草公司为了宣传"翠鸟"品牌,在当时发行量最大的《申报》上投放了整版广告,并让上海所有的人力车夫穿上绣有"烤"字的广告背心,此举引起了轰动。1918年,上海各报头版同时刊登一个红色的喜蛋,但没有任何文字说明。这是我国广告史上的首次彩色印刷悬念广告,该广告引起了人们极大的兴趣。稍后谜底揭晓,才知道是福昌烟草公司为新生产的"小囡"牌香烟精心设计的品牌策划,"小囡"品牌因此一炮而红。公司还在大世界游乐场广泛宣传,随门票奉送"小囡"香烟一包,影响极大。

我国真正意义上大规模的品牌发展是在改革开放后才开始的。首先是大量商标和品牌管理法规的颁布;其次是品牌传播的形式越来越多样化,从1979年年初,全国范围内开始逐步恢复广告业务。"参桂补酒"是第一个做电视广告的国产品牌,而瑞士"雷达表"则是第一个在媒体上做广告的外商品牌。从此,品牌传播的方式、路径和载体就越来越多。

现在,我们的国产品牌不断焕发生机。一些老品牌重获新生,如"全聚德""东来顺""六必居"等。另外,一些新生的品牌也开始逐渐占领市场。如"海尔""青岛啤酒""联想""华为"等,开始走出国门,走向世界。

思政话题:
年青一代应树立怎样的品牌观?

二、品牌对于企业的意义

(一) 品牌是一种信息资源,具有传递信息的功能

首先,品牌是产品的标志,它的出现表明产品的来源,给消费者传递产品的信息,起着刺激和引导需求、创造消费的作用。其次,任何品牌都代表着它所依附的特定产品的内在质量和标准,在某种程度上表明了生产者或经营者对该产品所应承担的品质责任,从而保证消费者能在互相竞争的同类产品中凭借品牌对产品进行选择和识别,因此,品牌是一种信息资源,有创造价值的功能,通过对品牌的广泛宣传而为消费者所熟知,开拓市场,给企业带来收益。

(二) 品牌是企业形象和信誉的集中表现

企业通过品牌的显著性和新颖性等具体特征向消费者展示其形象和信誉,加深消费者对其产品的印象,引起消费者的注意,刺激消费者购买的欲望,进而达到扩大产品销量的最终目的。同时,良好的品牌形象还可以增强消费者对品牌的忠诚度,促使消费者反复购买。品牌的知名度越高,企业的形象和信誉越好。

(三) 品牌是企业的无形资产,是一项重要的知识产权

品牌凝聚着生产企业的智慧和劳动,是一项重要的知识产权;它是一种无形的财产,时时都在产生着利润。由于品牌具有续展的功能(品牌的有效期为10年,期满可续展),具有价值增值的作用,因此,企业的经营者必须重视品牌的这一特殊作用,尽量给产品起一个好名称,在质量可靠的前提下广泛宣传产品的品牌,增加产品品牌的知名度,从而促进产品的销售,巩固其市场地位。随着品牌知名度的提高,品牌具有的价值及其增值功能是不可估量的。因此,企业千万不要轻易放弃自己产品的品牌,否则,可能会给企业带来不必要的损失。

(四) 品牌是企业进行市场竞争的锐利武器

品牌是企业的产品进入市场的敲门砖。竞争是市场经济固有的经济规律,企业要在竞争中立于不败之地,提高和扩大市场占有率,必然要采取诸如广告宣传、营销推广、公共关系等多种竞争形式。现代企业往往更多的是采取非价格竞争形式,通过对品牌的广告宣传,建立品牌知名度,使产品顺利打入市场。同时,依靠品牌的知名度,企业又会不断开拓进取,不断提高产品质量,增加产品的附加值,巩固已有的市场份额,并不断扩大市场占有率,在竞争中占有优势地位。从我国的法律规定来看,国家对于品牌等知识产权的有形价

值越来越重视，国家相关部门和银行都以各种方式支持企业利用知识产权来获得融资，以便谋求更大的发展。可见，品牌是企业极为重要的财产，善于运用便可给企业带来更大的财富。企业的品牌是一个不容易用肉眼看到，却可能为企业带来实实在在利益的金矿。

三、品牌对于消费者的意义

（一）识别作用

品牌是一个鉴别者。品牌最基本的功能就是识别品牌主的产品和服务。识别功能是指品牌能够尽快地帮助消费者找出他所需的产品，缩短消费者在选购商品时所花费的时间和精力。品牌是一种无形的识别器，是产品和企业的"整体"概念。它使消费者在购买具有某种使用价值的商品时，面对琳琅满目的商品，能很快进行选择。品牌是产品的标志，代表着产品的品质、特色、承诺，缩短了消费者的购买时间和过程。品牌经过国家有关部门登记注册后，其便成为企业的代号，代表着企业的经营特色、质量管理要求、产品的形象等，如果其在社会大众心目中已经形成良好的印象，就容易使消费者在种类繁多的商品中很快选择，并且认牌购买。

（二）契约作用

品牌是一个承诺，是一种合同，是一种关系，是一种保证。行为学者总结了消费者在消费过程中可能遇到的6种风险：①功能风险，产品性能达不到消费者预期；②生理风险，产品对消费者的安全和健康造成危害；③财务风险，产品并非物有所值；④社交风险，产品导致消费者在大众面前难堪；⑤心理风险，产品使消费者感到内疚或不负责任；⑥时间风险，产品不好，使得消费者要付出再次选择另一个品牌的机会成本。

降低这些风险最好的办法就是创建品牌。卡普菲勒教授认为，消费者的不安全感是品牌产品存在的基础，一旦不安全感消失，品牌也就不再发挥效力。这就是品牌作为契约的作用。

（三）情感作用

品牌是阻碍人们进行例行思维的一种心理捷径，是对品牌缔造者精神的一种灌输，是用这个载体体现这种本质的一种命名；品牌是一种表演，是一种聚会，是一种灵感。品牌的情感作用可以把消费者从品牌产品本身及其功能获得的现实性好处，转移到使用者自身及其情感上来，而且，这些情感作用与人的基本需要与愿望密切相关。一些品牌还围绕着自我表现以及个人与他人的关系等方面来表达品牌的情感作用。例如，喜马拉雅品牌香水将其功能定义为可以使女人精神焕发和更加迷人，因而深得广大女性的喜爱。

本章小结

本章主要介绍了品牌的概念和品牌的核心价值，简单辨析了品牌与产品、商标、品类的关系，在品牌资产定义的基础上引出了品牌对国家、企业和消费者的意义。

首先，从四个层次给出了品牌的定义，及对应每个定义的叙述；通过品牌的内涵以及品牌要素的解释，给出了品牌核心价值的来源要素，表明了品牌的核心价值是品牌的内核。

从消费者的角度分析了品牌核心价值的三个类型——功能型、情感型和社会型（自我表现型),分析了三种类型的核心价值的关系和趋势。

其次,详尽阐述了品牌与产品、品牌与商标、品牌与品类的关系。产品是具体的存在,而品牌在于消费者的认知;产品生成于车间,而品牌形成于整个营销环节;产品贵在质量,而品牌贵在传播。商标的构件小于或等于品牌的构件。商标是经过国家管理部门审核批准,用以区别不同生产者和经营者的商品或服务的标志。商标权有国界,品牌使用无国界。品牌可以延伸,商标则需重新申请注册。

最后,分别从国家、企业、消费者的角度,阐述了品牌建设的重要意义。

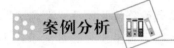

复习思考题

1. 根据自己的理解阐述品牌的定义。
2. 简述品牌的内涵。
3. 举例说明品牌的显性要素和隐性要素。
4. 举例说明品牌的核心价值类型。
5. 说明品牌与产品、商标、品类的关系。
6. 品牌对于企业的意义有哪些?
7. 我们应该如何做好国家品牌?

案例分析

德比尔斯的爱情故事

人们谈到钻石就会联想到德比尔斯,想到那句风靡世界的广告词,"钻石恒久远,一颗永流传"。这句广告词成为企业商标不可分割的一部分。这句广告词来自何处?为什么与公司的商标写在一起?

钻石王国背后的家族

德比尔斯并不是公司创始人的名字,它来源于德比尔兄弟。1860年,他们以50英镑买下了一个农场,由于是兄弟二人一起拥有,就在德比尔的后面加了一个"S",成了"De Beers"农场。1871年,他们变卖了这家农场,不久这片土地就变成了德比尔斯和金伯利钻石矿。

德比尔斯公司是由英国人西塞·罗兹开创的。1880年,他把德比尔斯和金伯利矿的股份从3 600股压缩到98股,成立了一家采矿公司。1888年3月,德比尔斯联合矿业有限公司在南非正式注册成立,从此开始了在南非大规模的钻石开采。

奥本海默家族的第一代传人——欧内斯特·奥本海默最初是看中了南非的金矿生意,在英国和美国筹集了100万美元,于1917年成立英美矿业公司,在约翰内斯堡的东兰德开始淘金活动。然而,欧内斯特·奥本海默并不甘心于淘金生意,于是英美公司的业务开始向钻石业扩张。1925年,英美公司加入了伦敦钻石辛迪加,欧内斯特成为德比尔斯公司的一名董事。1926年,他倾注全部财力收购了德比尔斯公司,并于三年后担任该公司的董事长。对于奥本海默家族来说,第一代传人欧内斯特的一项不可磨灭的功绩就是他于1934年创立了中央销售组织,并演变成钻石贸易公司,控制着全球最大的钻石销售渠道。

欧内斯特于1957年去世，他的儿子哈里·奥本海默成为南非矿业帝国的领导人，担任英美公司和德比尔斯公司的董事长。哈里对公司庞杂的业务进行了整合和调整，他利用德比尔斯钻石销售所取得的流动资金，大量收购矿产资源，使英美公司几乎主宰了南非的钻石、黄金和白金行业。哈里担任公司董事60年，任董事长27年。在他任职期间，德比尔斯采矿业务不断扩大，他的广告战略使人们把钻石和德比尔斯的名字联系在一起。然而在1985年哈里退位时却没有将权力传给儿子，而是将德比尔斯公司董事长的宝座让给了奥本海默家族之外的成员朱利安·汤姆森，朱利安在这个位子上一坐就是13年。

在经历了1994年钻石工业萧条期，以及后来的亚洲金融危机、加拿大发现新的钻石矿等一系列冲击后，德比尔斯公司在1998年迎来了新的发展。奥本海默家族的第三代传人——52岁的尼基·奥本海默接替朱利安·汤姆森成为德比尔斯集团董事长。尼基之所以能够成为德比尔斯这艘旗舰的主帅，是因为他对采矿业有着丰富的经验。这位牛津大学毕业的青年，在1968年加入了英美公司，成为董事长的私人助理，1983年跃升为该公司副董事长；1984年成为中央销售组织副董事长；1985年1月，担任德比尔斯联合矿业公司副董事长；同年4月，被任命为德比尔斯在伦敦的钻石贸易公司董事长。1998年最终成为德比尔斯集团董事长。

德比尔斯的战略重组

在德比尔斯历史上最重要的一次战略重组发生在2001年，德比尔斯93%的股东以压倒多数通过决议，同意南非英美公司和奥本海默家族以197亿美元的价格收购德比尔斯公司。这是南非商业史上一场规模最大的商业收购案，南非高等法院于当年5月底批准了这一并购案，这意味着德比尔斯公司从此告别了雄踞108年的约翰内斯堡证券交易所。

这次收购是尼基反复酝酿的结果。它的主要动机是消除与英美矿业公司的交叉持股。70多年来，德比尔斯与英美公司一直交叉持股，前者拥有后者35%的股票，后者则拥有前者32%的股票，两家公司互为最大股东，并与许多奥本海默家族持股的公司有着交叉持股关系。这种错综复杂的格局打消了任何人企图吃掉二者之一的念头，并确保了奥本海默家族能够长期控制公司。

但是，这种传统的经营模式不为投资者所喜欢，以至于多年来两家公司的股票市值一直呈下滑趋势。对此，尼基认为简化公司的产权结构，是既能使公司顺应现代企业潮流又不会丧失控制权的最好办法。

收购后的公司在结构上形成了一个工字形的集团管理体系，由南非英美公司、奥本海默家族和博茨瓦纳政府共同组成德比尔斯投资公司，英美公司拥有其股份的45%、奥本海默家族拥有40%、博茨瓦纳政府拥有15%。由此，这家投资公司全资拥有南非德比尔斯公司。

从公司的产权结构上看，南非英美公司是德比尔斯最大的股东，但由于英美公司最初是奥本海默家族创办的，因此收购后德比尔斯真正的老板实际上还是持有40%股份的奥本海默家族。

德比尔斯重组之后效率大大提高，产量逐年上升，钻石产量从2000年的3 610万克拉增加到2002年的4 022万克拉。截至2004年年底，其钻石开采量上升至4 701万克拉。德比尔斯公司的纯利润从2003年的3.98亿美元上升到了4.98亿美元，钻石贸易公司的销售额达到57亿美元，比2003年增长了3%。

选择客户的供货战略

在德比尔斯的发展史上，自伦敦的"中央销售组织"成立以来，德比尔斯就实行着一条"选择客户的供货战略"。基于这一前提，它批给客户的坯钻，客户没有讨价还价的余地，只能表示"要"或者"不要"。

在全球范围内，德比尔斯公司的客户有125家，被称为"钻石125"，这些客户都是全球有名的钻石切割厂和经销商。德比尔斯每年在伦敦和约翰内斯堡举行10次钻石"看货会"，来自纽约、安特卫普、特拉维夫、孟买和约翰内斯堡的大客户都将出席。德比尔斯将未切割的坯钻批发给这些客户，再经他们将切割、抛光后的裸钻销售给钻石店。

"选择客户的供货战略"是德比尔斯促进钻石"下游工业"发展的一项重要措施。这一战略自2000年实行以来，不仅使钻石在加工后得到了升值，还在与其他奢侈品的竞争中取得了优势。德比尔斯公司选择客户的评价标准有六条：客户的财政状况、市场地位、批发能力、推销能力、商业信誉和钻石加工技术，这是为了使钻石工业获取更大的利润，鼓励客户使钻石增值，并更有效地扩大钻石市场。2004年在钻石价格上涨7%的情况下，钻石饰品的销售仍比2003年增长了8%。钻石贸易公司总经理当时说："我们的目的在于让全球钻石饰品的市场价值在2012年提高50%。"

根据德比尔斯的统计，全球钻石消费欧洲占10%、日本占10%、亚太其他国家占10%、海湾地区占13%、美国占48%。由此可见，美国是钻石饰品最大的消费市场。然而长期以来，德比尔斯却没能打开美国市场的大门，原因是美国司法部指控德比尔斯公司与通用电气公司串通一气，在1991—1992年对工业钻石价格进行垄断，违反了"反垄断法"。这场持续了10多年的官司，在2004年7月13日有了结果，德比尔斯公司接受俄亥俄州联邦法院的判决，同意支付1 000万美元的罚款。这一官司的了结，结束了德比尔斯多年来一直无法在美国进行直接商业活动，只能通过中间商打入美国市场的局面，为德比尔斯重返美国市场铺平了道路。另外，对潜在钻石消费市场的中国和印度，德比尔斯也开设了办事处。

走向成功的伙伴关系

回顾100多年来的历史，德比尔斯无疑是一家成功的企业，奥本海默家族也因此成为非洲大陆最富有的家族。2005年，美国《福布斯》杂志公布了全球富豪排行榜，德比尔斯集团董事长尼基·奥本海默以60亿美元的资产位居第72名。尼基本人把成功的秘诀归功于"伙伴关系"。他说："伙伴关系永远是德比尔斯走向成功的钥匙。"这种伙伴关系指的是集团下属子公司与所在国政府之间的合作关系，钻石矿与当地社区之间的协作关系，钻石贸易公司与客户之间的利益关系。

今天的德比尔斯在经济全球化的大潮中，面对着越来越严峻的挑战。在生产上，博茨瓦纳、俄罗斯和加拿大丰富的钻石资源已经使南非退居世界钻石产量的第4位。市场方面，它面对着来自化妆品、汽车、手表、旅游纪念品的激烈竞争。据统计，生活奢侈品的广告费占其销售额的10%，手表占6%，而钻石饰品的广告费仅占1%。在同行业内，人工钻石的切割技术也不亚于天然钻石，对此，德比尔斯公司买下了由美国数学家设计的钻石最佳切割方案"完美切割"的专利；同时开创了"鸿运八方"的切割技术，这种切割的裸钻已经被中国香港市场接受。

在挑战和竞争中，德比尔斯依靠"伙伴关系"来扩大生产，开拓市场，在创造财富的同时，让这种"伙伴关系"像钻石一样保持恒久魅力，实现了精神和物质的完美结合。

德比尔斯的广告

1939 年，哈里·奥本海默为了打开美国市场，访问了纽约的艾尔广告公司（后来的智威汤逊公司），这家公司决定在美国的《读者文摘》上为德比尔斯钻石做广告。1948 年，艾尔公司的广告设计师佛朗西斯·格拉蒂女士提出了这句广告词：A diamond is forever（钻石恒久远，一颗永流传），从此它就与德比尔斯的名字联系在一起，并伴随这家公司走过了 57 年的历程，成为德比尔斯企业文化的象征。

这句广告词，在准确涵盖钻石的特性之外，又成功地将钻石和人类的情感需求画上了等号，独一无二、坚不可摧、永不磨损的钻石与永恒不变的爱情结合起来，使钻石演化成了永恒爱情的象征，成为爱情坚贞的誓言、结婚的信物。

德比斯为了扩大消费市场、扭转经济萧条的负面影响，创作了一个经典动人的爱情故事。沧海桑田，斗转星移，世上没有永恒的东西，唯有钻石——A diamond is forever，所以只有钻石才能见证永恒的爱情，如果他永远爱你，他会送你钻石。天底下所有女人都被这个故事吸引了，玛丽莲·梦露曾代表女人宣言："手上的一吻多么令人醉，可是只有钻石才是姑娘们的至爱……"钻石由非必需的奢侈品变成了必需品。

事实上，这个故事利用一句广告语对钻石核心价值进行塑造，表现钻石的昂贵特性。如果广告语仅突出钻石饰品的"时尚"特征，那它只会成为少数富有人群的专利，不可能真正进入大众的生活。但当德比尔斯将钻石的坚硬、不变的特征与人们对于爱情的向往进行对接，从而将钻石饰品定位为"爱情的象征"，使钻石和爱情画上了等号后，钻石也就真正飞入了寻常百姓家中。20 世纪 60 年代，80% 的美国人开始选择钻石作为结婚信物，香奈儿女士曾说："钻石以最小的体积，凝聚着最大的价值。"这个价值很大程度上来自这个动人的故事。

1993 年，德比尔斯旗下的国际钻石推广中心将"A diamond is forever"翻译成"钻石恒久远，一颗永流传"，也把这个故事引入中国。伴随中国国民收入的增长，钻石成为中国城市消费者中最流行的珠宝首饰，这个故事也得到了消费者的广泛认同。今天，结婚钻戒已成为婚饰销售的主打产品，购买结婚钻戒已成为一种时尚。在北京、上海，钻石文化已经深入人心，80% 的女性将其作为结婚信物；在中国其他城市，有 50% 的女性将其作为结婚信物。

德比尔斯不断研究和创造消费者对钻石的需求，切出了一块利润巨大的钻石市场，创造了一个多世纪的钻石神话和历史，也使德比尔斯几乎成为钻石的代名词。钻石逐渐成为人们崇尚的一份情感、一种寄托、一种文化、一种理念，为德比尔斯开发了一个巨大的市场，因而在半个多世纪的时间里，它都与德比尔斯的名字联系在一起，并伴随这家公司走过了半个多世纪的历程，成为德比尔斯企业文化的象征。

案例思考题：

1. 德比尔斯开发钻石故事的目的是什么？
2. 钻石的爱情信物价值来源于钻石的属性，你认同这种观点吗？
3. 从德比尔斯钻石核心价值的塑造过程中，我们可以得到什么启发？

本章实训

一、实训目的
1. 了解品牌概念的发展过程、品牌与产品之间的内在关系。
2. 通过学生对现有的特定品牌发展历史资料的收集和研究,能够对具体品牌概念的形成提出总结性、建设性意见。

二、实训内容
在教师的指导下,通过翻阅资料或上网搜索,搜集国内或国外品牌的发展历史,完成以下任务:
1. 向全班同学陈述本组选择案例的基本内容。
2. 对所选案例中的品牌概念形成及发展阶段进行说明。
3. 总结该品牌概念形成中成功或失败的经验。

三、实训组织
1. 把教学班同学分成五个组,每组选出一位担任组长。
2. 每组独立收集、整理相关品牌资料,案例原则上不允许相同。
3. 由组长负责组织小组研讨,集中本组成员的研究结果,制作文本文件,并设计演示的PPT文稿。
4. 每组推荐一人上讲台演讲,其间师生可以向该组同学提问,教师引导学生参与研讨。

四、实训步骤
1. 每组独立收集、整理所选取案例的资料。
2. 小组讨论,汇总本组意见。
3. 撰写报告,并设计制作演示课件。
4. 各组代表发言,全班参与讨论。
5. 教师对各组表现进行点评。

第二章 品牌管理模式

🎯 学习目的与要求

（1）理解品牌管理的定义
（2）掌握品牌管理的流程和内容
（3）理解各种品牌管理的组织形式及其优缺点

开篇案例

宝洁公司的品牌管理

宝洁公司是全球最大的日用品生产公司之一，它的品牌管理之道有很多值得我们学习的地方。

个性化的品牌定位。如今经济的飞速发展使产品不断丰富，但产品的同质化也越来越严重，要想在激烈的市场产品竞争中屹立不倒，就必须树立自己产品的个性，进行差异化的市场定位。宝洁公司现在能成为世界日化产品的领头羊，离不开它精准的市场定位。宝洁根据不同的消费者群体，推出不同利益诉求的洗发产品。

飘柔产品定位：青春美，飘逸柔顺，自信。市场定位：钟情于拥有柔亮、顺滑易梳头发的女性。

海飞丝产品定位：去屑止痒，清新凉爽。市场定位：针对有头屑烦恼的消费者。

潘婷产品定位：营养健康。市场定位：瞄准希望补充头发营养的女性。

多品牌战略。要问世界上哪个公司的牌子最多，恐怕非宝洁公司莫属。多品牌的频频出击，使公司在顾客心目中树立起实力雄厚的形象。

多品牌虽然营运成本高、风险大，但灵活，也有利于市场细分。宝洁公司的名称P&G 没有成为任何一种产品和商标，而是根据市场细分为洗发、护肤、口腔等几大类，以品牌为中心进行运作。在中国市场上，香皂用的是"舒肤佳"，牙膏用的是"佳洁士"，卫生巾用的是"护舒宝"，洗发水有"飘柔""潘婷""海飞丝"等品牌，洗衣粉有"汰渍""欧喜朵""波特""世纪"等品牌。

品牌经理制度。宝洁公司的多品牌策略是成功的，这极大部分归功于品牌经理，而宝洁公司给每个品牌配备一名品牌经理，负责这一品牌的全部市场活动，使宝洁的每个产品都独具个性。然而，很多人并不清楚，品牌经理并没有很大权力，他们没有指挥其他部门的权力。他们要获得成功，必须依赖其他同人的合作。这与宝洁的品牌管理原则密切相关。宝洁公司的品牌管理制度的四个原则是：消费者至上；与消费者建立长期友好的合作关系；推出最优秀的产品；创造成功的品牌。

在这四条原则下，宝洁员工通过努力，使宝洁与消费者保持着长期友好的关系。

案例启示

有效的品牌管理，就是从目标群体的需求出发，准确进行品牌定位，整合一切管理要素，与消费者保持一致。该案例为我们进行有效的品牌管理提供了思路。

本章知识结构图

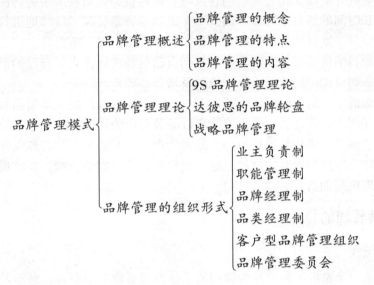

品牌管理是一项既重要又复杂的工作，在品牌创建、维护以及品牌资产提升过程中，企业面临市场环境、消费者需求和内部资源的变化，这些变化时刻影响着企业的品牌策略。

特别是进入21世纪后，随着市场成熟程度的提高，消费者也越来越成熟和理智，品牌管理和品牌建设面临企业内部短期业绩目标的挑战、内部管理与外部需求一致性的挑战、传播混乱的挑战等，也面临外部品牌激烈竞争、品牌国际化等方面的挑战。在品牌管理的过程中，品牌管理者在品牌概念、品牌创建、品牌定位、品牌维护、品牌延伸、建立品牌与消费者关系等方面存在一些误区。事实上，品牌管理有一些共同的基本规律，也存在一些值得借鉴的品牌管理经验，对于这些规律和经验的学习、理解和探索，有利于明确品牌管理的流程和内容，并可根据企业、行业、产品特点等具体情况，设置合理、高效的品牌管理组织形式和运营机制，实现积累品牌资产、扩大品牌影响、提高品牌效益的目标。

第一节 品牌管理概述

一、品牌管理的概念

对于一个企业而言，创造出一个品牌并不难，难的是在品牌打造出来后，还能设法将其保持巩固下来并继续发展下去。而要突破这个难关，最重要的就是进行品牌管理。

所谓品牌管理就是在动态的市场环境中，根据品牌所处的市场竞争状态和消费者的认知度，整合企业内外资源，在公司短期利益与长期利益的均衡发展中进行决策。一个好的品牌必须经过长时间的培育才可以形成，一个成功品牌是长期、持续地进行产品定位及形成产品个性的成果。通过良好的管理和呵护，品牌价值可以不断提升。

品牌管理的目的就是通过在细分市场找到自己的独特性，建立自己的品牌优势，并获取利润。通过一切可能的措施及手段，维护及增加品牌资产。

对品牌管理的定义的理解应该注意以下三点：①品牌管理的主体是品牌管理者，必须为品牌确立责任明晰的管理者；②品牌管理以品牌资产为核心，注重感知质量、提高品牌知名度和品牌忠诚度、强化品牌联想等，品牌管理要针对消费者的心理规律；③品牌管理是一个品牌创建、维护和提升的过程，这一过程要遵循一定的流程，要有模式创新、组织结构创新和管理机制创新。

二、品牌管理的特点

（一）系统性

品牌管理是一个系统工程。品牌管理的系统性就品牌关系而言，是涉及所有品牌利益人的关系系统；从品牌机构全员参与的角度看，是细部的努力、细节的关注；从品牌价值链来说，涉及采购、生产、营销、财务、人力资源等价值链的各个环节；从品牌管理的范围而论，从最初的原材料选择一直延伸至最终的用户服务，涉及企业的整体业务规划。

从品牌管理的战略性地位来说，强势品牌都把品牌管理上升到战略管理的高度，设立战略性品牌管理部门。其主要职责包括：制定品牌管理的战略性文件，规定品牌管理与识别运用的一致性策略；建立母品牌的核心价值及定位，并使之适应公司文化及发展需要；定义品牌架构与沟通组织的整体关系并规划整个品牌系统，使公司每一个品牌都有明确的角色；品牌延伸、提升等方面战略性问题的解决；品牌检验、品牌资产评估、品牌传播的战略性监控等。

（二）全方位性

创造品牌价值、决定品牌胜负的不是品牌注册商标，而是公司的品牌管理策略。消费者购买的是企业有形的和无形的综合实力所凝聚而成的品牌关系的价值载体：不仅仅是产品本身，而且是一个完整的系统。优质的品牌都是精心策划的系统，涉及采购、生产、营销、财务、人力资源等价值链的各个环节，其范围从最初的原材料选择一直延伸至最终的用户服务，涉及企业的整体业务规划。

要塑造一个成功的强势品牌，就必须加大资金和其他资源的投入，使投资力度与重点相得益彰。仅仅增加广告预算、进行广告传播推广是不够的，品牌经营管理者必须大量投入广泛的资源。例如，利用特有的研究方法分析消费趋势，通过制造及辅助网络提供低成本优质零售服务，配置零售商信息处理系统以降低存货成本，以及通过新品研制功能加强产品更新进程。可以说，这需要调整整体战略配合的力度。这时的品牌管理就不仅由营销部门或品牌推广部门独立担当，而是需要在品牌价值链每个环节的决策和行动，因此涉及品牌企业各职能部门并贯穿整个商业流程，成为企业整体战略的核心。品牌管理工作必然会成为跨部门具有战略意义的工作；品牌管理者必须在价值链的每一个环节进行抉择，而不能只关注市场和销售两个方面。品牌管理亦随着其战略地位的提升，被赋予新的含义——"全方位品牌管理"。

（三）长期性

品牌管理是一项长期、持续的工作，从产品品质开始到产品形象的深入，最终承担一种责任。广告可以使一个品牌一夜成名，但是品牌的知名度绝不是品牌的美誉度和忠诚度，亦与品牌的重复购买率没有太大的相关性。塑造强势品牌不是一蹴而就、立竿见影的事情，因而品牌管理不是一个短期工程，需要持之以恒、长久统一地进行。

品牌战略需要打持久战，需要经过几代人的努力。品牌管理应视质量为生命，以创新求发展；以完善品牌美誉度和提高品牌忠诚度为中心扎扎实实地培育、塑造和管理品牌，才能使品牌健康、稳定、快速地发展，实现品牌价值的最大化。

总之，品牌管理是一项系统性工程，需要运用科学严谨的规律，站在战略管理的高度，持之以恒、统一细致地进行整合性规划，实现提升品牌核心竞争力的目的。如同木桶原理一样，每一块木板都要精心呵护、管理到位，容不得半点含糊与怠慢，不要以为倚仗某一两块木板就会享用到整桶水，也不要以为品牌建立起来以后一切就万事大吉，木桶也可能有漏洞。任何走捷径、对顾客不负责任、故步自封的念头都有可能毁掉辛辛苦苦建立的品牌。

三、品牌管理的内容

品牌管理的内容主要集中在品牌创建、品牌维护和品牌提升三个活动中，其内部逻辑关系如图2-1所示。事实上，这三个活动的内容也是相互交叉和渗透的。在品牌创建过程中，首先，要给品牌起一个消费者容易记忆的名字，设计一个色彩搭配合理、视觉冲击力强的标识，要根据产品属性制造或创造出能给消费者很强感染力的核心价值，确定一个有利于占据消费者心理的定位，提炼一个鲜明的个性，优化品牌结构，通过广告策划把这些品牌元素传递给消费者。其次，围绕品牌的核心价值，明确品牌资产组成的显性要素和隐性要素，要与消费者进行深度沟通，在品牌认知的基础上，提高品牌知名度和忠诚度，丰富品牌联想，根据品牌资产的目标要求，逐渐积累品牌资产，建立品牌资产的评估体系，科学评估品牌资产，在消费者和社会公众中确立品牌形象。同时，关注消费者需求变化，进行品牌维护和更新，设计品牌危机管理预案，确保品牌稳定发展，避免因品牌盲目延伸、质量下降、过度广告和过度价格战引起品牌危机，做到防患于未然。最后，在品牌提升的过程中，要充分利用品牌资产价值的积累成果，根据市场变化和产品生命周期，适时进行品牌延伸、品牌授权和特许经营，通过品牌并购、整合，实现品牌的资本运营，推动品牌的国际化进程。

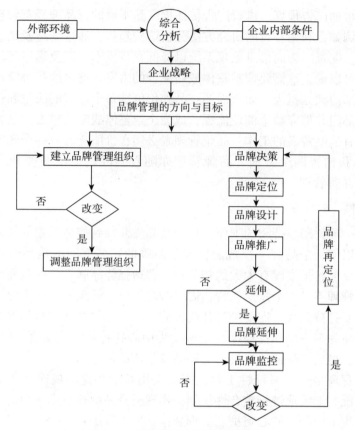

图 2-1　品牌管理内容及逻辑关系

第二节　品牌管理理论

品牌管理理论的发展大体经历了三个阶段，即古典品牌理论阶段（20 世纪 50 年代至 20 世纪 80 年代）、现代品牌理论阶段（20 世纪 80 年代末至 20 世纪 90 年代）和当代品牌理论阶段（20 世纪 90 年代末至今）。

古典品牌理论阶段是品牌管理理论的最初形成阶段，在这一阶段，首先侧重于从品牌的定义、命名、标识、商标等方面对品牌的内涵和外延进行规范研究；其次，从塑造角度提出了许多具有战略性意义的品牌理论，如独特销售主张理论、品牌生命周期理论、品牌形象理论、品牌个性理论、品牌定位理论、品牌延伸理论等。

现代品牌理论阶段是管理理论的深化发展阶段，主要包括品牌权益（资产、价值）理论、品牌权益（资产、价值）管理理论和品牌权益（资产、价值）管理运作模型三个方面的内容，以品牌资产理论的提出为标志。

当代品牌理论阶段是管理理论的全面发展阶段，除对古典品牌理论、现代品牌理论做进一步的创新、完善和相互渗透之外，主要包括品牌关系和品牌力理论、品牌塑造方法、战略性品牌管理理论、范畴性品牌理论（源于品牌的外延不断扩展）及其他新兴品牌思想等几个方面的内容，以品牌关系理论的深入研究为标志。

本节主要介绍现代具有代表性的研究成果。

一、9S 品牌管理理论

许喜林结合中国实际提出了 9S 品牌管理理论，该理论强调品牌建设是一个系统科学的过程，需要企业进行精心的培育和管理。9S 理论的核心内容主要有以下几点。

（一）品牌调研

品牌调研是品牌建设的基础，需要企业清楚以下问题：调查什么内容？采用什么调研工具？采取何种调查方式？如何统计分析？品牌知名度、美誉度、联想度和忠诚度怎么样？

（二）品牌诊断

品牌诊断即透过现象看本质。通过专业人员科学的方法和经验，为品牌建设和发展找出问题并确定最适合的解决方案。

（三）品牌定位

品牌定位即企业的品牌及产品要明确自己的主张，设计其在消费者心目中的位置，如诺基亚的"科技以人为本"、海尔的"真诚到永远"等。错误的定位是最大的浪费，精确的定位则是最好的决策。

（四）品牌规划

品牌规划要明确：品牌及产品的目标是什么？品牌精髓和品牌个性是什么？战略道路在哪里？战略重点又是什么？策略原则如何定？4P（产品、渠道、价格、促销）与4C（消费者需求、购买的便利性、消费者成本、沟通）如何结合？前些年，中式快餐满怀热情欲与洋快餐一比高低，结果却在短时间内败下阵来，究其原因，缺乏品牌规划是主要原因。

（五）品牌创意

如果说，品牌建设的前四步是战略问题，那么品牌创意就是一个战术问题，它对企业建设品牌同样重要。它不仅需要企业有符合品牌定位的新奇想法，个性要鲜明，而且需要企业在广告创意、吉祥物的选择、事件营销及公关活动中以新制胜，吸引顾客的注意力，形成良好的口碑和新闻效应。

（六）品牌设计

没有设计的创意就没有美感，一方面，要对包括平面广告等在内的广告和品牌视觉系统进行设计；另一方面，要对品牌代言人、品牌听觉和环境系统等进行设计。

（七）品牌推广

品牌推广即通过活动、新闻、广告和公关等传播手段，让优秀的创意与设计得到良好的沟通。广告特别是电视广告，在快速扩大品牌知名度方面作用巨大，但知名度并不能完全带来销量的上升；美誉度才是促进销售及形成品牌忠诚度、促使品牌增值的主要因素。消费者是通过和品牌建立关系来认识和忠诚于品牌的，从某种意义上说，品牌就是消费者体验的总和。

（八）品牌评估

品牌评估是建设品牌不可或缺的环节，包括多方面的内容：要对品牌资产进行评估，也要对品牌建设的诸环节进行反省和评价，还要对一项措施实施一段时间后的效果进行检查和总结。如海尔的"日清日高"管理法，其品牌评估的启示作用是显而易见的。

（九）品牌调整

品牌调整即对品牌评估之后，有步骤地进行调整，找出品牌形象与品牌理念之间的差距，好的方面要坚持，不符合发展的方面要改进。

二、达彼思的品牌轮盘

达彼思（Ted Bates）广告集团于 1940 年创立于纽约，以拥有广告大师罗瑟·瑞夫斯（Rosser Reeves）而闻名于世。罗瑟所提出的 USP 理论（Unique Selling Proposition）已成为达彼思的标签。除了 USP 理论，在品牌识别领域，达彼思的品牌轮盘也成为一种独特有效的品牌策划工具。品牌轮盘（Brand Wheel）也称为品牌精髓（Brand Essence），是用来分析消费者对品牌认知的强有力工具。

品牌轮盘是由层层的同心圆所组成的，最中心点就是品牌核心，如图 2-2 所示。而在打造出品牌核心之前，必须一圈一圈由外而内抽丝剥茧地去加以检视，以及寻找可能性。

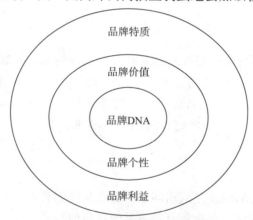

图 2-2　达彼思的品牌轮盘

品牌特质（Brand Attributes）：这个品牌是什么？它的物理面、功能面特征如何？

品牌利益（Brand Benefits）：这个品牌能做些什么？即消费者使用了这个品牌后的结果如何？

品牌价值（Brand Values）：消费者使用了这个品牌后的自我感受是什么？别人又是如何看待用了这个品牌的人？

品牌个性（Brand Personality）：如果这个品牌是一个人的话，它会是一个怎样的人？试着帮它写下自我介绍。

品牌 DNA：品牌在相当长一段时期内的内涵是什么？

它们彼此之间是有关联性且环环相扣的，有什么样的品牌特质就会带出与其相关的品牌利益和品牌价值。在推敲每一个要素时的关键思考都在于现在想的这个点和竞品之间的区隔度如何，如果品牌特质和利益的区隔度不够，就试着从品牌价值和品牌个性上去创造。经过重重思考，最后才能提炼出品牌核心。品牌核心是品牌精髓所在，它也是这个轮盘的结论。

品牌轮盘是用来分析消费者对品牌认知的强有力工具，有效的广告掌握了品牌的精髓，忠诚于品牌个性，传达了该品牌的价值。有效的广告永远与消费者有关联性，它与目标消费群说同一种语言，体现他们认同的内容。

三、战略品牌管理

"战略品牌管理"是营销学者凯文·凯勒的观点。凯勒教授的代表作《战略品牌管理》被誉为"品牌圣经"。品牌创建、品牌维护和品牌价值提升是在企业战略引导下进行的，品牌战略是企业战略的重要组成部分。在企业战略下，品牌战略按其管理流程的步骤逐渐深化，并逐步积累品牌资产，品牌管理的内容也伴随着管理流程的步骤逐渐展开。按照凯勒的观点，品牌战略管理的 CBBE 模型（Customer-Based Brand Equity）的创建旨在回答如下两个问题：一是哪些要素构成一个强势品牌；二是企业如何构建一个强势品牌。CBBE 模型金字塔如图 2-3 所示。

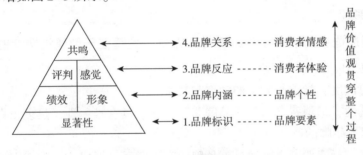

图 2-3　CBBE 模型金字塔

根据 CBBE 模型，构建一个强势品牌需要进行四个步骤的工作：建立正确的品牌标识；创造合适的品牌内涵；引导正确的品牌反应；缔造适当的品牌关系。

同时，上述四个步骤又依赖于构建品牌的六个维度：显著性；绩效；形象；评判；感觉；共鸣。

（一）建立正确的品牌标识需要创建基于消费者的品牌显著性

品牌显著性与如下问题紧密关联：该品牌在各种场合下能够被消费者提及的频率和难易程度，该品牌在多大程度上能够被消费者轻易认出，哪些关联因素是必要的，该品牌的知晓度有多少说服力等。

区分品牌显著性的关键维度是品牌深度和品牌宽度，品牌深度指的是品牌被消费者认出的容易程度，品牌宽度则指当消费者想起该品牌时的购买范围和消费状况。一个高度显著的品牌能够使消费者充分购买并在可选择范围内总是想起该品牌。

（二）在创造合适的品牌内涵方面，关键是创建较高的品牌绩效和良好的品牌形象，并建立基于消费者的品牌特征

品牌内涵的辨识，从功能性的角度，主要指与绩效相关的消费者联想；从抽象角度，指的是与品牌形象相关的消费者联想。这些联想可以直接通过消费者自己的体验而形成，并与通过广告信息或者口碑传播获得的信息相联系。

品牌绩效是产品或服务用以满足消费者功能性需求的外在表现，包括品牌内在的产品或者服务特征，以及与产品和服务相关的各项要素。具体而言，品牌绩效的维度包括产品的基础特征和附加特征（产品的可靠性、耐用性和可维修性，服务的效率、效果和服务人员的态度，产品风格与造型，价格等）。

品牌内涵的另一个维度是形象，品牌形象与产品或服务的外在资产相联系，包括该品牌满足消费者的心理需求或者社会需求等抽象需求。CBBE模型中所指的品牌形象又由四个要素构成：消费者特征；购买渠道与使用条件；个性与价值；品牌历史、传统和发展历程。

（三）关于如何引导正确的品牌反应，需要在品牌评判和品牌感觉两个方面进行努力

（1）品牌评判指企业应集中关注消费者关于品牌的看法。消费者对品牌的评判主要包括质量、可信度、购买考虑、优越性四个方面。

（2）品牌感觉指消费者对品牌的感性行为，主要包括热情、娱乐、激动、安全、社会认可、自尊等要素。

（四）在缔造适当的消费者与品牌关系方面，关键在于创建消费者的品牌共鸣

品牌共鸣包括以下四个维度。

（1）行为忠诚度，指重复购买的频率与数量。

（2）态度属性，指消费者认为该品牌非常特殊、具有唯一性，热衷于喜爱该品牌而不会转换成其他同类品牌的产品。

（3）归属感，指消费者之间通过该品牌而产生联系，形成一定的亚文化群体。

（4）主动介入，指消费者除了购买该品牌以外，还积极主动地关心与该品牌相关的信息，访问品牌网站并积极参与相关活动。

第三节　品牌管理的组织形式

品牌管理并不是大企业的专利，小企业也可以通过与客户沟通、感情交流等方式提高客户的重复购买率。只是企业的品牌管理活动有的是在组织框架下有组织地进行，而有的却是业主的业余活动。因此，虽然企业都开展涉及品牌管理的工作，但其组织形式存在差异。事实上，品牌管理的组织形式根据品牌的成长阶段、企业规模等因素呈现不断的变革倾向。当一个小企业只有一个品牌时，品牌管理相对比较简单，品牌管理的组织形式也相对简单；当一个大企业有众多品牌时，品牌管理就需要有一个组织负责品牌管理的协调工作，避免企业在与外部竞争时出现有损品牌形象的情况。同时，多个品牌间的传播活动也需要协同行动，这也是权衡投入与效益的选择。以下是几种常见的品牌管理组织形式。

一、业主负责制

业主负责制是一种高度集权的品牌管理组织模式，是指企业在培育品牌的过程中，业主直接负责品牌决策、品牌沟通、品牌定位和传播的组织实施工作。其业主负责制组织结构如图2-4所示。这种模式主要针对公司规模小、管理人员少的创业企业。

这种制度在20世纪20年代以前是西方企业品牌管理的主流形式，因为企业规模小，品牌经营还比较简单，光靠高层管理者个人就能够应付。例如，福特汽车公司的亨利·福特、麦当劳餐厅的雷·柯洛克、可口可乐公司的坎德勒等在创业之初，都把品牌的创建和发展作为毕生的使命，亲自参与品牌决策的制定和活动组织。中国中小企业也多采用这种品牌管理形式。

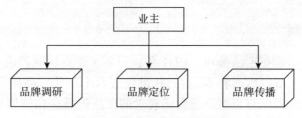

图2-4　业主负责制组织结构

业主负责制的优点是：①决策迅速，能方便地整合资源，根据市场状况和消费者需求，迅速确定品牌定位，并传播到消费群体中，在整个过程中，业主能有效整合企业资源和个人资源来实现品牌管理目标；②能为品牌注入企业家精神，使品牌具有鲜明的企业家个性。业主是企业的主人，也是品牌管理的执行人。业主的执着热情、诚信等个性很容易被消费群体接受，使品牌具有鲜明的个性。

业主负责制的缺点是不适合规模较大的企业。企业一旦规模扩大，就需要与各方面的组织和机构打交道，业主要承担企业众多的管理工作，个人已无精力再处理所有品牌相关的事宜，品牌管理权限随之产生分化，业主负责制这种品牌管理组织形式也会显示其越来越大的局限性。

二、职能管理制

职能管理制是将品牌管理的职责分配到各个职能部门中去的一种品牌管理组织模式，其组织结构如图2-5所示。例如，企划部门负责品牌规划工作，市场部门承担品牌调研工作，宣传部门承担品牌传播推广工作等。职能管理制是品牌管理工作分化的结果，当企业发展到一定的规模时，企业高层管理把工作精力重点放在战略、人事、财务等领域，品牌管理工作就由职能部门承担。20世纪20年代至50年代，这种制度非常普及，至今在我国还有很大一部分企业采用这种品牌管理模式。

职能管理制的优点是：①使高层管理者摆脱了品牌具体事务的纠缠，分身出来做其他重大的战略决策；②将专业化的职能分工和科学管理引入品牌管理，使品牌在更复杂的环境下成长。

职能管理制的缺点是：①各职能部门属于平行机构，缺乏一个上级领导来进行有效的协调和沟通，容易出现扯皮和推诿现象，产生品牌管理的"真空"；②缺乏一个强有力的部门协调人，各职能部门承担多项工作，不一定把品牌作为部门的重要职能，在与市场和消费者的衔接中出现失误或误判的概率增加。

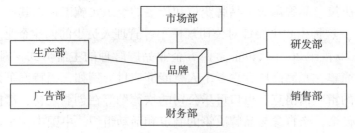

图 2-5 职能管理制组织结构

三、品牌经理制

品牌经理制最早出现在宝洁公司。1931 年，尼尔·麦克埃罗伊成为世界上第一位品牌经理。在第二次世界大战以后，特别是在 20 世纪五六十年代，品牌经理制被企业广泛接受和实践，其流行的原因也与当时市场营销观念的广泛传播存在密切联系。品牌经理制是在企业管理中为每个品牌的产品或者产品线配备一名具有高度组织能力的管理人员，使其对企业的品牌开发、产品销售、毛利全部负责，并由他来具体协调产品开发研制、生产、包装设计、市场研究、业务拓展、广告制作、促销支援及其他部门。品牌经理制组织结构如图 2-6 所示。

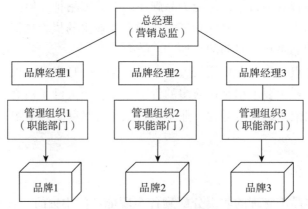

图 2-6 品牌经理制组织结构

（一）品牌经理制的起源

尼尔·麦克埃罗伊是世界上第一位品牌经理。1926 年，宝洁公司推出第二个香皂品牌"佳美"，但销售业绩一直不尽如人意。麦克埃罗伊发现，"佳美"的广告及市场营销都太过于"象牙"化，在不同程度上成了"象牙"的翻版。作为宝洁第一个香皂品牌，"象牙"自 1879 年诞生以来，通过印刷广告等形式，已成为消费者心目中的名牌产品，销售业绩一直很好。而"佳美"与"象牙"面对同一消费群体，又被规定"不允许与象牙进行自由竞争"，自然成为宝洁公司避免利益冲突的牺牲品。1930 年，宝洁决定为"佳美"选择新的广告公司，并向这家广告公司许诺，绝不为竞争设定任何限制。这之后，"佳美"的销售业绩迅速增长。于是，麦克埃罗伊萌发了"一个人负责一个品牌"的构想，并于 1931 年 5 月 31 日起草了一个具有历史意义的文件《品牌管理备忘录》。麦克埃罗伊的品牌管理法得到了以改革创新而闻名的宝洁公司总裁杜普利的赞同，从此宝洁公司以"品牌经理"为核心的营销管理体系逐步建立。对此,美国《时代》杂志称赞道:"麦克埃罗伊赢得了最后的胜利。他成功地说服了他的前辈们,使宝洁公司保持高速发展的策略其实非常简单——让自己和自己竞争。"

品牌经理开创了品牌管理的新模式,与以前的品牌管理存在明显的不同,二者的比较如表 2-1 所示。

表 2-1　品牌经理与传统做法的比较

比较项目	传统做法	实行品牌经理制后
产品开发	工程师考虑最多的是竞争,而非顾客	品牌经理与工程师们共同努力,确保产品满足消费者需要
市场定位	相似产品争夺同一消费群	每个产品必须明确自己的位置
市场营销	由不同的人来分管广告、定价和计划	一个人对某种产品的营销全权负责
产品形象	也许每年都会改变产品	一个连续的主题
承担责任	个人对某一产品的成功与否不负责任	品牌经理的收入与产品的成功与否挂钩

(二) 品牌经理的职能

品牌经理的主要职能是计划和控制,并使所负责的品牌取得良好的营销效果。品牌经理的工作权限是:①可直接向营销副总经理报告,由营销副总经理向执行副总经理报告;②具有与所负责的品牌有关的所有决策权;③在决策过程中,品牌经理应参考来自其他部门的专家意见或建议;④在品牌经理可以继续开发之前,所有决策都必须获得高层管理者的批准。

因此,品牌经理的主要工作包括以下几项。

(1) 调研工作。品牌经理必须进行必要的市场调研,掌握市场信息,善于分析处理,以获知如何获得和增加利润,然后才能进行品牌规划。

(2) 与广告代理商和经销商研究促销方案。

(3) 协调工作。品牌经理虽然职有专司,但也不是孤立存在的。这种制度大大增强了各部门之间运作的协调,而且一种品牌的市场需求、生产要求、销售量等信息能很快地反馈回品牌经理处,以便其能在科研生产、广告、公关等方面做出反应,修订品牌发展的计划。

(4) 建立品牌定位与形象。品牌经理的所有工作都是围绕建立一个清晰独特的品牌形象展开的。

(5) 制订产品开发计划并组织实施,确定产品的竞争和经营战略,编制年度营销计划和进行营销预测。

(6) 激励推销人员和中间商对该品牌产品加以支持。

(三) 品牌经理制的优缺点

1. 品牌经理制的优点

(1) 为每一个品牌设置了专职管理者负责品牌分析、规划和执行等全过程,从而为品牌的成长提供保障。

(2) 品牌经理为品牌建设进行有条不紊的安排,从而增强了各职能部门的协调性。

（3）品牌经理制强化了企业内部和企业外部的沟通，有利于形成以消费者为中心的品牌模式，培养消费者的偏好和忠诚。

（4）为企业培养了高级的综合管理人才。品牌经理制的提出者麦克埃罗伊后来荣升为宝洁公司总裁。

2．品牌经理制的缺点

（1）为每个品牌分别进行促销活动，导致营销费用较大。

（2）品牌较多，往往得不到消费者足够的注意力，形成强势品牌较难。

（3）每一品牌有一个品牌经理，多个品牌会出现不同风格，不利于塑造企业形象。

（4）企业内面对同一消费群体的不同品牌为争夺市场常常会互相残杀。

（5）要求各部门以消费者为中心，敏捷地适应市场变化，否则，会给企业的整体发展带来致命的打击。

四、品类经理制

品牌经理制使宝洁成为营销实力最强的企业，但20世纪80年代后期，品牌经理制的弊端逐渐显现出来。品牌数目过度膨胀，不仅造成了资源的分散和浪费，而且影响企业的有效经营。宝洁开始探索是否有更好的品牌管理组织制度，品类经理制应运而生。

品类经理制是品牌经理制的演变，也称为品牌事业部制，是指为多个品牌构成的一个产品类别设置一名经理，由其负责该品类的管理和盈利。品类经理制与品牌经理制本质上是一样的，都是设置专职管理人员来负责品牌管理，而且都是由各职能部门人员共同组成的一种矩阵式管理组织形式；不同之处在于，品牌经理制是负责一个具体品牌的管理，而品类经理制是负责几个同类产品的品牌管理。例如，纳贝斯克公司就实行了品类经理制，该公司设有三个饼干种类管理小组，分别负责成人浓味饼干、营养饼干和儿童饼干的品类管理。每一个品类小组由来自财务、研发、制造和销售部门的专家构成，在一定程度上整合了公司内部的资源，近似于独立的营利单位，对该品类的成长负有全责。品类经理制组织结构如图2-7所示。

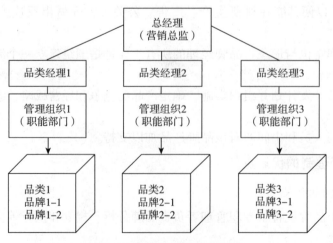

图2-7　品类经理制组织结构

品类经理制的优点是：①能够协调品类内各品牌的关系，整合各品牌的优势，避免了品牌经理制中出现的资源内耗和重复建设问题；②充分利用品类经理的行业专业优势，提高管理效率。

缺点是各品类之间缺乏整合，依然会出现公司整体品牌形象不统一、不鲜明的问题。

 阅读材料

开创一个新品类

品牌感悟：

如何击败传统巨头和品牌，硬碰硬多半不行，跟随战略也难有成效。颠覆式的做法是，自己圈一亩三分地，开创一个新品类，抢夺传统品类市场，这样才能实现品牌的逆袭。

品牌分析：

在产品品牌管理的基础上，类别品牌管理出现了。品类管理组织虽然复杂，但很重要，品牌管理者要在原来传统产品类别的基础上，根据自身实际和市场需求，开辟一个全新的品类。然后把自己的产品品牌作为这一新品类的代表来推广经营，形成强烈的消费者认知。

很多营销经验证明，与其花很多功夫在红海中做大品牌，提升品牌竞争力，还不如发现一个蓝海品类市场，创建一个新品牌效率更高。

提起功能运动饮料，就想到了红牛；说到国内中低端SUV，就想到长城汽车；提到去火茶饮料，就想到加多宝。这些都是消费者因为品类倒推想到的品牌，该品牌成为这个品类的代表。这种品牌认知强化了终端销售优势，大多数消费者如果需要一些品类，他们会直奔这一品类的代表而去。在品类管理中，品牌建立在品类的基础之上，品类的重要性甚至超过了品牌。换句话说，即使品牌知名度再高，如果没有依托一个针对性的品类，品牌价值也是虚的，品牌犹如空中楼阁。

在20世纪末期，娃哈哈和乐百氏一直占据中国纯净水市场的前两位，后起之秀农夫山泉意识到在纯净水领域难以与两大巨头抗衡。农夫山泉的日子过得很难——想打价格战，但没本钱；想做高端，但没品牌。

2000年4月，农夫山泉大胆宣布进行品类转型——农夫山泉不再生产纯净水，全部生产天然水，开创一个全新的天然水新品类。这一创新树立了农夫山泉的高端形象，使农夫山泉与天然水牢牢联系在一起。这一新品类直指以娃哈哈和乐百氏为代表的纯净水品类。

在随后的系列策划中，农夫山泉提出"天然水"的安全健康概念，强调农夫山泉"不生产水，只做大自然的搬运工"。为此，农夫山泉在全国各地寻找良好的水源地，就地生产，然后将"天然水"搬到城市销售。

"天然水"存在运输环节，多出了物流成本。同时，在品类推广初期，广告投入较大。因而"天然水"成本高出纯净水。但是，由于品类创新触摸到消费者的痛点，消费者被"天然水"这一概念打动，愿意支付溢价消费。从品类角度来看，农夫山泉创造天然水品类这一打法出奇制胜。

品牌指南：
开创新品类，实现品牌逆袭。

思政话题：
在学习、工作中遇到困难时，如何找到新途径，实现突破？

五、客户型品牌管理组织

当客户可以按不同的购买行为或产品偏好分为不同的用户类别的时候，建立客户管理组织是比较理想的。这种组织形式是把公司的组织机构集中在一起，使主要客户成为公司各部门为之服务的中心，由客户品牌经理负责制订其所主管品牌市场的长期和年度规划，分析客户的动向及公司应向客户提供什么新产品。

客户型品牌管理组织的最大优点是：品牌营销按满足消费者的各类不同需求来组织和安排，而不是集中在营销功能、销售地区或产品本身。这种品牌管理组织在服务业运用较多，如银行、移动运营商等。

六、品牌管理委员会

21世纪初，一些跨国公司的品牌管理组织又演变成一种新的模式。这种模式由高层管理者直接担任品牌负责人，各职能部门和各品类负责人担任委员，注重各品类以及各职能协调，称为品牌管理委员会，其组织结构如图2-8所示。这种组织形式以一个战略性的品牌管理部门或人员来弥补品牌经理制和品类经理制的不足，是在品类经理制的基础上，在管理高层增加了一个品牌管理委员会。

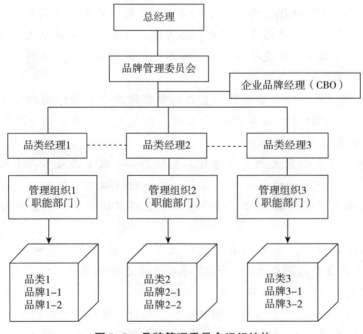

图2-8　品牌管理委员会组织结构

阅读材料

构建中枢

品牌感悟：

绝大多数中国企业品牌的整体规划和领导，缺乏一个强有力的品牌合作和协调机制。组织需要一个强力的品牌中枢，来建立强有力的品牌合作机制和统一规划，以实现品牌愿景和目标。

品牌分析：

无论是产品品牌经理，还是类别品牌经理，在组织架构中所处的位置，决定了他们只是品牌管理战略的执行者而不是制定者。

品牌管理委员会就是品牌中枢，是最高层的战略性品牌管理部门，调动人力、财力等资源来弥补原有品牌管理体制中的不足。在品牌管理过程中，品牌管理委员会主要负责协助高层规划企业品牌体系，建立企业的核心品牌价值体系，以及推出新的产品品牌等战略性决策。

摩托罗拉是一个强势品牌。虽然现在卖给谷歌，手机产品似乎在消失，但是在跨国公司中，摩托罗拉的品牌价值和品牌管理仍然非常有号召力。这也是谷歌花大价钱购买没有技术前景的摩托罗拉的重要原因。

为了扭转与诺基亚等公司竞争不利的局面，2004年1月开始，摩托罗拉总裁詹德带领品牌管理委员会，对品牌战略进行了重新调整，投入大量精力使摩托罗拉向市场靠拢。媒体当时报道摩托罗拉进入詹德的品牌元年。

2005年，摩托罗拉首次设立了"亚太区"这一区域管辖机构，并通过重新任命亚太区战略成长推进部总经理，确立了"亚太区"品牌管理委员会的高层构成，负责解决中国、韩国、日本等区域的品牌延伸、提升等方面的战略性问题，并对品牌资产评估、品牌传播实施战略性监控。

为了重塑摩托罗拉形象，品牌管理委员会投资1 000万美元，对整个品牌架构与品牌系统进行了重新规划，使公司每一个品牌都有明确的角色。制订品牌管理的战略性规划，对母品牌进行定位，建立核心价值体系，这些都是品牌管理委员会的重要职责。摩托罗拉品牌管理委员会将"无缝移动"定为摩托罗拉3G的核心战略，将客户满意度变为可衡量的指标，投入重量级资本进行渠道重建，强化客户这一利润中心。

"顾客就是上帝！"摩托罗拉品牌管理委员会在进行战略调整的过程中，对产品与客户的关系进行重点建设。以中国市场为例，摩托罗拉将原来的中央统一控制的方式，变为以省为单位，甚至以城市为单位，使每个地区级经理都享有高度自治权。这些机构可以根据市场调整自己的销售方案和策略，灵活主动，如一个个独立运营的公司。

这项举措弥补了品牌经理制在运行过程中的僵化问题。应该说，摩托罗拉品牌管理委员会通过战略性企业系统品牌规划和市场定位在当时获得了成功，但是摩托罗拉的产品技术创新没有跟进，使得公司没有根本扭转下滑的颓势。

品牌指南：

组织需要一个强有力的品牌中枢。

思政话题：

小至家庭、班级，大至国家，都需要一个核心，谈谈自己的想法。

品牌管理委员会主要的人员构成包括：企业的主管副总、品牌管理委员会委员（通常由各主要职能部门负责人担任）、品牌项目负责人、品类经理、品牌经理、技术人员、营销人员、财务人员等。此外，还要聘请品牌方面的专家学者作为"外脑"。一些企业设置了首席品牌官（Chief Brand Officer，CBO）一职来主持品牌管理委员会的工作。

阅读材料

首席品牌官的诞生

品牌感悟：

品牌管理是一个高度专业的工作，企业家不能也难以直接参与。在品牌管理、对外沟通交流、媒体关系上，需要一个更加专业化的品牌管理制度来协调，形成一个有机的品牌管理系统。首席品牌官制是一个较好的制度。

品牌分析：

菲利普·科特勒和马蒂·纽梅尔分别在其著作《营销管理》（第11版）和《品牌的鸿沟》中提出了首席品牌官的概念。不过，首席品牌官（CBO）对许多国内企业来说，还是一个相对陌生的职位。实际上，CBO是品牌时代化的产物，在国外知名跨国企业中已成为一个热门职位。

CBO是现代组织中设置的专门负责品牌战略管理与运营的高级官员，代表CEO就企业形象、品牌以及文化进行内外部沟通。CBO不仅是传播者和管理者，更是企业价值设计的参与者和企业品牌资产经营的责任者。按照国际惯例，CBO由企业副总裁级领导担任，成为企业品牌管理制度建立与执行的核心人物。

首席品牌官制是全面品牌管理理论下的一种科学品牌制度，真正推动企业从战略高度管理企业品牌。使企业不再像以前一样，将品牌管理交由较低层次的企业品牌经理进行分散的管理。

由于首席品牌官制赋予了企业品牌管理层较高的管理地位，同时负责企业品牌建设的战略规划，因此避免了产品品牌经理制下难以协作的缺陷。首席品牌官可以从企业整体利益和战略出发，实行统一的系统管理，使品牌管理达到整体最优状态，成为有机整体。在这一制度下，企业品牌、产品品牌相互支持，成为一个有机整体，形成企业品牌、产品品牌和企业家品牌"1+1+1>3"的整合效应。

首席品牌官制度有利于培育企业品牌和企业家品牌形象，维护统一的企业形象。一般来说，产品品牌更多地代表产品、技术等，企业品牌和企业家品牌则代表企业价值观、企业文化等，属于更高层次企业品牌理念的表达。这些品牌形象在以往的管理体系中是分散的、碎片化的，而首席品牌官制度可以把它们整合成一体。

品牌指南：

统筹管理，打造整体最优品牌。

思政话题：

考研与工作，如何选择？如何统筹协调？

品牌管理委员会的职责和具体工作包括：①制定品牌管理的战略性文件，规定品牌管理与识别运用一致性策略方面的最高原则；②建立母品牌的核心价值及定位，并使之适应公司的文化及发展需要；③定义品牌架构与沟通组织的整体关系，并规划整个品牌系统，使公司每一个品牌都有明确的角色；④品牌延伸、提升等方面战略性问题的解决；⑤品牌资产评估、品牌传播的战略性监控等。

具体的品牌管理工作有：①及时为决策层提供品牌信息；②申请注册商标；③设计或参与设计品牌；④研究竞争对手的品牌特点与竞争战略；⑤监控品牌运营；⑥加强品牌知识培训；⑦打假护真；⑧管理商家档案；⑨管理品牌标识的复制、领用与销毁；⑩处理品牌纠纷；⑪展开品牌更新工作等。

通用电气、惠普、3M等公司就成立了品牌管理委员会，其主要职责是建立整体的品牌战略，确保各事业部品牌之间的沟通与整合。

品牌管理委员会的优点是：①能够有效协调各品类之间的关系，统一企业整体形象；②能够有效协调各职能部门之间的关系，因为各职能部门的主管都是该委员会的委员；③有助于建立全员品牌导向，因为品牌管理委员会处于公司的高层位置，对整个公司都有管理权限。

品牌管理委员会的缺点是：①高层管理者身居高位，对各品牌、品类的一线市场了解不足，难免出现一些决策过于主观的问题；②对高层管理者的品牌管理水平要求高，高层管理者并不等同于品牌的专业管理人士，在进行决策时难免会出现一些非专业的错误。

 阅读材料

如何做好CBO

品牌感悟：

首席品牌官（CBO）不是摆设，他要对企业进行长期一致全面统一的品牌管理，建立协调统一的品牌管理系统。CBO有利于长期保持企业形象的一致性，提高企业品牌资产的价值。如何做好CBO呢？

品牌分析：

在2008年"第二届中国十大卓越·新锐CBO评选"颁奖典礼上，远东控股集团副总裁兼首席品牌官徐浩然同新浪网CEO曹国伟、联想集团高级副总裁兼大中华区总裁陈绍鹏等十位CBO站在了颁奖台上。聚光灯下，闪亮的不仅是十位新锐CBO，更是中国企业品牌发展的未来。

如何做好一个CBO？首先需要对企业品牌管理进行筹规划，定义品牌构架，规划整个品牌系统。一般将品牌规划为三大部分：构建全面的品牌管理制度和系统，提升企业品牌影响力，打造优秀企业品牌文化。

做好CBO，应该多管齐下，通过多种渠道提升企业品牌影响力。做好CBO，还要正确处理个人品牌与产品品牌、企业品牌的关系。三者的关系可以用一个"三角关系表"来概括，三角分别是"产品、企业和个人"。

一个企业的产品品牌要追求品质，实现品牌的差异性；一个企业的企业品牌要追求品格，实现品牌的独特性；而一个企业的个人品牌要追求品位，实现品牌的一致性。这三者最好形成一个等边三角形，呈现一种正相关的正态分布关系，互相促进。

优秀的CBO还要做到以下几点。第一，一腔热爱，对企业、工作和品牌非常热爱；第二，一片真诚，在对内、对外沟通的时候，都要用一颗真诚的心、感恩的心、宽容的心、包容的心去面对；第三，一揽全局，对企业的整个经管、生产销售、企业文化等所有的状况了然于心;第四,一致言行,要做一个有责任感的人,做一个诚实、可信任的人,言谈举止都能充满一定的魅力,代表企业和品牌。

品牌指南:
统筹规划,多管齐下,成为一名优秀的CBO。

思政话题:
结合自己未来职业规划,如何成为一名优秀的职业经理?

本章小结

本章首先给出了品牌管理的内涵。品牌管理是管理者以企业战略为引导,以品牌资产为核心,围绕品牌创建、维护和提升这一主线,综合运用各种资源和手段,达到增加品牌资产、打造强势品牌目的的一系列管理活动。

其次,阐述了品牌管理的内容,以及品牌管理的相关理论。

最后,探讨了品牌管理模式,分析了品牌管理组织形式和内容的变化,重点叙述了品牌业主负责制、职能管理制、品牌经理制、品类经理制和品牌管理委员会制的具体内容、管理职责和优缺点,为我们全面掌握品牌管理模式提供了一个框架,也为品牌管理模式的选择提供了基础。

复习思考题

1. 阐述你对品牌管理的理解。
2. 简要叙述品牌管理相关理论的具体内容。
3. 简要叙述各种品牌管理模式的优缺点。
4. 品牌经理制与以往的品牌管理有什么不同?
5. 如何成为一个优秀的品牌经理?

案例分析

海尔的客户经理制

一、客户经理产生的背景

(一)海尔营销平台建设

1998年之前,海尔一直沿用"销售公司"(产品事业部的基本功能单位)的营销模式,由各产品事业部分别在各地设立冰箱、洗衣机、彩电等销售公司,独立从事营销活动,缺少协作,如图2-9所示。为消除这种营销模式所带来的资源分散、营销费用过高等弊端,海尔于1998年2月成立了集团营销中心,同时在各地设立其分支机构。比如在北京设立"海尔集团营销中心北京办事处",负责协调、整合各产品事业部在北京的营销活动,收集销售终端信息,为企业决策提供依据。

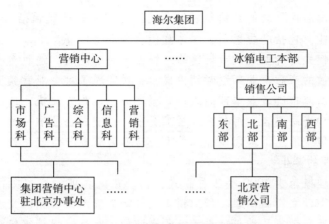

图 2-9　海尔营销组织结构

但是，这仍然没有改变海尔营销组织松散的现状。各销售公司之间依然自成体系，保持独立运行，彼此之间处于相对封闭状态。不同产品的销售、售后服务仍由各产品事业部分别负责，集团营销中心只对产品事业部起到监督与协调作用。此外，还造成了对外形象和业务的不统一。如大零售商与海尔进行业务谈判时，往往要接待和面对来自不同产品部门的海尔业务人员，下订单也要面对海尔不同的销售公司，分多次进行。由于不同产品销售公司的地理位置不同，客户为了订购不同的产品要跑多个地方，加上各个销售公司的销售政策不统一，海尔传递给客户的信息是繁杂、不统一的。即便是在同一销售场所，各销售公司仍分别组织促销和广告活动，加之企业形象识别系统不统一，不利于海尔的品牌运营。

这种营销模式的弊端还表现在应收账款、库存的不断增加上。从 1997—1999 年，海尔应收账款周转率由 11.11 次逐年下降到 4.96 次，这意味海尔应收账款在销售收入中的比例越来越大。存货周转率由 6.96% 下降到 5.97%，库存问题日渐严重。不良品、库存、应收账款是困扰中国企业的三大问题，如果消灭不了，企业无法生存。

为了解决上述问题，海尔于 1999 年 9 月开始实施变革，成立商流本部，为海尔产品销售搭建了统一的网络平台。在全国分设 42 个工贸公司（Haier Marketing Serves, HMS），负责海尔产品在国内各级市场的销售。

商流本部的组织结构主要包括两大部分。第一部分为销售部门。商流本部在全国范围内设立了 12 个销售事业部，分别管理 42 个工贸公司。12 个销售事业部分别为山东事业部、东北事业部、华北一事业部、华北二事业部、华东一事业部、华东二事业部、华东三事业部、华东四事业部、中南事业部、西北事业部、西南事业部、华南事业部。销售事业部是以区域市场为单位的管理与执行部门，其作用在于"承上启下"，即将海尔总部的经营思路、决策等转变为本地化的具体策略与战术。销售事业部的机构设置是虚拟的，事业部长一般兼任工贸公司总经理。42 个工贸公司分布在全国各地，具有独立法人地位。海尔产品本部借助 42 个工贸公司的销售平台，使其产品快速进入全国各大商场、家电连锁和专卖店销售。

第二部分为管理与支持部门。商流本部包括品牌运营、网络订单部（负责订单管理、数据及综合考核项目）、工程部（负责大型工程项目的产品配套服务）、连锁渠道中心（负责大型电器连锁零售商和连锁超市）、中心专卖店（负责部分二级市场及三级市场的重要渠道，协助专卖店向下属的乡镇和农村发展网络，并开展促销活动）。公关策划中心相当于企划部的职能，包括广告策划、媒体宣传、现场推广等。

上述海尔营销模式的转型是以市场链的流程再造为前提的。通过对核心业务的流程再造，海尔终结了分散的产品事业部制营销模式，首次实现了对企业营销资源的整合和统一配置，并将其置于商流推进事业本部的统一管理之下。以此为契机，通过推动相关营销支持部门的组织改革和资源整合，海尔将地区工贸中心打造成企业唯一的营销平台，并使销售和生产的关系由传统的上下游职能分工关系，转变为服务与运营关系。

（二）客户经理的诞生

海尔的客户经理概念于2000年2月正式提出。在此之前，海尔实行的是产品事业部制，各产品事业部下设立产品销售公司，销售人员既负责产品营销，又承担着与客户沟通的职责。随着海尔产品销售品种与销售量的急剧增加，原有的营销组织结构与营销活动给客户带来了诸多问题与不便，主要表现在以下几个方面。

一是客户与海尔业务往来呈现"一对多"的关系，即一个客户（零售商）往往与多个海尔产品线的中心经理建立业务往来，双方业务谈判效率低下，不便于海尔与客户之间的直接沟通。

二是不同产品销售公司的营销流程与营销政策差异大，易引发与客户的交易纠纷。

三是随着大型零售组织的崛起，客户对交易的要求从数量和质量开始转向包括价格、速度、服务、配送、促销、返利等在内的一揽子要求，交易关系变得更加复杂。传统营销模式中的产品线经理既要销售产品，又要经营客户关系，力不从心。

海尔的客户经理就是在上述大背景下产生的。海尔以营销流程再造为契机，将以产品线为中心的产品经理的营销模式转型为以市场为中心的区域经理营销模式。此后，为适应外部环境的变化，海尔又把区域经理分为区域客户经理与渠道客户经理两类，统称客户经理。前者专门经营和维护某一个区域的客户关系和客户网络；后者则负责跨区连锁商业渠道的客户关系。

客户经理模式的形成，架起了海尔与客户（零售商）之间的桥梁，使其与零售企业之间的沟通更为通畅，简化了不必要的程序与环节，提升了海尔的客户关系管理能力。

为了实现资源的最优配置，海尔将营销资源逐步向国美等家电连锁大客户倾斜。海尔在全国42个工贸公司中，共设有客户经理600余人，平均每人负责10个左右重点客户。比如北京工贸下设网络部，主要是负责客户网络建设以及回款，下设客户经理13名，分别负责国美、大中、苏宁、大商场及郊区等客户管理以及拓展新客户网络、资金回笼等工作。

二、客户经理的业务流程

客户经理作为海尔与客户连接的纽带，主要负责以下几个方面的业务。

第一，发现并满足客户需求，获取订单。"帮助客户赚钱、帮助客户找产品"是海尔对每一个客户经理的要求。这要求客户经理既要把握顾客的潜在需求，又要通过与产品经理的密切合作，向客户推荐产品和各种超值服务，使其切实感受到选择海尔的利益所在，吸引客户下单。

第二，回款业务管理。依据回款工作流程，客户经理首先需要总结上月回款指标的完成情况，依据完成情况将本月度回款计划分解、下达，并负责回款计划过程的论证、执行和控制，最后对回款结果进行考核兑现。回款业务分两类，一类是现款现货方式的回款。

客户经理通过与客户的沟通，争取客户订单从而获得回款。一般来说，大客户在海尔账户上存有一定数量的现款。客户下订单提货时，原则上不能超过账面余额。另一类是对家乐福、国美等大客户实行一定账期的信用额度，大客户在海尔提供额度范围的基础上，可以超过额度提货，客户经理负责跟踪这部分销售的回款。

回款速度、回款数量与客户的商品销售速度、销售量成正比。如果客户的销售不畅，不但影响回款速度与回款数量，还会打击其经营海尔产品的信心，直接影响下次订货数量。所以，为了完成回款指标，客户经理需要与客户积极沟通，替客户出谋划策，协助产品经理，并帮助客户销售产品。

第三，协助产品经理组织促销活动，执行订单。订单执行的关键在于通过现场促销，提高销量，降低客户库存积压，并获得持续订单。

促销是营销业务支持的一项重要内容，是提升营销水平、挖掘市场潜力所不可或缺的。在促销过程中，产品经理主要负责区域内促销活动的策划与实施，包括日常的促销活动与集团统一的活动、广告业务的管理等，并对各区域促销活动开展的状况实施考核与评价。而客户经理则要负责与客户的协调，并与大客户总部的业务部门就活动内容、时间、方式、费用条件等进行洽谈，洽谈结果以发文的形式传至各零售门店。如果发现门店在执行中出现不符合要求的情况，则由客户经理找对方业务部门落实解决。若是直接与门店合作举行的单独促销活动，则单独处理，找该门店负责人协商解决。客户经理还要对本区域内各产品的市场份额、库存管理、卖场推进实施管理与控制。比如，负责北京国美的客户经理，每月业务量大约为2 500万元。如何将这些业务量落实到位并维持合理的库存，就成为客户经理的主要课题。客户经理为了帮助客户赚钱，除了要了解最新的市场信息，帮助客户制订促销计划，及时拉动市场需求，为产品造势外，还要勤于走访门店，协助直销员进行产品营销，从而提高现场营销效果。此外，客户经理还要随时了解供需双方的库存，提报有价值的订单，协助产品经理获取真实有效的订单，提高订单执行效率。

客户经理在对卖场进行管理与控制的过程中，主要负责与门店经理的协调，就市场问题进行沟通，形成意向后马上执行，并进行效果评价。至于卖场的现场促销和服务，则由直销支持部负责，人员也由产品经理来负责管理。

第四，客户网络管理与新渠道的拓展。与客户的交流分为定期与不定期两类。以定期交流为例，北京工贸与国美每月初都会举行半天座谈会，国美北京分公司由总经理带领各分店经理参加，北京工贸由产品经理和客户经理参加。通过定期的相互沟通，双方建立了基于相互理解的信赖关系。

不定期交流则包括客户经理对客户的主动拜访。在客户网络管理的过程中，除做好现有客户网络的维护外，客户经理还需关注新网络资源的规划与开拓。例如，负责北京国美的客户经理，至少保持每月一次和门店店长的沟通。对于新渠道的开拓，客户经理首先进行渠道评估，注重区域内网络质量的建设，论证与确定拓展的措施，并对过程实施监控，形成对执行效果的评价。

第五，处理与客户之间发生的冲突与矛盾，维护客户关系。以国美与海尔的关系为例，双方之间的合作曾经不尽如人意。双方在营销理念上差距巨大：国美坚持向消费者提供价格最低廉的产品，这与海尔的营销战略相冲突。这就需要双方之间良好的沟通，并各自做出一定程度的让步。客户经理作为实现沟通的桥梁，需要传达双方的态度和要求，创造最大限度的合作而不是制造对抗。以不良品退换为例，国美要求海尔不良品必须退货，而且要求3天内销账，7天内运走，15天办理完退税。而按海尔的流程，显然无法满足国美的这种要求。客户经理通过多方协调和沟通，最终与国美达成一致。

总之，客户经理通过上述工作，在生产商与零售商之间架起了一座沟通的桥梁，客户经理通过对顾客需求的分析，借助与客户直接的信息交流，实现了企业对顾客的承诺，并通过其日常职能的执行，以良好的关系留住客户，建立起稳固的合作关系。

选自：黄江明，周云杰. 中国企业产品创新管理模式研究（四）——以海尔品牌经理为案例［J］. 管理世界，2008（2）.

案例思考题：

海尔客户经理制在帮助维系客户关系方面起到了什么作用？

本章实训

一、实训目的

1. 了解品牌管理理论的发展过程。
2. 掌握各品牌管理理论的特点。
3. 能说明品牌管理模式的共同特征及差异性。

二、实训内容

通过查阅文字资料及上网收集某一个品牌的相关资料，完成以下任务：

1. 结合某一个具体品牌陈述该品牌的建设与相关品牌理论的关系。
2. 结合某一个具体品牌说明该品牌管理模式的特点。

三、实训组织

1. 把教学班同学分成五个组，并选出一位担任组长。
2. 每组独立收集、整理相关品牌资料，每组案例原则上不允许相同。
3. 由组长负责组织小组研讨，集中本组成员的研究结果，制作文本文件，并设计演示的PPT文稿。
4. 每组推荐一人上讲台演讲，其间师生可以向该组同学提问，教师引导学生参与研讨。

四、实训步骤

1. 每组独立收集、整理所选取案例的资料。
2. 小组讨论，汇总本组意见。
3. 撰写报告，并设计制作演示课件。
4. 各组代表发言，全班参与讨论。
5. 教师对各组表现进行点评。

第三章 品牌定位

学习目的与要求

(1) 理解品牌定位的内涵
(2) 掌握品牌定位的过程
(3) 了解品牌定位的策略
(4) 掌握品牌重定位策略的时机选择

开篇案例

Nike Free 系列产品承诺给消费者带来像光脚奔跑一样的感觉,鞋子穿起来就好像没有穿一样,通过更少的束缚使足部肌肉获得更多的力量,并按照这一最终要求调整鞋子的各种特性。例如,将鞋带设计在鞋子的一边,以减少鞋面对脚背产生的压力,而鞋底边缘的明显凹槽模仿了脚部的自然运动方式。产品设计过程中参照了各种不同程度的"光脚奔跑"模型,以确保消费者获得最舒适的体验。

案例启示

Nike Free 系列产品以明确的消费者利益来调整鞋子的各种特性,进行了准确的利益定位,这会提高顾客满意度,进而获得更好的市场效果。

本章知识结构图

品牌定位
- 品牌定位的内涵
  - 定位理论的历史沿革
  - 品牌定位的定义
  - 品牌定位的意义
  - 品牌定位的原则
- 品牌定位的过程
  - 目标消费者分析
  - 竞争者分析
  - 竞争异同点分析
  - 企业内部条件分析
- 品牌定位的策略
  - 企业产品定位
  - 目标消费者定位
  - 竞争者定位
  - 品牌战略定位
- 品牌重定位策略
  - 品牌重定位的含义
  - 品牌重定位的时机选择

在当前商品经济极度繁荣的市场条件下,同类产品竞争日趋激烈,企业只有通过塑造品牌使消费者更快地记住自己,使自己的品牌在消费者心中占有一席之地,在消费者产生某种诉求时,能立即联想到该品牌,才能获得市场。企业还需要通过品牌让消费者在购买、挑选的时候,能够有效地与其他品牌进行区分,识别自己的特色。为此,企业要研究消费者的购买心理和购买过程、竞争对手营销各要素尤其是品牌的定位策略和自身产品及品牌特色,准确进行品牌定位。

第一节 品牌定位的内涵

一、定位理论的历史沿革

品牌定位是包含在定位概念中的一个子概念。在现代社会,只有品牌定位明确,才能够易于识别,产品或服务在市场中才有竞争力。定位理论的发展主要经历了三个阶段,即USP理论阶段、品牌形象理论阶段以及定位理论阶段。

(一) USP 理论

USP 理论的三个字母分别指的是 Unique, Selling 和 Proposition,也就是"独特销售主张"的意思,指的是一个广告中必须包含一个向消费者提出的不同于竞争者的销售主张。该理论由美国达彼思广告公司的董事长罗瑟·瑞夫斯(Rosser Reeves)于 20 世纪 50 年代首创。该理论提出的背景是,20 世纪 50 年代以前,产品基本还处于供不应求的卖方市场状态,市场竞争还不激烈,消费者没有太多选择权,客户对产品的要求还停留在产品的功能和质量上面;但是在进入 20 世纪 50 年代中期以后,企业开始向"以顾客为中心""先感知再反应"转变。在这种营销学的指导下,企业的工作不再是为自己的产品找到合适的顾客,而是为顾客设计适合的产品。例如,戴尔计算机公司并不是要为目标顾客设计出完美的产品,而是为目标顾客提供一个平台使顾客可以根据自己的偏好来配置并订购个性化的计算机产品。这时候,实现组织目标的关键是在面向目标市场创造、交付和沟通的过程中比竞争对手做得更好、更有效果。在这种背景下,罗瑟·瑞夫斯提出了 USP 理论。他在《广告实效奥秘》(Reality in Advertising)中概括了广告创意和发展广告信息的策略并称之为"独特的销售主题"。他认为,在确定广告主题时要把注意力集中于产品的特点和消费者的利益上,通过产品间差异的分析,选出消费者最易接受的特点作为广告主题。该理论的基本要点有以下三个。

1. 功效性

每一个广告都应该强调产品的一种功效和给顾客带来的利益,即每一则广告都必须准确无误地告诉消费者,购买广告中的产品能得到什么好处。例如,立白洗衣粉说"不伤手",飘柔洗发水说"使头发柔顺"等。

2. 独特性

通常,独特性表现为竞争对手所没有的功能利益,这个特性必须是独特的、唯一的,其他同质竞争商品从未采用过。如海飞丝洗发水的独特卖点是"去屑",因为它持之以恒地钻研洗发水去屑技术,并持续传播。还有一种情况下也能产生独特性,即虽然是大家都有的卖点，但看谁先提出来。例如，喜力滋（Schlitz）啤酒声称"我们的每一个啤酒瓶都经过蒸汽消毒的"，尽管这是所有啤酒制造商常规工作的一个环节，但消费者并不知晓，于是成了喜力滋的独特卖点，这一"独特性"使喜力滋啤酒由原来的行业第五跃升为第一。

3. 相关性

广告所强调的独特功能和销售主张必须对销售有实质作用，要能够与消费者的需求相关，要打动顾客，要对消费者有强大的吸引力并集中传播，才能产生强劲的销售力，促使其来购买。如沃尔玛"天天平价"的诉求点吸引了一批批注重实惠的顾客。

USP 理论注重挖掘产品本身的特征，在卖方市场向买方市场过度的时代背景下，契合了消费者注重产品实际使用效果的需求，因此在 20 世纪 50 年代的广告界影响巨大。

（二）品牌形象理论

从 20 世纪 50 年代开始，产品的同质化程度开始加剧，要挖掘产品独特的功能特性变得越来越难。而且，消费者开始不仅仅满足于产品的功能利益，还希望得到一些心理层面的利益。人们不仅注重产品的特性，更注重产品背后的企业形象和产品声誉。企业要获取市场竞争的优势，应使自己的品牌具备有别于其他竞争者的形象。这样的背景下，奥美广告公司创始人大卫·奥格威（David Ogilvy）曾于不同场合阐述了品牌的重要性，并于 20 世纪 60 年代中期提出了品牌形象（Brand Image）理论。该理论的主要观点有如下三条。

1. 创造差异性

品牌因其差异性而给消费者留下深刻的印象。品牌之间的相似点越多，消费者选择的可能性就越小。因此，描绘品牌的形象要比强调产品的具体功能特性更加重要，可以为企业获得较大的市场占有率和利润。

2. 广告是对品牌形象的长期投资

品牌是能给企业带来持续利润的长期资产，任何一个广告都是对品牌的长期投资。通过广告积累消费者心中的品牌形象，也就是对品牌进行长期投资，可以暂时牺牲追求短期效益的诉求。一般来说，强势的品牌享有较高的利润空间。

3. 心理利益的需求

各个品牌之间如果没有品质上的差异，那么决定竞争胜负的关键就在于消费者对商标和企业外在形象的印象。因此，广告应该重视利用形象来满足消费者心理的需求。品牌形象论是广告创意策略理论中的一个重要流派。在此策略理论影响下，出现了大量优秀的、成功的广告。成功的典型案例是大家熟知的万宝路（Marlboro）形象。万宝路一度曾是女性过滤嘴香烟，销售状况一直不温不火。20 世纪 50 年代中期开始，经过广告大师李奥·贝纳的策划，万宝路香烟开始和"牛仔""骏马""草原"的形象结合在一起，如图 3-1 所示，其粗犷豪迈的品牌形象开始深入人心，万宝路也因此发展成世界第一香烟品牌。

图 3-1 万宝路的定位

（三）定位理论

1969 年 6 月，艾尔·里斯和杰克·特劳特在美国营销杂志《工业营销》上发表了一篇题为《定位：今天"ME-TOO"市场中的竞赛》的文章，并首次提出了"定位"这一概念，引起了极大的反响。1972年，两人为《广告时代》撰写了名为"定位时代"的系列文章。1979年，两位大师再次合作，出版了第一部论述定位的专著《广告攻心战略——品牌定位》，并首次将定位策略上升为系统的定位理论。

艾尔·里斯和杰克·特劳特认为，消费者的大脑记忆是有限的、有序的，在他们的大脑中存在一级级小阶梯，并将产品或多个方面的要求在这些小阶梯上排队，而定位就是要找到这些小阶梯，并将产品与某一阶梯联系上。

定位理论认为，现有的产品一般在顾客心目中都有一个位置，因而定位应强调通过突出符合消费心理需求的鲜明特点，确定特定品牌在商品竞争中的方位，以方便消费者处理大量的商品信息。

定位观念的要点是在"消费者心中"找到自己的位置，这正是定位理论与USP理论以及品牌形象理论的主要区别。定位是一种心理认知的培养，即以消费者为导向，寻求一种独特的定位，通过宣传对消费者产生潜移默化的影响。这不像传统的逻辑那样，从产品中寻找，而是从消费者的角度寻找，更具体而言是从消费者的心理层面寻找。从这个角度来说，定位观念具有以下特征。

1. 定位为消费者提供简化信息

人们学会在心智上划分等级，不同的等级代表不同的产品与品牌，这样简化了复杂的信息处理。

2. 定位与受众心理

从心理学的角度来说，人的理解和记忆有一定的选择性。这是认识结构的保守性和顽固性，但是消费者的心智在一定条件下又具有可变性和可塑性。定位要考虑受众心中已有的认知，同时又可修正、改变或重建心理认知，形成有利于自己品牌的心理认知。营销者应寻找、创造、利用有利于定位的条件，通过主动的传播与沟通，在消费者心中占据有利位置。

二、品牌定位的定义

美国营销专家艾尔·里斯和杰克·特劳特认为，定位是从产品定位开始的，可以是一件商品、一项服务、一家公司、一个机构，甚至是一个人。但定位并不是对产品做什么事情，而是为产品在潜在消费者的脑海里确定一个合适的位置。产品的确需要配合定位来进行设计和生产，但其目的是在潜在消费者心目中得到有利的地位。可见，定位的焦点是对消费者认知的影响。

菲利普·科特勒给定位下的定义："定位是指公司设计出自己的产品和形象，从而在目标顾客心中确立与众不同的有价值的地位。"具体来说，品牌定位就是希望顾客感受、思考和感觉该品牌不同于竞争者的品牌的一种方式。

特劳特（中国）品牌战略咨询有限公司以品牌定位策划而见长，其总裁邓德隆指出，所谓定位，就是让品牌在消费者心中占据最有利的位置，使品牌成为某个类别或某种特性的代表品牌。当消费者产生相关需求时，便会将定位品牌作为首选，也就是说，这个品牌占据了这个位置。

综合以上学者观点，本书认为，品牌定位就是建立一个与目标市场相关的品牌形象的过程。也就是说,品牌定位是指为某个特定品牌在消费者的心中占据一个有利位置,使消费者一旦对某种产品产生需求,首先会想到该品牌。因此,定位行为的对象不是产品本身,而是该产品在消费者心中的地位。

三、品牌定位的意义

品牌定位是品牌战略的基础和核心内容,也是创建品牌的基础和保障,准确的品牌定位是建立强势品牌的必要前提。

(一)品牌定位凸显品牌差异,确立品牌个性

差异化是企业竞争制胜的法宝。为了给品牌找到一个最有利的定位,管理者需要分析竞争者的诉求,根据竞争者的空白点来找到本品牌的切入点。所以,一个好的定位实际上已经体现出一个差异化的诉求。一些差异化的诉求是竞争者所没有的,如爱普生打印机的画面立体质感、霸王洗发水的防脱、苹果手机的系统稳定性等。同时,品牌的情感诉求已成为品牌竞争的焦点之一,品牌个性则是品牌情感诉求的集中体现。品牌定位是凸显品牌个性的重要手段。品牌定位清晰,品牌个性就鲜明;品牌定位不明确,品牌个性就模糊。美国著名品牌专家大卫·艾克在其《品牌经营法则》一书中提出,品牌个性可以借助人口统计特征、生活形态或人类的个性特点来打造。他将品牌个性分为纯真、刺激、称职、教养和强壮五类。例如,表达纯真个性的佳能,其特点是表现以家庭为主的、诚心的、友善的、温暖的、快乐的个性;表达刺激个性的保时捷,代表了大胆、有朝气、富有想象力、新潮的品牌个性。

(二)品牌定位为消费者提供了一个明确的购买理由

差异化并不是品牌竞争成功的充分条件,光是与众不同并不足以让消费者购买,因为消费者需要的是满足他们需求的东西。品牌定位是在消费者心目中找到一个能打动消费者的卖点并通过各种传播工具告知目标消费者,从而为消费者提供了一个明确的购买理由。例如,尽管大众捷达汽车的外观并不时尚,但其皮实耐用的特点吸引了一大批国人,因此销量当时处在全国汽车销售榜前列。

(三)品牌定位是品牌传播的基础,提高了品牌传播的效率

品牌传播和品牌定位是相互依存、密不可分的两个品牌战略要素。一方面,品牌传播是品牌定位的路径,因为只有及时准确地将企业设计的品牌形象传递给目标消费者,求得消费者认同,引起消费者共鸣,该定位才是有效的;另一方面,品牌传播以品牌定位为前提和核心内容,离开了事先的品牌整体形象设计,品牌传播就失去了方向和依据。因此,品牌定位是品牌传播的基础。

在科特勒的营销管理框架当中,营销战略部分的核心内容是 STP 战略,即市场细分(Segmentation)、目标市场选择(Target)、市场定位(Positioning)。这三者之间的相互顺序决定了在确定品牌的定位之前,首先要做的事情就是确定目标市场。有了目标市场,管理者才知道向谁传播、传播什么、采用什么媒体进行传播;如果不进行目标市场的选择,则会出现无的放矢的情况,浪费资源。比如,向中高收入的中年人推广大宝 SOD 蜜,那广告费一定会打水漂。除了目标市场的确定,定位本质上也是对品牌卖点的确定。有了明确的卖点,管理者就能很好地将各种传播手段有效地整合在一起。例如,一家银行将自己

定位为"服务快捷",那么在服务方面就应该多开一些服务窗口,多设网点和终端自助服务,在价格方面可以开展限时服务、超时补偿的做法,在布局方面应该体现简练快捷的主题,在宣传方面强化快捷服务的概念等。

(四) 创造品牌核心价值,与消费者建立长期、稳定的关系

成功的品牌定位可以充分体现品牌的独特个性、差异化优势,这正是品牌的核心价值所在。品牌核心价值是一个品牌的灵魂所在,是消费者喜欢乃至成为一个品牌的忠实客户的主要力量。品牌核心价值是品牌定位中最重要的部分,它与品牌识别体系共同构成一个品牌的独特定位。当消费者可以真正感受到品牌优势和特征,并且被品牌的独特个性所吸引时,品牌与消费者之间建立长期、稳固的关系就成为可能,这会大大降低企业的宣传成本。赢得消费者,就意味着赢得市场竞争的胜利。因此,品牌定位也是品牌占领市场的前提。

四、品牌定位的原则

(一) 匹配性原则

品牌定位要从目标市场及目标消费者出发。对目标市场及目标消费者的界定反映出品牌组合战略的基本实施方向,品牌定位直接定位于目标消费者的心中。

> **小链接**
>
> **绿色与红色**
>
> 20世纪80年代末期,人们认识到环境保护的重要性,随着消费者对环保认知的提高,企业纷纷投入绿色品牌认证。
>
> 而"红色营销"是将代表公益的红色用在产品上,厂商在销售时同步捐出部分金额做公益,或是确保产品原材料来源、制造过程是在负责任的行为下推出的,这些都是为了呼应人们期望厂商能在公共领域多负担社会责任的声音。

(二) 认知主导原则

无论是为一个已有产品还是潜在产品定位,管理者都是在目标消费者的心目当中树立形象。一个已有产品往往不需要做任何改变,就会因为消费者的认知改变而得到完全不同的结果。例如,当七喜被定位为一种清爽的饮料时,其业绩很不理想,后来企业改变了定位策略,宣传七喜不含咖啡因的"非可乐"特性,结果销量激增,成为继可口可乐、百事可乐之后美国排名第三的饮料。在此过程中,七喜本身从产品到渠道都没有任何改变,只是改变了消费者对产品的认知。

(三) 差异化原则

品牌定位的本质是差异性,不能形成差异性,品牌将无法从竞争品牌当中脱颖而出。所有成功的品牌都是定位非常鲜明的。比如,为提高收视率,我国各大省份的卫视展开了定位之争,如湖南卫视的娱乐定位、安徽卫视的电视剧定位、海南卫视(即旅游卫视)的旅游定位、贵州卫视的西部定位等。在定位过程中,一个容易走入的误区是紧跟竞争者的步伐,追逐时尚。例如,青岛啤酒的品牌口号是"激情成就梦想",燕京啤酒的是"创造卓越，超越梦想"，都是"梦想"，过于同质化，会令消费者难以选择；又如 FedEx 的口号是"使命必达"，而 DHL 的口号类似，为"一路成就所托"，过于雷同的定位令消费者无所适从。相反，白加黑在推向市场时，并没有跟进当时感冒药的领导品牌康泰克的"长效"定位，而是另辟蹊径，提出"白天吃白片，不瞌睡；晚上服黑片，睡得香"。凭此定位，白加黑上市仅 180 天其销售额就突破了 1.6 亿元，在拥挤的感冒药市场上占据 15% 的份额，登上了行业第二品牌的宝座。

 阅读材料

没有差异化是对品牌最大的危害

品牌感悟：

品牌想要强大，就要学会与众不同。差异化是品牌的第一属性，如果同质化，就不会有品牌的存在。所有品牌都应以差异化为原点进行建设。品牌不一定大而强，更多的会小而美。

品牌分析：

差异化是使自己的产品有别于竞争对手的产品，从而创造竞争优势。差异化不仅是品牌的起点，而且是品牌战略的本质特征。通用电气公司前 CEO 杰克·韦尔奇说："没有差异化是创建品牌最大的障碍。"

对于没有差异化的品牌，有一个形象的比喻，这就好像把乒乓球放在皮球上一样，当乒乓球没有自己的立足之地时，很快就会滑落下来。但是，如果在刚开始时将乒乓球放在缝隙中，找到自己的定位，你或许就能拥有一个稳固的市场。

商家寻找的这个"缝隙"就是品牌的差异化。在同质化现象严重的品牌市场上，经验表明，消费者也许只能记住某一品类的 7 个品牌，这是杰克·特劳特提出的。如何进入这 TOP 7？要建立品牌卖点的差异化、功效的差异化和销售服务的差异化，找到市场"缝隙"。

与家电类、3C 类还有服装电商比较，生鲜类电商刚刚兴起，如中粮我买网、顺丰优选、亚马逊海鲜频道、淘宝生态农业频道等，目前没有形成较大的规模，对传统生鲜店的影响并不大。根本的原因在于，大而全的生鲜电商多，而小而美的生鲜电商少，没有差异化，缺乏竞争力，难以吸引网上订单。

由于生鲜电商市场没有打开，所以它们的竞争对手不是其他的电商平台，而是社区本地化的超市、菜市场和社区店等。与实体店相比，生鲜类电商在很多方面处于劣势，网上经营难度超出其他行业。

安全问题考验了生鲜电商供应链、冷链物流的管理能力。首先，必须有安全优质的生鲜产品供应；其次，生鲜电商的冷链成本较高，要求较高的专业化能力。用户需要的是安全、快速、优质、平价的生鲜产品。加上生鲜采购者都是家庭主妇，生鲜电商要想打动她们，需要一个口碑积累的过程。

所以，生鲜电商需要在规模和安全两个方面来抉择。生鲜电商不能大而全，什么都做，如做水果的还要做海鲜，做海鲜的还要做红酒，最后消费者不知道电商的优势特长，反而没有竞争力。

相反，如果小而美，突出差异化，反而会更有竞争力，同时服务质量更有保障。做水果的就不要做海鲜，做海鲜的就放弃红酒，收缩品类，精耕细作，小而美的品牌美誉度会越来越高,实力越来越强。在资源条件许可的情况下,再进入其他相关品类。

品牌指南:
差异化,小而美。

思政话题:
大学生如何塑造自己的差异化优势?

(四)稳定性原则

企业在对品牌进行定位后,必须长期坚持,以强化品牌形象。除非是原有定位不合时宜,否则品牌定位不要随意更改。世界上许多著名品牌的建立,都是长期坚持的结果,如奔驰汽车和宝马汽车。如果企业随意改变品牌的定位,可能会招致顾客的反感,导致资源的浪费,也会给竞争对手可乘之机,丧失原有的竞争力。例如,多年来,派克笔象征着一种身份和地位,因此同竞争对手相比其价格一直维持在很高的水平。很多上层社会的人都喜欢使用派克笔以彰显自身的身份地位,满足自己的心理需求。但20世纪80年代,管理当局为了扩大市场份额推出3美元一支的大众化派克笔,结果派克公司非但没有顺利打入低档钢笔市场反而打乱了以前的品牌定位,使其也丧失了在高档钢笔市场的竞争地位,导致企业经营陷入困境。再如,"沃尔沃就是安全"的认知,也是沃尔沃长期坚持"安全"定位的结果。

当然,品牌定位也不是一成不变的,当原有定位不合时宜或错误时,企业就需要进行重新定位。这时,企业需根据社会的进步、人们生活方式和价值观念的变化、消费者需求的改变、产品的升级换代以及周围市场环境的变化而不断调整,进行再定位,使品牌拥有活力,始终贴近消费者的需求。

小链接

计时器还是价值符号

钟表的诞生源于人们对准确计时的渴求。1906年机械手表的诞生,不但大大提高了计时的准确性,而且因其方便易携带的特点而得到迅速普及。到20世纪三四十年代,全球每年生产3 000多万只手表,其中瑞士的产量占了2/3,稳居世界第一,成为机械手表时代当之无愧的龙头老大。1970年石英表的发明改变了这一格局。由于采用了石英谐振器,石英表计时的准确性大幅度提高。广泛采用石英表技术的日本钟表制造商迅速崛起,严重冲击了瑞士的手表制造业。当时,瑞士许多企业倒闭,数万人失业。著名的天梭公司的亏损高达2 000多万美元。瑞士在全球钟表市场的份额由43%降至15%。日本制造的西铁城、精工、卡西欧等石英表占领了主要市场。

决定钟表企业成败的真的只有计时准确这一因素吗?瑞士制造商很快给出了另一个截然不同的答案。瑞士制造商们聪明地舍弃了在计时准确性上的过度追求,转而立足于开发手表品牌的潜在文化内涵,如身份象征、品位等符号性要素。通过对品牌进行重新定位,将手表由简单的计时器转化为融入个人生活品位、身份象征的特殊装饰品,并采用独特的设计和制作工艺来凸显其品位的独特与尊贵。瑞士钟表业通过对手表的重新定位和营销努力,夺回了大部分市场。目前,瑞士生产的手表约占世界产量的5%,却占世界手表销售额的70%。

（五）简明性原则

很多企业管理者想当然地认为品牌的卖点越多，吸引力就越大，消费者就越会购买，殊不知，喜欢简单的信息是消费者的一大特征。在大量的品牌信息充斥消费者脑海的时候，唯有简明清晰的定位才能使品牌脱颖而出。简单明了的品牌定位有助于消费者的接收、记忆和传播。例如，联合泽西银行说"快"，王老吉凉茶说"预防上火"，北京同仁医院是中国最著名的眼科医院等。沃尔沃曾一度把自己定位成可靠、奢华、安全、开起来好玩的车，结果造成了消费者混乱的认知，后来修正定位，只讲"安全"，从而形成现在一提起最安全的车就想到沃尔沃的理想结果。

第二节　品牌定位的过程

按照凯勒教授在《战略品牌管理》一书中提出的品牌定位的四条框架，品牌定位需要对目标消费者、主要竞争对手以及本品牌与竞争者的异同点进行分析，再根据企业自身的条件得出最后的定位。

一、目标消费者分析

品牌定位最主要的是潜移默化地确立品牌在消费者心目中的形象和认知，产生品牌联想。

按照STP的原则，企业要满足谁的需要，是选择目标消费者的过程，实际上也是市场定位的过程。既然是改变消费者的认知，就要准确地确定产品的购买发起者、最终消费者、产品购买的参与者。例如，婴幼儿奶粉的最终消费者是儿童，而购买者可能是他的父母，决策者可能是父母，也可能是爷爷、奶奶、姥姥、姥爷等。目标消费者的确定，决定了企业要把主张放到谁的认知中，针对他的心理需求和行为规律采取行动。

企业要满足谁的什么需要，是品牌的定位过程。当目标消费者确定后，就要分析他最需要的产品属性、品牌个性和消费者追求的利益。在这些属性、个性、利益中，哪些在市场上还找不到，也就是确定消费者的需求未得到满足的部分。然后从产品和宣传上确定满足消费者需求的方案。例如，假如购买奶粉的决策者是父母，他们最注重孩子的聪明健康，那就要组织专家对奶粉的配方进行深入研究，增加有利于智力发育的元素，增加营养元素，使孩子营养均衡，使孩子健康成长，并把这种产品特性通过各种方式传递给消费者。

通过各种营销要素将品牌的定位信息传达到消费者心中，实现在消费者心中确立的位置。企业如何满足消费者需要，是营销品牌定位的过程。在当今市场极大丰富的环境下，如果企业能发掘尚未被满足的需求，那无异于探险者发现了宝藏，务必要尽最大能力满足。满足消费者的需求，依赖于详细的产品方案和传播方案。如果奶粉生产企业发现现在的年轻父母更关注孩子视力的开发和保护，那么在生产产品的过程中就要加入对眼睛有益的元素，并由专家推荐和权威的检验报告来论证。同时，可以与幼儿园等少儿机构举办亲子活动、公益活动等，也可以在社区做"幼儿如何保护视力"的主题活动，通过多渠道、到位的品牌定位传播，实现品牌定位的有效性。

二、竞争者分析

当竞争品牌不多的时候,每个品牌各占据一个细分市场,彼此之间没有冲突,整个市场呈现相安无事的格局。从某种意义上来说各品牌之间并未形成竞争关系。但现在绝大多数行业当中都聚集了大量竞争品牌,彼此的目标市场之间相互交叉重叠,加大了竞争的激烈程度。例如,饿了么和美团外卖都是外卖平台,彼此提供的产品、店家和价格基本相同,竞争激烈程度不言而喻。为了使自己的定位避开激烈的竞争,管理者首先需要分析竞争者目前在消费者头脑中所处的位置,以找到自己品牌定位时的参照系。

一般来说,一个品牌的竞争者应当是同行业的另一个品牌,如奥迪的竞争者是宝马,康师傅的竞争者是统一。但实际上,竞争的参照系可以有两种:一种是以产品类别为参照系,另一种才是以竞争品牌为参照系。把产品类别作为参照系是一种比较新的品牌定位思路,其目的通常是希望创造出一个新的产品类别,然后把自己的品牌定位为该品类的代表品牌。比如,七喜定义自己是不含咖啡因的非可乐,从而避开了和可乐大家族的正面竞争,开发出一个新品类;再如,不含糖的口香糖、非油炸的方便面等案例,都是近年来涌现的典型代表。

阿迪达斯与耐克

阿迪达斯体育用品,一个有近百年历史的运动品牌,自20世纪20年代诞生,就始终以"领跑者"的姿态伫立于世界体育用品的阵营,且不断享受着成功。但自20世纪70年代开始,在美国跑步运动热潮中被新生对手耐克严重挫败后,这种关乎品牌命运的失落一直陪伴阿迪达斯走过数十年的艰辛历程。阿迪达斯自身的竞争优势非常突出,在篮球方面,他为NBA得分王麦克格雷迪量身定做战靴;在奥运会上,阿迪达斯为奥运健儿带来数项创新,其中最著名的就是为澳大利亚游泳名将索普打造的连体泳衣;同时还为世界足球重大赛事提供比赛用球。而其主要竞争对手耐克生产各式各样的运动器材,最早的一批产品是运动跑鞋。目前,耐克还生产篮球鞋、运动衫、短裤、防滑鞋等,运动项目涵盖田径、棒球、冰球、网球、足球、长曲棍球、篮球、板球等等。1987年,耐克公司首创了Nike Air Max系列球鞋,后续又推出了其他产品,比如1992年首推的Air Huarache。在几十年的产品链打造过程中,耐克创造了诸多爆款。特别是2008年之后的Air Jordan系列,其设计之独特、品质之精良甚至达到了艺术品的水准,并在与NBA的合作中占据上风。

三、竞争异同点分析

竞争异同点分析,目的是把自己的品牌与市场领导品牌放在同档次的类别中,纳入目标消费者选择的清单,表明本品牌与竞争品牌一样具有卖点甚至更胜一筹。分析共同点,是比照竞争对手的产品特点进行定位,例如,乐百氏纯净水通过诉说自己的产品经过"二十七层净化"来强调自己的纯净,而屈臣氏蒸馏水则通过诉说自己在生产环节质量控制的严格程度来强调水的纯净;蒙牛根据消费者需求分别推出高端牛奶品牌特仑苏和酸奶品牌纯甄后,伊利也比照其品质、价格和消费者定位等因素推出牛奶品牌金典和酸奶品牌安慕希。三元、光明等其他奶业企业也纷纷效仿，推出相同市场定位的产品，把自己的产品纳入具有高端牛奶和酸奶需求的选择清单。

要使品牌脱颖而出，给消费者一个不同的选择，管理者必须提炼出品牌的差异点。差异点可以通过技术水平、制造工艺和最终产品品质等形成实体定位，也可以通过概念定位。例如，宝洁公司的差异化定位，为消费者提供了一系列差异点鲜明的洗发水品牌，打造品牌洗发水"三剑客"；汽车品牌也一样都在强调自己的差异点定位，法拉利强调速度与激情、奔驰强调尊贵、宝马强调驾驶乐趣、沃尔沃强调安全。共同点和差异点可以是功能和品质，也可以是感情的、文化的概念，都是植根于消费者心中的。但所有差异点要注意先入为主的原则，一旦形成很难改变，所以企业在进行品牌定位的时候务必要慎重，同时打造强有力的营销方案作为支撑。

以上三个方面的分析可以整合成一个品牌定位系统，用品牌定位的描述方式表述出来。例如，在品牌定位文件中，品牌定位可以表述为："××（品牌）的产品能够为××（目标顾客）带来××（独特价值），这种价值是××（竞争品牌）所不具备的，因为它含有××（支持点）。"举例来说，沃尔沃汽车能够为非常关注安全的高收入者带来安全的独特价值，这种价值是宝马、奔驰等竞争品牌所不具备的，因为它几十年来一直专注于汽车安全技术的研究，至今已研制出多个安全专利技术。具体在品牌定位传播中，品牌定位系统要转化为简洁、经典的品牌口号。

四、企业内部条件分析

这里所说的企业内部条件分析实际上也就是战略管理上所说的内部环境分析。内部条件分析的目的主要是明确企业自身拥有的资源和能力、企业拥有的优势和劣势。成功的市场定位总是建立在对消费者需求准确把握、对竞争对手充分了解、对自身所具备的能力充分认知的基础之上的。

企业内部条件分析主要包括以下几点。

（一）企业战略

品牌定位战略作为公司品牌战略的一部分，必然受整个企业发展战略的影响。也就是说，品牌定位战略必须与公司的品牌战略一致，与企业的发展战略相吻合，这样才符合品牌和公司长远的发展要求。

（二）产品

产品是品牌定位的基准和依托点，只有深入分析和挖掘与产品有关的信息，才能找到最适合自身产品的品牌定位与传播方式。主要包括产品质量性能、包装、式样、技术、功能以及产品的耐用性、可靠性和安全性等。

（三）服务水平

企业现有的服务水平是对企业品牌定位的有力支撑，是企业品牌定位的依据之一。主要包括订货、送货、安装、顾客培训、咨询服务和售后服务等各个方面。

（四）企业形象

企业形象是指企业在消费者心目中的印象感知，以及由此产生的消费者对企业的看法和评价。影响企业形象的主要因素包括企业标志、传播媒体、公共关系和广告宣传等。对企业形象的分析可以帮助企业找出企业品牌定位的基点。

(五) 企业规模

衡量企业规模的指标包括企业现有资金实力、市场占有率、员工人数、销售收入、销售利润率等。企业在进行品牌定位的时候，要根据自身实力和规模来确定。同时，企业规模是个动态的概念，在品牌定位初期就要对现有企业规模扩张的幅度进行预测。

(六) 营销渠道

营销渠道也称为营销网络或销售通路。美国著名营销专家菲利普·科特勒将其定义为"某种货物或劳务从生产者向消费者转移过程中取得这种货物或劳务的所有权的所有组织和/或个人"。企业销售系统属于企业操作层面，企业品牌定位属于企业战略层面，而企业现有销售渠道是联结这两个层面的桥梁。

(七) 人力资源

企业人力资源是指企业现有员工的数量及素质，员工的工作能力、忠诚度、应变能力及沟通能力，是企业战略顺畅执行的保证。因此，企业人力资源是企业品牌定位方案得以执行的保证。

第三节 品牌定位的策略

品牌定位有战略层面的定位和战术层面的定位两种。战略层面的定位主要基于和消费者建立一种情感联系，主要手段有品牌个性、品牌情感和品牌文化的塑造。战术层面的定位则主要基于企业微观环境的分析，主要围绕自身产品、目标消费者和竞争对手这三个方面来实施。品牌定位是战略高度的综合过程，是宏观和微观的结合。

一、企业产品定位

(一) 产品属性定位

产品属性就是产品与竞争对手不同的特性，能够使消费者很容易进行区分。全球领先的视光企业——法国依视路推出的星趣控镜片对缓解青少年的近视有比较明显的作用，这一卖点马上得到了家长们的关注，市场占有率显著提升。再如，多芬香皂上市后宣传香皂含四分之一滋润乳液，从而形成独特的产品特性，实现属性定位的同时，成功大卖。

> **小链接**
>
> **甲壳虫汽车**
>
> 20世纪60年代的美国汽车市场是大型车的天下，德国大众公司的甲壳虫汽车刚进入美国时，根本就没有市场。甲壳虫和当时流行于美国的大型豪华轿车相比，显得既小又丑、呆头呆脑，并不讨人喜欢。广告大师威廉·伯恩巴克通过调查发现甲壳虫价格便宜、马力小、油耗低的优点，是与美国汽车完全不同的车型。因此，伯恩巴克采用反传统的逆向定位方法，反其道而行之，就以其外形的"小"作为甲壳虫的卖点，为其创作了名为"柠檬"的广告，提倡买汽车想想"还是小的好"（Think Small）

主张。广告中正话反说引出甲壳虫的优点,改变了美国人的观念,使美国人认识到小型车的优点。从此,大众的小型汽车销量稳居全美之首,直到日本汽车进入美国市场。这则广告一直被视为经典之作,同时也成就了甲壳虫在世界汽车工业史上的神话。

(二)产品利益定位

产品带给消费者的可以是功能利益也可以是情感利益,但是在产品利益定位时主要指的是产品的功能利益,更强调"产品能给你什么"。这和 USP 定位策略有一致性,USP 是指在对产品品牌和目标消费者进行分析和研究的基础上,寻找产品中最符合消费者需要、竞争对手不具备或不容易模仿的特点来进行品牌定位的策略。例如,汽车的安全性一直是消费者关注的焦点,沃尔沃持续开发、培育汽车的安全性作为独特的卖点,在与奔驰、宝马等安全性较高的汽车的竞争中,牢牢地捍卫了自己"安全"的品牌定位。

从供求关系看,我国牙膏市场产品利益诉求日益明显。人们对口腔清洁用品的需求正不断升级,有针对不同年龄层的产品,有针对不同购买能力的产品,也有针对不同生理功能需要的产品,这为不同的口腔清洁用品生产企业提供了广阔的市场空间。从产品和品牌结构来看,高科技产品深得人心,向天然、多品种、多档次、多功能方向发展;功能性牙膏仍将是销售热点,如符合中国传统消费习惯的中草药牙膏、符合国际口腔用品发展潮流的增白牙膏;漱口水市场也逐步兴起。

著名牙膏品牌舒适达对于自己产品进行了明确的功能定位——适合于对防治牙齿敏感有一定需求,同时又有一定的消费能力,追求高品质精致生活的年轻女性,并打造了符合受众群体喜好的发布会模式。

(三)产品类别定位

当一个品牌被定义成产品类别的代表品牌时,该品牌与其他品牌之间的竞争就变成了产品类别之间的竞争。一旦品类被消费者选择了,那么品牌将直接进入消费者的选择集合。当年,商务通一句"呼机、手机、商务通,一个都不能少"的广告语使其获得了巨大的市场份额,其中一个很重要的原因就是恒基伟业公司把"商务通"这一品牌名称放在了呼机和手机这些行业名称之列,使消费者误认为商务通就是掌上电脑(PDA),掌上电脑就是商务通。格力空调在说"好空调,格力造"的时候,也是在告诉大家,格力是专业制造空调的企业。近年来,通过创新品类来打造品牌的案例越来越多,如五谷道场的非油炸方便面、洽洽的香瓜子等。产品类别定位成功的关键在于消费者对品类的接受程度,如果非油炸方便面市场规模很小的话,那五谷道场也不具有成长的潜力。产品类别定位的一个弊端就是品牌一旦与某个具体的品类挂上钩,就很难再顺利延伸到其他品类去了,里斯和特劳特把这种现象称为"跷跷板效应"。IBM 已成为"大型机"和"商用机"的代名词,所以它推出的软件、芯片、个人计算机都很难成功。

(四)产品价格定位

由于不同消费者群体的收入有差异,所以不同的品牌可以选择高收入者或低收入者作为目标市场来展开定位。常见的定位有高价位、低价位和中等价位三种。高价位不仅表示产品具有高质量,还象征事业成功和社会地位;低价位受普通老百姓的青睐;中等价位则居于二者之间，表明质量要比低价品牌好，而价格又比高价品牌要便宜。一些显示成就感和社会地位的高价品牌，如一些奢侈品的品牌、千万元的宾利汽车、几千元钱一支的万宝龙钢笔、上万元的 LV 手提包等；另一些代表高质量的高端品牌，如特仑苏 OMP 牛奶、哈根达斯冰激凌等。低端定位的品牌很多，如靠低价短线航运持续赢利的美国西南航空公司、"天天平价"的沃尔玛超市、"为老百姓造买得起的好车"的吉利汽车。中等价格定位的品牌如中国香港港丽酒店，曾经在香港经济不景气的时候将自己定位为"四星半"，言下之意，比五星级酒店的价位要低些，比四星级酒店的服务好些。

产品价格定位能够旗帜鲜明地吸引目标消费者，但容易出现的问题是今后很难将品牌向上或向下延伸，如当年丰田公司的汽车低档定位在美国已深入人心，为提升形象，丰田开发了高档次的凌志车（雷克萨斯），却不敢直接告诉顾客这是丰田生产的汽车；又如派克钢笔的品牌形象大不如前，原因就是其推出的几美元的低档钢笔破坏了原来高档次的定位。

二、目标消费者定位

（一）消费群体定位

消费群体定位是以某类消费群体为诉求对象，为该类消费群体服务以获得目标消费群的认同。把品牌与消费者结合起来，有利于增进消费者的归属感，使其产生"我的品牌"的感觉，从而诱导目标消费者购买产品。消费群体的分类可以按年龄、性别、心理、社会阶层等划分。例如，金利来定位为"男人的世界"，哈尔滨制药定位为"儿童感冒药"，百事可乐定位为"青年一代的可乐"等。成功运用消费群体定位，可以突出品牌个性，从而更容易打动目标群体，树立独特的品牌形象和品牌个性。

（二）消费场合或时间定位

这种定位方式是让消费者在特定的场合、环境、时间等条件下使用该品牌，使消费者只要处于这种条件下就会对该品牌产生联想。这种定位往往会改变消费者以往的生活习惯，提高生活质量。例如，"八点以后"（After 8）巧克力薄饼声称是"适合八点以后吃的甜点"，于是过了晚上八点钟，很多人要吃甜点时会自然而然地想到"八点以后"；同样是甜点的米开威（MilkyWay）则自称为"可在两餐之间吃的甜点"，从而开辟了新的市场增长点。红牛功能饮料一直在说"困了累了喝红牛"，所以红牛就成了人们急需补充能量时候的首选，长途开车、远足旅游都是必备品，在很多马拉松赛事中红牛也是必要补给。类似的案例还有白加黑感冒药，"白天吃白片，不瞌睡；晚上服黑片，睡得香"的诉求改变了人们对感冒药的认知，对于学生、上班族以及高空作业等人群都是一个重要的定位认知。

使用场合或时间定位的关键点有两个：①确定使用场合或时间的重要性，要让消费者觉得某个场合或时间有必要使用一个特定的品牌，如白加黑提出了白天和夜间服用不同感冒药的必要性；②要让品牌与使用场合或时间相联系，使该品牌成为该场合或时间消费时的指定品牌，如"八点以后"这种命名就非常形象和直白。

（三）需求空白定位

需求空白定位是指企业发现了消费群体还没有被满足的需求，市场上尚无厂商重视，但为许多消费者所重视的、尚未被开发的市场,从而使自己推出的产品能适应这一潜在目标市场的需要。市场机会是无限的,关键在于企业发掘机会的本领。针对这种市场需求状况,企业的任务就是通过市场调查研究及预测工作,开发出满足消费者潜在需求的新产品。从心理学的角度来看,所有的人都需要玩具,只不过不同的年龄阶段心理需求不同,需要的玩具种类不同而已。但是调查显示,在中国的大城市中,大多数成年人认为自己喜欢玩具却很难买到适合自己的,在玩具市场,99%是儿童玩具,这就说明玩具市场有需求空白。

(四) 需求情感定位

美国广告协会的广告顾问沃尔特·舍恩纳特(Walter Schonert)在《广告奏效奥秘》中写道:"人首先依赖于情感,其次才是理智。情感是维系品牌忠诚的纽带,它能够引起消费者的联想和共鸣。"这种定位策略是指运用产品直接或间接地冲击消费者的情感体验而进行定位,以消费者的情感为诉求,用一定的情感唤起消费者内心深处的认同和共鸣,适应或改变消费者的心理。这种定位策略基于消费者是感性的这一重要属性。情感定位经常会被提及的目标就是一定要能感动顾客。比如,娃哈哈纯净水的"爱你就等于爱自己",维维公司的"维维豆奶,欢乐开怀",李宁集团的"李宁,一切皆有可能",太太口服液的"做女人真好",孔府家酒的"让人想家",在品牌塑造上大打情感牌,引起消费者内心的共鸣,达到品牌情感定位的目的。

> **小链接**
>
> **雕牌洗衣粉的情感定位**
>
> 1999年,纳爱斯拿出了1亿元的资金来投其广告的"懂事篇",一时之间,全国都被这一个故事打动了:妈妈下岗了,为找工作辛苦的四处奔波。懂事的小女儿非常心疼妈妈,在家悄悄地帮妈妈洗衣服,天真可爱的小女孩用稚嫩的童音说出"妈妈说,'雕牌'洗衣粉只要一点点就能洗好多好多的衣服,可省钱了"那一瞬间,消费者的心都为这个懂事的小女孩变得柔软。晚上,门帘轻动,妈妈无果而回,满脸的疲劳,拖着无力的身子正想亲吻熟睡中的爱女,却看见女儿的留言:"妈妈,我能帮你干活了!"妈妈不禁感动得热泪盈眶。情到深处自然浓,母女相依为命的感觉跃然纸上,怎么不让人深深感动。
>
> 1999年之前的国企改革和一些企业的"关停并转"造成了大批的"下岗"工人,一个庞大的下岗消费群已经形成,他们一边面临巨大的就业压力,一面还要承担养家糊口的重担。雕牌的广告刚好把这个群体里真实的亲情再现了出来,直击人心,有此体验的家庭怎能熟视无睹?雕牌的形象也就深深地印在了人们的脑海中,这一年,雕牌洗衣粉销量获得了突破性的增长。

但是相比较情感定位,人们还是会相信事实认知。当品类中的其他品牌同样无法提供事实认知时,情感定位也许有效;而当品类中有品牌会提供一个事实认知时,情感定位就会失效。比如,电池行业的南孚、豆浆机界的九阳,这种专家品牌会使情感定位失效,所以企业在打造品牌情感定位的同时一定不能忽视产品本身的功能和质量。

三、竞争者定位

（一）领头羊定位

当企业认为自身品牌在同行业中实力最强、品质最高，可以成为市场领导者的时候，就可以采用领头羊定位。企业在广告宣传中使用"正宗的""第一家""市场占有率第一""销售量第一"等口号，就是领头羊定位策略的运用。如，百威啤酒宣称是"全世界最大、最有名的美国啤酒"。在现今信息爆炸的社会里，各种广告、信息、商品品牌多如繁星，消费者对大多数一般的、无特色的信息毫无记忆，但对"第一"印象深刻，因此，领头羊定位能使消费者在短时间内记住该品牌。

（二）比附定位

比附定位一般用于有一定实力但是品牌知名度不高的产品，其主要目的就是攀附更具实力的品牌，以此来快速扩大自身在消费者心目中的影响力。其潜台词是"如果你认同那个品牌，你也应当认同我，因为我们类似"，就是明确承认同类中另有最负盛名的品牌，自己只不过是第二而已。这种策略会使人们对公司产生一种谦虚诚恳的印象，相信公司所说是真实可靠的，较容易使消费者记住这个通常难以进入人们心智的序位。这是一种低成本打造品牌的方法，重要前提是品牌的产品质量过硬，经得起市场检验。有三种关联比附的方法。

一种是同业比附，指的是与同一产品类别的领导品牌相关联，比如在城市名牌的打造中，上海把自己打造成中国米兰，青岛把自己打造成东方瑞士；比利时国家旅游局为了加快发展旅游业，不惜攀附上邻国荷兰的著名旅游城市，极富创意地推出"比利时有5个阿姆斯特丹"的广告宣传攻势，产生了巨大效果。在产品打造方面，内蒙古的宁城老窖把自己比喻为"塞外茅台"。美国克莱斯勒公司则宣传自己是美国三大汽车之一，让消费者感到克莱斯勒和其他两个公司的产品一样知名。

另一种方法是跨业比附，就是与其他产品类别的强势品牌相关联。如，波导曾用过的广告语"波导，手机中的战斗机"，让人们感受到波导的实力和锐力；欧洲飞机制造巨头空中客车（Airbus）的命名也是将飞机与客车相关联，给人坐飞机就像坐客车一样轻松的感觉；哈根达斯"冰激凌中的劳斯莱斯"的说法广为传播，形象地传递出品质和档次，这是一个与其他品类中顶级品牌相关联来定位的例子。

第三种就是借助群体效应，利用模糊认知的原理，打造灰色地带，将自己的品牌包装成高级群体的一员，以此来打造自己高端的地位和精品形象。如"全球500强""中国富豪榜""中国名牌产品""中国驰名商标""国家免检产品"等。在消费者看来，能够进入到行业品牌俱乐部的品牌一定实力不俗，自然也应该成为购买时的选择对象。例如，对于中国人来说，《红楼梦》《三国演义》《水浒传》《西游记》这"中国四大古典名著"是很有必要一读的，其他小说倒不一定；进入普华永道、德勤、毕马威、安永全球四大会计师事务所工作历来是会计专业人士的理想，而与这些事务所合作也会为企业增添脸面；"千里草原腾起伊利、兴发、蒙牛乳业"，创业初期蒙牛就在广告宣传当中把自己和内蒙古的一些著名乳业企业放在一起，提出共建"中国乳都"，这是非常高明的比附定位。

（三）对比定位

对比定位是指通过与竞争对手的客观比较来确定自己的市场地位的定位，也可称为排挤竞争对手的定位。运用该定位策略，企业设法改变竞争者在消费者心目中的现有形象，找出其缺点或弱点，并用自己的品牌进行对比，以自身的优势与竞争对手的弱势相比，从而确立自己的地位，让自己的品牌在消费者心目中占有一席之地。例如，在止痛药市场，由于阿司匹林有潜在的引发肠胃微量出血的可能，泰诺就对此发起针对性的广告，宣传"为了千千万万不宜使用阿司匹林的人们，请大家选用泰诺"，最终，泰诺击败占"领导者"地位的阿司匹林；又如，农夫山泉通过天然水与纯净水的客观比较，确定天然水优于纯净水的事实，并宣布停产纯净水，只生产天然水，鲜明地亮出自己的定位，从娃哈哈等纯净水生产商中抢夺了一片市场。新盖中盖"一片顶五片"的对比定位严重打击了其他补钙产品。

四、品牌战略定位

（一）品牌个性定位

为品牌赋予个性，当品牌个性和消费群体个性产生共鸣之后，该品牌就会成功植入消费者心中。可以形成一种思维定式，以获得消费者的认同，促使其产生购买欲望。例如，宝洁公司在美国推出一次性纸尿布，品牌定位宣扬母亲使用"方便"，销售额迟迟上不去，这是因为妈妈们不怕麻烦，不图方便，后来定位为"母爱"，宣扬可以保持婴儿体表干燥、舒适和卫生，满足了妈妈们关爱体贴婴儿的诉求，得到了市场的认同。还有一个成功找到产品和消费群同一个性的典型案例是"脑白金"，它不在产品的功能等方面定位，而是定位于"礼品"的个性，宣称"收礼只收脑白金"，大力倡导给自己的爸爸妈妈送礼的概念，和年轻人的爱心、孝心找到了一致的个性特点。

（二）品牌文化定位

品牌文化定位是指将文化内涵融入品牌，形成文化上的品牌差异的定位策略。这种文化定位不但可以大大提高品牌的品位，而且可以使品牌形象独具特色。产品的功能与属性容易被模仿，但品牌的文化却很难模仿。品牌文化定位按照文化内容的不同又分为下面两种定位策略。

1. 以民族精神为代表的历史文化

这种定位策略将本民族的民族精神和历史文化渗透到产品品牌中，使消费者认为该品牌就是该民族的产品，从而提高品牌影响力和感染力。可口可乐不仅是一种享誉全球的碳酸饮料品牌，更是美国文化的象征；麦当劳蕴含着工作标准化、高效率、快节奏的美国文化；奔驰品牌则代表组织严谨、品质高尚和极备效率的德国文化。中国文化源远流长，国内企业应当从中多多挖掘，以便打造深厚的品牌文化，白酒行业在这方面有不少成功的案例。一些酒品牌反映出哲学道理，如云蜂酒业的"小糊涂仙"酒成功地将郑板桥的名言"难得糊涂"融入品牌之中；沱牌曲酒旗下高端白酒品牌"舍得"酒诠释了"有舍才有得"的人生哲理，以一种文化底蕴厚重、个性鲜明、古朴雍容、颇具大家气派的品牌形象展示在消费者面前，等等。利用文化拉近与消费者的距离，可以创造出令人意想不到的市场效果。

2. 以企业经营理念为代表的现代文化

这种定位思路将企业自身的经营理念融入产品品牌，将具有鲜明特点的经营理念作为品牌的定位诉求，并在营销和品牌管理的各个方面与环节向消费者传播。IBM 的 "IBM 就是服务"，飞利浦的 "让我们做得更好"，TCL 的 "为顾客创造价值"，海尔的 "真诚到永远" 等，都是经营理念定位的典型代表。这些成功的文化定位不但宣传了企业的经营理念，更重要的是让消费者对其品牌产生了认同感，加强了这些品牌的美誉度和消费者的忠诚度。

第四节　品牌重定位策略

一、品牌重定位的含义

品牌重定位（Repositioning）有两种理解：一种是竞争品牌重定位，即改变竞争品牌在消费者心目中原有的定位；一种是本品牌重定位，即改变本品牌在消费者心目中原有的定位。

第一种可以理解为 "重新为竞争者定位"。它是通过打破产品在消费者心目中所保持的原有位置与结构，使产品按照新的观念在消费者心目中重新排位，调理关系，以创造一个有利于自己的新秩序。例如，五谷道场的 "非油炸更健康" 的理念与其说给自己一个崭新的定位，不如说给竞争对手进行了重定位，打破了以往方便面之间的竞争格局，使得量大量小、五香麻辣、海鲜排骨之类的要素都不再重要，重要的是健康，这种重定位把其他所有品牌都置于健康的对立面，只有五谷道场最符合消费升级后的消费认知。喜力滋啤酒声称 "啤酒瓶经过蒸气消毒"，是在说别的品牌的啤酒瓶可能没有经过蒸气消毒。从一定意义上来说，朝着竞争者定位方向的细化和深入也是一种为竞争品牌重定位的方式。例如，海飞丝一句 "头屑去无踪，秀发更出众" 的广告语早已深入人心，并以其清晰的定位成为国内去屑洗发水市场上的翘楚；但风影说 "去屑不伤发"，实际上是暗指海飞丝可能在去屑的同时伤害发质。

第二种理解针对的是本品牌在目标市场上已存在一段时间的情况。这是国内品牌营销界对品牌重定位最常见的理解。要对本品牌进行重新定位，首先需要清除本品牌在消费者心目中所保持的原有位置，再创造一个有利于自己的新位置。但是在重定位时务必要注意对原有印象的改变并非易事，因为从心理学的角度来说，消费者的认知、记忆和理解有选择性，很难轻易改变。而且，如果改变得不彻底，还容易造成消费者对品牌的认知混乱。这对当下许多急于集团化、多元化扩张的企业来说尤为重要。例如，索尼是什么？娱乐、影音、游戏、在线下载、消费电子？索尼原本希望通过涉足更多有发展前途的行业来打造更加强势的品牌，却在不知不觉中从单一的消费电子领域延伸得让人摸不到头脑，虚弱的业绩说明索尼已经没有强势的业务主导板块。即使在消费电子领域，索尼曾经的高端产品形象也打了折扣。

二、品牌重定位的时机选择

（一）原有定位老化

由于时代变迁，消费者的需求和兴趣会发生改变，如果品牌的定位不能及时跟进，那么定位将出现老化现象，表现为消费者没有了新鲜感，品牌对受众心理构不成刺激，品牌生命力日渐衰落。这时必须对品牌重新定位，为企业注入新活力。以麦当劳为例，2003年9月25日，麦当劳中国全面更新品牌形象，其品牌口号、个性、电视广告、主题歌曲、员工制服等，全面更新为"I'm Lovin'it"（我就喜欢），以时尚现代的价值观来重新阐释麦当劳的品牌理念。事实证明，麦当劳公司重新定位之后的时尚年轻、充满活力的形象赢得了更多小孩和年轻人的青睐，公司业绩明显回升。

（二）原有定位错误

由于目标消费者需求分析的偏差、竞争品牌分析的疏漏，或者自身资源和实力的缺陷，有些品牌定位一开始就是错误的，再怎么加大传播力度都是徒劳。所以，碰到这种情况，企业必须尽快重新为品牌进行定位。江中牌健胃消食片初期定位也曾出现这样的问题。该产品原定位是中药保护的健胃药，而消费者对用于消化不良的日常小药根本就不在乎它是否是中药保护，他们需要的只是一种可以常吃而没有太大副作用的药。2003年，公司对江中牌健胃消食片进行重定位，根据消费者的实际需求将其定位为"日常助消化用药"。这一重定位说明江中牌健胃消食片可以日常吃同时又只是助消化的日常小药（意味着不是治疗，副作用不大），从而奠定了自己在日常消化不良用药行业"领头羊"的位置，销售额迅速突破2亿元，创造了一年7亿元的销售神话。此外，最经典的案例莫过于万宝路的"变性手术"，将万宝路从一个女士香烟变成了男人味十足的品牌。

（三）原有定位模糊

一些品牌由于不断延伸，冲淡了在消费者心目中的最初印象，品牌定位变得模糊。美国雪佛兰汽车公司就经历过这样的事情。过去，雪佛兰汽车是美国家庭汽车的代名词，但在雪佛兰将生产线扩大到涵盖卡车、跑车等车型后，消费者心中原有的"雪佛兰就是美国家庭房车"的印象焦点模糊了，而让福特趁势坐上了家庭汽车第一品牌的宝座。如果雪佛兰能及时地将定位聚焦，像其他汽车公司一样——不同车型推出不同品牌，结果将会是另一种情况。

（四）原有定位过窄

在公司实力还不够强大的创业初期，品牌总是跟某一种产品、某一类消费者或某一个地域紧密相关的，以至于品牌成了某类产品的代名词。消费者会觉得，Intel就是做CPU的，Dell就是做计算机的，康师傅就是做方便面的，娃哈哈就是儿童营养品品牌，金利来就是男士服饰品牌，湖北证券就是扎根于湖北的证券公司等。这在创业初期是品牌的优势，到了后期却成为品牌延伸和扩张的障碍。因此，拓宽原有定位的边界变得十分重要。例如，我国知名的电子生产商"夏新"原为"厦新"，后来将"厦门"的"厦"改为了"华夏"的"夏"，从而淡化了品牌的地域限制；全国销售量最大的杂志之一《家庭》以前叫作《广东妇女》，其改名之前的影响力可想而知；深圳太太药业由于在原来畅销产品太太口服液基础上增加了静心口服液、鹰牌花旗参等新产品，因此公司名称也相应改为"健康元药业"，以打破"太太"这一群体的限制；强生婴儿沐浴露在广告中声称"宝宝用好，您用也好"，以吸引年轻的女性市场；巴黎欧莱雅的广告在我国一向都是请巩俐、李嘉欣等女星代言，现在也开始聘请男星吴彦祖代言，以期开拓男性市场，广告片尾的一句"你也值得拥有"点出了这一意图。

（五）竞争品牌模仿

一个好的定位点通常会吸引竞争者加入，如果对本品牌产生了较大危害，企业应当稍微变通一下。例如，联邦快递公司（FedEx）一直强调自己"使命必达"，后来者中外运敦豪快递公司（DHL）一开始说自己"最了解亚太地区"，与联邦快递形成了差异。但近年来，中外运敦豪又打出了与联邦快递类似的"一路成就所托"，使得二者颇为相似。所以，联邦快递在坚持"使命必达"的同时，推出"国内限时"的全新服务，以此来拉开与中外运敦豪的差距。

（六）原有定位遭遇变故

由于政治、经济、文化、技术、自然等宏观环境的变化，品牌原有的定位点可能带来负面的影响。这时品牌的重定位可能就要划分立场，与原有定位有所区别。例如，肯德基的全称为"肯塔基州炸鸡"（Kentucky Fried Chicken），因为"油炸"（Fried）这个词不符合人们的健康意识，所以缩写为"KFC"。再如，中美史克公司在2001年9月推出重定位于"不含PPA的速效感冒药"的"新康泰克"，原因是2000年1月国家发布了一项"暂停含有PPA的OTC药品在市场上销售"的政策规定，而原来的康泰克却含有PPA。

（七）品牌战略转移

宏观环境的变化迫使一些企业在产业投资方向上发生转移，品牌定位也要随之变化。例如，2006年1月，英特尔公司宣传全球换标，使用了37年的老标识从此退休。英特尔从2005年1月开始进行一系列包括组织架构、产品线在内的调整，以期从单一的芯片产品提供商转型为提供全套技术组件，包括微处理器、芯片组、通信芯片、基本软件能力及其他支持工具的平台产品的提供商，同时其发展重点也开始转向消费电子市场。核心战略的转型使得英特尔原来针对计算机产品的品牌标识已经不能完整地表现英特尔现有的产品定位，其标识的改变也成为战略转型的一个重要部分。

（八）发现了一个更有价值的定位

如果随着时间的推移，企业能找到一个更有价值的定位，那么也可以为品牌进行重新定位，以期获得更大的收获。例如，当五谷道场和油炸方便面阵营打得不可开交的时候，四川白象方便粉丝也顺势加入进来，提出要建立"非油炸食品联盟"。而事实上，在五谷道场出来以前，白象方便粉丝并没有最先提出"非油炸"的概念。再如，诺基亚的品牌口号"科技以人为本"有口皆碑，谁能想到该企业前身竟是一家芬兰的木材厂。企业转型定位于移动通信领域，重新规划了企业的整体框架。

本章小结

本章首先介绍了品牌定位的定义、意义和原则。品牌定位理论的发展主要经历了三个阶段，即USP理论阶段、品牌形象理论阶段以及定位理论阶段。品牌定位的意义主要体现在能够凸显品牌差异，确立品牌个性，为消费者提供明确的购买理由，提高品牌传播的效率，并能创造品牌核心价值。品牌定位要遵循匹配性原则、差异化原则、稳定性原则以及简明性原则。

其次，阐述了品牌定位过程。品牌定位首先要对目标消费者、竞争者进行分析，然后要明确自己和竞争对手的品牌异同点，这三者可以整合成一个品牌定位系统，最后再结合企业内部条件形成一个完整的品牌定位。

然后阐述了品牌定位的基本策略。品牌定位有战略层面的定位和战术层面的定位两种。战略层面的定位主要基于和消费者建立一种情感联系，主要手段有品牌个性、品牌情感和品牌文化的塑造。战术层面的定位则主要基于企业微观环境的分析，主要围绕自身产品、目标消费者和竞争对手这三个方面来实施。品牌定位是战略高度的综合过程，是宏观和微观的结合。

最后介绍了品牌重定位策略。品牌重定位可以理解为"重新为竞争者定位"，也可以理解为针对的是本品牌在目标市场上已存在一段时间的情况。品牌重定位要注意时机的选择，在原有定位老化、原有定位错误、原有定位模糊、原有定位过窄、竞争对手模仿、原有定位遭遇变故、品牌战略转移以及发现了一个更有价值的定位等情况下可以重新为品牌找到新的市场定位。

复习思考题

1. 品牌定位的意义有哪些？
2. 品牌定位的原则有哪些？
3. 品牌定位的过程包括哪几部分？
4. 品牌定位的策略包括哪几方面？
5. 在什么情况下企业要对品牌进行重定位？
6. 企业围绕自身产品进行品牌定位的方式有哪些？

案例分析

无印良品：极简主义的生活哲学

无印良品（MUJI）创立于20世纪80年代，当时正值泡沫经济的日本市场名牌盛行，消费者品牌意识非常强烈。无印良品却反其道而行，提出无品牌的概念，迅速成长为一家世界级的"生活形态提案店"，其产品渗入人们日常生活的各个角落，阐释着一种极简主义的生活哲学，引领着一股返璞归真的时尚潮流。无印良品是如何进行自身品牌定位，从而获得成功的？

定位的概念最初由美国人艾尔·里斯和杰克·特劳特在1972年提出。在两人合著的《心战》中，他们提出："定位是针对现有的产品的创造性的思维活动，它不是对产品采取行动，而是主要针对潜在顾客的心理采取行动，是要将产品定位在顾客的心中。"基于对定位的认识，人们认为品牌定位即是建立一个与目标市场有关的品牌形象的过程和结果。换言之，即指为某个特定品牌确定一个适当的市场位置，使商品在顾客的心中占领一个有利的位置，当某种需要一旦产生，人们会先想到某一品牌。

在当今的都市生活中，人们生活的方方面面都被打上了各种标签，品牌背后所包含的基于社会阶层以及虚荣心理的消费价值观，经常掩盖了人的真实情感。无印良品从消费者生活形态入手进行深度调研，发现众多的消费者已经厌倦浮夸攀比的生活方式，而向往宁静简单的生活。

洞察到消费者这方面的内在需求和价值，无印良品的设计师不只是以一间普通的商店去考虑，而是以"生活形态提案店"来定位。消费者到无印良品购物，不再只是购买商品本身，而更多为享受品牌背后所欲传递的一种简约、自然的生活形态。当消费者发现原来看似简单的商品，也可以兼具质感与美感时，本来只要购买毛巾的顾客，可能接下去购买枕头、床品、地毯等家纺用品。借由这些商品，消费者心底原本对简约生活的向往得到满足。

在产品的设计开发乃至店铺的整体风格上，无印良品多年来坚持这种源于生活哲学的极简主义，将品牌的功能与消费者的心理需要连接起来，并不断向消费者强化自己的品牌定位信息，在世界各地培养了无数忠实的MUJI爱好者，以至中国香港专栏作家欧阳应霁表示，一个城市里是否有无印良品店，可以成为是否愿意生活在这个城市的理由。

一、抓住了谁的心

消费者有不同类型、不同消费层次、不同消费习惯和偏好，品牌的定位需要满足特定消费者的特定需要。消费者的需求随着时代推进也在不断变化，品牌定位的重点是摸准消费者的心，唤起他们内心的需要。早在20世纪80年代，无印良品就提出相当前卫的主张，提醒人们去欣赏原始素材和质料的美感。以多为美的加法美学潮流风行之时，无印良品却反其道而行，不断地减去与消除：拿掉商标、去除一切不必要的加工和颜色、简单包装，简单到只剩下素材和功能本身。"重精神，玩简约"，成为无印良品成功由产品升华至文化层面的根源所在。

此外，无印良品产品开发设计的人性和环保也是其品牌定位考虑的重要因素。日本的居室普遍窄小，床占了重要的位置，睡觉、阅读、吃饭、看电视，甚至招待朋友可能都要在上面进行。无印良品的设计师据此开发了一款有四只短床脚的床垫，可以收起当作沙发，配合类似沙发布料的床包，让主人在待客时不会显得尴尬局促。又如，日本的北海道地区气候均衡及海水盐分含量较低，有利于小麦的生长，无印良品生产枫糖夹心饼干便坚持使用该地区产的小麦粉，坚持不过度脱水处理，以保留胚芽的含量，提升自然营养素的比例。无印良品还使用环保再生材料，将包装简化到最基本的状态，赢得了众多环境保护主义者的拥护。

无印良品不强调所谓的流行感或个性，也不赞同受欢迎的品牌应该要抬高身价。相反，无印良品是从未来的消费观点来开发商品，即平实好用。提倡理性消费的同时，无印良品让顾客获得了莫大的心理满足。这种来自生命本真的需求不分年龄、不分性别、不分种族、不分阶层，谁都可能成为无印良品的下一个俘获者。

二、要的就是简单

产品或服务的差异化并不仅仅指功能方面的差异化，而且也包括产品文化附加值方面的差异化，这两方面正是品牌定位的依据。当产品具有强独特性，或者是新市场的开拓者时，定位方向可能就是产品本身的特有属性。依据这种有形属性构建的品牌印象非常脆弱，竞争者通过模仿或技术上的超越，可以很轻易地瓦解已建立的品牌优势，使企业对品牌定位所花费的精力付诸东流。而建立在价值观与品牌传统文化基础上的品牌定位，竞争者则难以复制，从而保证品牌印象的持久与健康。以价值观为基础的品牌定位不必局限于指代个别产品的属性，可以将品牌资产充分运用到新的产品类别上，减少品牌延伸的阻力。无印良品无疑属于后者。无印良品传达给消费者的信息不仅是一个品牌，更是一种生活的哲学。无印良品的理念是"合理就便宜"——追求自然的风格、简朴的设计并结合生活的实用性。

这个理念涵盖了三个方面的内容。

(1) 材料的选择：开发好吃并健康的食品、穿着舒适的服装以及方便生活的小物件，将生活中不起眼的东西改良成实用而独特的产品，并从世界各地采购原材料以降低产品制作成本。

(2) 工艺的检测：制定合理的检测程序，保证原材料充分利用，减少浪费。

(3) 包装的简洁：强调以产品本色示人，多采用统一、简洁的打包出售方式。

走进任何一家无印良品专卖店，顾客可以发现，除了那个红色的"MUJI"方框，几乎看不到任何鲜艳的颜色。无印良品的产品主色调是白色、米色、黑色或蓝色，设计风格也力求简单质朴，看不到繁复的装饰。在无印良品店内，不会有特别抢眼的商品。无印良品这种价廉物美、高品质、不花哨的产品及其倡导的生活方式得到了消费者的广泛支持。

三、开放式的系统

随着市场状况变化，消费者对商品爱好的转向，企业需要对品牌态势进行调整，譬如改变产品的品质、包装、设计方案。企业需要考虑品牌再定位的收益、风险等情况。这是企业适应经营环境、市场竞争的需要，也是企业实施经营战略的需要。通过更新定位，企业及其产品在消费者心目中的形象得以改善，"旧桃换新符"，能够使企业获得更大的生命力。无印良品能够成长为今天的世界级"生活形态提案店"也并非一帆风顺。如今所见的重视产品开发、强调产品设计的无印良品，是它不断摸索进化的结果。

2000—2001年，无印良品遭遇一场巨大的经营危机，利润急速下滑，导致时任社长引咎辞职。危机的外部原因，是来自廉价同质产品的竞争，一些竞争对手如优衣库、百元均一、山田电机等开始崛起；内部原因则是，10年的急速扩张让无印良品患上了大企业的通病，不良品频现，产品种类不足以支撑3 000多平方米的店铺等。2001年，原研哉进入无印良品，他把重心放在产品设计上，在产品质量上下了很大功夫。原研哉对产品概念进行了更新，并明确了World MUJI和Found MUJI两个方向。World MUJI是指世界知名设计师的改造商品，Found MUJI则是把全世界都当作原料库，去发现一些材料、一些设计理念，再由产品开发部门的人员调整成无印良品的味道。Found MUJI的关键词是"发现"。这种想法无印良品从1987年就开始萌生，原研哉加入之后进一步丰富了它的内涵。最初的原则是，在设计、开发产品时，应该充分意识到物质和环境之间、人的行为与物质之间的关系。经过原研哉的发挥，又增加了生产者和生产背景，以及物质与生活的相关性。原研哉对品牌定位的补充调整使得无印良品获得了新的生机，在海内外不断拓展市场。

焕发生机的无印良品提出从世界的生活方式中学习，从世界的生活文化和历史中寻找优质的好东西。在无印良品的商品标签上，顾客常常会发现有"埃及棉""印度棉"等标注，标注那些编织技术名称，实际上是让购买者联想手工艺生产的过程。无印良品还采取和消费者互动的方式，直接从消费者身上吸收创作灵感，比如在网络上募集自愿受访者，然后由一名无印良品的员工进行访问。访问所得照片被分送到各企划设计室，相关人员进行讨论并从中挖掘出消费者的新需求，进行产品开发设计。例如，浴室里的洗发露、护发素等用品容器的大小不同，而且多为圆筒形，很难放置在浴室墙上或浴缸边缘，如果有方形容器，就能整理得有条不紊，无印良品于是便推出这款产品，满足消费者需求。

四、本土化的实践

2005年，无印良品在上海开设了第一家店铺。经历了商标抢注事件，2010年，即重返中国市场后的第三个年头，无印良品在中国市场的扩张突然进入了"狂飙突进"的时代。如今，无印良品在中国有26家分店，分布在上海、北京、南京、杭州、成都等13个城市。与市场容量渐趋饱和的日本市场和欧洲市场相比，中国市场的确有使其快速成长的可能性。

"世界的MUJI"进入中国后，正在努力适应中国的消费者。比如在日本，MUJI一般开设在地铁口，而中国的无印良品店铺都开在繁华的高端商场和购物中心内。选择这种布局是有原因的，无印良品经过对中国市场的调查研究后发现：从消费结构上看，日本的消费者差异性更小，中等阶层的群体最大；而中国两极分化较为严重，因此在品牌定位前期的市场细分中，无印良品在进入中国的初期会以较为成熟的消费者和年轻白领为突破口。为了迎合这些消费者，MUJI中国的不同店铺也进行了细分，比如北京西单大悦城店的主要消费者是年轻白领，因此店内的商品排列侧重低价快消品；而价格更高的家居在北京华贸店中占据了很大的比重，用来迎合那些成熟的以家庭消费为主体的人群。

针对中国市场，无印良品认为最迫切的事情，是要做出具有中国特色的良品。无印良品从诞生到成长，一直秉承简单质朴的品牌定位，但在经历上一次危机后，无印良品意识到，只有商品开发更加精确，最贴近特定消费者需求，才能获胜。"现在，已经有很多无印良品的设计师来到中国，以寻找更多的本土灵感，很多中国的创意人员也对我们兴趣倍增，要求加入无印良品的开发团队。"

2010年7月7日，无印良品在杭州万象城进行了为期15天的展览。巡展中无印良品宣布将展开与中国本土设计师的合作，第一批合作者包括艺术家艾未未、音乐家刘索拉、建筑设计师张永和与王澍和、平面设计师刘治治等，他们在展览上提交了各自设计的环保袋。MUJI中国热衷于销售反馈，并通过展览收集信息，通过分析这些信息无印良品将逐渐完善自己在中国本土化的品牌定位，为市场的进一步扩张做好准备，以期打开更多中国本土消费者的心扉。

市场实践证明，任何一个品牌都不可能为全体顾客服务，细分市场并正确定位，是使品牌赢得竞争的必然选择。只有品牌定位明确，个性鲜明，才会有明确的目标消费层。唯有明确定位，消费者才会感到商品有特色，有别于同类产品，形成稳定的消费群体。而且，唯有定位明确的品牌，才会形成一定的品味，成为某一层次消费者文化品位的象征，从而得到消费者的认可，让消费者得到情感和理性的满足感。

无印良品以平实的价格还原了商品价值的真实意义，并在似有若无的设计中，将产品升华至文化层面。它简单到抛弃一切装饰的设计细节没有让人觉得其产品廉价，反而时时提醒着人们去欣赏原始素材和质朴的美。这种美不需要被渲染，而是直接从产品本身散发出来的，成为一种主动的追求和高品位。无印良品讲述的这种极简主义的生活哲学，成为其品牌定位的制胜法宝。

案例思考题：
1. 谈谈你对品牌定位的理解。
2. 无印良品的品牌定位获得成功，你认为关键的因素在于哪些方面？

本章实训

一、实训目的
1. 了解品牌定位的过程。
2. 能针对具体的品牌实例进行有关品牌定位策略的分析。

二、实训内容
通过查阅文字资料及上网收集某一个品牌的相关资料,完成以下任务:
1. 结合某一个具体品牌陈述该品牌的定位过程。
2. 对上述品牌的定位策略进行分析。

三、实训组织
1. 把教学班同学分成五个组,并选出一位担任组长。
2. 每组独立收集、整理相关品牌资料,每组案例原则上不允许相同。
3. 由组长负责组织小组研讨,集中本组成员的研究结果,制作文本文件,并设计演示的PPT文稿。
4. 每组推荐一人上讲台演讲,其间师生可以向该组同学提问,教师引导学生参与研讨。

四、实训步骤
1. 每组独立收集、整理所选取案例的资料。
2. 小组讨论,汇总本组意见。
3. 撰写报告,并设计制作演示课件。
4. 各组代表发言,全班参与讨论。
5. 教师对各组表现进行点评。

第四章 品牌设计

学习目的与要求

（1）理解品牌命名的常用方法
（2）掌握品牌命名的程序
（3）了解品牌标志的类型、设计
（4）掌握品牌其他元素的设计

开篇案例

薛涛笺是唐朝著名的文具品牌，并且一直沿用至今，这个品牌的缔造者不是能工巧匠，是个很有才的美女薛涛。

薛涛多有才呢？《全唐诗》一共收录了薛涛81首诗作。与刘采春、鱼玄机、李冶等并称唐朝四大女诗人，与卓文君、花蕊夫人和黄娥并称蜀中四大才女。

薛涛笺是怎么出现的呢？薛涛最爱写四言绝句，律诗也常常只写八句，她嫌常用的纸张尺幅太大，一直有制作适于写诗的小巧纸笺的想法。薛涛所居住的浣花溪畔，是当时四川造纸业的中心之一，于是，薛涛以"浣花溪的水，木芙蓉的皮，芙蓉花的汁"，指点工匠制成了这种既便于携带又便于交流且带有个人色彩的"薛涛笺"。

薛涛笺有十种颜色：深红、粉红、杏红、明黄、深青、浅青、深绿、浅绿、铜绿、残云。《益部谈资》载：花笺古已有名，至唐而后盛，至薛诗而后精。

薛涛喜红色，一般认为红是快乐的颜色，它使人喜悦兴奋，也象征了她对正常生活和对爱情的渴望。另一方面，薛涛可能有意打破当时纸笺一味黄色的沉闷枯燥的色调。

这大概是中国最早的"个人定制"品牌。

案例启示

薛涛笺以其创造者为品牌名，兼顾品牌色，其品牌故事亦引人入胜，后人读之亦能体会品牌之真意。创建品牌，首先要给品牌穿上合适的"外衣"，进行外在品牌元素的设计。

本章知识结构图

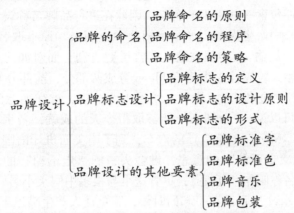

美国品牌专家戴维森（Davidson）在1997年提出的品牌冰山理论中指出，品牌就像是大海的一座冰山，海面下的是隐性的品牌内涵，如品牌核心价值、品牌个性、品牌文化等；海面上的就是显性的品牌外延，包括品牌名称、品牌标识、品牌口号、品牌故事、品牌音乐和品牌包装等。没有品牌外延要素，品牌的内涵将仅仅停留在精神世界，而不能融入消费者的生活。所以，对于品牌外延要素的设计显得格外重要。

品牌设计是品牌管理的一项基础工作，对其他品牌管理工作起着重要的作用。合理的设计有助于品牌信息的传递和强化。

第一节　品牌的命名

古语有云："名不正，则言不顺；言不顺，则事不成。"我国《说文解字》中这样解释："名，自命也，从口，从夕，夕者冥也，冥不相见，故以口自名。"可见，名有多么重要。产品和人很相像，有高低起伏的生命周期，因而商品也需要有个相称的名称。

然而，命名并不简单，广告大师大卫·奥格威曾经如此形容品牌命名这件事——"要找一个还没被别人家公司登记的好名字，实在难如上青天……我曾为成打的新产品建议过无数的新名字，但一个也没被采用过，祝你好运！"

正因为命名并不简单，所以一定要掌握命名的原则、方法及步骤。

一、品牌命名的原则

一个好的品牌名称通常遵循了一定原则。这些原则可归纳为三个层面：

（一）营销层面

1. 品牌名称暗示产品特征

如果品牌名称能够暗示产品种类、利益、产地或成分等产品特征，那就可以降低传播费用，提高传播效率。比如，农夫果园暗示了该饮料的天然绿色和由多种果汁组合而成；可口可乐既有"可口"和"快乐"之意，又暗示了含有古柯（Coca）的叶子和可乐（Kola）的果实两种成分；"春兰"空调，就给人以美好温馨的暗示——春天的兰花让人感觉一阵清新迎面扑来；Lenovo（联想）的"Le"延续了原有的"Legend（传奇）"之意，而"novo"暗示了"Innovation（创新）"。这些含义促进消费者对品牌形成正面态度。

由于品牌名称往往包含一些引申的含义，因此在进行品牌名称设计时要格外慎重，稍有不慎就会在消费者心中产生误解。如金字招牌"金利来"原本取名"金狮"，对中国香港人来说，读音便是"尽输"。中国香港人非常讲究吉利，面对如此忌讳的名字自然无人关照。后来，公司创始人曾宪梓先生将 Goldlion 分成两部分，前部分 Gold 译为金，后部分 lion 音译为利来，取名"金利来"。之后，情形大为改观，吉祥如意的名字，立即为"金利来"带来了好运。可以说，"金利来"能够取得今天的成就，名字功不可没。再如，通用汽车公司一款名为"Nova"（新星）的汽车，到了南美西班牙语国家经营惨淡，原因是 Nova 在西班牙语中是"走不动"的意思，谁会买一辆"走不动"的车呢？此外，我国北方有一种水饺的品牌名称叫作"毛毛"，尽管这个与很多中国人小名同名的名字感觉亲切，但是"毛"和食品"水饺"联系在一起的时候，不免让人产生嘴巴不舒服的感觉。

2. 注重名称的文化内涵，产生有益联想

首次购买的消费者往往是先被品牌的名字打动的。比如中国的红豆（服饰）品牌，让人自然地联想起唐代大诗人王维的《相思》一诗："红豆生南国，春来发几枝。愿君多采撷，此物最相思。"红豆在中国传统文化中含有浓郁的挚爱、思念、吉祥、幸福等多层含义，因而能适应多层次消费者的心理需要，自然对产品有促销力；"七彩云南"是一个十分雅致的品牌名称，云南盛产玉石，玉石的颜色与自然风景相映生辉，使人想到"赤橙黄绿青蓝紫，谁持彩练当空舞"，增加了对品牌的信任，具有广告和说服能力。"杏花村"酒中饱含"清明时节雨纷纷，路上行人欲断魂。借问酒家何处有？牧童遥指杏花村"的诗情画意，让消费者想到产品的悠久历史，同时也渲染了酒产品的情感元素。

国外也不乏利用文化元素命名打动消费者的案例。"Poison"是法国迪奥（Christian Dior）公司于1985年推出的一个香水品牌，中文意思为"毒药"。该品牌最初在法国上市时，巴黎一家大型百货公司平均每50秒就售出一瓶，销售火爆。这个名称为什么大受女性欢迎呢？原来这是西方女性解放、独立意识增强的反应。这个名称触动了法国女性内心深处充满梦想、希望自己超凡脱俗、寻求冒险刺激的心理需要。正如某女士所说，"我希望使用此香水后，所有与我接近的男人都中上我的毒"，真是一语道破天机。

小链接

香格里拉饭店的名称

香格里拉饭店从表面上看是一个地理名词，实则名称来源于美国小说家詹姆斯·希尔顿的小说《失落的地平线》（*Lost Horizon*）。

小说中，对于香格里拉"雪峰峡谷、庙宇深邃、森林环绕、牛羊成群"的描绘，尤其是在主人公"飞机失事后，紧急降落的永恒宁静的东方土地"的特定背景，让"香格里拉"从一个陌生的地名，提升为令人向往的世外桃源。将这个名字用于饭店无疑是极为成功的品牌联想。

3. 具象性强的名称更适合品牌传播

具象性强的名称，容易在传播中进行描述，不但容易记忆，而且容易产生联想。例如，旺旺、康师傅、金嗓子等，直接用人们所熟悉的动物、植物、地名等来命名，也容易在包装上标明标识物。描述性、具象性差的名称就起不到这样的效果。

（二）法律层面

1. 品牌名称应该易于商标注册

企业应当在商标法允许的前提下为品牌命名，否则未注册的商标不能得到法律保护。事实上，在未注册的情况下推广品牌无疑是"为他人作嫁衣"，市场上将涌现大量"搭便车"者，而一旦一家出问题则所有企业受牵连。比如，著名的熟食品牌"乡吧佬"实际上并不是一个注册商标，因为《中华人民共和国商标法》第十条规定，"有害于社会主义道德风尚或者有其他不良影响的"禁止作为商标使用，而"乡吧佬"是对农民的蔑称，带有非常明显的歧视色彩，所以工商行政管理部门不允许将其注册成商标。正因为如此，最早生产该品牌系列产品的某卤制品厂家无法获得法律保护，致使全国生产"乡吧佬"产品的厂家数以千计。调查数据表明：大多数消费者只记得"乡吧佬"这个产品品牌，而能举出生产企业名称的消费者寥寥无几。

2. 品牌名称相对于竞争者是独特的

从一定意义上来说，品牌命名不是一件容易的事，因为一些好听、好记、好彩头的名字都被别的品牌占用了。据统计，我国以"熊猫"命名的产品有300多个，以"长城"命名的有200多个。有一年杭州市210个注册商标当中，用"西湖"命名的就有58个。这些品牌命名因为不在同一行业，所以是法律允许的，但在一定程度上会让消费者混淆，从而影响了品牌的创建。

设计一个独特的品牌名称更有利于打造强势品牌，如"他+她-"作为饮料名称非常引人注目，而后来出现了一批"克隆族"，如"男生女生""他动她动""他乘她除""他酷她酷"等就显得"黔驴技穷"了。

（三）语言层面

1. 品牌名称的语音要好听易读

好听的品牌名称能增加消费者对品牌的好感，如可口可乐、雪花、海尔等；而易读的品牌名称将有利于消费者对品牌的记忆和传播，如宝马、联想、奇瑞QQ等。

（1）叠音叠韵。在驰名商标的命名中，叠音的现象常见，主要形式包括以下几种。

① "AA"式：太太（口服液）、盼盼（防盗门）、杉杉（服装）、开开（服装）、露露（饮料）。

② "ABB"式：好太太（保健品）、娃哈哈（儿童饮料）。

③ "AAB"式：月月舒（中成药）、步步高（VCD）、咯咯哒（食品）。

（2）语音。让视觉悦耳动听，主要形式包括以下几种。

①平仄协调：草珊瑚（｜——）、全聚德（—｜—）、美加净（｜—｜）、红双喜（——｜）。

②三平三仄：波司登（———）、澳瑞特（｜｜｜）、萨米特（｜｜｜）、唐人神

(———)。

2. 品牌名称的语形要简洁明快

字数过多、字形难写的品牌名称是不理想的，应当简洁明快。比如索尼和爱立信联合推出手机"索尼—爱立信"名字太长，后缩写成"索爱"，成为令人喜欢的一个品牌；夏新原来的英文名称是 Amoisonic，现改为简洁明了的 Amoi，让人觉得简约；IBM 英文原名是 International Business Machine（国际商用机器公司），缩写成 IBM 之后，大大提高了传播效率。

品牌名称的简洁有利于提高传播效率，日本的一项调查表明，3 个字以下名字的认知率为 75%，4 个字名称的认知率为 11.3%，5~6 个字为 5.96%，7 个字为 4.86%，而 8 个字以上只有 2.88%。因此，原则上，品牌名称应尽量少于 4 个字。

二、品牌命名的程序

品牌的命名，要遵循一定的程序，使品牌命名科学化。归纳起来，这个程序分成六大步骤。

（一）确定命名的战略目标

首先综合考虑产品、消费者、市场、竞争情况以及公司战略，为品牌命名确定战略目标。需要思考的问题包括：该产品的特点是什么？与公司其他产品之间在定位上有何关系？目标消费者是谁？他们在该产品上的消费心理和行为是怎样的？竞争者的品牌命名是怎样的？它们如此命名的原因是什么？该产品的市场发展前景如何？品牌将来是否要用到其他产品上面去？品牌要在哪些国家使用？公司的发展战略是怎样的？该产品在公司战略当中充当什么角色？等等。对于产品品牌而言，以上有关产品的问题应该多些考虑；而对于公司品牌而言，公司战略的问题要更多关注。

我们可以从一些著名品牌的名称当中看出其命名的战略意图。比如"蒙牛"公司品牌，希望让消费者把它看作是来自内蒙古大草原的牛奶公司，而它自己是希望发展成内蒙古乳业的代表品牌。旗下的产品品牌，如"吸吸爽"奶冻饮品、"酸酸乳"乳饮料、"早晨奶"、"晚上好"、"真果粒"等，都体现出产品的特色、口味或者使用的场合，各种产品品牌形成了互补。

（二）通过多种渠道提出备选方案

在命名战略目标的指导下，要尽可能多地提出命名的备选方案。为了确保方案的数量，有必要集思广益动员多方力量，包括公司领导、公司员工、中间商、供应商、广告公司、专家学者、专业命名机构、社会公众等。

例如，联想的命名来自公司的领导层，Acer 的命名是奥美广告公司的杰作，乐百氏集团的原名"今日集团"来自一个大学生的创意等。通过公司内外的品牌名称征集，可以得到成百上千的名称备选方案。比如，Acer 的备选方案则有四万多个。

（三）命名工作组对备选方案进行初步筛选

一个全面的命名工作组里面拥有语言学、心理学、美学、社会学、营销学等方面的专家。他们需要根据命名的营销、法律和语言层面的一些原则对命名的备选方案进行粗线条的筛选，从而缩小选择的范围。美国通用磨坊公司（General Mills）按照以下标准筛选掉一些名称：①有不必要的双重含义的名称；②比较难读、已被使用或与已有名称过于接近的名称；③明显会引起法律纠纷的名称；④与产品定位有明显冲突的名称。之后，通用磨坊公司还要与合作伙伴一道深入讨论和评估，进一步精选名称；同时，进行初步的法律检测，剔除一些在法律上可能存在问题的名称。经过这一步骤，命名的方案通常剩下5~10个。

（四）初步筛选后命名方案的法律检索

在进行消费者测评之前，首先必须做一个更全面的国际法律检测。这是为品牌今后进入国际市场打下基础，防止待到国际化的时候品牌陷于不利。法律检索国家的范围与企业的国际化战略有关。

（五）命名方案的消费者测试

命名最终是要被消费者接受的，所以要从语言和营销角度测量消费者对命名的认知情况。

调查的方法有很多，常见的方法包括问卷调查法、投射技术、焦点小组法。调查的内容包括记忆测试、偏好测试、词语联想。记忆测试是调查消费者对品牌名称的记忆程度，如隔了一段时间，消费者对哪一个先前展示过的品牌名称记得最清楚；偏好测试是调查消费者对品牌名称的喜爱程度；词语联想是调查消费者在一听到品牌名称时头脑当中浮现的事物，包括产品类别、产品利益、产品成分、产地、寓意等。

（六）高层管理者最终确定品牌名称

经过以上各个环节，最终入选的品牌名称可能会有3~5个。命名小组要将这些最终的方案提交给公司的高层管理者，由他们定夺。

三、品牌命名的策略

（一）用企业的名称作为品牌名称

公司名称同品牌名称一致是一种最为常见的命名方法，有利于产品品牌、企业品牌相互促进，以达到有效提升企业形象的目的，其优点是花一笔宣传费可以同时宣传公司形象、树立品牌形象，反之，其缺点就是如果产品品牌受损会直接影响到公司的品牌形象。苹果电脑、IBM、3M、索尼电器、东芝、现代、惠普等知名品牌，均是采用企业名称作为品牌名称。

（二）用产品的主要功能作为品牌名称

品牌名称应向消费者暗示产品的效用或品质，这种命名方法容易使消费者通过品牌对产品功效产生认同，通过使用后的功效加深对品牌的记忆，如冷酸灵、两面针从名称上直接体现出其表达的核心功能，娇爽、舒肤佳、百年润发通过品牌名称传递品牌具有满足特定效果需求的信息。

"Sprite"饮料刚在中国香港上市时，考虑到当地人们喜欢吉利的心理，取谐音将其命名为"事必利"，但是销售情况并不好。后改名为"雪碧"，引发消费者关于"冰雪、碧玉碧绿"之类的联想，给人清凉解渴之感，产品随之热销。

> **小链接**
>
> 可口可乐——草药与果子名称的结合
>
> 可口可乐是一种世界闻名的饮料,这种饮料最初是自制的一种有提神作用的药水。
>
> 1886年,美国佐治亚州亚特兰大城一家药品店,药剂师约翰·彭伯敦在匆忙中不小心将一种褐色溶液加入药水,顾客喝后竟然大加赞赏。
>
> 彭伯敦把握机会,将这种药水冲淡变成饮料,命名为可口可乐,扩大销售。Cola是指非洲所出产的可乐树,树上所长的可乐籽内含有咖啡因,果实是制作可乐饮料的主要原料。

(三)用数字、字母或符号作为品牌名称

数字、字母和符号简明、易记,名牌名称既可以完全由数字组成,又可以由数字和文字合组成,借用人们对数字、字母和符号的联想效应,增强品牌的特色。

> **小链接**
>
> 品牌命名中符号的点睛作用
>
> 随着社会发展的速度越来越快,各个领域的新品牌层出不穷,伴随而来的就是品牌命名的愈发困难。在思考富有创意的命名的同时,键盘上的那些符号,可以当作一种附加的资源,为品牌命名另辟蹊径。
>
> 从这个角度出发,市场上一些成功的品牌命名案例分析,也许能为你打开新的思路。
>
> 1. H&M
>
> H&M全拼为"Hennes Mauritz"。成立初期品牌名为"Hennes",意为"女士的",后与男士品牌(Mauritz Widforss)合并。符号&(意思为"和")有机结合了两个品牌,表示由女装开始,后扩大领域,成为现在的时尚品牌。同时还整合了冗长的品牌名,显得简洁得体。
>
> 2. Yahoo!
>
> Yahoo!在品牌名后缀一个叹号,看上去充满能量。这样的命名不仅特别,而且传递了兴奋的情感,为使用者带来热情。这种尾缀符号的命名方式,只要与品牌所具备的内涵相映衬,就可以使人眼前一亮。
>
> 3. 85℃
>
> 作为糕点烘焙与咖啡制作的品牌,85℃有机结合了数字与符号。"咖啡在85摄氏度喝起来才是口感更好的。"秉承这句理念,85℃希望为每一位顾客都能制作出质量更好、口味更佳的咖啡。把这样的品牌理念融入品牌命名当中,简单、有特色的同时,还充满意义。
>
> 4. What if!
>
> 作为一家国际的创新咨询公司,这种名称前后都加入符号的命名非常稀有。符号的加入使看似简单的英文短语"What if"充满趣味。从发问的疑惑,到得到解答的兴

奋，由"？"过渡到"！"。这种整体的名号命名方式为用户展示出了独特且有行业信息的品牌形象。

5. Li-ning

Lining英文一词本有"衬里，内层"的意思。李宁在国际化发展时，为了避免造成误会，特别在英文名称，即李宁的拼音Lining中插入一个间隔符，既传播了自己品牌，又消除了误会。

资料来源：https：//www.xianzhi.net/ppmmggx/43485.html

思政话题：

聊一聊你了解的有趣的品牌名。说说你自己名字的含义。

（1）纯数字品牌名称。纯粹数字组成的品牌不多，一旦运用成功品牌的知名度就很高。纯数字品牌名称易记、易识，比较上口，这是确保数字品牌名称取得成功的主要因素。纯数字品牌名称大多有以下特点：①数字组合有特色，一是某个数字重复出现，二是数字有对称性。例如，555烟、999医药、101生发精、505元气袋等。②入选数字大多集中于"0、1、5、9"这几个数字上，其他数字偶尔被选用，但是概率较低。③数字组合一般为三个，长短适宜，节奏清晰。

（2）数字文字组合品牌名称。数字作为品牌名称的一部分，与有关的文字结合，是构成品牌名称的又一种选择。

在数字文字组合品牌名称中，以"三"字为首的居多，古代汉语中的"三"作为构成世界的最根本元素，其内涵常常被定义为"多"。如三枪、三株、三利、三洋、三菱等，这可能是受中国古代哲学的"道生一，一生二，二生三，三生万物"的影响。

还有一些例外形式，如四通、五菱、六神、七喜、八仙、九鼎、21金维他等。

（3）数字字母混合型品牌名称。通常是谐音和简称的混合，如51Job、7-Eleven等。

小链接

7-Eleven品牌名称的由来

7-Eleven于1927年在美国得克萨斯州达拉斯市创立，为全球最大的连锁便利店营运者及特许经营主。7-Eleven便利店的名称源于1946年，借以标榜该商店营业时间由上午7时至晚上11时。今天，7-Eleven为提供更佳服务，已改为24小时无休营业，为便利店经营的模式创下里程碑；但由于7-Eleven名字已深入民心，故仍沿袭采用。

（四）用地名作为品牌名称

有的品牌以产品的产地来命名，使消费者由从对地域的信任产生对产品的信任。产地或地名品牌多选择与品牌有地缘关系或受品牌拥有者推崇的山川湖泊、河流、名胜等作为品牌名称，如青岛啤酒、富士、洋河、阳江十八子刀具等。

这种命名方式是过去比较盛行的做法，如上海牌手表、石林牌香烟。一般来说，以地名命名的产品会受到地域的局限。在烟酒等产品中，这种以地名命名的现象非常普遍，如青岛、燕京、茅台等。在每个省及下属的各个地区，几乎都会拥有以地名命名的品牌，如白沙啤酒、哈尔滨啤酒、天津啤酒等。像这些地方品牌，除了本地以外，其他地方很少会有人消费，因为带有地方特色的品牌名称首先就让其他地方的人在购买时产生心理障碍。

> **小链接**
>
> **依云品牌名称的由来**
>
> 　　依云的名字，源自凯尔特语"evua"，即"水"的意思。依云天然矿泉水的水源地法国依云小镇，背靠阿尔卑斯山，面临莱芒湖，远离污染。经过了长达 15 年的天然过滤和冰川砂层的矿化，漫长的自然过滤过程为依云矿泉水注入天然、均衡、纯净的矿物质成分，适合人体需求，安全健康。依云天然矿泉水在水源地直接装瓶，无人体接触、无化学处理，每天进行 300 多次水质检查。在法国，依云已成为怀孕和哺乳期妈妈的信赖选择。自 1789 年依云水源地被发现以来，依云天然矿泉水已远销全球 140 个国家和地区。

（五）用人名作为品牌名称

在世界畅销商品中，以人物姓名作为商品品牌名称占相当大的比重，几乎涉及各类产品，如酒类中有轩尼诗、马爹利，食品中有雀巢、麦当劳，电子产品中有王安，汽车产品中有福特、丰田，服装产品中有皮尔·卡丹、香奈儿，化妆品中有郑明明、丁家宜等。以人名作为品牌名称，大致有以下几种类型。

一是以产品的发明者和生产者的名字来命名，如李维斯牛仔裤、奔驰汽车、周林频谱仪等。国外品牌常常采用以创始人姓名为品牌进行命名的方式，如宝洁公司（P&G）是 1837 年由威廉·宝特（William Procter）和詹姆斯·洁保（Games Gamble）创建的，取这两位功臣的"P"和"G"作为品牌，十分具有纪念意义。就汽车行业而言，如 Lincoln（林肯）之名取自美国总统林肯；Mercedes（梅赛德斯）则是以戴姆勒公司驻法国总进口商埃米尔·耶内克的女儿梅赛德斯命名；Audi（奥迪）是由发明人、工程师奥克斯特·霍希尔的拉丁名 Audi 转译的车名。其他领域如戴尔（Dell）、卡西欧（Casio）、沃尔玛（Wall-mart）等品牌，都是以创始人姓名进行命名的。

二是以生产经营者的名字命名，如李宁牌运动服装等。

三是用名人的名字命名，如孔府家酒、中山装等。

四是用虚拟人物来命名，如孔乙己茴香豆等。

> **小链接**
>
> **李维斯（Levi's）牛仔服**
>
> 　　李维·施特劳斯（Levi Strauss）出生在德国的一个普通家庭里，1847 年盛行淘金热，李维带着淘金的梦想来到了美国旧金山。到了旧金山之后，李维看到到处都是淘金的人群，知道自己不可能淘到金子，所以踏踏实实开了一家杂货铺。李维的顾客主要都是淘金客们，淘金客们每天摸爬滚打，衣裤经常要与石头、砂土摩擦，棉布裤子几天就破了，于是李维想到用帆布做裤子。有一种蓝白相间的斜纹粗棉布，用这种面料做裤子，李维发现既结实又柔软。自此，李维的裤子在淘金客和西部牛仔中广受欢迎，李维自制的牛仔裤也由他的名字命名。

小链接

路易·威登品牌名称由来

路易·威登出生在一个清贫的伐木工人家庭，由于父亲是一名伐木工人，所以他儿时的玩具是刨子和凿子之类的，这培养了他的兴趣。后来路易·威登凭借出色的手艺，成为拿破仑三世皇后的御用皮箱整理师。在皇宫摸爬滚打的日子里，路易·威登开始计划在巴黎开一间皮具店，他制作了带有革命性的平顶皮箱，因为当时的旅行皮箱边角是圆弧形状的，所以出行不便。路易·威登的手艺加上创造力使得他在当时声名远播，也为将来的路易·威登帝国奠定了良好的基础。

（六）用动物、植物和自然景观作为品牌名称

动物、植物的形象，自然亲切，容易使人产生美好的联想，提升品牌认知度，如小天鹅、捷豹、七匹狼、雕牌等都是以动物命名的。动物名字也成为网站常采用的命名方式，如搜狐、雅虎等。

以动植物名命名可以使消费者联想到与动植物有关的属性，使产品形象化、具体化，让消费者可以感受到产品的功能，从而勾起消费者的购买欲望，如椰树饮料、莲花味精、凤凰自行车、红豆衬衫等。同时，以动植物名命名还可以将人们对动植物的喜好转嫁到品牌身上，从而诱导消费者进行消费，如熊猫香烟、猎豹越野车、小天鹅洗衣机等。

尽管以动植物名命名的品牌很多，但真正成为世界品牌的却不多，这可能与各国居民对动植物的熟悉度或喜好程度有关，所以运用这种品牌命名方式的企业想让产品在世界范围内畅销不太容易，但要想在地区内畅销，这种命名却不失为一种行之有效的方法。在使用动植物名作为品牌名称时，一要注意找准该动植物与产品的内在联系；二要注意该动植物的象征意义和能够产生的联想；三要注意由于文化背景不同，动植物在不同的国度有着不同的象征意义，要入乡随俗，避免出现歧义。如鹤在我国有超凡脱俗、松鹤延年之意，但在英国则暗示男人对妻子的不忠。因此，以鹤作为品牌名称的产品到英国推广肯定有障碍。

小链接

各国花卉禁忌

鲜花美丽而又有魅力，它使人感受到蓬勃的生机和向上的朝气，但在不同的国度里对某些花的含义在理解上也有所区别。如，郁金香在土耳其被看作是爱情的象征，但德国人却认为它是没有感情的花。兰花是东南亚的象征，而在波兰人眼里它是激情之花。白百合花对罗马人来说，是美与希望的象征，而在波斯人眼里它是纯真和贞洁的表示。荷花在中国、印度、泰国、孟加拉国、埃及等国评价很高，但在日本却被视为象征祭奠的不祥之物。菊花是日本王室的专用花卉，人们对它极为尊重，可是菊花在西班牙、意大利和拉美各国却被认为是"妖花"，只能用于墓地和灵前。

思政话题：
如果自己工作的客户中有国外客户，应该注意哪些社交礼仪？

(七) 自创名称

有些品牌名称是词典里没有的，它是经过创造后为品牌量身定做的新词。这些新词一方面具备了独特性，使得品牌容易识别，也比较容易注册；另一方面具备了较强的转换性，可以包容更多的产品种类。自创名称体现了品牌命名的发展方向，是今后最常用的品牌命名方式。

如全聚德，这个名字并无特别意义，但拆开看单个的字，都有很好的解释，曾被人解释为"全而无缺、聚而不散、仁德至上"；著名的钟表品牌 Timex（天美时），是 time（时间）和 excellent（卓越）两个词的组合；三位从德州仪器公司辞职的工程师，在个人计算机（PC）市场自行创业时，都认为在 PC 业最重要的是保持产品的兼容性（Compatibility）和质量（Quality），于是将这两个词各取其头，创造出 Compaq（康柏）这个品牌。

> **小链接**
>
> **柯达名称的由来**
>
> 柯达"Kodak"一词，是由摄影先驱乔治·依斯曼（George Eastman）发明的，并于 1888 年 9 月申请专利。它不是一个普通的英文单词，也不是来自某个词，是一个没有意义的字母组合。依斯曼选择这个词是"因为我知道一个贸易标志应该是简短的、朝气蓬勃的、不会被误拼写以至于损害其识别，而且为了满足商标注册法，它必须没有意义。字母 K，我比较喜欢，它似乎有强有力、锋利的意思。因此我要求必须以 K 开头。这样剩下的问题就是尝试大量的字母组合使词的第一和最后字母都是 K。'Kodak'就是这样考虑的结果"。后来有人还指出，"Kodak"还是个象声词，就像照相机快门的咔嗒声。此外"K"字母是 Eastman 母亲家族姓名的第一个字母，这也是很重要的。

此外，品牌的命名方式还包括：根据民俗命名，如状元红、女儿红等；以神话传说来命名等，如 Sprite 在希腊神话中是小妖精的意思，Mazda 意指古波斯宗教中的光明之神。企业可以根据自己品牌的特点，选择合适的命名方式。

第二节　品牌标志设计

如果说品牌名称是品牌的抽象符号，那么品牌标志就是品牌的具象符号。品牌标志是用于识别品牌的视觉符号，如可口可乐的红色圆柱曲线、奔驰汽车的三星环等。作为品牌必备的要素，一个成功的品牌标志不但可以帮助区分不同品牌，而且有利于消费者产生联想，引导消费者的品牌偏好，进而影响消费者的品牌忠诚度。因此企业格外重视品牌标志的设计，许多公司花大量资源以保护这些符号。

一、品牌标志的定义

品牌标志（Brand Logo）是指品牌中可以被识别但不能用语言表达的部分，即运用特定的造型、图案、文字、色彩等视觉语言来表达或象征某一产品的形象。

品牌标志物、标准字、标准色等是构成完整的品牌标志概念的要素。

二、品牌标志的设计原则

（一）简洁鲜明原则

品牌标志是一种视觉语言，要求产生瞬间效应，因此标志设计要简练、明亮、醒目，切忌图案复杂，过分含蓄。品牌标志的简洁符合记忆规律特点，并且能够超越国家、民族、语言以及文化程度等的限制，更容易被消费者记忆与识别。比如，日本的三菱汽车，在商标中的三个菱形是三颗钻石的形象，这个图像风格简洁、明快，与公司相配。耐克的"一钩"标志，新颖独特，富有视觉冲击力，同时又简单明了，不失为品牌标志的佳作，如图4-1所示。

图4-1 简洁鲜明的品牌标志
（a）三菱汽车；（b）耐克

（二）独特新颖原则

品牌标志是用来表达品牌独特性格的，又是以此为独特标记的，要让消费者认清品牌的独特品质、风格和感情，因此，品牌标志在设计上必须与众不同，新颖独特，别出心裁，以展示出品牌独特的个性。品牌标志要特别注意避免与其他的品牌标志雷同，更不能模仿他人的设计。要做到这一点，设计人员务必弄清品牌的相关内涵。例如，苹果公司的产品标志是一个被咬了一口的苹果，新颖独特，简洁明了，富有原创性、视觉冲击力和想象力。2008年的北京奥运会标志，则是一个舞者变形为一个篆体的"京"字，把主办地书法文化和人们翩翩起舞的高兴心态紧密结合，形成一个优秀的艺术创意，如图4-2所示。

图4-2 独特新颖的品牌标志
（a）苹果公司；（b）北京奥运会标志

（三）适应性原则

适应性是指要设计出符合现代潮流以及消费者心理变化趋势的品牌标志。品牌标志具有相对的稳定性，为的是强化整体形态，引导消费者识别，但是当时代和产品自身发生变化时，一方面品牌标志的内容、风格可能与时代的节拍不相吻合，如果再沿用以前的品牌标志就显得古板、陈旧；另一方面也反映出企业的创新能力有限，所以，品牌标志的设计要在保持相对稳定的前提下进行相应的变化。

目前，世界上许多大品牌为了吻合时代精神、领导潮流毅然放弃陈旧过时的视觉符号，明确地向受众展示出品牌创新突破、追求卓越的精神，采取视觉表现力强的品牌标志，以增强品牌竞争力。当然，与时俱进还需传承历史，彰显民族风格。因为只有能够传承历史、彰显民族风格的东西才容易成为人们心灵的图腾，构建起牢固的情感纽带。

> **小链接**
>
> **星巴克Logo的变迁**
>
> 星巴克的名字来自《白鲸记》中爱喝咖啡的大副，如何把这个名字与咖啡联系起来，这要追溯到20世纪70年代初期，那个卖咖啡豆以及香料的Starbucks。

Starbucks 的名字实在是让星巴克的元老很费心，Gordon Bowker 与他的创意伙伴艺术家 Terry Heckle 商量店名，他其实想要用"Pequod"这个名字，这个词来源于《白鲸记》中的那艘船。Heckle 不同意这个意见，他想要的是一个与众不同而又可以同美国西北部有关系的店名，他选中了雷尼尔山附近矿工聚集地的名字"Starbo"，又经过商量，Gerald Baldwin 重新把名字同他喜爱的《白鲸记》拉上关系，Starbuck 就是"Pequod"号上爱喝咖啡的大副。

星巴克的标志颇具神秘色彩，据说名字定下后，Terry Heckle 开始研究古老的书籍，后来找到了一幅16世纪斯堪的纳维亚（Scandinavia）的双尾美人鱼木雕图案，将这个图像加上咖啡色的背景和单词组成了最早的星巴克 Logo，也就是美人鱼在中间，周围围绕着 STARBUCKS COFFEE TEA SPICES 的字样。据查，这个标志首次使用是在1971年3月29日。

后来在1986年11月18日注册了仅有 STARBUCKS 字样的商标，美人鱼的样子基本上没有变化。1989年6月6日所注册的商标有很大的改变，颜色换成了绿色，美人鱼依然是全身像，依然保留了肚脐眼儿，但脱离了版画的风格，而更像个标志了。

而后，1994年1月11日，星巴克公司完成了现在这个版本的标志注册，但并没有准确界定颜色。后来又分别于1995年12月以及1997年12月进行了小的补充性的注册，前一次主要是明确界定了绿色，后一次图案上有细微的改动，似乎仅涉及线条粗细。

2011年，美人鱼变得更加含蓄了，从全身像改到半身像，并且去掉了四周的文字跟圆框，整体看上去更加的简洁大气。

从星巴克的标志演变上不难看出，美人鱼是越来越含蓄了，从一开始的袒胸露乳到后来的已经很难分辨出她的双尾的版本。而首次的大改动（1994版）是将美人鱼的乳房用她的头发遮挡了起来。据说是源于顾客们的意见，他们觉得美人鱼的形象很具有攻击性，而且有太多的"性"引诱的成分在里面。后面的更改都是在去除多余的元素，比如：去掉了感觉好像劈开的双腿般的鱼尾，那个姿势实在是太不雅观了，这也是现在的版本的最大进步。这个重要的改动据说是由 Quantum Graphics & Design 的 Micheal Parent 先生所为。

不过被显示一半的鱼尾（由三叉变成了两叉，像螃蟹夹子），经常会被误认为是美人鱼的手。据说连星巴克的员工都不知道那螃蟹夹子其实是尾巴。我想，Terry Heckle 先生之所以选定了美人鱼为标志，主要是取意为其吸引人的能力。现在，在西雅图 Pike's Place Market Starbucks 还保留着原来版本的 Logo。星巴克咖啡品牌标志的变化如图4-3所示。

图4-3 星巴克咖啡品牌标志的变化

（四）优美精致原则

优美精致原则是指品牌标志造型要符合美学原理，要注意造型的均衡性，图形要给人一种整体优美、强势的感觉，保持视觉上的均衡。并在线、形、大小等方面进行造型处理，使图形能兼具动感美及静态美。例如，耐克图标简洁、动感、优美、独特，令人赏心悦目，同时合理利用图案的大小、形状、密度、色彩，使图案富有视觉冲击力，给人留下深刻印象。

20世纪初，劳斯莱斯汽车公司的第一任总经理克劳德·约翰逊邀请《汽车画册》的绘画师赛克斯为其劳斯莱斯轿车设计标志。经过多次研究，赛克斯决定以"飞翔女神"作为其标志，而且以气质高雅的埃莉诺·索思顿小姐为女神原型。埃莉诺小姐身材修长，体态轻盈，淡金色的长发、深蓝色的眸子、小巧而坚挺的希腊鼻子无不显示美的韵律。以她为模型的"飞翔女神"代表着"静谧的速度、无震颤和强劲动力"，克劳德将它称为"雅致的小女神，她将公路旅行作为至高享受，她降落在劳斯莱斯车头上，沉浸在清新的空气和羽翼震动的音乐声中"。"飞翔女神"标志如图4-4所示。

图4-4　"飞翔女神"标志

（五）合理合法原则

品牌标志的设计要符合产品行销地的法规和风土人情，这与品牌命名类似。各国的法律对商标、标志的合理设计都有规定，违反了就不能注册。这一点在商标、标志设计时要考虑到。

三、品牌标志的形式

品牌标志的形式主要可以分为文字型标志、图案标志以及图文结合式标志。

（一）文字型标志

文字型标志是用独特形式书写的品牌全称或首个文字品牌全称，全称如Sony、KFC、IBM、健力宝、胡庆余堂、Lenovo，后两个如图4-5所示；首个文字，如麦当劳金黄色的M等。文字型标志是品牌名称和品牌标志的统一，它直截了当地将品牌名称展示给消费者，从而增强了品牌名称的识别度。

(a)　　　　　　　　　　　(b)

图 4-5　文字型标志

(a) 胡庆余堂；(b) Lenovo

（二）图案标志

图案标志是将标志设计成图案，包括形象标志和抽象标志。形象标志如苹果电脑的"一个被咬了一口的苹果"、美林证券的"一头扬起尾巴的牛"、中国银行的"中"字铜板；抽象标志如奔驰的"简化了的形似汽车三星方向盘"、宝马的"蓝天白云螺旋桨"、奥迪的"四个紧扣圆环"等，如图 4-6 所示。形象标志能够让人想到被树上掉下的苹果砸到头的牛顿，并由此想到了智慧和创新；而抽象标志则往往只起到区分的作用，尽管抽象标志背后通常也有其寓意，例如，奥迪的四个环表示奥迪当初是由霍赫、奥迪、DKW和旺德诺四家公司合并而成的，但这很少有人知道。因此，从激发联想的角度来看，形象标志要比抽象标志效果好。

(a)　　　　　　　　(b)　　　　　　　　(c)

图 4-6　图案标志

(a) 中国银行；(b) 奥迪；(c) 宝马

小链接

中国银行标志的内涵

中国银行的标志，设计者采用了中国古钱与"中"字为基本形，古钱图形是圆形的框线设计，中间方孔，上下加垂直线，成为"中"字形状，寓意天方地圆，经济为本，给人的感觉是简洁、稳重、易识别，寓意深刻，颇具中国风格。将古钱与"中"字结合，也寓意"中国心"情结。

中国银行标志采用中国传统的吉祥色红色作为基本色调。中国红是中国人的魂，记载着中国人的心路历程，经过世代承启、沉淀、深化和扬弃，逐渐嬗变为中国文化的底色，弥漫着浓得化不开的积极入世情结，象征着热忱、奋进、团结的民族品格。中国红意味着平安、吉祥、喜庆、福禄、康寿、尊贵、和谐、团圆、成功、忠诚、勇敢、兴旺、浪漫、性感、热烈、浓郁、委婉；意味着百事顺遂、祛病除灾、逢凶化吉……这个标志中的中国"红",体现了几千年来中国人的特征:沉着、含蓄,使标志更具有文化内涵。

中国银行标志结合古代元素,用现代审美观的外套去做形式美,既具民族特性又具现代感。在设计创作过程中,将传统文化特质作为设计的视觉元素,是从内在精神体验中,对受众视觉心理的把握;是从人性的角度,对视觉大众的亲和,从而达到真正意义上的美学价值。

(三)图文结合式标志

文字型标志尽管直接展示了品牌名称,但不容易引起联想,而图案标志尽管容易引起联想,但又不能直接展示品牌名称,因此很多品牌采用了图文结合式标志,即将品牌名称中的某个字母或字母某一部分转化为图案的形式,从而既让人们记住了品牌名称,又给人一定的联想。与图案标志相仿,转化的图案可以是形象的,也可以是抽象的。如 Sina(新浪)的 i 就设计成了一只眼睛,表示搜寻,是形象图文标志,如图 4-7(b)所示。抽象图文标志的例子如 Hisense(海信)更换标志,海信标志形状不变,但将黄绿相间的色彩变成全绿色,如图 4-7(a)所示。公司希望通过这样的微调达到时尚、年轻化的视觉效果。相比而言,抽象图文标志难以清晰地让人知道其寓意,而形象图文标志则让人一目了然。

(a)　　　　　　　　　　　　(b)

图 4-7　图文结合式标志

(a)海信;(b)新浪

小链接

小米新 Logo

在 2021 年 3 月 30 日的春节发布会上,小米为迎接下一个十年,为品牌打造了一套全新的品牌视觉系统。小米新 Logo 的视觉细节有以下的变化。

1. 形态变化

从正方形到超椭圆。首先,是小米 Logo 经典的橙色边框,从此前的正方形,变成了更为圆滑的"超椭圆",如图 4-8 所示。新 Logo 圆润的弧度使其更具高级感,也让品牌的气质变得更加友好、温暖。

新　　　　　　　　旧

图 4-8　小米新 Logo

2. 标识变化

新增字母Logo。在本次的升级中，小米品牌还新增了一组字母Logo，以图形Logo的"超椭圆"为创意基础，在形态上二者有着非常高的契合度，但设计更为简洁，如图4-9所示。

图4-9　小米标识的变化

据小米官方资料显示，新Logo是由国际知名设计师原研哉亲自操刀，与小米设计团队携手，耗时三年，围绕小米的品牌气质与"要用科技创造美好生活"的使命为创意基础，将其上升到一个更高的维度，从"科技和生命的关系"来看小米品牌的视觉气质，并将东方哲学的思考融入其中，最终设计而成。

原研哉围绕"人是活的，科技也是活的"的思想，为小米的品牌视觉升级提出了一个全新的设计概念"Alive"，即生命感设计。之后，通过"超椭圆"计算公式，经过不断尝试和验证，最终寻找到外形上最佳的动态平衡，打造出具备"超椭圆"数学之美的小米新Logo。

可以说，小米的新Logo承载了品牌对自身定位的再次强化，同时也蕴含了对未来发展的美好期盼。

第三节　品牌设计的其他要素

一、品牌标准字

标准字本来是印刷术语，意指两个以上的文字铸成一体的字体。标准字是企业形象识别系统中的基本要素之一，是专门设计用来表现企业或品牌名称的字体。标准字将企业的规模、性质、理念、精神，通过具有可读性、说明性、独特性的组合字体，以达到识别的目的，并据此塑造企业形象，增进社会大众对企业的认知度和美誉度。它应用广泛，常与标识联系在一起，具有明确的说明性，可直接将企业或品牌传达给公众，与视觉、听觉同步传递信息，可强化企业形象与品牌的诉求，与标识具有同等重要性。

经过精心设计的标准字，除了外观造型与普通印刷体不同外，更重要的是，它是根据企业或品牌的个性而设计的，对其形态、粗细、间距的连接与配置都有细致严谨的规划，与普通的字体相比更美观，更具有特色。

（一）标准字的设计原则

（1）易辨性原则。标准字要易于辨认，不能造成信息传达障碍。易于辨识的标准字体现在三个方面：一是要选用公众看得懂的字体；二是要避免与其他企业、其他品牌雷同；三是字体的结构要清楚、线条要明晰，放大缩小都清楚。

（2）艺术性原则。标准字应具有创新感、亲切感和美感，只有比例适当、结构合理、线条美观的文字,才能够让人看起来舒服。在标准字上加以具有象征、暗示、呼应的因素,可使标准字显示出不同的意境。法国阿尔卡特的标准字"ALCATEL"将标准字中的第二个A用▲代替,形成了独特的视觉效果,如图4-10所示。

图4-10 阿尔卡特标准字

（3）传达性原则。标准字是企业理念的载体,也是企业理念的外化,因此标准字的设计要能够在一定程度上传达企业的理念,不能把设计作为孤立的事件,单纯追求形式。欧米茄手表一般都把Ω和OMEGA放在一起,消费者常常将这个图形标识和OMEGA联系在一起,其效果明显好于单独宣传OMEGA,如图4-11所示。

图4-11 欧米茄标准字

（二）标准字的设计方法

标准字的设计可划分为书法标准字体、装饰字体和英文字体的设计。

（1）书法标准字体设计。中国书法具有几千年历史,是汉字表现艺术的主要形式,既有实用性,又有艺术性。设计书法标准字体作为品牌名称,有特定的视觉效果,活泼、新颖,画面富有变化。

书法字体设计是相对标准印刷字体而言,设计形式可分为两种:一种是用名人题字进行调整编排,如中国银行（郭沫若题字）、中国农业银行的标准字体;另一种是设计书法标准字体或者说是装饰性的书法体,这种字体是以书法技巧为基础而设计的,介于书法和描绘之间,目的是突出视觉个性。

中国各银行标准字体设计

中国银行

"中国银行"四字原为孙中山先生题写,现中国银行上海分行营业部（原中国银行总行）大楼上的石刻行名仍为中山先生原题。中华人民共和国成立前,各地中行行名的体例、格式各有不同,中国人民银行行长南汉宸兼任中国银行行长后,感到中行有必要统一体例,便请著名书法家郭沫若先生重新题写。1980年4月1日,中国人民银行发行的外汇兑换券上首次使用了郭沫若题写的"中国银行",一经面世即大受欢迎,如图4-12所示。郭沫若所题的"中国银行"四字极富变化,粗笔不臃肿,坚实如柱,细笔不柔弱,刚劲似铁,飞白恰到好处,字字精到,有大气磅礴、力重千钧之势。

图4-12 中国银行

中国人民银行

中国人民银行这六个字是由曾在中国人民银行任金融研究员的马文蔚先生书写的,马文蔚先生博学多才,尤善书法。他用隶书题写的"中国人民银行"六个字,力足丰润,为汉隶和魏碑的变体,典雅和谐且刚柔并济,如图4-13所示。虽然基本笔画仍属隶书,但字形与魏碑相似,尤与魏碑中的《张黑女墓志》神似。

马文蔚同时还书写了"壹、贰、叁、伍、拾、圆、角、分"等字,用在第二套人民币上，以后在设计第三套人民币时，票面上的面额汉字改用了印刷宋体字，但"中国人民银行"行名六个字仍然沿用。在设计第四套人民币时，又重新把面额文字由印刷宋体改成了马文蔚先生的手迹，同时把行名和面额汉字中的繁体字改成了简体字，异体字改成了正体字，但仍沿用马文蔚先生的书体。

图4-13 中国人民银行

在设计书法标准字时，要根据企业的经营特征以及消费者对各种字体所能产生的印象和对商品的联想，选择最有表现力、最适当的字体形式。

汉字书法可以分为传统书法和现代美术书法两种形式。传统书法分篆书、隶书、楷书、行书、草书，篆书历史悠久，能唤起怀古之情；隶书洒脱飘逸，有古朴之感；楷书端庄清晰，稳重大方；行书则流畅活泼；草书结构简单，笔画连绵。

现代美术书法字运用最为广泛，可分为宋体、仿宋体、黑体等，其中，宋体显得庄重，仿宋体较为秀丽，黑体粗壮有力。在设计中可依据企业的形象定位，结合字体的表现力来选择。

（2）装饰字体设计。装饰字体是在基本字形的基础上进行加工变化而成，富有装饰性。海尔、科龙的中文标准字体即属于这类装饰字体设计。装饰字体的特点是美观大方，具有便于阅读和识别、应用范围广等优点，它摆脱了印刷字体的字形和笔画的约束，根据品牌或企业经营性质的需要进行设计，可以加强文字的含义并富于感染力。

装饰字体表达的含义丰富多彩。如细线构成的字体，容易使人联想到香水、化妆品之类的产品；圆厚柔滑的字体，常用于表现食品、洗涤用品等；浑厚粗实的字体则常用于表现企业的实力强劲；有棱角的字体，则易展示企业个性等。例如，谭木匠的标准字，"木"采用装饰字体，以体现木器的特点，"谭"字采用隶书，"匠"字采用魏碑体，给人以历史感和雕刻感，充分显示了企业的实力与进取的精神，如图4-14所示。

图4-14 谭木匠装饰字体设计

总之，装饰字体设计离不开产品属性和企业经营性质，所有的设计手段都必须为企业形象的核心——标志服务。它运用夸张、明暗、增减笔画形象、装饰等手法，以丰富的想象力重新构成字形，既加强了文字的特征，又丰富了标准字体的内涵。同时，在设计过程中，不仅要求单个字形美观，还要使整体风格和谐统一，以便于信息传播。

（3）英文字体设计。为了便于同国际接轨，参与国际市场竞争，企业名称和品牌标准字体的设计，一般采用中英两种文字。英文字体（包括汉语拼音）的设计，与中文汉字设计一样，也可分为两种基本字体，即书法体和装饰体。书法体的设计虽然很有个性很美观，但识别性差，不常用于标准字体设计，常用于人名，或非常简短的商品名称。装饰体的设计应用范围非常广泛。

从设计的角度看，英文字体根据其形态特征和设计表现手法，大致可以分为四类：一是等线体，字形的特点几乎都是由相等的线条构成，如 Microsoft；二是书法体，字形的特点活泼自由，显示风格个性，如 Ford；三是装饰体，对各种字体进行装饰设计，变化加工，达到引人注目、富于感染力的艺术效果，如 IBM；四是光学体，是摄影特技和印刷用网绞技术原理构成。品牌英文字体设计如图 4-15 所示。

(a)   (b)

图 4-15　品牌英文字体设计

（a）Microsoft；（b）Ford

二、品牌标准色

品牌标准色一般是一种或多种色彩的组合，常常与企业标识、标准字等配合使用，被广泛应用于企业广告、包装、建筑服饰及其他公共关系用品中，是企业视觉识别重要的基本设计要素。企业标准色是指经过设计后被选定的代表企业形象的特定色彩。

> **小链接**
>
> **以色彩命名品牌的十大原则**
>
> 1. 制造自然向往
> 冰川蓝、深海蓝、北极银、冰河银、雪山白、白月光、宇宙黑、极夜黑、木星红、烈焰红、麦浪金、流星金、太空灰、矿石灰、森林绿、苍山绿……
> 2. 赋予动物个性
> 猫眼绿、冰狼灰、粉红豹、孔雀青、水母蓝、天鹅白、火狐红、蜥蜴黑……
> 3. 借助食物诱惑
> 巧克力色、焦糖色、薄荷色、抹茶绿、柠檬黄、石榴红、马卡龙色、冰激凌色、果冻色……
> 4. 营造意象
> 钻石银、宝石蓝、碧玺红、珍珠白、翡翠绿、钢琴黑、香槟金、钛金……
> 5. 具有地域特色
> 希腊蓝、波尔多红、巴西黄、科隆绿、地中海蓝、阿尔卑斯白……
> 6. 传奇色彩
> 法拉利红、Tiffany 蓝……
> 7. 中国风
> 玄青、黛蓝、嫣红、鹅黄、藕荷、藏青、栗棕、月白……
> 8. "趣玩玩明星"
> 王力红、井柏蓝、金橙武、苏打绿……

> 9. 超级英雄的力量
> 绿巨人、黑骑士、金刚狼、闪电侠、大黄蜂、红蜘蛛、蓝血人、白武士……
> 10. 网络化
> 腹黑、绿茶、酱紫……

（一）色彩的心理效应

色彩能给人不同的感觉，不同的色彩不但能传达不同的感情，而且能影响人们的精神、情绪及行为，每一种颜色都能诱发出特定的情感。

1. 红色

红色的波长最长，穿透力强，感知度高。红色富有刺激性，给人一种活泼、生动和不安的感觉。它包含热情、向往和冲动，许多企业以红色为标准色，就是取其视觉上的巨大冲击力。它易使人联想起太阳、火焰、热血、花卉等，感觉兴奋、活泼、热情、积极、希望、忠诚、健康、充实、饱满、幸福等，但有时也被认为是幼稚、原始、暴力、危险的象征。

红色历来是我国传统的喜庆色彩。深红及带紫的红是庄严、稳重而又热情的色彩，常见于欢迎贵宾的场合。

粉红色则有柔美、甜蜜、梦幻、愉快幸福温雅的感觉，几乎成为女性的专用色彩。

在改变了对比条件时，红色的自身特性会发生相应变化。例如，在深红色底色上的红色能起到平静和熄灭热度的作用；在黄绿色底色上的红色又幻化出一种冒失与鲁莽，激烈而不寻常；在橙色底色上的红色显得黯淡而无生气；在黑色底色上的红色能迸发出它最大的征服欲和超人的热情。

2. 橙色

橙色是活泼、富有朝气的颜色。它使人联想起火焰、灯光、霞光、水果等物象，是最温暖、响亮的色彩。感觉活泼、华丽、辉煌、跃动、炽热、温情、甜蜜、愉快、幸福感，但也有疑惑、嫉妒、伪诈等消极倾向性。橙色是妇女、儿童、青年喜爱的服装色彩。

当橙色被淡化时，即失去其生动的特征。白色与其混合就会使它苍白、无力；黑色与其混合时，它又衰退成模糊的、干瘪的褐色。

3. 黄色

黄色给人以光明、醒目、庄重、高贵、忠诚、轻快、纯洁和充满希望的印象。黄色使人愉快，给人们以幸福的感觉，让人觉得年轻、活泼、充满阳光和活力。但黄色过于明亮而显得刺眼，并且与他色相混即易失去其原貌，故也有不稳定、变化无常、冷淡等不良含义。

4. 绿色

在大自然中，除了天空和江河、海洋，绿色所占的面积最大，植物几乎到处可见。绿色象征生命、青春、和平、安详、新鲜等。绿色能使人感到稳定而平静，并有助于消除视觉的疲劳，如同自然界那样的清新，显出一种青春的力量，具有旺盛的生命力，给人以充实、平静、希望以及知识和忠实的感觉。同时，它又象征着和平和安全。黄绿带给人们春天的气息，颇受儿童及年轻人的欢迎。蓝绿、深绿是海洋、森林的色彩，有着深远、稳重、沉着、睿智等含义。含灰的绿如土绿、橄榄绿、咸菜绿、墨绿等色彩，给人以成熟、老练、深沉的感觉，是人们广泛选用及军、警规定的服色。

明亮的绿色被灰色弄模糊后，给人一种悲伤衰退的感觉。绿色一倾向蓝色，就靠近了蓝绿色，是冷色的极端色，具有一种端庄的效果。

5. 蓝色

蓝色是典型的寒色，表示沉静、冷淡、理智、高深、透明等含义，又有象征高科技的强烈现代感。蓝色易使人想到蓝天、海洋、远山、严寒，使人有崇高、深远、透明、沉静、凉爽的感觉。它也象征着幸福、希望，是现代科学的象征色彩，给人以力量和智慧。蓝色也是后退色彩，给人以神秘莫测之感。浅蓝色系明朗而富有青春朝气，为年轻人所钟爱，但也有不够成熟的感觉。深蓝色系沉着、稳定，是中年人普遍喜爱的色彩。藏青给人以大度、庄重印象；靛蓝、普蓝因在民间广泛应用，似乎成了民族特色的象征。当然，蓝色也有其另一面的性格，如刻板、冷漠、悲哀、恐惧等。在西方，蓝色是绝望的同义语，有时也是不吉利的象征。

在色彩对比中，蓝色也同样具有多种变化。黑色底色上的蓝色，因其纯度而鲜明；淡紫红色底色上的蓝色，显得退缩、空虚和无能。

6. 紫色

紫色是高贵、庄重的色彩，给人以神秘、高贵、奢华和优越感。古代的中国和日本将紫色作为高官显宦阶层的服饰颜色。在古希腊，紫色也常用于国王的服饰。紫色也多用于化妆品，近年来家电用品也选用紫色调了。紫色有时也感孤寂、消极，尤其是较暗或含深灰的紫，易给人以不祥、腐朽、死亡的印象。但含浅灰的红紫或蓝紫色，却有着类似太空、宇宙色彩的幽雅、神秘之时代感，为现代生活所广泛采用。

7. 黑色

黑色在视觉上是一种消极色彩，它象征着悲哀、沉默、神秘、肃穆、绝望和死亡。同时，黑色又使人得到休息，具有稳定、深沉、庄重、严肃、大方、坚毅等特点。

黑色与其他颜色一起使用，往往可以使设计收到生动而有分量的效果。但不能大面积使用，否则会产生压抑、阴沉感。

8. 光泽色

光泽色（金色、银色）有光泽，如金色显示出质地坚实、表层平滑，具有反光能力，给人以辉煌、珍贵、华丽、高雅活跃的感觉，具备现代化气息，但多用会产生浮华之感；银色雅致高贵，象征纯洁、信仰。光泽色能与其他颜色搭配，几乎达到万能的程度。

> **小链接**
>
> **万宝路的色彩**
>
> 在烟草类产品的命名方式上,"万宝路"所推行的色彩命名创意同样广为人知,让消费者能够非常直观地区分不同的"万宝路"口味,使得消费者对其独特的色彩命名创意产生非常直观的感受。如"万宝路(红色)""万宝路(白色)""万宝路(金色)""万宝路(绿色)"等分别代表着不同的"万宝路"口味,红色代表着经典原味,白色代表着特醇,金色代表着淡味,绿色代表着薄荷等。其中,消费者更为熟悉的是红色的"万宝路"和白色的"万宝路"这两种经典版本,特别是红色的"万宝路",是更能够代表"万宝路"精神的一种经典版本。

(二)色彩的民族特性

世界上不同的国家和地区由于受民族文化的影响,对色彩的象征意义的理解及喜好、禁忌各有不同。了解、研究色彩的民族特性,有利于本企业的色彩选择,对于树立良好的品牌形象、参与国际竞争会大有益处。

> **小链接**
>
> **以色彩命名品牌的注意事项**
>
> 把一个品牌区别开的更快捷的方法是运用颜色。建立一个品牌名会有成千上万个词语供你选择,但可供选择的颜色仅有几种。基本的颜色有五种(红、橙、黄、绿、蓝),还有一些中性的没有特色的颜色(黑、白、灰)。
>
> 打造品牌,最好要找到自己的符号色块,并且坚持使用它。就像看到红色,就想到可口可乐;看到蓝色,就想到百事可乐一样。
>
> 有关这些色彩的基本知识,反映在品牌标准色的设计上,就是不同类别的品牌名称有不同的用色习惯;不同类别的商品,也有不同的用色特点。
>
> 色彩具有季节感、冷暖感。在不同的季节,尤其是淡旺季明显的商品,其色彩更要灵活运用。夏季是销售旺季的产品,可以使用冷色;冬季是销售旺季的产品,可以使用暖色。不同的人,由于性别、年龄、家庭、民族、文化、修养、职业、收入、习惯等不同,也有不同的色彩偏爱。大体上说,幼儿喜爱红、黄二色(纯色),儿童喜欢红、蓝、绿、金色,年轻人喜欢红、绿、蓝、黑以及复合色,中年后期喜欢紫、茶、蓝、绿色;男性喜爱坚实、强烈、热情之色,女性则喜爱柔和、文雅、抒情的色调。
>
> 另外,不同国家、不同民族,由于地理环境、风俗习惯、宗教信仰、文化历史背景不同,其色彩的偏好和禁忌也各不相同。
>
> 细心的航空爱好者发现,空中客车飞机的外表已经悄然发生变化,沿用多年的红、蓝、黄尾翼喷涂色逐渐退出历史舞台,取而代之的是以蓝、灰、白为底色的新喷涂色。

(1) 欧洲。

法国：没有特殊的色彩禁忌，一般喜藏青、粉红、含灰的高雅色。

英国：喜绿色、蓝色、金黄色，上流社会尤喜白色，平民喜茶色、褐色；厌红色、橙色。

德国：喜鲜蓝、鲜黄、鲜橙色，厌茶色、褐色、深蓝、紫粉色等。

意大利：喜浓红色、绿色、茶色、蓝色，厌黑色、紫色等。

瑞典：喜黑色、绿色、黄色。

瑞士：喜原色及红白相间、浓淡相间色，农村喜文静、明朗色；厌黑色。

荷兰：喜蓝色、橙色。

挪威：喜红色、绿色、蓝色等鲜明色。

比利时：与法国相似，男孩喜蓝色，少女喜粉红色。

奥地利：喜绿色。

西班牙：喜黑色。

葡萄牙：无特别爱好，红色、绿色是国旗色。

爱尔兰：喜绿色、鲜明色，厌红色、白色、蓝色及橙色。

罗马尼亚：喜白色、绿色、红色、黄色，忌黑色。

保加利亚：喜明度低、纯度低的绿色、茶色，厌鲜明色。

(2) 亚洲。

日本：喜白色、鲜蓝、浅绿、金色、银色、紫灰及红白相间色、柔和色，忌带黑的红色、深紫色、深黄及黑深灰、黑白相间色。

印度：喜红色、黄色、蓝色、绿色、橙色及其他鲜艳色。

新加坡：喜红色、蓝色、绿色及红白相间、红金相间色，忌黑色、黄色。

韩国：喜红色、绿色、黄色及其他鲜艳色，忌黑色、灰色。

马来西亚：喜红色、橙色及鲜亮色，忌黄色、黑色。

泰国：喜鲜艳色，黄为王室专用色，厌黑色。另外，还用颜色表示一星期内的日期：星期日为红色，星期一为黄色，星期二为粉红色，星期三为浅绿色，星期四为橙色，星期五为淡蓝色，星期六为深绿色，这种习惯由来已久，人们常按日期穿不同的色彩服装。

巴基斯坦：喜翡翠绿色、银色、金色、橙红色及其他鲜艳色，厌黄色，忌黑色。

缅甸：喜红色、黄色及其他鲜艳色。

伊拉克：喜绿色、深蓝、红色，厌蓝色。

土耳其：喜绯红、白色、绿色等鲜明色彩。

印度尼西亚：喜鲜艳的黄色、绿色、红色。

菲律宾：喜红色、白色、黄色及其他鲜艳色。

阿富汗：喜红色、绿色。

叙利亚：喜青蓝色、绿色、白色、红色。忌黄。

中东地区：喜白色、黑色、绿色、深蓝与红相间，鲜明的色彩；厌粉红色、紫色、黄色。

中国：喜红色、绿色、黄色等鲜艳色及金色，不太喜爱白色、黑色、灰色。

(3) 美洲。

美国：无明显色彩好恶。喜欢红色、蓝色、白色配色，黄色象征思念，一般喜鲜明色。

加拿大：喜较素净的色，略与英国相似。

巴西：喜红色，厌紫色、暗茶色。

墨西哥：喜红色、白色、绿色。

秘鲁：喜红色、紫色、黄色及其他鲜明色。紫色为宗教仪式用色，平日忌用。

阿根廷：喜黄色、红色、绿色，忌黑色及黑紫相间色。

（4）非洲。

埃及：喜绿色、白红、黑红、白绿、黑绿相配色，亦喜橙色、青绿色、浅蓝色及其他鲜明色；厌紫等深暗色，忌深蓝。

埃塞俄比亚：喜鲜艳明亮色，忌黑色。

摩洛哥：喜红、绿、黑色忌鲜艳色，忌白色。

加纳：喜明亮色，忌黑色。

利比亚：喜绿色。

尼日利亚：忌红色、黑色。

（5）大洋洲。

澳大利亚：喜鲜蓝、鲜红、鲜黄色及含灰高雅色，厌紫色、橄榄绿色。

（三）标准色的设计原则

1. 突出企业风格，反映企业观念

品牌视觉识别的各个要素都必须围绕企业理念这个核心，充分反映企业理念的内涵，标准色也不例外，由于色彩引起的视觉效果最为敏感，容易给人留下深刻的印象，因此选择适当的标准色对传达企业理念，展示品牌形象，突出企业风格具有特别重要的作用。如蓝色象征幸福、希望和理性，是现代科技以及智慧的象征，高科技品牌多用此色，表示科技的力量，如IBM、四通等公司的标准色。海尔集团就采用蓝色为标准色，容易使人联想到海洋，象征企业阔步迈向世界，向全球进军的目标，同时借蓝色冷静、智慧的形象，体现企业对科技的追求，这无疑是一个成功的范例。

2. 制造差别，体现品牌个性

色彩无论怎样变化，人眼可视范围无非赤、橙、黄、绿、青、蓝、紫这几种，而成千上万的企业品牌都要有自己的标准色，因此标准色的重复率或相似率是极高的。在这种情况下，就必须考虑如何体现出品牌的个性，既要反映出企业的理念内涵、产品和服务特色，又要尽量避免与同行业的雷同或混淆。

3. 符合社会大众的消费心理

这主要是考虑色彩的感觉、心理效应、民族特性以及大众的习惯偏好等因素。首先，要特别注意避免采用禁忌色，要使社会大众普遍能够接受，否则，势必影响竞争力。如美国的高露洁牙膏的包装色彩以红色为主，在全美非常畅销，然而进入日本市场却抵挡不住日本狮王牙膏的阻截，节节败退，最后不得不退出市场，究其原因，恰恰是败在色彩上。虽然两种牙膏的包装色彩均采用红、白两色，但高露洁以红色为主，狮王以白色为主，而日本人喜欢淡雅之色，尤其是白色，相反，红色在日本国民心理上却占有较弱的地位，高露洁牙膏因色彩遭此败绩。其次，要尽量投其所好，选择大众比较喜欢的色彩。例如，富士胶卷采用绿色作为其标准色，使人联想到生机盎然的大自然、森林、绿树等，给人带来积极、愉悦的心理感受。

4. 适应国际化潮流

随着世界经济发展，跨国公司和金融资本的国际化，许多企业已走上国际化经营之路。因此，标准色的设计也应符合国际潮流。目前，在世界上品牌的色彩正由红色系渐渐转向蓝色系，追求一种理智和高科技的色彩象征，这值得我们注意和借鉴。

三、品牌音乐

品牌音乐是指那些用以传递品牌内涵的声音效果。越来越多的企业开始整合视觉和听觉，对品牌进行多层次全方位设计。一些企业专门为品牌设计了专属的音乐，以便促进品牌建设。

（一）品牌音乐的类型

品牌音乐可以按照作用、来源和内容等层面来划分类型。

1. 根据作用进行划分

按照音乐的作用，可以把品牌音乐划分成企业主题歌曲广告、背景音乐和品牌标识音乐三种。企业主题歌曲通常是聘请著名词曲作家为企业的整体形象和企业文化量身定做的歌曲，通常还要配以视频做成 MV。这些歌曲不仅向消费者传达企业的理念和文化，也对企业员工起到激励和凝聚的作用。CCTV-3 台有一个栏目专门播放企业歌曲，五粮液等一些知名品牌利用这一平台充分展示了企业的魅力和形象。广告背景音乐则一直配合着广告的图像进行播放，衬托广告的画面主题，如王老吉凉茶的"怕上火喝王老吉"广告歌。同一个品牌的不同广告会因内容不同而设计不同背景音乐，金六福酒突出"金""六""福"三个字的一则广告用到了《刘三姐》的对歌式音乐，另一则"春节团圆篇"广告则用到了美国乡村歌曲《老橡树上的黄丝带》。品牌标识音乐则只是在广告片尾才出现，其作用是强化品牌的内涵和主张，所以在很长一段时间内都会保持不变，一些国际品牌甚至在不同国家还保持统一，如麦当劳"Balabababa，我就喜欢"（I'm lovin' it）的品牌音乐，在全球 120 个国家同时推出。即使是多产品情况下，片尾音乐也是统一的，如飞利浦公司在电动剃须刀、液晶彩电等产品的广告片尾都会播放两个清纯的音节。

2. 根据来源进行划分

按照音乐的来源，品牌音乐可分为定制音乐和现有音乐。定制音乐是指专为某个品牌原创的音乐，以体现音乐的独特性和专属性，如张含韵为蒙牛酸酸乳演唱的《酸酸甜甜就是我》，就是为品牌量身定做的；郭富城为美特斯邦威演唱的《不寻常》也是如此。而现有音乐是指将已有的著名音乐用到某个具体的品牌上面，以其熟悉性来吸引观众的眼球，如美好时光海苔采用了红遍中国的《吉祥三宝》作为背景音乐，让人记忆深刻。

3. 根据内容进行划分

按照音乐的内容，品牌音乐可以分为有歌词和无歌词两种。在有歌词的音乐中，通常将广告文案编成歌词，配以音乐便于传播，如上述的金六福酒那则《刘三姐》广告歌。而在无歌词的音乐中，音乐与广告解说词没有直接联系，只是作为一个背景，甚至一些音乐只是在广告片尾才出现，强调品牌识别，如英特尔标志性的四个音节。

（二）品牌音乐的作用

1. 加深消费者对品牌名称的记忆

有时品牌名称不好记忆，而通过与某个专属的音乐相联系可以帮助消费者记住这个品牌名称，这是因为人们不仅看到了这个品牌，而且听到了这个品牌，多媒体的传播方式加强了品牌传播效果。比如，伊莱克斯刚进入我国市场时就遭遇品牌名字不利于口头传播的困境，中国消费者觉得伊莱克斯这个名字太长，拗口不好记，一不留神就容易把"伊莱克斯"叫成"伊拉克"，后来企业将品牌名称附上音乐，旋律悦耳、声音清脆的"伊莱克斯"经电视广告反复播放，消费者对伊莱克斯的名字记忆深刻。

2. 有助于消费者自行传播

生活中经常可以看到一些人不经意地哼出一首品牌音乐，特别是儿童对此更是乐此不疲。对他们而言，品牌音乐已脱去了商业化的外衣，仅仅是一首旋律优美的歌曲，然而对于听者而言，听到这首歌的时候就想到某个品牌，实际上形成了品牌广告的二次传播。消费者传唱的方式潜移默化地传播了品牌，而且成本低廉，所以，创作一段适合传唱的品牌音乐是品牌符号设计当中的一项重要工作。

3. 跨越文化差异

雀果公司 CEO 包必达（Peter Brabeck-Letmathe）说："我们必须有一个世界通行的营销方法，什么东西可以在不同的人种之间实现没有障碍的共享呢？毫无疑问，是音乐！"确实如此，贝多芬、巴赫、柴可夫斯基等音乐大师的作品风靡全球，因为音乐承载了灵魂和思想，这些对于不同文化背景下的人们来说都是相通的。2003 年，麦当劳在全球 120 多个国家同时间发布"我就喜欢"的全新形象，其"Balabababa"的品牌音乐带给全世界消费者的都是一样的轻松欢快的心情。

4. 承载品牌的核心价值

音乐只是一种形式，更重要的是其所蕴含的品牌核心价值。对于品牌内涵的表达而言，音乐是一种很好的途径。例如，飞利浦简洁清脆的两个音节与"精于心简于形"的广告语配合得天衣无缝，准确地传递出"精致简约"的品牌核心价值。

5. 增强品牌感染力

根据美国营销学者马克·英尼斯（Mac Innis）和帕克（Park）的研究，广告音乐能导致人的情绪反应，包括积极的情绪反应（包括高兴、幸福、兴奋、感动、舒适等）和消极的情绪反应（包括焦躁、厌烦等）两种。通过精心设计音乐元素，设计师能够使消费者在倾听音乐的同时感受到品牌的魅力和内涵。例如，"悠悠岁月酒，滴滴沱牌曲"这一荡气回肠的广告音乐让人们感受到沱牌曲酒品牌的大气悠长，而超女张含韵演唱的《酸酸甜甜就是我》使人们认同了蒙牛酸酸乳的少女情怀。

6. 熟悉的音乐拉近了与消费者的距离

尽管品牌可能不熟悉，但选用的品牌音乐如果是人们所熟悉的，那么品牌也能很快被人们记住。在此，音乐作为一个中介和桥梁拉近了品牌与消费者的关系。例如，早年小霸王游戏机的广告音乐是小孩都非常熟悉的《拍手歌》，美好时光海苔的广告音乐是《吉祥三宝》，OLAY 玉兰油的广告音乐是中国台湾音乐组合"自然卷"的《坐在巷口的那对男女》。

四、品牌包装

我国国家标准《包装术语 第1部分：基础》（GB/T 4122.1—2008）中给出了包装的定义："为在流通过程中保护产品、方便储运、促进销售，按一定技术方法而采用的容器、材料及辅助物等的总体名称。也指为了达到上述目的而采用容器、材料和辅助物的过程中施加一定技术方法等的操作活动。"包装已成为商品生产和流通过程中不可缺少的重要环节。

（一）品牌包装的功能

品牌包装在功能上更强调促销功能，主要体现在以下几个方面。

1. 助销功能

包装是一部半秒钟的商业广告，利用品牌名称、标识和包装图案设计，美化商品，制造一种品牌差异，用来吸引顾客，引起目标顾客的注意，或者建立目标顾客对产品的亲密感情，起到推动销售的作用。

2. 引导功能

通过包装的图文说明，引导消费者正确地消费、体验产品。

3. 体验转移功能

体现特定商品的文化品位，给人以愉悦的感受和审美的精神享受，创造附加价值。包装给顾客的第一印象是十分深刻的，消费者对包装的偏好往往会转移到品牌与产品上，也就是说，包装的档次、质量、个性等，都直接影响消费者对品牌和产品的判断和购买决策。低档包装给人的感觉是品牌和产品低档，高档的包装也让人感觉品牌是高档的。劣质的包装让人感觉是一个劣质的产品或品牌，精致的包装让人感觉是一个优质品牌。

4. 增值功能

卓越的包装让人情不自禁地观之、赏之，本身就是一次对品牌价值的艺术享受和深刻体验，具有对品牌的增值效应。同时，创新的品牌包装也会创新品牌价值。包装是品牌风格显示的最佳载体，品牌的名称、标识、核心价值可以不变，包装的变化可以使品牌风格、时尚性等方面表现出新鲜感、时代感。2003年，可口可乐更换了新的包装，凸显了清新、活泼、立体的效果，虽然是"新瓶装老酒"，却配合品牌定位，给百年品牌增添了活力并增加了品牌价值。

5. 崇敬功能

包装体现企业的品牌信誉，也体现一个国家和地区的政治、经济、文化、艺术全貌。企业的品牌信誉是消费者崇拜的基础，而一个国家的政治经济、文化艺术是品牌走遍天下的名片。

6. 教化功能

品牌包装是一种文化，包装设计与包装整体表现关系到人们生活观念、生活方式的变化与环境保护意识的提高。

（二）品牌包装的设计

品牌包装设计应从商标、图案、色彩、造型、材料等构成要素入手，在考虑商品特性的基础上，遵循品牌设计的一些原则。除保护商品、美化商品、便利使用等基本原则外，现代包装更强调适用性原则、美观原则和经济原则，使各项设计要素协调搭配，相得益彰，以取得最佳的包装设计方案。品牌包装从营销的角度出发，包装图案和色彩设计是凸显商品个性的重要因素，个性化的品牌形象是最有效的促销手段。

包装图案中的商品图片、文字和背景的配置，必须以吸引顾客的注意力为中心，直接倾销品牌。包装图案对顾客的刺激较之品牌名称更详细、更强烈、更有说服力，并往往伴有即效性的购买行为。包装图案设计要做到下面几点。

1. 图案要充分展示商品

形式与内容要表里如一，一看包装即可知晓商品本身。

（1）用形象逼真的彩色照片表现，真实地再现商品。例如，在食物包装中逼真的彩色照片将色、味、型表现得令人垂涎欲滴。

（2）直接展示商品本身。例如，全透明包装、开天窗包装在食物、纺织品、轻工产品包装中比较流行。

（3）要夸大商品形象色，快速地凭色彩确知包装物的内容。例如，万宝路烟盒上部采用暗红色，下部是纯白色，色彩搭配醒目凸起，使人联想到西部牛仔的阳刚之气。烟盒上方饰有烫金的菲利浦·莫里斯公司的标志——两匹骏马护卫着一顶金色王冠，再加上玄色的 Marlboro 商标，更使人觉得万宝路气质非凡。

2. 要有详细详尽的文字说明

在包装图案上还要有关于产品的原料、配制、有效使用和养护等的详细说明，必要时还应配上简洁的示意图。

3. 统一设计

凡一家企业出产的或以统一品牌商标出产的商品，无论品种、规格、包装的大小、外形、包装的造型与图案设计，均采用统一格式，甚至同样的色调，给人以统一的印象，使顾客一望即知产品系何家品牌。

4. 功效设计

保护功能设计，包括防潮、防霉、防蛀、防震、防漏、防碎、防挤压等；方便机能设计，包括方便商店陈列、销售，方便顾客携带、使用等。

小链接

依云联名设计师纪念款

（1）2017 最时尚的幸福对瓶。

法国依云（Evian）联名设计瓶迈向第 10 周年之际，与第一年合作的法国时装品牌 Christian Lacroix 再次联手，重新演绎经典设计，寻找最原始的纯粹。Christian Lacroix 将经典 Paseo 印花设计赋予更丰富的色彩，庆祝 Christian Lacroix 乐在生活的品牌精神之外，更向依云活出年轻的品牌理念致敬，如图 4-16 所示。

设计师 Christian Lacroix 以湛蓝、粉红的配色打造出 2017 最时尚的幸福对瓶，经典的 Paseo 印花设

图 4-16　2017 限量纪念瓶

计映照在闪耀的瓶身与水面，衬托依云的天然纯净与青春活力。粉蓝色和粉红色两个色调分别象征着日出和日落时刻渐变的地平线，日出蓝瓶代表着蓝色渐层的地平线，日落粉红渐变瓶身代表着日夜交融的特殊时刻。

（2）2016限量纪念瓶。

依云联合纽约最年轻的时尚设计师Alexander Wang共同打造的2016限量款，设计灵感来源于条形码，黑白两色的反差凸显出矿泉水的天然纯净。水的味道当然没有什么可描述的，但是很想尝一尝，如图4-17所示。

（3）2015 evian+KENZO限量纪念瓶。

依云与法国时尚品牌KENZO跨界合作evian+KENZO 2015限量纪念瓶，让时尚几何裂纹被赋予全新想象，跃上透明玻璃水瓶，激荡出独一无二的自然玩趣。瓶身上融入设计师的创意巧思，将伸展台的服饰图腾结合依云瓶身，

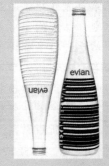

图4-17　2016限量纪念瓶

以KENZO紫色几何裂纹中穿插一抹莱姆绿撞色时尚。让依云教你如何玩趣时尚！随着依云纯净矿泉水逐渐充满瓶身，水量多寡让水瓶设计变化多端，放大镜效果将使几何裂纹线条更显动感，唤醒我们心中潜藏的好奇童心，如图4-18所示。

图4-18　2015 Evian+KENZO限量纪念瓶

（4）2014限量纪念瓶。

延续一贯纯净的形象，携手黎巴嫩籍高级订制服设计师ELIE SAAB推出联名设计瓶。ELIE SAAB运用精细的刺绣蕾丝、丝绸闪缎、花纹雪纺等面料，为女人勾勒最曼妙的曲线。2014纪念瓶用白色典雅的蕾丝缠绕瓶身，简洁的瓶身上穿着精巧雅致的顶级礼服，同为白色的基调代表着最纯净的祝福，没有其他色彩点缀，却更显珍贵高雅，如图4-19所示。

图4-19　2014限量纪念瓶

本章小结

本章首先介绍了品牌命名的原则、程序、策略。品牌命名要遵循营销、法律、语言层面的原则；品牌的命名要经过针对市场情况进行前期调查，提出各种备选方案并进行法律审查，然后进行名称评估，最后选出名称的过程；品牌命名策略可分为七大类，分别是以企业命名，以创始人名字或人名命名，以产地命名，以产品功能命名，自创，以数字、字母、符号命名，以动植物、自然景观命名。

其次，阐述了品牌标志的定义、设计原则、标志类别。品牌标志的设计要遵循简洁鲜明原则、独特新颖原则、适应性原则、优美精致原则、合理合法原则，使品牌标志具有浓郁的现代气息、极强的感染力，给人美的享受，激发丰富联想，更适合现代人的审美情趣。

品牌标志分为文字型标志（缩写或变形）、图案标志和图文结合式标志。图文结合式标志是图案和文字标志的结合，是品牌标志设计的趋势。同时，品牌标志设计中，中文字的字体和颜色及图案的颜色是标志设计的重要环节。

最后介绍了品牌设计的其他元素：标准字、标准色、品牌音乐、品牌包装。标准字设计介绍了书法标准字、装饰标准字和英文标准字三种。不同的颜色具有不同的意义，品牌标准色设计中要考虑不同地区对色彩的敏感和喜好程度。介绍了品牌音乐能震撼心灵的特性和音乐在品牌传播中的功能。强调了品牌包装的助销、引导、体验转移功能、增值功能、崇敬功能、教化功能。品牌包装的设计要充分展示品牌的个性。

复习思考题

1. 品牌命名的策略有哪些？
2. 品牌命名的原则有哪些？
3. 品牌标志的设计有哪些类型？
4. 简述品牌音乐的功能。
5. 品牌标准字的设计方法有哪些？
6. 品牌标准色的设计功效有哪些？
7. 简述品牌包装的设计思路。

案例分析

江小白的品牌之路

一说到"白酒"，大部分人联想到的是功成名就的中年人举着酒杯滔滔不绝的场景。

过去几十年，我们对酒文化的塑造主要集中在两个字：高档。每瓶酒都在强调自己是古法酿造，拥有深厚的历史文化底蕴，地处粮食和泉水最优秀的地域，几乎每瓶酒都在千方百计做一件事情：远离老百姓。

随着2018年的到来，最后一批"90后"已经彻底成年，过去吃辣条的那一群人在朋友圈里疯狂着晒着自己18岁那年的照片。再谈起酒，我们有了新的理解，是青春，是梦想,是生活,是简单。

江小白就是其中一个代表,一反传统酒业严肃的形象,玩起了青春活泼与情怀。根植于重庆传统酿造工艺的新生代白酒品牌江小白,自2011年诞生以来,凭借对消费情绪的深度挖掘,用直达人心的文案表达,为中国酒类品牌带来了新的生命和活力。

众人都惊呼,这个时代是怎么了,江小白只卖20元一瓶的小酒,却能年入3亿元。这个时代,似乎没有什么是不可能的了。

江小白开创小而美的模式,小瓶酒、小投入、小传播、小营销成了江小白的代表,并定位年轻群体,在战略上实现与其他品牌的区别。

现在一提到江小白,浮现在脑海的是它酒瓶上文艺的语录和清淡的酒香。大众对品牌的感知奠定了品牌在大众心里的印象。"文艺青年""青春小酒"等是"江小白"的品牌烙印。

江小白的品牌名的来历

江小白之父陶石泉在上大学的时候就非常爱喝酒,书架上一半是书,另一半就是空酒瓶。当时中国的酒业还非常传统,而他本人一直有一个冲动,有没有一种方式来让年轻人去接受白酒。

江小白这个名字也是陶石泉起的。

2011年,青春偶像剧《男人帮》热播,剧中那个略害羞、略文艺、偶尔装深沉的男主角叫"顾小白",另一部电视剧《将军》里的主人公则叫"虞小白"。

类似的人名让陶石泉突然开窍了,他要为即将问世的产品起个简单通俗、一听就能记住的名字,不如就叫"江小白"。

"小白"原本是菜鸟、新手的意思,现已成为江小白所提倡的一种价值观,寓意追求简单、绿色、环保、低碳生活的都市年轻人,也是当代新青年群体向往简单生活,做人做事追求纯粹,标榜"我就是我"。

江小白的品牌形象

江小白的形象也是陶石泉本人亲手设计的。

熟悉江小白的人应该都知道,江小白的包装就是很简单的一个动漫形象Logo,加上语录,十分契合"我是江小白,生活很简单"的理念。

陶石泉业余喜欢卡通漫画,江小白的最初形象就是他亲手塑造的——一个长着大众脸,鼻梁上架着无镜片黑框眼镜,系着英伦风格的黑白格子围巾,身穿休闲西装的帅气小男生。

团队在社会化营销尝试中不断赋予这个小男生鲜明的个性:时尚、简单、我行我素,善于卖萌、自嘲,却有着一颗文艺的心。

江小白最开始就直接定位"80后"和"90后",做的就是青春小酒。刚开始出来的时候,中年的那一代还不是十分能接受,如今也渐渐接受。而那个拥有大众脸的卡通形象,就是为了让人看一眼就能想到自己。

江小白的商标简单大方,与宣传语"我是江小白,生活很简单"的品牌理念相结合,深入人心,抓人眼球,如图4-20所示。

图 4-20 江小白标识

江小白的其他品牌要素设计

从包装设计上，江小白摒弃传统白酒所采用的精致高档的外包装，而采用简洁活泼的磨砂小瓶，给人一种活泼、朝气的感觉。从颜色搭配上，摒弃传统大红色，采用活泼青春的蓝色，让人眼前一亮。

江小白曾以"高粱酒+果味"的巧妙结合推出果立方系列，这款水果味的高粱酒系列，包装依旧呈现年轻、时尚的设计风格，并根据水果外观属性，分别选用对应的暖色调渲染，直观激发消费者对产品的味觉联想，如图 4-21 所示。

不同的是，这次的果味酒包装"不讲故事"了，而是选择时尚的插画设计，直观展现年轻人的宅生活和"Z时代"文化。

图 4-21 江小白包装设计

在《我是江小白2016》MV中，江小白锁定年轻人的生存状态，其中梦想与现实的话题引起不少网友的共鸣。这样看来，江小白不仅是一款酒，更像是文艺圈的资深"老炮儿"，通过引起青年的情感共振赢得粉丝的喜爱和信任。

江小白还拍出了属于自己的二次元影视《我是江小白》，赋予品牌一个人格化形象，许多当代男大学生都能够在江小白的身上找到自己的影子，即江小白就是我们每一个普通却又不普通的年轻人。《我是江小白》这部动画给人留下了两个深刻印象——取材自重庆真实场景的故事舞台和娓娓动听代入感极强的动画音乐。另外值得一提的是动画的音乐。片头曲、片尾曲和插曲都是走的小清新或民谣路线，和动画的文艺气质相当符合。在网易云音乐上，有近10首《我是江小白》的相关歌曲，云音乐用户给这些歌曲的留言也是集中在青春、爱情的感慨上。显然，配乐对于凸显这部动画的文艺风格起到了极大的作用。

江小白在影视剧 IP 植入中快速实现从粉丝人群到泛娱乐人群的一个传播途径。《好先生》《小别离》《火锅英雄》《从你的全世界路过》等电影、电视剧中陆续出现江小白的身影。《北上广依然相信爱情》里，江小白的植入也出现在了同事约酒聊天的场景中，那句经典的台词"饺子就酒"更是从《好先生》沿袭了下来。

案例思考题：
案例中，江小白品牌的设计因素都涉及了哪些？你从中得到什么启发？

本章实训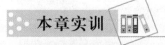

一、实训目的
1. 了解品牌设计的各个要素。
2. 能针对具体的品牌实例进行有关品牌设计内容的分析。

二、实训内容
通过查阅文字资料及上网收集某一个品牌的相关资料，完成以下任务：
1. 结合某一个具体品牌陈述该品牌的设计要素。
2. 对上述品牌的设计要素进行分析。

三、实训组织
1. 将教学班同学分成五个组，并选出一位担任组长。
2. 每组独立收集、整理相关品牌资料，每组案例原则上不允许相同。
3. 由组长负责组织小组研讨，集中本组成员的研究结果，制作文本文件，并设计演示的 PPT 文稿。
4. 每组推荐一人上讲台演讲，其间师生可以向该组同学提问，教师引导学生参与研讨。

四、实训步骤
1. 每组独立收集、整理所选取案例的资料。
2. 小组讨论，汇总本组意见。
3. 撰写报告，并设计制作演示课件。
4. 各组代表发言，全班参与讨论。
5. 教师对各组表现进行点评。

第五章 品牌个性

学习目的与要求

（1）理解品牌个性的内涵和特征
（2）理解美国品牌个性维度
（3）了解中国品牌个性维度
（4）掌握品牌个性的塑造方法

开篇案例

苹果的品牌个性

苹果的品牌个性可以归纳为三个层面，这三个方面层层递进，层层深入，基本上勾勒出了苹果的品牌个性精髓。

也就是说，如果把苹果品牌比作一个人，那么它就是集极简主义、完美主义于一身，懂得关怀他人，既特立独行又性格独立开朗的人。

（一）极简主义

极简主义是苹果品牌在产品层面的第一个品牌个性，它的核心要义就是让产品变得更简单，对消费者更友好，让产品和消费者形成更良好的互动，进而培养消费者对品牌的认可和忠诚。这一品牌个性几乎贯穿于苹果产品的方方面面，从只有一个按键的鼠标到只有一个按钮的 iPhone 手机，极简主义都极好地诠释着苹果的品牌精神。

（二）完美主义

近乎苛刻的完美主义，也是苹果得以独树一帜的品牌个性之体现。曾与乔布斯共事的苹果前 CEO 斯卡利就曾提到过这样一个实例：为了让苹果的产品设计更加新颖独特，他与乔布斯甚至专门研究过意大利设计师设计的汽车，并且具体到车漆、颜色等细节。正是这种极致疯狂的完美主义追求，让苹果赢得了大量支持者。

（三）以人为本

与其说苹果的产品如何创新，倒不如说是苹果"懂得关怀他人"的品牌个性推动着苹果一点一点地向前进。无论是多点触控技术（Multi Touch）还是方向感应技术，无论是产品的用户界面还是苹果体验店的布置，都彰显着苹果对于消费者需求的深刻洞察与领悟。

案例启示
有个性的品牌总能使消费者念念不忘。

本章知识结构图

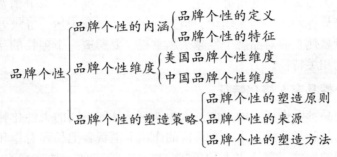

第一节 品牌个性的内涵

性格的概念原本只用于人，如有的人活泼、有的人孤僻、有的人高傲、有的人谦卑……没有两个人的性格会是完全一样的，一百个人就会有一百种不同的性格。性格特点鲜明的人令人难以忘怀，缺乏个性的人很难给人留下深刻印象。品牌就像一个人，它有特殊的文化内涵和精神气质，也是有性格的，这就是品牌个性。品牌个性是区分品牌与品牌之间差别的重要依据。美国广告大师大卫·奥格威在其品牌形象论中提出：最终决定品牌市场地位的是品牌总体上的性格，而不是产品微不足道的差异。此话道出了品牌经营的真谛，品牌个性是品牌经营的灵魂。在当今品牌竞争日益激烈的情况下，品牌必须找到一个吸引顾客的突破口，作为品牌情感化、人性化价值集中体现的品牌个性就理所当然地成为企业的选择。

一、品牌个性的定义

关于品牌个性也有诸多定义，这里介绍有代表性的几种。

美国品牌专家大卫·艾克指出，"品牌个性是品牌所联想出来的一组人格特性。"

美国专家林恩·阿普绍（Lynn Upshon）认为："品牌个性是每个品牌向外展示的个性……是品牌带来生活的东西，也是品牌与现在和将来的消费者相联系的纽带。它有魅力，也能与消费者和潜在消费者进行情感方面的交流。"

美国斯坦福大学营销教授信妮弗·艾克（Jennifer Aaker）作为品牌个性研究的知名学者，她给出的品牌个性的定义为："品牌个性是指与品牌相连的一整套人格化特征。"她举例说，伏特加倾向于被描述成"酷的、赶时髦的、25岁当代青年"。因此她定义的品牌个性，既包括品牌气质、品牌性格，又包括年龄、性别、阶层等排除在人格、性格之外的人口统计特征。她还进一步指出，与产品相连的属性倾向于向消费者提供实用功能，而品牌个性倾向于向消费者提供象征性或自我表达功能。

总的来说，品牌个性就是使品牌具有人的特征，是品牌通过其在各种营销活动中表现出来的类似于人的个性，它使消费者有了与品牌进行情感交流和建立关系的可能性。

二、品牌个性的特征

消费者的个性和价值观是多元化的，消费需求的取向也不一样，因此，品牌个性的存在就具有了客观基础。随着经济的不断发展、各个行业对品牌的重视，大量的品牌涌现，人们选择品牌的行为由集中化变得分散化，各种品牌都能拥有一部分消费者。由于购买力增强，消费者选择品牌的经济因素弱化，情感性因素、自我表达、寻求差异化等因素的影响力上升，这些背景使企业对品牌个性越来越重视。要塑造一个独特的品牌个性，有必要先了解品牌个性的相关特征。

（一）品牌个性具有人格化特征

消费者容易把品牌看作特定的人群，人为地赋予品牌不同的人性化特征。尤其是现在很多品牌有相应的品牌形象代言人，在移情的作用下消费者把品牌看作和品牌形象代言人一样具有某些独特的属性。宝洁旗下的飘柔、潘婷、海飞丝三种洗发水的个性十分鲜明，在海飞丝的广告中出现的多半是被头皮屑困扰的年轻人，海飞丝的品牌个性一般理解为年轻的、有朝气的；在飘柔的广告中则是自信的职业女性，飘柔被认为是自信的、聪明的；在潘婷的广告中，宝洁起用当红明星作为品牌形象代言人，潘婷被认为是迷人的、上层阶级的。

> **小链接**
>
> **风靡世界的芭比娃娃**
>
> 20 世纪 50 年代，芭比是美国第一个可弯腿的玩偶。到 20 世纪 60 年代，芭比的发色有了变化，女孩子们喜欢给她做各种发型。20 世纪 70 年代的芭比有了可弯的手，并且有了脚关节，这使芭比能参加体操、马术、芭蕾舞表演。20 世纪六七十年代好莱坞系列之"奥黛丽·赫本"型展现了好莱坞明星的魅力，芭比娃娃摇身一变，幻化成了各路女星，赫本特别将这款娃娃的肖像税捐给慈善机构以援助世界饥荒。20 世纪 80 年代，收集芭比的热潮在成年人中扩散，美泰推出第一个陶瓷芭比时，30 万个当天销售一空，2001 年上市的陶瓷芭比，其设计理念来源于名画《舞台上》，这款造型获得 2001 年的"年度娃娃"大奖。20 世纪 90 年代，一些世界著名的设计师加入了芭比的设计队伍。每位设计师设计的芭比，都能代表他们独特的风格，从 Polo 的经典骆驼皮毛外套，搭配深蓝色大衣的造型，到 CK 的街头装扮，还有 Givenchy 的黑礼服，带给芭比完全不同的面貌。

（二）品牌个性具有独特性和不易模仿性

品牌个性之所以能够为品牌塑造提供强有力的支撑，就在于品牌个性是独一无二的，是难以模仿的。品牌个性会造成独特的卖点和诉求，为品牌差异化的建立提供一条途径，即使竞争对手的品牌名称、价格、产品包装等品牌属性一样，但是独特的、不可模仿的个性却是不可复制的，这也造就了不同的品牌竞争力和吸引力。比如，飘影和飘柔，两者的名称只相差一个字，但是飘柔自信、聪明的品牌个性却是飘影不可模仿的，即使飘影的价格比飘柔便宜，在品牌竞争力和吸引力上，飘影还是逊色了不少。

(三) 品牌个性具有持续性和一致性

品牌个性的塑造是一个长期、系统化的过程，需要一段时间的积淀。变幻不定的品牌个性不仅使企业投资于品牌的资源无法产生效果，还会使消费者的认知产生混乱，难以吸引稳定的消费者和使消费者达成品牌忠诚。就像一个性情经常变化的人一样，他将难以与他人建立稳定牢固的人际关系。

(四) 品牌个性会随着时代演进

历史悠久的品牌会随着时代的发展，丰富和演变自身品牌的内涵，以保持生命力，维系与顾客发展起来的品牌关系。时代的变迁，经济环境、自然环境、政治环境、消费者自身需求的不断变化，都要求品牌与时俱进，保持与时代的一致性，以迎合消费趋势。

综上所述，品牌就像一个具有生命力的人，它与消费者建立牢固关系的一个关键因素就在于它是否具有鲜明的个性。消费者选择品牌时，会自然而然地赋予品牌一定的人性化色彩，从企业的营销活动中感知品牌的个性，并且会对品牌具有的个性和自身所想表达的自我形象进行评判，以决定是否选择一个品牌。通过对品牌个性特征的把握，使企业在塑造品牌个性的时候不至于盲人摸象，只看到和把握品牌个性的一部分，而失去整体上的理解，导致品牌个性塑造的片面性，缺乏系统性和一致性。

第二节 品牌个性维度

一、美国品牌个性维度

美国斯坦福大学教授詹妮弗·艾克是营销领域的权威学者。1997年，詹妮弗·艾克发表了《品牌个性维度》，第一次根据西方人格理论"五大"模型，以个性心理学维度的研究方法为基础，以西方著名品牌为研究对象，提出了品牌的五大个性维度，即真诚（Sincerity）、刺激（Excitement）、称职（Competence）、教养（Sophistication）和强韧（Ruggedness），在学术界引起了较大的轰动。

在研究过程中，詹妮弗·艾克教授初步获得了309个意义比较单一的品牌个性形容词，并通过淘汰测试获得了114个用于测试品牌个性特质的词汇。然后通过对631个具有代表性（代表美国）的样本、37个品牌的初步测试得到一个包括5个维度的量表。在这5大维度下面又分为15个层面，包括42个品牌个性特征，具体如表5-1所示。

表5-1 （美国）品牌个性维度量表

个性维度	品牌个性次级维度	品牌个性特质
真诚	务实	淳朴的、家庭为重的、小镇的
	诚实	诚心的、真实的、真诚的
	健康	健康的、原生态的
	愉悦	感情的、友善的、愉悦的

续表

个性维度	品牌个性次级维度	品牌个性特质
刺激	大胆	时髦的、刺激的、勇敢的
	活泼	年轻的，活力充沛的、酷的
	富于想象力	独特的、富于想象力的
	现代感	独立的、现代的、最新的
称职	可靠	勤奋的、安全的、可信赖的
	聪明	智慧的、技术的、团体的
	成功	成功的、领导者的、有信心的
教养	高贵	有魅力的、好看的、上层的
	迷人	女性的、迷人的、柔顺的
强韧	户外	男子气概的、西部的、户外的
	强壮	强硬的、粗犷的

（一）真诚（Sincerity）

真诚：一个品牌公开表示感情和实际表示感情的一致性。迪士尼的品牌个性非常契合这一点，它像一个天真无邪的孩子，建造出了纯真梦幻的世界和人物，让纯真的孩子们心向往之，并成了很多人的童年回忆。此外，优衣库的务实、娃哈哈的亲切健康等，都属于这一类品牌个性。真诚的品牌个性层面有如下一些。

1. 务实（Down-to-earth）

务实的、顾家的、传统的、小镇的、循规蹈矩的，比如，优衣库的品牌宗旨：通过全世界统一的服务，以合理可信的价格，大量持续提供任何时候、任何地方、任何人都可以穿着的服装。产品上，提供基本款产品、不追求潮流、耐穿、性价比高；广告上，体现普通人的日常生活（不追求刺激、不追求炫耀）。

2. 诚实（Honest）

诚实的、直率的、真实的，比如，海尔：真诚到永远；肯德基举办的探秘之旅活动，让用户可以通过报名，参观后厨。肯德基品牌个性如图 5-1 所示。

图 5-1　肯德基品牌个性

3. 健康（Wholesome）

健康的、原生态的，比如：特仑苏牛奶（北纬四十度黄金奶源地，不是所有牛奶都叫特仑苏）；农夫山泉（大自然的搬运工、长白山优质水源）；恒大冰泉（我们搬运的，不是地表水）。农夫山泉品牌个性如图5-2所示。

图 5-2　农夫山泉品牌个性

4. 愉悦（Cheerful）

感情的、友善的、温暖的、欢乐的，比如，乐高积木商标 Lego 的使用是从1934年开始的，来自丹麦语 LEg GOdt，意为 play well（玩得快乐）；柯达广告中体现美好而温暖的日常生活；佳能广告中一般是温暖、幸福、感人的普通人生活。乐高、佳能品牌个性如图5-3所示。

图 5-3　乐高、佳能品牌个性
(a) 乐高；(b) 佳能

（二）刺激（Excitement）

刺激：从相对弱的机体状态（平静、平和）到相对强烈（兴奋、激情）的机体状态的统称。宝马就具有活泼和现代的特质。此外，最符合这一点的还有很多潮牌，它们大胆使用新奇、张扬、奇特的元素，凸显出天马行空的想象力，Bape 的猿人头，Common des Garons 的爱心脸等，都非常具有代表性和识别度。百事可乐的外观、色彩与宣传，也体现出了年轻、活泼的精神气质。刺激的品牌个性层面有如下一些。

1. 大胆（Daring）

大胆、时尚、兴奋，比如，陌陌：就这样活着吧系列海报，如图5-4所示。

图5-4 陌陌品牌个性

2. 活泼（Spirited）

活力、酷、年轻，比如，统一冰红茶的广告语"年轻无极限，统一冰红茶"；百事可乐突出年轻活力感，有别于可口可乐的真诚、愉悦感。百事可乐品牌个性如图5-5所示。

3. 富于想象力（Imaginative）

富有想象力的、独特的、与众不同的，如苹果的Think different；小米的为发烧而生。小米品牌个性如图5-6所示。

图5-5 百事可乐品牌个性

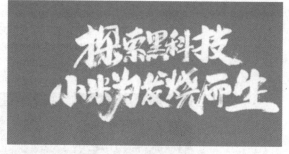

图5-6 小米品牌个性

4. 现代感（Up to Date）

追求最新的、独立的、当代的，比如，韩都衣舍：我们是维新派。韩都衣舍品牌个性如图5-7所示。

图5-7 韩都衣舍品牌个性

（三）称职（Competence）

能够胜任某项工作，有能力把事情做好。称职这个维度能够给人信赖、安心的感觉，体现高贵、责任、智能等素质，俨然一个事事周到的管家。奔驰的品牌个性就是尊贵，其外观设计和整体风格都呈现出成熟稳重的形象；网易严选承担了为消费者甄选优质商品、提供优质服务的角色，也塑造了安全、可靠、值得信赖的品牌个性。称职的品牌个性层面有如下一些内容。

1. 聪明（Intelligent）

智能的、富有技术的、团队协作的。比如，本田汽车最注重技术，创始人本田宗一郎是技工出身，始终强调技术对本田的重要性；在发展过程中，专注于开发汽车技术；广告中，使用各种策略体现技术感，给人一种感觉，像"技术男"。本田经典广告：一个工程师双手组合出各种本田产品。本田品牌个性如图5-8所示。

图5-8　本田品牌个性

运动品牌Under Armor（UA），不同于竞争对手耐克、阿迪达斯塑造的刺激形象，它专注技术创新，塑造技术感，打败了阿迪达斯成为全美第二大品牌，与耐克分庭抗礼。它的广告与耐克的个人奋斗精神（刺激感）不同，体现技术和团队协作。UA品牌个性如图5-9所示。

图5-9　UA品牌个性

2. 成功（Successful）

成功的、领导的、自信的，比如奔驰、劳力士、金立手机等。奔驰品牌个性如图5-10所示。

图 5-10　奔驰品牌个性

3. 可靠（Reliable）

靠谱的、勤奋的、安全的，比如，著名的 Avis 租车公司强调：我们更努力（We try harder）；DHL 快递：值得信赖的，靠谱，安全。DHL 品牌个性如图 5-11 所示。

图 5-11　DHL 品牌个性

（四）教养（Sophistication）

修养好、审美能力高、贵族感强的品牌。教养的维度主要通过品牌的魅力和品位获得消费者的赞赏，包括迷人、精致与平和。很多高端、奢侈品牌通过这样的个性能够与其产品相得益彰，比如 DR 钻戒塑造的就是一个专一、深情的情人形象，并运用了浪漫、梦幻、甜美的风格，体现出爱情的美好，与钻戒的意义完美契合。教养的品牌人格层面，包括以下一些内容。

1. 高贵（Upper Class）

高贵、魅力、漂亮、上层阶级的，比如，Rose only：整体形象都是高贵的感觉。大量的国产但是用外国名字的家居品牌、女装品牌甚至房地产，都在打造这种人格。

2. 迷人的（Charming）

迷人的、女性的、柔滑的，比如，香奈儿：闻起来像女人的香水。香奈儿品牌个性如图 5-12 所示。

图 5-12　香奈儿品牌个性

(五)强韧(Ruggedness)

粗野、强壮、有力、不拘细节的品牌。强韧涵盖了户外和强壮两个方面,在深层次上又可引申出突破、自信、坚韧、拼搏等理念,给人生命蓬勃、热血燃烧的激情感受,让人奋发向上。体育运动品牌的个性是这个维度的典型体现,如耐克"Just do it"给人自信和动力,阿迪达斯"没有不可能"给人鼓舞和勇气。强韧的品牌人格层面包括以下几个方面的内容。

1. 户外(Outdoorsy)

户外的、男性的、爱野外的,比如,哈雷机车、香烟品牌万宝路。哈雷机车、万宝路品牌个性如图5-13所示。

图5-13 哈雷机车、万宝路品牌个性

(a)哈雷机车;(b)万宝路

2. 强壮的(Tough)

强壮的、有力的,比如,南孚:一节更比六节强。南孚电池品牌个性如图5-14所示。

图5-14 南孚电池品牌个性

这五大个性要素将很多品牌个性描述得非常到位。如同人的个性是复杂的一样,品牌也可能同时具有多种个性,如麦当劳兼具称职与纯真两个个性特征;伏特加是时尚和富有想象力的;李维斯牛仔裤在纯真、刺激、称职和强壮四个个性特征上都非常清晰,但强壮是其主要的特征。

这套量表是迄今为止关于品牌个性最系统、最有影响力的测量量表。据说,它可以解释西方93%的品牌个性的差异,在西方营销理论和实践中得到广泛的运用。

二、中国品牌个性维度

2001年，中山大学的卢泰宏教授等在国外品牌个性研究的基础上，对中国本土的品牌个性进行了调查研究，调查的范围包括552名消费者、40个国内知名品牌。问卷调查中使用了98个品牌个性描述性词汇，利用多种方法进行分析和相互印证，最后纳入因子分析的品牌个性词汇共66个，并得到五个因子提取方案。

第一个因子囊括了最多的品牌个性词汇，可解释的品牌个性的词汇达到12个，主要词汇有平和的、环保的、和谐的、仁慈的、家庭的、温馨的、经济的、正直的、有义气的、忠诚的、务实的、勤奋的。这些词汇一般用来形容人们所具有的优良品行和高尚品质，表达的是"爱人"及"爱物"之意。这些词汇都属于古汉语中"仁"的范畴，因此，可以把第一个中国品牌个性维度命名为"仁"。

第二个因子所包括的品牌个性词汇有14个。主要词汇有专业的、权威的、可信赖的、专家的、领导者、沉稳的、成熟的、负责任的、严谨的、创新的、有文化的。因此，可以用"术"或者"才"来命名第二个因子。但考虑到与第一个因子相对应，这里使用了一个比"术"或"才"更抽象的词"智"来命名。因为在古汉语中，"智"的外延不仅局限于"术"或者"才"，也包括睿智、沉稳、严谨、贤能等。这样能更加贴切地描述本维度所包括的词汇，也更加能体现中国文化传统。

第三个因子包括8个品牌的个性词汇：勇敢的、威严的、果断的、动感的、奔放的、强壮的、新颖的、粗犷的。这些词汇可以用来形容"勇"所具有的"不惧""不避难"的个性特征，既包括了作为一种道德的勇，如勇敢、果断等，也包括了作为个人形象特征的勇，如强壮的、粗犷的。对于第三个品牌个性维度，可以命名为"勇"。

第四个因子包括8个品牌个性词汇，如欢乐的、吉祥的、乐观的、自信的、积极的、酷的、时尚的。这一维度中的词汇都是用来形容高兴的、乐观的、自信的、时尚的外在形象特征。仔细分析这些词汇，可以发现几个层次的含义：来自内心的积极、自信和乐观；表现为外在形象的时尚和酷，以及既有表达群体的欢乐，也有表达个体的欢乐。这些词汇反映的都是"乐"，只是"乐"的表现形式有所不同。因此，对于这一品牌的个性维度，可以命名为"乐"。

第五个因子也包括8个品牌个性词汇，如高雅的、浪漫的、有品位的、体面的、气派的、有魅力的、美丽的。这些词汇可以用来形容儒雅的言行风范，浪漫的、理想的个性以及秀丽、端庄的容貌特征，或者体现别人对自己的尊重。这些词汇中有些与中国传统文化中的"雅"相联系，有些则与现代意义的"雅"相联系。总之，这一品牌个性维度可以用"雅"来命名。

综上，卢泰宏教授等进一步对中国品牌个性维度的内部结构进行了层级细化，形成了中国品牌个性的维度及其特征表现，如表5-2所示。

表 5-2　中国品牌个性的维度及其特征表现

品牌个性维度	品牌个性次级维度	品牌个性特征
仁	诚实	温馨的、诚实的、家庭的
	和	和谐的、平和的、环保的
	仁义	正直的、有义气的、仁慈的
	朴	质朴的、传统的、怀旧的
	俭	平易近人的、友善的、经济的
智	稳定	沉稳的、严谨的、有文化的
	专业	专业的、可信赖的、领导者
	创新	进取的、有魄力的、创新的
勇	勇德	果敢的、威严的、果断的
	勇形	奔放的、强壮的、动感的
乐	群乐	吉祥的、欢乐的、健康的
	独乐	乐观的、自信的、时尚的
雅	现代之雅	体面的、有品位的、气派的
	传统之雅	高雅的、美丽的、浪漫的

第三节　品牌个性的塑造策略

一、品牌个性的塑造原则

企业在实施品牌个性策略的过程中要遵循以下四个原则。

（一）持续性原则

品牌个性是消费者对品牌由外而内的整体评价，它的形成是一项长期的、系统的工程。稳定的品牌个性是持久地占据消费者心理的关键，也是品牌形象与消费者经验融合的要求。

品牌个性如果缺乏持续性，就会使消费者无法认清品牌的个性，自然也就无法与消费者自己的个性相吻合，而且他们也不会选择这样的品牌。正如美国的大卫·马丁在他的《品牌的罗曼化》一书中表述："著名的品牌是在很长一段时间里塑造起来的，一直都会有广告诚实地介绍产品个性……品牌个性需要稳定性。失去了稳定性，也就失去了品牌所具有的感染力。"

保持品牌个性的持续性，可以从内容和形式两个方面入手。从内容上讲，品牌个性的内在特质及其内涵、对目标顾客的生活态度和价值观的理解等，要始终保持一致；从形式上讲，品牌的包装和设计、传播的方式和风格，也要尽量保持持续性，具体的图文音色可以更换，但设计的精髓和灵魂，以及体现出的个性风格、气质要尽量保持连续性。长期的持续性可以有效地防止其他品牌在短期内克隆。

（二）独特性原则

世界上没有两片完全相同的树叶，市场上也不存在两个完全相同的成功品牌，每个成功品牌都是独特的、与众不同的、唯一的。

独特新颖制造了差异化，这样的事物总是很容易让人记住。品牌个性作为品牌的独特气质和特点，同样也必须具有差异性，如果与竞争品牌雷同，就会丧失个性，无法发挥品牌个性的巨大魅力。

当然，也要注意到，独特不是奇特，不是为新而新，为奇而奇；个性只是手段，不能特意为了个性的独特性，而选择与消费者格格不入的一些离奇、古怪的个性，这样的标新立异是毫无价值的。所以，要评价一个品牌个性的独特性是否有效，就要看他是否能成功地打动目标消费者，引起情感的共鸣。

宝洁公司可谓是这方面的行家里手，多年来，它的品牌经营管理经验一直是各个公司研究和学习的焦点。以洗发水为例，它同时拥有飘柔、海飞丝、潘婷、沙宣等多个品牌，虽然都是洗发水，但是不同的品牌通过不同的广告形象代言人、品牌标志、广告诉求等多方面传播，树立了不同的品牌个性：飘柔代表的就是"自信"、海飞丝是"潇洒"、潘婷是"靓丽"，而沙宣则意味着"时尚"。

（三）人性化原则

为什么要对品牌进行人性化塑造呢？这是因为品牌个性的树立是一个浇灌情感的过程，人性化的品牌能够使消费者产生某种情感，而此时的品牌不再是缺乏生命的产品和服务，而是消费者的亲密伙伴和精神上的依托。现如今，市场产品极为丰富，消费者生活水平有了较大提高，消费者购物时更加注重心理需求的满足。海尔的"真诚到永远"、全球通的"沟通从心开始"等，都体现了企业通过以人为本、充分满足人性的需要来达到企业经营的宗旨。

（四）简约原则

有的企业为了能让品牌有更好的表现，让其品牌有10多个个性特点，这其实是一个错误的认知。著名的雀巢品牌虽然强调"温馨的"和"美味的"两个特点，但对品牌的管理却相当出色，这才使得它多年来一直跻身世界最具价值的品牌行列。

品牌个性过多、过于复杂，会使企业很难面面俱到地表达众多的个性，这样反而容易把消费者搞糊涂。一个品牌究竟应该有多少个个性特点，这没有什么标准答案。一般来说，最多不应该超过七八个；但最好能重点建立三四个，并使之深入人心。

二、品牌个性的来源

人们会从一个人的言行举止来把握他的个性，其名字、外貌、出生地和家庭背景，也会影响人们对其个性的判断。同样，影响人们对一个品牌个性认知的因素分为两大类：与产品有关的因素和与产品无关的因素。从这些影响因素中我们可以发现，品牌个性的来源，可以对企业的品牌个性塑造提供有益的指导。

（一）与产品有关的因素

与产品有关的因素包括产品品质、产品属性、产品包装和产品价格。

1. 产品品质

产品是和消费者最为接近的实体，从消费产品的过程中体验到的产品品质对消费者的影响最大。一个制作工艺精良的手机，无论处于多么恶劣的环境，它的信号依然良好，在同伴手机都没信号的时候，你拿出手机轻松交谈，这个时候你是不是会觉得自己选择的品牌值得信赖？

2. 产品属性

当海飞丝宣称其去头屑的功能，潘婷着重强调它滋养头发的理念的时候，强生婴儿洗发露以没有刺激、可以使头发微微卷曲赢得了消费者的青睐。海飞丝和潘婷可以从不同的角度解决消费者头发的问题，而强生使人感觉到它是纯真的、可爱的。不同的产品属性使人对品牌个性的感知不同。

3. 产品包装

虽然近些年来一直提倡节约、经济、环保概念，但是不可否认的是一盒包装精美的月饼和一盒包装普通的月饼给人的感觉是不一样的。我们会认为，包装精美的月饼是品质优良的，而包装普通的月饼是一般的。产品的包装就像一个无声的推销员，把品牌的个性诠释出来。

4. 产品价格

产品价格的高低反映出产品内在的品质，除了影响人们对产品品质的认知外，产品价格就像一个信号一样反映出不同的品牌个性。吉利轿车的低价竞争策略让人感觉到它是蓝领的、低阶层的，奥迪的高价给人的感觉是成功的、上层阶级的。

（二）与产品无关的因素

与产品无关的因素包括品牌的名称和标志、品牌使用者、品牌代言人、企业形象、品牌历史、品牌来源地等。

1. 品牌的名称和标志

象征符号心理学家的一项调查显示，在人们接收到的外界信息中，83%以上是通过眼睛，11%要借助听觉，3.5%要依赖触觉，其余的则源于味觉和嗅觉。视觉符号的重要性可见一斑。

品牌的名称和标志除了有帮助消费者辨认的作用外，还会引起消费者潜意识的变化，影响消费者对品牌个性的感知，它以符号的形式刺激消费者的视觉感官，使消费者在脑海中留下印象、产生联想。丰田公司的雷克萨斯轿车原名为凌志。凌志给人的感觉是雅致的人的、沉稳的，雷克萨斯则让人联想到男子气概的、强韧的、精力充沛的、冒险的。一个成功的标志性符号是品牌个性的浓缩，如麦当劳金黄色的 M 形拱门对其品牌中的欢乐、友善的气质具有强化效果。再如，雀巢是人们熟悉的品牌，它的标志性符号是一个鸟巢，一只鸟在哺育两只小鸟，这极易使人联想到嗷嗷待哺的婴儿、慈爱的母亲和健康营养的育儿乳品。雀巢这个标志在消费者心中注入了慈爱、温馨、舒适和信任的个性。

2. 品牌使用者

不同的品牌会有不同的目标市场，因此也会有不同的使用者。当某些具有相同特征的消费者经常使用同一个品牌的时候，久而久之，这群消费者的个性也就会附着在产品上，建成为品牌的个性。

Levi's "结实、耐用、强壮"的品牌个性，在很大程度上来源于使用者的形象。牛仔裤最初的使用者是矿工，他们结实、坚韧、强壮的个性特征也逐渐变成了 Levi's 的品牌个性。

3. 品牌代言人

通过品牌代言人也可以塑造品牌个性。通过这种方式，企业可以将代言人的个性传给品牌，这有助于品牌核心价值的塑造。

百事可乐在这方面就做得非常成功，它将自己定位于"新生代的可乐"，通过不断地变化代言人来树立"年轻、活泼、时尚"的形象，在美国本土有迈克尔·杰克逊和小甜甜布兰妮、詹妮弗·洛佩兹、克里斯蒂娜·阿莱拉、贝克汉姆、瑞奇·马丁等超级巨星作为其形象代言人；在中国，继邀请张国荣和刘德华做其代言人之后，百事可乐又力邀郭富城、王菲、郑秀文、谢霆锋、古天乐、蔡依林、五月天、黄晓明、阮经天、谢娜、张梓琳、吴莫愁等加盟，将百事可乐"独特、创新、积极"的品牌个性演绎得淋漓尽致，赢得了无数的年轻消费者。

4. 企业形象

整体的企业形象由企业的领导者和创始人、企业的经营理念、企业文化、企业员工等构成，一个形象良好的企业创始者，对品牌的影响是巨大的。我们通过微软创始人比尔·盖茨在大二中途退学、天才的程序编写者、激进的垄断者等事迹对微软有了初步的感知，进而购买微软的产品。比尔·盖茨使得微软从其他的软件供应商中区别出来，盖茨赋予了微软激进的品牌个性。

> **小链接**
>
> **维珍的品牌个性**
>
> 英国的维珍品牌超越常规的发展，在欧洲市场掀起了一股强大的品牌魅力旋风。
>
> 理查·布兰森是维珍品牌的创始人，他从一间电话亭大小的办公室起家，资金比大多数人去餐厅享受一夜良宵所花的钱还少。而现在维珍品牌旗下拥有 200 家私有公司，其商业帝国跨越空运、服装、软性饮料、计算机游戏、电信运营、金融服务、唱片等各行各业。
>
> 维珍品牌首先是深深地打上了理查·布兰森的个人烙印，他别具一格的商业哲学成为维珍品牌诉求的重要部分。那么，理查·布兰森究竟是何方神圣呢？他是一个全英国最抢镜头"嬉皮资本家"，会搞出一些稀奇古怪的闹剧（像是在百老汇大街上开战场），会冒生命之险进行一些胆大、几近特技的行动（如乘着热气球环球飞行），他是在加勒比海拥有私人小岛的亿万富翁，但还与平民百姓保持着亲密接触。
>
> 理查·布兰森成为维珍品牌唯一与真正的代言人，他是新一代企业族群的一员，这些新企业家虽享有名流地位，行事作风却玩世不恭，这一切显得他们比较像摇滚明星，而不像商业世界充斥的那些"穿西装的人"。
>
> 布兰森也成为一种文化图腾。就在经商与冒险的过程中，布兰森使自己成为英国民众的宠儿，使其他企业家望其项背。他奋战不懈，意图使全国乐透（National Lottery）

彩票成为一项非营利事业，将彩票贩卖所得用于造福人群的善举。他的脸孔出现在全国性报纸首页与电视画面上的频率几乎不亚于皇室成员，维珍总是吸引着一群反传统、反建制的顾客。布兰森本人——加上他的一头长发、笑口常开与作风大胆的行径与他的公司一样著名。事实上，他的名气比许多摇滚明星的名气还要响亮。

作为新时代商业领导人的一员，布兰森有意选定风平浪静又缺乏竞争的市场作为进军目标。他喜欢把维珍描绘成一只厚着脸皮、体形比不上大狗的小狗，这只厚脸皮小狗跑得很快，能够紧随在大企业后抢东西吃，这是一项引起千百万人瞩目的市场行销策略。他不满可口可乐与百事可乐在饮料业霸主地位，推出维珍可乐，很快占到欧洲市场2%的份额。他创办维珍移动，其实是向全球最不开放的电信行业开刀。

维珍的公关广告总是能出人意料，发挥奇效，远非一般公司能比，甚至常常不惜进行品牌冒险。在传统公司看来，这些创意会损害品牌形象，破坏所谓自己在品牌守则中规定的创意及公关原则，即品牌绝不能和不健康的东西联系在一起。包括可口可乐在内的大公司都设有专门的品牌监测人员时时关注自己的品牌在互联网上的表现，一旦自己的品牌和一些不健康的网站发生联想，这些跨国公司便会采取相应措施消除这种联想。

但维珍丝毫不会考虑这些，在公关活动方面，布兰森时常有出人意料的创意，他曾亲自开坦克车压过放在时代广场上的可口可乐，确实让维珍汽水增添许多的话题性，这个宣战的动作，对维珍全体来说，却是一个认真的仪式，宣示维珍集团正式进军饮料界。众多疯狂举动，以至于欧洲人对布兰森的感觉是：真不知道下一步他要干什么？而在广告方面，布兰森曾多次以刁钻古怪的宣传手法，取得促销奇效。如，他曾只穿三角短裤跟美国电视连续剧《海滩救生》女主角帕梅拉·安德森合拍维珍健力饮料的广告片；同一群身材惹火的模特，拍摄维珍手机服务的促销广告；还打扮为哥萨克族人，替维珍伏特加酒大搞宣传。维珍"天马行空"的广告创意作为维珍品牌形象的一部分，将维珍品牌个性发挥得淋漓尽致。这是任何企业都难以模仿的。

思政话题：
我们应该如何树立自己的个性，彰显人格魅力？

5. 品牌历史

品牌拥有的历史会影响消费者对品牌的感知。一般来说，诞生较晚、上市时间短的品牌在人们心目中有年轻、时尚、创新的品牌个性，而历史存续时间较长的品牌在人们心目中有传统、沉稳、世故的品牌个性。不一样的产品类别对于品牌历史的要求也不一样。比如，对于酒类品牌来说，历史时间越长，越有利于形成专业的、有魅力的品牌个性。

6. 品牌来源地

由于历史、文化、经济、自然资源、产业集群等因素的不同，每一个地方会形成别具特色的地方形象，也影响着消费者对这些地方产品的认知。来自法国巴黎的香水，人们认为它是迷人的、有魅力的、性感的。对于产自意大利的服装，人们认为它是上层阶级的、雅致的。人们觉得来自日本的电子产品是可信赖的。

除了这些方法外，品牌个性还可来源于企业领袖、广告风格、营销策略等多个方面，这里就不一一介绍了。

三、品牌个性的塑造方法

品牌个性是一种无形资产，是无价之宝，它无法抄袭，无法被其他公司所模仿。品牌成功地创建、维护和管理个性，能为产品和公司带来持久的魅力。品牌个性的塑造过程不论个性因素来源于哪里，一般都以消费者为中心，使品牌个性贴近消费者的个性特征，再把这种个性特征展示给消费者，引起消费者的喜爱、共鸣和忠诚。

（一）"按图索骥"，消费者个性与品牌个性相匹配

人类个性主要由所持有的价值观、信仰及其他天长日久养成的个性特点所决定，例如，我们从小就教导孩子要诚实，因为诚实就是一种价值观和信仰，是一个人成年后成功的基本素质。再如，自信是人的一种个性特点，是人们处理事务时对目标能够实现程度的自我感觉，也是决定人成功的关键素质。一个人还有许多价值观、信仰和特点，但是有一些是大家都特别喜欢的。人们不可避免地被这些广受欢迎的价值观和特点吸引，如值得依赖、可信任、诚实、可靠、友善、关心、乐观和活泼开朗等。

人总喜欢符合自己观念的品牌。每个人对自己都有一定的看法，对别人怎么看自己也有一定的要求。他们往往喜欢那些与自身相似或与自己的崇拜者相似的个性。人们通过自己喜欢的个性特征来选择品牌的个性特征，品牌的个性特征的描述性词汇只是人们喜欢的个性特征的载体。因此，商家要千方百计找到这些人们喜欢的个性特征词汇，然后根据这些词汇设计品牌传播活动，让消费者把这些词汇与品牌个性联系起来，长期坚持这种个性宣传，就能把品牌个性牢牢地印在消费者的脑海中。品牌的个性与消费者的个性越拉近（或者与他们所崇尚或追求的个性越接近），消费者就越愿意购买这种品牌，品牌忠诚度就越高。

塑造品牌个性，要尽可能使品牌个性与消费者的个性或与他们所追求的个性相一致。

品牌个性让品牌拥有像人一样的性格，也就是说，品牌个性化与人格化其实是同一方面的问题。而要赋予品牌个性，大致有以下这些步骤。

1. 了解品牌定位

品牌个性的塑造与品牌定位息息相关，因此，品牌个性的塑造首先要明确品牌定位。

2. 目标人群的期望

品牌个性不仅需要凸显品牌的核心价值，以其为出发点和标准，还要与消费者的期望一致，因为在很多情况下，消费者选择品牌也是要看其风格是否符合自己的品位与个性，就好比交朋友，性格相合的人可以很快成为知己，而性格不同、三观不合的人往往是"道不同不相为谋"。

无印良品发家于一个日用品杂货店，具有浓厚的日式风格，强调简约、自然、质朴，最为突出的品牌个性就是它名字的含义"没有商标"和"优质"，在极力淡化品牌的意识中反而突出了这一个性。简单舒适，天然质朴，意外地符合很多现代人的生活理念，这促使无印良品的门店总是受到众多顾客的光临。塑造品牌个性，核心价值是"天性"，追求的却是与消费者"交朋友"，让其相处舒服。

3. 融合消费者理想，打造积极的人格化形象

品牌的个性不仅要与消费者的期望契合，同时也要融合他们的普遍"理想"，传达出

一种正能量。通俗来说，就是要让品牌个性满足消费者"理想中的自己"。比如，经典名表劳力士，其市场定位为上流成功人士，这个圈层中的人拥有一定的财富、学识和社会地位，追求极致、沉稳与奢华，而劳力士的人格化形象就是典雅、精确、高贵，与目标人群的理想化状态相契合。同样的，服务于年轻市场的麦当劳，其形象麦当劳叔叔传达出了"快乐""自我"的人格化特征，符合广大年轻人的普遍心态和追求。

无论是高贵、快乐，还是突破、极致，都体现出了人们所向往的美好。品牌要满足这份"美好"，需要打造积极正面的人格化形象，满足消费者的这种心理需求。

4. 与消费者建立情感联系，营造归属感

品牌要具有"人性"，就需要拥有"感情"，通过感性元素引发消费者的情感共鸣，可以与消费者在精神层面建立联系，从而营造出依赖感和归属感。

品牌故事文化、线上线下互动交流、品牌内容输出等方式，都可以让品牌更具有"人性"和"温度"。星巴克就是通过不同的社交媒介来传达个性和温度的，在 Facebook 上，星巴克为粉丝们营造了轻松热闹的社交氛围，满足社区的交流需求，还可以看活动信息、看电影、讨论各种问题；在 Twitter 上，星巴克则成了一个专业迅速、尽职尽责的客服，一旦有任何问题，都能够及时得到回复和解决；而在 Pinterest 上，星巴克主要展示自身的品牌精神，直白丰富，让人一目了然。这种分区的形式，就好像来到了星巴克的实体咖啡店，不同的平台就像是不同的活动场所，能够满足消费者多种需求，让人放松与愉悦，并传达出了"We Proudly Serve"的品牌个性，让消费者感到温暖和依赖。

5. 通过营销传播让消费者"认识"品牌个性

品牌个性维系消费者圈层，留旧拉新，要靠各种传播渠道和平台来作为媒介。营销推广作为品牌个性让大众熟知的方式，在其中是必不可少的一环。米其林作为一个轮胎品牌，因其吉祥物"大胖子""轮胎人"而被许多人熟记。轮胎这种产品很容易给人沉闷、刻板的感觉，要如何将一个轮胎品牌打造得深受消费者喜爱成为一个难题。米其林通过轮胎堆叠成的一个具体形象，生动地表现出了其品牌个性，坚韧、可靠、踏实，这是其人格化的特点。除了借助吉祥物，米其林还有一次非常经典的跨界营销，那就是《米其林指南》，为了提升用户的参与感，一个轮胎品牌居然开始点评旅途中的餐厅美食！但其效果却是出人意料的好，不仅让客户产生了兴趣，更增强了米其林品牌的辨识度和知名度，享誉美食界的米其林餐厅也正是来源于此。

围绕品牌文化设计宣传形象、活动、形式，是品牌个性"交友"的准则；而传播是有目的地向目标群体释放品牌的魅力，获得消费者的好感，最终提升品牌价值。

品牌个性不仅仅是为品牌量身打造一个性格或者形象，更是通过市场定位、消费者期望以及整合营销渠道这一系列环节来完成的。品牌的个性像人性一样，会在培养中成长，也会在成长中变化，要让个性保持稳定并且突出，还需持续地为其进行投资与管理。

例如，摩托车品牌哈雷戴维森（Harley Davidson）由威廉·哈雷（William Harley）和戴维森（Davidson）三兄弟创建于1903年。创始人花费了大量的时间，与摩托车手们共度周末，陪伴他们旅行，分析他们所谈论的话题，了解他们的喜好和需求、所制订的计划，以及他们希望做什么，从总体上了解他们思想的每个方面。通过调查、骑行体验和共同生活明确了摩托车手们激情、爱国、自由、勇敢、阳刚、男子气概以及追求传统等个性特点,并用激情、自由、勇敢等词汇来设计品牌传播活动,用这些词汇塑造摩托车品牌的个性,把摩托车运动塑造并发展为一种充满乐趣、激动人心、享有盛誉的休闲活动。鲜明的品牌个性塑造成就了哈雷戴维森摩托车品牌,使哈雷戴维森成为拥有 Sportster(运动者)、Dyna(戴纳)、Softail(软尾)、哈雷 Touring(旅行)四大车系,1 300 多家授权经销商和授权服饰和服饰品牌"Motor Clothes"的大型国际化企业。

尽管描述消费者喜欢或符合自己观念(或者说个性特征)的词汇是品牌个性特征的载体,但有时为了强化这种描述的词汇具有的人格特征,更好地加以传播,需要寻找与品牌个性相近的人,这就是形象代言人。形象代言人的知名度固然重要,其个性特征与品牌个性特征的一致或相近对品牌个性的塑造更重要。由形象代言人演绎、表现品牌的个性,引起消费者心理的共鸣。

确定品牌个性特点的方法并不止这些,还有员工意见征询调查、脑力激荡等其他方法。有的特点也许是公司缔造者一手创立的。但是,不管它是如何形成的,对所选择的个性必须坚定不移地加以维护。

(二) 依据品牌核心价值,全方位塑造品牌个性

品牌的核心价值是品牌个性的内核,而品牌个性是品牌价值的表现,两者是相互统一的。在了解个性特征的情况下,塑造品牌个性必须首先考虑品牌核心价值是什么,并以它为核心,不断地塑造和演绎品牌个性。同时,要想提升品牌价值,必须有鲜明的品牌个性支持,进一步丰富品牌内涵,以便更好地经营品牌。品牌核心价值有情感型和社会型两种,下面举例说明依据品牌核心价值塑造品牌个性的过程。

可口可乐的品牌核心价值是"活力、奔放、激情的感觉以及精神状态",它的目标消费群定位为年轻人。那么,它是如何演绎品牌个性的呢?首先,它针对年轻人的特点,结合核心价值的理念,设计出火红色的包装,给人一种"火热、活力、运动"的感觉,再加上那舞动的飘带,以及个性化的瓶子,潜移默化地告诉消费者,它是属于年轻人的产品。其次,可口可乐品牌定位于情感层面,从它的核心价值出发,把年轻人那种洒脱、奔放、自由、热情、活力、动感等性格特征更好地融合在一起。最后,可口可乐在品牌个性的塑造过程中无论是广告,还是公关等活动,在不同时期、不同主题里,始终贯彻品牌价值的核心,始终给人以活力、奔放、激情的感觉,不断地演绎洒脱、自由、快乐的品牌个性。品牌价值传输的一致性不断地为品牌累积资产价值。

依据社会型品牌核心价值塑造品牌个性,也经过一个由顾客价值到品牌价值的过程。

戴比尔斯为了扩大消费市场,通过品牌核心价值塑造钻石"坚定的、永恒的"的品牌个性,创造了一个经典动人的爱情故事。钻石"坚定的、永恒的"品牌个性逐渐成为人们崇尚的一份情感、一种寄托、一种文化、一种理念,为戴比尔斯开发出一个巨大的市场,也成就了一个巨大的产业,因而在近一个世纪的时间里,这一品牌个性都与戴比尔斯的名字联系在一起,并伴随这家公司走过了近一个世纪的历程,成为戴比尔斯企业文化的象征。

海尔的品牌的核心价值是"真诚到永远",海尔通过砸冰箱事件、五星级售后服务、《海尔兄弟》等塑造了"真诚的、负责任的、创新的"品牌个性。

本章小结

本章介绍了品牌个性的相关理论和塑造方法。首先,介绍了品牌个性的内涵。品牌个性是指与品牌相连的一整套人格化特征,是品牌与现在和将来的消费者相联系的纽带,能与消费者和潜在消费者进行情感方面的交流,强调了品牌个性的特征。

其次,介绍了品牌个性维度的五大模型,介绍了美国的真诚、刺激、称职、教养、强韧五个维度的品牌特征量表,中国的品牌个性维度主要体现在仁、智、勇、乐、雅的五个维度及其内部结构。

最后,探讨了品牌个性塑造的原则和方法。品牌个性塑造必须坚持持续性原则、独特性原则、人性化原则、简约原则。品牌个性来源于产品本身的特征,也来源于品牌使用者,还可以来源于品牌代言人的个性。品牌塑造有两种方法:一是"按图索骥",运用消费者个性与品牌个性相匹配的方法,尽可能使品牌个性与消费者的个性或他们所追求的个性相一致,运用这需要确定目标对象及其定位;了解期望、喜好;勾勒出消费者的概况及个性特点;创造相关、有吸引力的品牌个性;以合适的方式坚持不懈地宣传这个品牌个性。二是根据品牌核心价值,塑造品牌个性。品牌的核心价值一般以企业运营为中心或完全以顾客为中心,以运营为中心与人的性格距离较远,也容易为其他公司模仿;以顾客追求的个性特征来建立品牌的个性识别特征,是创建品牌个性的重要途径。着重介绍了由社会型的品牌的核心价值塑造品牌个性和由感情型的品牌核心价值塑造品牌个性的思路。

复习思考题

1. 简述品牌个性的内涵和特征。
2. 品牌的个性维度有哪几个?
3. 简述美国品牌个性维度及其结构。
4. 简述中国品牌个性维度及其结构。
5. 品牌个性的来源有哪些?
6. 举例说明品牌个性塑造的两种思路。

案例分析

案例1

哈雷戴维森:品牌个性造就的经典

1901年,在美国的北部小镇——威斯康星州密尔沃基,年仅21岁的威廉姆斯·哈雷和20岁的阿瑟·戴维森在一个德国技师的帮助下,在一间150平方英尺①的小木房里忙碌不停。两年以后,终于制造出第一台哈雷摩托车。2001年,哈雷公司共生产销售整车

---

① 1平方英尺≈929.03平方厘米。

23.4 万辆，售收入为 30.36 亿美元，被《福布斯》杂志评为"2001 年度最佳公司"，被《幸福》杂志评为"最受尊敬企业之一"。

哈雷戴维森来自美国的西北部，西部的蛮荒和辽阔对生存在那里的人们来说，意味着自由、粗犷、奔放、洒脱和狂放不羁，甚至带有浓郁的野性。身怀绝技、独来独往的西部牛仔们没有高贵的出身，凭着过人的胆识、精湛的枪法和骑术就可以在辽阔的天地间建功立业。牛仔文化彰显力量、个性、正义和激情，其精髓就是自由、平等和进取。哈雷戴维森品牌文化与牛仔文化一脉相承，是牛仔文化的演绎和物化。哈雷戴维森流淌着美利坚的血液，如果说可口可乐代表美国精神，那么哈雷戴维森就像在世界性的体育盛会上披上星条旗。一个世纪的沉浮、一个世纪的文化沉淀，孕育出灿烂丰富的哈雷摩托车文化——自由、个性、进取，令无数的哈雷车为之倾倒、为之痴狂。

哈雷独有的颜色橄榄绿色，在第二次世界大战后一直延续下来，甚至成为象征胜利的流行色，在人们心目中，它代表勇敢、活力和必胜的信念。从外形看，哈雷摩托车的最大特点就是体积硕大，它给人一种突出的存在感；外观庄重，装备整齐，整装豪华；马力强劲，接近汽车的大排气量、大油门带来独特的轰响。炫目的色彩、硬朗的线条、独特的造型，甚至烫人的气管都令哈雷车迷疯狂。哈雷之所以如此受欢迎，主要是因为它经得起时间考验的经典设计，哈雷车的造型是那样的古典、浪漫、粗犷，最流行的车型往往是最古典的车型。

哈雷还有一个美学原则是裸美，能裸露的地方尽量裸露。尽管裸露的是钢铁的心脏、金属的质感，但在男人心目中犹如裸露的女神，与其说哈雷是交通工具，不如说哈雷是一件巧夺天工的艺术品。模仿哈雷的车有很多，如宝马、雅马哈，它们都试图模仿哈雷，但其都没有获得哈雷的真谛，无法做到形神兼备。哈雷从选料到加工工艺及将 CAD 技术运用到车架设计当中，都令模仿者望尘莫及。尤其是驾驶哈雷的那种从容、卓尔不群的气度，无与伦比的自豪感，是很多人心驰神往的。加上沉重的车身，没有强健的体魄、过人的胆识就谈不上是驾驭。驾驭哈雷其实就是体验一种征服的快感，能够驾驭哈雷的人没有理由不骄傲。怪不得有人说哈雷是自由的钢铁、滚动的风景。

哈雷车的一个最大特点是比轿车还贵。一般流行的哈雷车的售价在 15 000～20 000 美元，20 世纪五六十年代的哈雷车型的身价为 25 000 美元，20 世纪三四十年代的老车型现在仍然可以卖到 30 000～40 000 美元。不菲的价格让普通的消费者望尘莫及，玩得起哈雷摩托的人大都是商界名流、影视大腕、体育明星和政界精英。哈雷的驾驶者来自不同国家的不同领域，但他们有共同的梦想和追求，他们都追求个性、崇尚自由、积极进取，有很高的经济收入和不俗的生活品位。哈雷时尚的初始拥有者，恐怕要数美国摇滚鼻祖猫王了。当年猫王的一大嗜好是驾驶哈雷摩托车。猫王的这一做法相当于担当了哈雷的形象大使，免费为哈雷做了广告。我们熟悉的名字还有约旦国王侯赛因、伊朗前国王列维、著名演员施瓦辛格、美国亿万富翁福布斯等。不管是好莱坞的明星大腕、FA 赛车手还是 MBA 工商管理人士、律师及政界要员，无不以驾驶哈雷为乐，他们都在为哈雷做广告，人人都宣传自己的爱车是精品，哈雷是他们的价值取向和精神寄托，并逐渐成为一个阶层的生活方式。

案例思考题：

1. 哈雷的品牌个性来源于几个方面？
2. 哈雷的消费者有哪些个性？他们的形象与哈雷的品牌个性有何关系？

案例 2

七匹狼的品牌个性

七匹狼是福建晋江的服装品牌，创建于 1990 年 6 月 18 日。1989 年注册商标，至今在多个行业领域以及几十个国家和地区注册。1993 年，集团全面导入 CI 并成功运作。1996 年与晋江烟草专卖局、龙岩卷烟厂联名推出的七匹狼高档香烟取得巨大成功。1997 年，七匹狼酒业有限公司成立，实现了跨行业经营的第二次重大转变。2000 年，七匹狼发展股份公司成立，标志着七匹狼的规范化经营、向现代化企业迈进。同时，策划推出七匹狼白酒，成功上市。至此，公司先是主动放弃其他市场、专门生产男装，而后逐步进入皮具业、香烟、酒业、茶业等领域，成功地把七匹狼品牌延伸至其他行业，建立"统一品牌的多元化经营"战略。

一、品牌个性塑造的视点

品牌资产的核心是产品与消费者之间的关系，它来源于品牌客户价值和企业价值的整合与互动，决定了该品牌在未来市场的影响力。掌握品牌精髓，把握品牌个性，是成功地进行品牌资产建设和运营的关键所在。七匹狼案例的核心就在于它使狼性和男性达到完美的契合。一般而言，品牌个性的运作必须坚持以下几点。

（1）消费者、公司和工作单位是品牌经营的三大组织要素：品牌经营必须进行有效的组织和管理，内外互动，深入分析和把握品牌的内涵圈和外延圈、企业的价值和顾客价值。

（2）品牌管理工作，贯穿于品牌建立、品牌维护、品牌发展与延伸以及品牌再造的每一个环节。

（3）品牌建设中，品牌沟通是品牌经营的核心任务。"营销即传播"。只有为品牌形象塑造最体现差异、最活跃、最激进的部分，才可能触及品牌的核心领域，为品牌造就忠诚、崇拜的特性——这就是品牌个性。

（4）品牌个性创造，犹如胚胎移植，是个高度精细的创意传播过程，必须整体掌握并细致运用驱使品牌个性的多种因素，运用良好的品牌经营手段。七匹狼的运作坚持差异化创造价值和品牌延伸策划管理空间两个基本经验。

二、品牌个性塑造的方法

1. 内外价值互动，认识品牌身份

品牌资产来源于品牌客户价值和企业价值的整合与互动，是企业与消费者在彼此关系中长期的持续对话，使品牌信息与顾客体验合二为一的过程。也就是说，品牌在沟通中获得自己的状态、自主性和自身的身份，它存在于公众的理解和记忆之中。这就是品牌资产的实质。因此对品牌身份的各个侧面进行详尽的调查，是形成品牌特权，进而成为品牌建立的基础。

七匹狼首先进行详尽细致的 720°品牌扫描，分别从 360°品牌内涵圈（战略—个人—团队—效率）和 360°品牌外延圈（产品—市场—行销—绩效）着手进行。通过对发展过程的考察，与经销商和消费者互动沟通。七匹狼的品牌现状是：通过多年的品牌运作，成为一个具有较高的品牌认知度和较多品牌认同的纯粹男性品牌。这是七匹狼独特的品牌文化和个性的根基所在。但大部分消费者对"七匹狼"的品牌认知仍基于其品牌名称所带来

的自然联想，仅仅停留在"名称记忆"阶段。换句话说，七匹狼的标识充其量只是个没有价值的商标和用于识别的符号。在品牌印象感知的测试中发现一个极具趣味性的现象：大部分消费者对"七匹狼"品牌的联想依然集中于"狼"这种肉食群居动物之上，对"狼性"的描述出现同样特征却完全相反的描述：其具有狡猾、阴险、凶恶的兽性特征和具有自由、勇敢、智慧的挑战特质。究其根源，乃是"印象"问题。

因此，七匹狼与消费者的沟通中存在相当大的障碍因素，品牌个性不强，品牌凝聚力不足。所幸的是目标消费群的心智对七匹狼提倡的男性品牌文化有着较广的接纳空间，甚至可以去拥抱更具鲜明内涵的品牌个性。显然，七匹狼品牌管理的当务之急是提升品牌个性，使之具有优秀的品牌身份凸现出某种形态的人，代表某种特殊的生活方式，能与顾客真诚相待，持续沟通，共同进步。

2. 挖掘文化意蕴，凸现品牌性格

品牌个性是品牌与消费者沟通的最高层面，是从标识、形象到个性的不断深化的过程。造就品牌的特征、造就崇拜，是品牌经营的归宿。品牌个性的本质是品牌的人性化。具体思路是把品牌视为一个人、一群人或一个主体，而这群人应具有什么特征呢？任何品牌创意都是居于此文化特征的，而绝非空穴来风。也就是说，任何生活形态方面的细节都可能成为沟通的基点，一个富有个性化的品牌形象，又代表着特定的生活方式、价值取向和消费观念。只有这种为引起消费者共鸣而进行的生活方式的设计和消费观念的倡导，才能通过产品与消费者建立起一种情感上的沟通和联系，进而激发消费者的欲望与联想。

因此七匹狼的个性化之路，只能以"狼"为品牌形象的主体，并把品牌人格化。研究发现：在现代社会的竞争环境中，男士的世界是一个"群狼混战"的世界。男士面临巨大的社会压力，包括家庭责任、社会关系、事业成败等。生存本身意味着沉勇机警，不懈奋斗。而不懈奋斗的男士在表面和潜质上兼具狼的性格：孤独、勇往直前、百折不挠、精诚团结等，这些是男性中追求成功的人士必经的心灵历程。成功和走向成功的"男士族群"大多数时候只是表面辉煌，更多是在人生漩涡里，激流勇进、百折不挠、积极挑战人生的，在冷静中思考，在负重中专注，在豪迈、自信、慷慨甚至不羁反叛中充分展示自己的理想人格。显然，现代男人个性张扬的时代已经过去，更为内敛的精神内涵和群体合作成为新追求。这是一种个人英雄主义和传统集体主义并重的精神综合体。它正契合了七匹狼的品牌个性的内涵，也该成为企业文化内涵之所在，更构成品牌个性延伸方向。由此七匹狼个性的提升必须使狼性和男性完美结合，遵循两个基本点：第一，以"狼"为品牌形象主体，作为其个性的表达语言；第二，深化形象认知，提升"狼"的男性世界文化，沟通品牌个性。

基于如此，通过主体消费群的准确创建以及男性精神的精确把握，七匹狼的品牌性格的规划是："狼的智慧——无止境的生命哲学"，代表着团队挑战、个性、执着、忍耐、时尚、成熟、朋友、忠诚、锲而不舍、善于交流、正视失败。以此七匹狼擎起男士族群的精神旗帜，以勇猛精进、顽强拼搏、笑看沧桑的男士精神感召成功和正在走向成功的男性，拥抱光荣，完成自我，成就自我，展现自我。

3. 形象定位规划，沟通品牌资产

文化意蕴挖掘为我们找到一条塑造形象差异的具有真正生命力的途径——创造品牌的性格而非特征。一个获得特殊文化品格和精神气质的品牌让标识、形象、个性形成了统一

的整体,并为自身提供了一个发展品牌识别和品牌传播,成为完整的营销规划的有力工具。

(1) 刻画品牌性格,规划品牌地位。品牌个性的提升,使七匹狼能对品牌进行全面的梳理与整合,提出"JUST FOR MAN"的理念,公司提供的是至情至酷的男士用品,而公司品牌则是一个纯粹的男性品牌,将七匹狼涉及的服装、香烟、酒类等产业蕴涵在"男性文化"之中,重新打造个性鲜明的"男士精神"品牌,最终取得中国男性群体时尚消费生活的代言人地位。

(2) 探求市场区隔,创造品牌利基。品牌地位决定了品牌的利基点。80/20 法则和十多年来在中高档市场打拼中与消费者结下的关系,决定了七匹狼的品牌运作和市场运作必须保持品牌的中高档形象。这是七匹狼的市场利基点,所以七匹狼把目标消费者牢牢地锁定为私营企业主、政府官员、公司职员等 20~50 岁的社会主流消费群体,核心群体为 28~35 岁的已经成功和正在走向成功的男性。他们购买的是:成熟、热情、个性、品位、男子汉气。他们也是忠诚、稳定的品牌消费群体。

(3) 重新阐述品牌名称和标识。因为有了性格(个性),品牌标识不仅有助于品牌的识别,同时可以烘托准确的市场定位和深厚的品牌文化。七匹狼标志是一头向前奔跑的狼,整体呈流线型,充满动感与冲击力,给人奋勇向前的感觉,象征企业不断开拓的进取精神。这款金黄色的奔狼设计是七匹狼的外显标志。"七"是一个吉祥数字,既代表一个由奋斗产生的团队,又蕴含创业者的美好愿望,寓意胜利吉祥,代表生命力和活力。"狼"与"郎"谐音,又有狼的极具拼搏力和顽强奋斗之意。"SEPTWOLES"是英文"七"和"狼"的组合,寓意一个团结的整体,是创建品牌的七个人,他们的故事就是七匹狼文化的精神内核。

(4) 整合传播,无限延伸主题。在统一的品牌文化和主题沟通的指引下,品牌的沟通需要有一个高度的整合态势,能够全面结合产品的核心利益(适用于正式、休闲、拼搏场合,使人无须为着装问题而烦恼)、品牌规划(狼的精神)和目标消费心理(仍在与团队一起拼搏),创造沟通的独特符号和高位的沟通空间,创造一个无限的主题。

对七匹狼的目标消费群的心灵的深入描绘:他们一生动荡,经历过国家、政策的变革,个人工作生活方式的改变,时时面对压力,只有他们了解自己所经历过的一切;他们从不将疲倦和失败的一面示人,但是他们也渴望别人的理解;他们需要一个能够代表他们的人或事来表达出他们没有说出的心事。因此,齐秦出任七匹狼的品牌代言人,皇马的七大巨星集体作证七匹狼。通过媒体、专卖店、公关事件、促销活动等,人们实实在在地接受来自七匹狼的传播。它们共同传播着七匹狼所倡导的狼的智慧——无止境的生命运动哲学。

4. 调性设计,策划传播空间

传播既要遵循品牌的文化概念与个性特质,又要照顾到品牌中产品的个性。品牌个性有很多特征,而每个产品都具有"与生俱来的戏剧性"——特别是公司旗下涉及多种不同类型的产品。为达到更佳、更精妙的沟通效果,就必须对各类产品进行定位开发,规划不同产品的属性特征使之相互区隔,又互为统一,共同融入母品牌个性之中,使每个产品的调性与母品牌的个性吻合,最终丰富母品牌个性。

七匹狼的具体执行路线是:服装——自信稳重;香烟——凝重思索;啤酒——潇洒豪

放；茶品——安静兼容；白酒——至醇至酷等。将男士主要性格特征提炼出来，在男性（狼性）个性之中注入尚真、尚纯、尚朴、尚淡的新流行文化，将21世纪中国男性自信与豪放的个性、深刻而博大的人文精神进行全面的注释，使更多消费者在感悟七匹狼男性族群文化的过程中，升华自己的性格魅力和人生内涵。

一个品牌个性和文化具有无限延展和精细规划的特质，是其品牌延伸成功的关键所在。品牌系统下每一项产品与服务的推出，都要能不断充分利用品牌资源，帮助发展和丰富品牌意义，才能做到主力产品和延伸产品均因关联性而获益。

七匹狼的品牌就是多维度建立起来的，它的每个产品都有自己独特的品牌主张，但都服从于"男性"的大概念，而不同的性格传递给消费者统一的信息是：男人与男人的关系是你生活的舞台。

同时，目标消费者需要一个能够代表他们并表达出他们没有说出的心事的人或事件，品牌传播就必须在高度整合的基础上，创造一种全新、独特的符号。这个符号的特质必须结合产品的核心利益、品牌规划和目标消费心理。

为表现坎坷奋斗的特质，七匹狼为品牌代言人制定了六条标准：代言人不能是年轻时尚的，因为没有类似的经历，不足以代表目标群，不能唤起认同感；当提到狼的时候，他应是消费者脑海中的第一联想；代言人本身应是常人眼中的成功者，但他仍在不懈地奋斗；代言人的性格应与七匹狼的品牌个性和文化内涵相符；代言人的元素应该能够将目标消费者带回旧日奋斗的时光，能够引起认同感；代言人相似的艰难奋斗经历能够触动目标消费者心中最柔弱的部分。正因如此，齐秦出任七匹狼的代言人，演绎一部经典的、感性又不失理性的"都市森林"。该广告获得行业评选铜奖，齐秦也被列为最受欢迎的品牌代言人。

5. 差异经营，创造品牌价值

差异创造价值，差异创造品牌的"第一位置"。品牌个性传播的关键在于造就崇拜和忠诚。必须整体掌握和积极驱动有利因素，形成差异性的优势，才能在消费者心目中占据与众不同的位置，这种差异性的创新智慧体现在产品行销传播和通路等具体执行中，力图实现企业的价值链和企业经营模式的完美结合，使企业精心挑选客户群体，为之提供独特的、不可替代的产品和服务。这种独特性体现在以下两个方面。

(1) 重塑价值链。价值链是企业建立竞争优势的砖砖瓦瓦，是企业通过自身经营活动的选择和专注，建立差异的来源。具体体现为一个企业对客户的承诺，并体现在产品和服务的定价、质量表现、选择性、方便性和美观性等方面。

为了更加专注自己的文化承诺和品牌质量，早在2000年，正当其他企业热衷于通过多元化扩张规模、盲目追逐国内市场因转型期的各种不确定的机会时，七匹狼却做出让业界震惊的决定，毅然转让七匹狼香烟的股权，中止啤酒和茶叶的经营，专注于男性服装。更难能可贵的是，没有放弃对一切关于品牌的运作监控。

(2) 组织以价值链为基础的企业运营模式。为保证企业所作的承诺，企业必须重新整合和完善集团的经营过程、管理系统、客户服务、组织结构、管理团队，以保证企业在每个细节上服务好消费者。

七匹狼的白酒个案是通过建立和实施"品牌经理制"实现的。从开发研制、生产、包装设计、市场研究、业务拓展、广告制作、促销支援到其他经营工作，主创人员都一一提出详尽的执行细则。

因为创意不仅是去发现一个"惊人"的点子，更体现在对细节的独具匠心上。如为了白酒的独特包装，从瓶身、瓶盖、烤花、外定、内垫、海绵，主创人员亲临成都、重庆、深圳等全国各地与生产厂家一起工作，研讨问题，修正工艺。

（3）选择独特的价值营销法则，突出品牌形象。一个成功的品牌个性营销准则是：独特的市场区隔与定位+成功的品牌延伸，创造忠诚、稳定的品牌消费群。因此在品牌建设中坚持一切以消费者为中心，直接、简单、到位的品牌管理与市场行销概念，并在经营中创造为自己低成本扩张与快速品牌塑造的最有力模式。同时，注重营销战略的系统化运作。而营销工作必须以战略策划为主，讲究策略间的有机配合，决策建立在调研的基础上，通过准确的产品和目标市场定位，制定有效的营销战略。

以七匹狼白酒为例，公司创造性地提出必须致力于在中国市场发展白酒特许经销事业，为市场提供优异的白酒品牌与个性化体检的战略。在销售策略上则利用直营、区域特许经营系统，应用零售网络相互配合、协调的分销方式。在运作中为保证事业的成功，在公司内部建立了特许经销七大体系：品牌运作、行销管理、商业培训、支持、督导、VIS 和整合推广体系。在促销策略上，不是单一依赖广告或其他促销手段，而是将人员推销、广告、销售推广和公关策略以及品牌文化延伸进行组合性运用，增强整体促销合力，为七匹狼品牌的顺利延伸与迅速发展提供了广阔的发展空间。

资料来源：蔡清毅．从七匹狼品牌管理案例看品牌个性的塑造［J］．厦门理工学院学报，2006（3）．

案例思考题：
如何描述七匹狼的品牌个性？

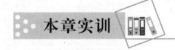

本章实训

一、实训目的
1．了解品牌个性及其维度。
2．能针对具体的品牌实例进行有关品牌个性的分析。

二、实训内容
通过查阅文字资料及上网收集某一个品牌的相关资料，完成以下任务。
1．结合某一个具体品牌陈述该品牌的品牌个性。
2．对上述品牌的品牌个性进行分析。

三、实训组织
1．将教学班同学分成五个组，并选出一位担任组长。
2．每组独立收集、整理相关品牌资料，每组案例原则上不允许相同。
3．由组长负责组织小组研讨，集中本组成员的研究结果，制作文本文件，并设计演示的PPT文稿。
4．每组推荐一人上讲台演讲，其间师生可以向该组同学提问，教师引导学生参与研讨。

四、实训步骤

1. 每组独立收集、整理所选取案例的资料。
2. 小组讨论,汇总本组意见。
3. 撰写报告,并设计制作演示课件。
4. 各组代表发言,全班参与讨论。
5. 教师对各组表现进行点评。

第六章 品牌传播

学习目的与要求

（1）理解品牌传播的概念和意义
（2）了解品牌传播的模式
（3）掌握品牌传播的步骤
（4）掌握品牌传播的策略

开篇案例

包装是品牌传播的第一平台。从银鹭八宝粥新老包装的对比可见，老的包装品牌和产品的传播定位不清晰，诉求也仅仅停留在产品层面，没有赋予银鹭品牌独特的性格，也没有办法去传播给消费者。而新的包装给予了银鹭品牌独有的个性，在其产品特征的基础上进行了品牌个性挖掘，赋予了银鹭爱的概念，进行情感传播。这样银鹭有了第一识别概念。八宝粥的热气幻化成爱心纳入银鹭内，自成一体。银鹭八宝粥的包装自然天成，有了符合其品牌概念的品牌识别。

从广告传播来看，由于八宝粥是一个成熟的产品，消费者对其概念十分熟知，在广告中再次重点介绍产品基本上是无济于事的，尤其是在产品没有差异化的情况下去强化，只能是浪费宝贵的广告资源。广告需要一句让人刻骨铭心的话，需要一个让人深入脑海的画面，需要一个响彻寰宇的声音。银鹭八宝粥的广告找到了这一点，孙子喂奶奶，这个创意不但十分贴合产品，而且加强了银鹭的品牌个性，更重要的是给予了消费者一个清晰的记忆点。

从品牌公关来看，针对银鹭"爱的味道"的个性诉求，银鹭每年都会开展一场"十大爱心使者"的评选活动，让全国的消费者都可以参与到银鹭这个活动中来进行互动。更重要的是可以利用一些特殊的事件进行事件营销。事件营销的作用一直是事半功倍的，国内快销品企业进行事件营销成功之典范不乏少数，"南农夫、北蒙牛"是事件营销的领军企业。农夫山泉从支持北京申奥到饮水思源，收效十分显著，经过数年的运作，也树立了农夫山泉的品牌形象和企业形象。蒙牛在业界骄人的业绩与其事件营销的功效是分不开的，从"每天一斤奶，强壮中国人"到"酸酸甜甜就是我"的"超级女声运作"更是在营销界树立了一个成功的标杆。而今天银鹭也要借势事件营销走上新的品牌之路。

在产品促销方面，只有与消费者展开面对面的沟通促销活动，才能加深消费者对银鹭的认识，持续性的活动也是增加消费者忠诚度的一个必由之路。在快速消费品充分竞争的今天，要让固有的消费群增加对产品的消费频次来实现更多的销售。而要留住固有的消费群，增加消费频次，单单依靠渠道发力是远远不够的，从品牌出发与消费者实现有步骤、有计划、有方法的促销沟通活动必不可少。我们相信银鹭在消费者沟通方面亦能做成品牌营销之典范。小活动成就大市场，作为营销人，始终相信只有有效的沟通才能成就更多的辉煌。

案例启示

品牌传播的作用不仅仅在于向消费者传递品牌的有关信息，更重要的是，通过不同层次、不同形式的品牌传播，加深品牌与消费者深层次的沟通，从而在消费者心中树立鲜明的品牌个性，引起消费者情感上的共鸣。

本章知识结构图

品牌传播
- 品牌传播概述
  - 品牌传播的定义
  - 品牌传播的特点
  - 品牌传播的意义
- 品牌传播模式
  - 信息沟通模式
  - AIDMA 模式
- 品牌传播步骤
  - 确定目标受众
  - 确定品牌传播目标
  - 设计品牌传播信息
  - 编制品牌传播预算
  - 选择品牌传播渠道
  - 制定品牌传播组合
  - 测定品牌传播效果
- 品牌传播策略
  - 广告传播策略
  - 公共关系传播策略
  - 口碑传播策略
  - 互联网传播策略

品牌传播是品牌接近消费者、提升品牌形象、提高品牌认知度和忠诚度的重要途径。品牌传播过程是向消费者传递产品信息、品牌信息，使消费者形成对品牌的认知，逐渐树立品牌形象，逐步形成品牌资产。显然，无论是古时的"好酒不怕巷子深"，还是单一依靠广告轰炸进行促销都不能实现品牌资产的持续积累，也不能实现品牌价值的提升。在品牌传播过程中，利用什么样的模式，选择什么样的方法，向消费者和大众传播什么样的信息，如何让品牌在价值链上的各环节不断渗透，是本章要阐述的主要内容。

第一节　品牌传播概述

一、品牌传播的定义

品牌传播是向目标受众传达品牌信息以获得他们对品牌的认同，并最终形成对品牌的偏好的过程。品牌传播是一种操作性实务，即通过广告、新闻报道、公共关系、事件传播、植入式传播、体验式传播、企业家传播、社交网络传播及感官品牌传播等传播策略，有效提高品牌在目标受众心目中的认知度、美誉度。

品牌传播的概念也可以这样简单地表述："品牌传播就是品牌信息的传递或品牌信息系统的运行。"任何一种传播都是某种信息的传递，或者说"传递信息"是传播的本质所在。至于传播的手段，不管是通过广告、新闻、公关，还是其他，说到底都是信息的传递。同时，作为传播手段重要组成部分的传播媒介也是随着社会的发展而不断发展变化的。从广播、电视、报纸、杂志，到互联网承载的各种终端，还有在新的技术支撑体系下出现的各种数字化媒体形态，以及微信、微博、个人日志、个人主页等，从大众媒体到小众媒体再到自媒体，不管传播信息的手段是什么、媒介的形式怎么变，"传递信息"这一本质始终是不会改变的。

二、品牌传播的特点

（一）信息的聚合性

品牌传播的信息要经过精心的设计，品牌信息不但包括品牌名称、标识、图案、标语等，还包括传播品牌文化、品牌承诺、品牌核心价值等信息。在品牌创建的不同阶段，传播的信息和传播的渠道都不同，初始阶段要实现向消费者告知的目标，要传播产品信息、品牌名称等，中期的公共关系要实现与消费者沟通、赢得公众赞美的目标，就要传播品牌定位、品牌文化等信息。然而，消费者接受到来自不同阶段、不同传播方式的品牌信息，对品牌的印象就会模糊，对于统一的品牌形象的形成非常不利。因此，品牌传播的信息要具有聚合性，要以品牌核心价值为中心。例如，蒙牛的"航天员专用牛奶"广告、"每天一斤奶，强壮中国人"的免费捐奶公益活动、"城市之间"大型趣味体育比赛和"赠送《乳品与人生》健康图书"活动等，虽然在不同的时间推出，各个活动的内容和形式也不同，但都在传播蒙牛的"营养和健康"主题，满足消费者的心理诉求。

（二）受众的目标性

品牌传播的对象是具有功能需求和情感需求的受众。品牌定位决定了品牌的消费群体，同时也决定了品牌传播的受众，传播的受众是有目标性的，传播的信息是有针对性的。从营销角度来看，品牌的经营者最关注的是受众，因为品牌设计必须打动受众，刺激受众的需求并引起共鸣，才会带动品牌产品的销售，这是非常明确的逻辑。从传播角度来看，品牌的传播者最关注的是受众，当品牌信息打动受众，受众就会产生有益于品牌的行为。不仅会直接带动销售，还可能引发各种各样的间接行为，如"意见领袖"会对品牌进行二次传播、潜在消费者将转化为现实消费者。这时，"意见领袖"也很可能变为"品牌消费领袖"。在互联网时代,这种一传十、十传百的口碑效应非常容易实现,不管是大众点评这种公共资源还是微信这种私密资源都使品牌传播变得更迅速。这些人不仅自己带头消费,还起到了"活广告"一样的示范作用,成为品牌的忠诚消费者,并把喜欢的品牌推荐给自己的亲朋好友。

(三) 媒介的多元性

品牌传播的媒介广泛而丰富,加拿大著名的传播学家麦克卢汉(McLuhm)有句名言"媒介即信息",这是他对传播媒介在人类社会发展中的地位和作用的一种高度概括,其含义是媒介本身才是真正有意义的信息。也就是说,人类有了某种媒介才有可能从事与之相适应的传播和其他社会活动。因此从漫长的人类社会发展过程来看,真正有意义、有价值的"信息"不是各个时代的传播内容,而是这个时代所使用的传播工具的性质及其所开创的可能性和带来的社会变革。

从这个角度分析,媒介技术往往决定着传播的信息本身。如电视媒介传播了比报刊、广播多得多的"信息",而网络媒介又传播了兼容所有媒介信息的"信息"。在传播技术正得到革命性变革的今天,新媒介的诞生与传统媒介的并存则共同形成了一个传播媒介多元化的新格局。这为品牌传播提供了空前的机遇,也对媒介运用的多元化与整合提出了新的挑战。

(四) 操作的系统性

在品牌传播实务中,整个品牌传播系统主要由品牌拥有者与品牌受众两个部分组成,两者由特定的信息、媒介、传播方式、传播效果(如受众对品牌的消费、对品牌的评价)以及市场反馈等信息组成。在传播系统的设计中不仅要根据受众的喜好设计信息,还要根据品牌传播的阶段性选择不同的信息载体和传播媒介,以便达到更好的传播效果。品牌传播不仅要追求短期的传播效果,还要追求长远的品牌效应,因此在品牌拥有者和品牌受众的互动关系中,要遵循其系统性的特征,使品牌传播的操作过程具有整体的效应。所以说,品牌传播的时间节点和载体媒介务必要相匹配,成为一个合理的系统。

三、品牌传播的意义

品牌传播作为企业营销活动的一部分,对企业销售有重要的意义,然而品牌传播又不仅仅为达到销售的目的,它还担负着品牌建立和维护的重要使命。

(一) 建立品牌的基础认知

市场上的品牌成千上万,即使是同类品牌也足以让消费者目不暇接。在这种情况下,树立并传播品牌独特的认知系统显得尤为重要。品牌的基础认知系统主要包括两个方面:一是视觉识别体系(VI),如品牌名称、声音标志、形象标志、标准色等;二是理念识别体系(MI),如广告语、企业歌曲、品牌理念、品牌故事等。

这些都是贯穿企业所有品牌传播活动的基础传播元素。传递这一层面的品牌信息,有助于提升品牌的知名度,让目标受众对品牌产生熟悉感,帮助其从林林总总的品牌中快速识别出本品牌。

(二) 满足消费者的情感需求

消费者对产品的需求不仅表现在物质层面上,还体现在精神层面上。同时,产品的多样化和同质化，使得情感的需求在消费者心中的比例越来越大。品牌传播围绕品牌的价值展开，所传播的品牌价值、品牌内涵可以较好地满足消费者的情感需求。

（三）强化品牌和目标受众的关系

在消费者已对品牌有了一定程度的认可之后，品牌营销者的任务更新为在此基础上建立并强化品牌和消费者的关系。在此层面上，品牌传播的重点将集中于品牌核心价值，比如品牌的功能性、社会性、文化性、心理性利益，等等。通过品牌传播让目标受众不仅认识和理解品牌，而且觉得该品牌是真正为他们而存在的，是他们真正的朋友，还想要把它介绍给更多的人。换言之，要在品牌和消费者之间建立一种较为牢固的关系，并转化为品牌忠诚度。这一目的的实现有赖于品牌和消费者之间的双向交流，更加强调消费者对品牌的体验。

第二节　品牌传播模式

一、信息沟通模式

传播学奠基者拉斯维尔（Lasswell）在 1948 年发表的论文《传播在社会中的结构和功能》中首次提出，传播过程包括了五种要素，即发送者、信息、媒介、接收者和效果，这一观点被其他学者普遍接受并在此基础上不断拓展和完善，最终形成如图 6-1 所示的信息传播模型。

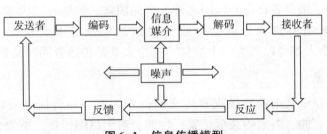

图 6-1　信息传播模型

该模式由九个要素构成，其中两个要素表示沟通的主要参与者——发送者和接收者，另两个表示沟通的主要工具——信息和媒介，还有四个表示沟通的主要职能——编码、解码、反应和反馈，最后一个表示系统中的噪声干扰。该模型强调了有效传播的关键因素，要使信息有效，发送者的编码过程必须与接收者的解码过程吻合。企业采取类似的交流模式与目标顾客进行沟通。企业先拥有各种信息，然后将这种信息编成代码，并通过渠道将信息传递出去；最后通过某种反馈系统确认编码是否被正确解译。企业要进行有效的信息传播，必须考虑：由谁来说，说什么，怎样说，对谁说，效果和反应是什么，如何降低噪声等。

（一）品牌信息发送者

品牌信息发送者指拥有可以与其他个人或团体共享品牌信息的个人或团体。企业、广告主、消费者等都能够成为品牌信息的发送者，但一般情况下，品牌信息的发送者主要是品牌的经营者，也就是说品牌信息是由品牌经营者"制造"出来的，这也是品牌信息不同于一般信息的特点之一。品牌经营者在制造品牌信息的时候首先考虑的是客观事物方面的信息，这包括两个方面：一是消费者的需求信息，二是产品本身的信息。消费者的需求是品牌信息的基础，品牌经营者更强调主动发现消费者的需求，并创造与之相适应的观念。品牌经营者在制造品牌信息时，还会考虑到品牌所代表的产品本身的客观信息，这是由品牌信息本身的属性决定的。品牌信息传播的最根本目的是让消费者认知、了解、记忆品牌所代表的产品，并最终产生购买行为，所以产品本身的客观信息是品牌信息中不可或缺的一个部分。品牌经营者会将产品的属性、特征、功用等相关信息清晰、具体地包含到品牌信息中去。在新媒介时代，品牌信息除了由品牌经营者发送外，消费者也能传递品牌信息，如利用社交网站、微博、微信等工具发表对品牌的评价，而且研究表明，UGC（用户生成内容）对其他消费者的购买意愿影响更大。

（二）品牌信息接收者

品牌信息接收者是指与品牌信息发送者分享品牌信息的人。一般而言，品牌信息接收者是一个广泛的概念，包括所有感觉到、看到、听到发送方所发出品牌信息的人。然而对于品牌信息的发送方来说，他们最关心的是其所期望的那一部分人收到品牌信息，并作出期望中的反应，这一部分人就是品牌信息的目标受众。消费者是品牌信息最主要的目标受众。作为受众的消费者是一个非常复杂的对象，可以按照社会阶层、文化水平、经济收入、社会地位、民族习俗、地理差异等标准划分出不同的群体。消费者（受众）能否接收某个品牌信息跟这些因素有着密切的关系，因此在策划和制作品牌信息时必须考虑到消费者（受众）的这些特征，从而针对某一特定的消费群体采取相应的表现形式和诉求重点来传播品牌信息。除了消费者自身的原因之外，产品因素、购物环境因素、需求因素、品牌信誉因素等也会影响消费者是否会接收品牌信息以及在多大程度上接收品牌信息。Web2.0时代，每个人都可以成为一个媒体。每个人既是传播者同时又是受众。

（三）品牌信息

品牌信息指传播中发送者向接收者传递的品牌内容。品牌信息可以是语言的、口头的，也可以是非语言的、书面的甚至是象征性的。对于品牌传播，所要传播的品牌信息可能是功能性的信息，如品牌的功能、属性、价格以及购买地点等，也可能是情感性的信息，如品牌的个性、形象等。但无论什么种类的信息，都必须采用合适的媒介进行传播。

（四）品牌信息编码

编码指信息发送者选择词语、标志、图画等来代表所要传递的信息的传播过程，这个过程也是一个把发送者的想法、观点寓于一个象征性符号当中去的过程。由于存在经验域的不同，发送者必须把信息以接收者可以理解的方式发送出去，即发送的信息必须是目标受众熟悉的语言、符号和标志。

在品牌传播过程中，品牌的代理公司，如广告公司等其实是品牌信息的编码机构，它将品牌经营者提供的信息进行编码，即以某种方式组合信息并以某种形式表现出来，这种表现形式必须准确反映品牌经营者提供的信息以及意图，同时又能够为广大受众所接受，并在消费者心中产生冲击与震撼作用。为了保证能够有效地对品牌信息进行编码，代理公司必须有三个方面的信息支持：一是品牌经营者的信息，即有关品牌的发展历史、经营情况、管理水平、技术力量等;二是产品信息,即对品牌所代表的产品或劳务有充分的了解;三是市场信息,即了解目标市场在哪里,市场容量有多大,市场有何特点等。这三方面的信息提供是进行科学的、合理信息编码的前提条件与保证。

(五) 品牌传播媒介

编码后的信息需要借助不同的媒介向外传播,网络、电视、广播、报纸、杂志等信息载体是品牌传播的媒介,媒介的选择将影响传播效果。品牌营销者在选择媒介时应该考虑目标消费者是否方便与乐意接触、是否能够完全展现品牌信息。比如,报纸、杂志只能承载静态的文字和图像,但信息量较大;广播不能展现视觉信息;电视能够展示的信息动静皆宜,但成本较高。为保证品牌信息更好地传播,品牌应制定详细的媒介策略,规划媒介组合。

(六) 品牌信息解码

解码指受众把信息还原为发送者想表达的思想的过程,这个过程受到接收者的个人背景的影响。接收者的经验域和发送者的经验域越接近,解码后的信息就会越真实,传播的效果就会越好。很多时候传播失败是由于信息发送者和接收者不是同一阶层的人,接收者和发送者的经验域相差太大,导致解码的失真或失败。

(七) 反应

反应指接收者在看到、听到和读到发送者传递出的信息后做出的行动。这种行动可能是一个无法观察到的心理过程,如把信息储存在记忆中或在收到信息后所产生的厌烦情绪,也可能是明显的、直接的行为,如拨打提供的免费电话或订购产品等。消费者(受众)在接收了品牌信息之后,会根据使用产品或享受劳务的感受,不由自主地对原有的品牌信息进行修正。这个修正,既会影响到从此以后消费者对这一品牌的态度,也会影响到消费者在向其他人传播这个品牌信息时的态度、方式及内容。

(八) 反馈

在品牌信息接收者的反应中,有一部分反应会传递回品牌信息发送者,被传递回发送者的信息就是反馈。这部分信息也是发送者最感兴趣的,因为对反馈信息的分析一方面便于发送者评估信息传播的效果,另一方面可以据以调整下一阶段的传播,以达到信息沟通的目标。因此,在品牌信息传播过程中,要采取措施鼓励品牌信息接收者反馈信息,品牌信息发送者也应该主动对接收者的反馈意见进行调研和整理。品牌经营者在获得了反馈信息之后,会根据情况对品牌信息进行适当的调整,使其能够更多地满足目标消费者的需求,取得更好的传播效果。可以说,正是有了反馈的存在,才使品牌信息传播过程不断完善、传播效果不断提高。

(九) 噪声

噪声指影响或干扰品牌信息传播过程的外来因素,这些外来的无关因素很容易影响品牌信息的发送和接收,以至于信息受到扭曲。比如,信息编码过程中出现的错误、媒介传播过程中的信号失真以及接收过程中的偏差都属于噪声。噪声是传播过程中不可避免的因素,但是,发送者和接收者所具有的共同背景越多,传播过程受噪声的干扰就会越小。

二、AIDMA 模式

提供品牌信息的目的是影响消费者对企业产品的态度和行为，而购买行为是人们长期认识过程的最终结果，销售人员必须懂得如何把目标顾客从认识阶段推向购买阶段。在理想状态下，品牌信息应能引起注意，提起兴趣，唤起欲望，采取行动。在实践中，能使消费者经历从认识到购买全过程的信息是没有的，但 AIDMA 模式提出了合乎任何品牌传播所需的特征。

1898 年美国广告学家 E. S. 刘易斯提出了 AIDMA 营销法则，该模式表示在信息传递过程中消费者的态度和行为变化的过程，即营销五个环节的内容：引起注意（Attention）、产生兴趣（Interest）、培养欲望（Desire）、形成记忆（Memory）、促成行动（Action），简称 AIDMA 模型。引起注意是指传播的品牌信息能吸引受众的注意力，引起消费者的关注，信息设计必须把握消费者期待的信息，利用突然变化的事物衬托传播的信息；产生兴趣是指通过传播激起了消费者对品牌信息更大的注意程度以及更想去了解更多信息的愿望；培养欲望是指消费者通过了解更多的信息认识到自己存在一些曾没有意识的未满足的需要，这样他就会产生对某一品牌的欲望；形成记忆是指品牌信息深深印在消费者脑海中，结合品牌元素形成一种稳定的记忆，并产生积极的联想；促成行动是指当消费者知道的信息使其确信该品牌可以满足他的某一需求时，就会联想到该品牌，并做出购买这一品牌产品的最终选择。

这个模型看上去简单，不需要什么技术含量就可以总结出来，但要在企业实践中做到每一步是很难的。例如在促成行动（Action）的环节，对于快消品公司（也就是常到的洗发水、咖啡这一类快速消费品的企业，例如宝洁、欧莱雅等），它们竞争的焦点有两个：一是营销推广，二是渠道。而渠道往往是大家所忽略的，宝洁旗下的潘婷、飘柔能成功的原因，不仅仅在于我们可以在电视上看到关于潘婷和飘柔的广告，而在于我们可以在离自己最近的超市买到这些产品。如何让消费者买到产品恰好就是渠道商需要注重的事情，这需要搞定中间商、物流仓储、超市售后、商店选址等环节，需要长时间的渠道资源积累。

第三节　品牌传播步骤

基于上述品牌传播模型，菲利普·科特勒指出，开发有效的品牌传播过程包括七个步骤。

一、确定目标受众

企业的品牌传播工作只有在明确了目标受众后，才能做到有的放矢。目标受众可能是正在使用企业产品的消费者，也可能是潜在的购买者，或者是产品购买的决策者或者影响购买决策的人，目标受众可能是个人、小组、公众，或者是特殊群体。因此，针对不同的目标受众，企业所能够选择传播的信息、渠道以及传播方式都会有所不同。例如，企业如果希望对特殊群体进行品牌传播活动，就要充分了解他们的生活背景、独特心理和生理特征，以及他们的价值观和生活方式，根据他们的需要来确定应该使用人员传播还是广播电视等大众传播工具，抑或是网络传播方式。

二、确定品牌传播目标

品牌传播的目标是企业营销人员希望品牌传播所能达到的效果。不同的企业在相同的营销环境下，或同一企业在不同的营销环境下，品牌传播目标和重点往往存在很大差异。

当企业推出一个新品牌时，会把品牌传播目标放在让更多的消费者了解和熟悉该品牌，并对该品牌产生好感上。但是，当企业品牌已经有了一定的知名度，而且面临市场竞争的时候，企业就要巩固已有的品牌市场阵地，并在此基础上进一步挖掘和刺激潜在的市场需求。当市场占有率、品牌知晓率已经很高时，如何让消费者更多地购买就会成为品牌传播的重点。同时，要突出本品牌所属产品相较于竞争者的优异之处，从而使消费者对该品牌产生喜爱之情，形成品牌偏好甚至是品牌忠诚。

三、设计品牌传播信息

在理想状态下，信息应能引起注意、提起兴趣、唤起欲望、导致行动。因而，确定传播信息需要解决四个问题，即说什么（信息内容）、如何合乎逻辑地叙述（信息结构）、以什么符号进行叙述（信息形式）和谁来说（信息源）。

（一）品牌信息的内容

在这个信息爆炸的时代，人们每天都被无穷多的信息包围，但是心理学的研究表明，消费者具有选择性注意特征，因此他们只会关注那些自己感兴趣的和与自己切身利益相关的信息。因此，品牌传播者要为目标受众创造出能引起他们兴趣的信息。品牌信息的传播诉求可分为以下三类：

（1）理性诉求。理性诉求指受众对自身利益的要求，这就要求传播的信息能显示产品的利益，如能展示产品质量、经济、价值或性能。人们普遍相信，行业购买者对理性诉求最有反应。

（2）情感诉求。试图激发某种否定或肯定的感情以促使消费者购买，可分为正面和负面的情感诉求。正面的情感诉求包括幽默、热爱、骄傲和高兴；而负面诉求则包括害怕、内疚和羞愧等，它使人们去做应该做的事情（如体检），或停止做不应该做的事情（如酗酒）。

（3）道义诉求。这用来指导受众有意识地分辨什么是正确的和什么是适宜的，常用来规劝人们支持社会事业或参与公益活动。道义诉求通常表现为公益广告，其目的往往是提升品牌形象和美誉度，如"爱心传递，孝敬父母"。

> **小链接**
>
> **柯达的品牌传播**
>
> 柯达公司（Kodak）创始于1880年，公司一直注重有效的品牌传播。例如，1897年，柯达举办了一项业余摄影大赛，吸引了2.5万人参加；1904年，柯达赞助了一项巡回摄影展，展出了41张作品；1920年，柯达沿着美国高速公路，寻找风景优美的地点，制作出许多标出"前面可拍照"的小型路标来提醒驾驶人。这一系列活动加上其他的广告宣传，使得"柯达"和它的黄色注册商标一度深入人心。大部分的人看到"柯达"这个名称时，除了感到熟悉外，还会有好感。当时大家提到相机、底片或是其他与摄影相关的话题时，都会联想到"柯达"。

(二) 品牌信息的结构

信息结构指信息设计时的逻辑顺序，即决定哪部分信息先说、哪部分后说，哪部分多说一些、哪部分少说一些，以及用什么样的方式说。例如，保险公司往往会拜访一些顾客，对于一部分没有投保的顾客，推销人员会强调，交纳保险费对资产账户是损失了一点；但是，如果不投保，一旦身体出现问题将损失很大。对于另一部分没有投保的顾客，推销人员强调交纳保险费是一种健康投资，即对将来的保护。结果表明，与收到负面信息的顾客群相比，收到正面信息的顾客群一般会购买保险。这个例子说明了不同的信息结构在传播中具有不同的效用。

如果一段信息是由几个信息点构成的话，信息结构设计要合理安排信息点的顺序。在品牌传播中，以怎样的逻辑顺序把信息传递给受众，有时会影响传播的有效性。也就是说，在一次信息传播中，把最重要的信息点放在开始、中间还是结尾不是随意的。实验研究表明，相比中间的信息，人们更容易记住开头和结尾的信息。在信息的开头提出最有力的信息点会产生首位效应；在信息的结尾提出最有力的信息点可以产生新近效应。最后出现的信息最具说服力，因为人们会觉得那样更符合事物发展的顺序。

(三) 品牌信息的形式

信息可以通过文字、视觉、听觉等形式来表达，且设计的形式必须有吸引力。为了设计出具有吸引力的信息形式，传播者需要了解文字、视觉和听觉等形式在影响人们认知上的不同作用。在印刷广告中，标题、文字、文稿、插图和颜色搭配适当与否会影响人们关注广告内容的兴趣，有吸引力的图片和别具一格的版面往往可以获得人们更多的关注。广告中的视觉因素会影响目标受众处理信息的方式，插图和画面可以帮助强化受众对品牌的直接印象。相对于文字而言，传播者更加难以控制目标受众由画面激起的反应，在这种情况下，为了避免受众的误解，传播者有必要在广告中辅以其他说明，如文字，来帮助他们得出正确结论。

为了考察颜色在食品偏好方面所起的信息传播作用，有这样一个实验：让家庭主妇比较放在棕、蓝、红、黄四种颜色杯子里的咖啡的质量（实际上这几杯咖啡的质量是一样的），75%的人认为放在棕色杯里的咖啡味道太浓；近85%的人认为放在红色杯中的咖啡香味最佳；几乎所有的人都认为放在蓝色杯中的咖啡味道温和，而放在黄色杯中的咖啡香味不够。

(四) 品牌的信息源

心理学研究发现，在大量信息面前，消费者的关注呈现出选择性。有吸引力的信息源发出的信息或与众不同的信息往往可以获得更大的注意与回忆，这可以通过广告中常用名人作为品牌代言人体现出来，当名人把产品的某一主要属性拟人化时，传播效果往往更好。信息源可以理解为传播信息的人，包括直接信源和间接信源。直接信源一般是传播品牌信息的代言人；间接信源如广告中的模特，他们并不真正传递信息，在广告中出现只不过是为了吸引人们的注意力。当然，在大多数情况下，品牌的信息源往往就是发出信息的组织本身。

要让信息有效从而被消费者普遍认可，最重要的条件就是信息源的可信度。专业性、可靠性和令人愉悦性是公认的信息源可信度的三个衡量指标。专业性是信息传播者所具有的、支持他们论点的专业知识；可靠性是信息源所具有的客观性和诚实性达到什么程度，如熟悉的朋友往往比陌生人或销售人员更值得信赖；令人愉悦性描述了信息源对观众的吸引力，如坦率、幽默和自然的品质，会使信息源更令人喜爱，这也是打印机广告中普遍使用当红明星的原因，借以突出画面的质感。

> **小链接**
>
> **陈道明代言"利郎"男装形象**
>
> 在服装界，企业邀请明星代言品牌已经是个普遍现象。当利郎确立了商务男装的品牌定位之后，开始选择符合其品牌形象的代言人。一开始，利郎拟订了很多候选人，在这些人选中，他们一个个研究、排除。当提到陈道明时，大家马上有一种非常吻合的感觉，因为他的知名度和他本身的内涵修养刚好可以传递利郎的品牌内涵：简单、大气、有品位。2002年1月1日，利郎正式与陈道明签约，由其出任利郎品牌形象代言人。广告播出后，伴随着陈道明"西服也休闲，简约而不简单"的广告语，消费者领略到了利郎商务男装独特的品牌魅力。很多人评价说这是利郎和陈道明的完美结合，利郎时装专卖店的经销商也一直对"简约，而不简单"的广告语十分欣赏。大手笔的广告投入和强势媒体宣传，使利郎公司声名鹊起，公司不仅成功实现了品牌与目标消费者的深层次对接，而且迅速提升了利郎品牌在国内市场的知名度，强劲带动了利郎产品的市场销售，短短3年时间，利郎的销售额提高了10倍。陈道明的代言，确实给利郎带来了丰厚的市场回报。

四、编制品牌传播预算

为了进行品牌传播，企业需要付出巨大投入，这对于企业的财务是个巨大的挑战。美国百货业巨头约翰·沃纳梅克（John Wanamaker）说过："我认为我的广告费一半是被浪费掉了，但是我不知道是哪一半被浪费掉了。"编制预算可以帮助企业进行财务控制，尽最大可能避免浪费，有助于企业经营目标的实现，但前提是预算必须合理。最常见的预算编制方法有三种，即销售收入百分比法、竞争对等法和目标任务法。

（一）销售百分比法

销售百分比法指企业根据一段时期的销售额的特定比例来确定品牌传播费用。常见的有，汽车制造公司以计划的汽车价格为基础，按固定的百分比确定预算；饮料生产企业往往会计算在每瓶饮料的售价中以多大的比例作为营销传播的费用。这种方法考虑了企业的费用承受能力和竞争对手的选择，同时有利于鼓励管理层以营销传播成本、销售价格和单位利润作为营销战略的先决条件进行思考。但是，这种方法根据可用的资金来安排预算，可能由于市场实际销售情况和预估不一致而产生偏差。

（二）竞争对等法

用竞争对等法来确定预算水平是以行业内主要竞争对手的传播费用为基础来进行的，采用这种方法的企业都认为销售成果取决于竞争的实力。但是，用这种方法必须对行业及竞争对手有充分的了解，而这种资料通常涉及商业机密，往往是难以获取的，在通常情况下，得到的资料都只是反映往年的市场及竞争状态。而且，不同公司所处的环境不同，它们的声誉、资源、机会和目标有很大不同，所以竞争对手预算的借鉴意义可能并不大。

（三）目标任务法

目标任务法是目前应用最广泛，也是最容易执行的一种预算编制方法。这种方法根据企业的总目标和销售目标，决定品牌传播的目标，再根据目标要求制定相应的预算。这种方法可以有效分配达到目标的任务，但是要求企业人员认真研究传播费用和促销水平之间的关系，要求数据充分，管理工作量相当大。

五、选择品牌传播渠道

品牌信息传播渠道总体来说分为两大类，人员和非人员传播渠道。

人员传播渠道通过个人宣传和反馈来取得成效。人员传播渠道可分为销售人员、专家和社会渠道三种类型。公司的销售人员在目标市场上与购买者接触而产生信息传播；专家渠道则是由具有专业知识的、独立的个人对目标购买者的推介形成信息传播，比较常见的是药品广告中的医生；社会渠道则由邻居、朋友、家庭成员与目标购买者等构成，在这一渠道中，"意见领袖"具有非常大的影响力。

非人员传播渠道不是由人直接面对消费者，而是通过媒体传播、销售促进、特殊事件或体验以及公共关系这样的形式传播信息。媒体传播由印刷媒体、广播媒体、网络媒体、电子媒体和展示媒体组成，是非人员传播的主要形式；销售促进主要是短期的营销刺激，包括对中间商的销售竞赛以及对终端消费者的各种打折优惠等；在当前体验经济时代，体验营销应运而生，各种服务业如旅游、娱乐、运动以及培训都要让消费者产生体验感来获得品牌信息的传播和后续消费；公共关系渠道则包括公司内部的员工传播和外部消费者、其他公司、政府和媒体之间的传播。

随着信息技术的发展，可供企业选择的品牌传播渠道越来越多，与传统渠道的信息单向传播缺乏反馈机制不同，手机、互联网等技术的发展，给品牌传播带来了全新的、广阔的平台和空间，以企业网站、搜索引擎、社交网络、团购、秒杀等形式出现的品牌传播形式屡见不鲜。这些新型品牌传播渠道相较于传统渠道具有成本更为低廉、传播更加迅速、即时反馈等优势。

> **小链接**
>
> **依云的网站建设**
>
> 依云和Nurun公司合作，建设依云的门户网站，通过这种手段整合依云线上和线下的营销活动，提供一种低成本地整合依云在全球范围内的品牌传播和建设的有效手段。依云网站包含七个国家的语言选择，整个网站产品都贯穿始终，网络多媒体的内容丰富，包括动画影视、电子贺卡、在线游戏和论坛专区等，以此来吸引年青一代的消费者。网站还推出以目标消费者为参与对象的公众联谊活动和一些在线媒体链接，加强与消费者的沟通，巩固与他们的联系，培育忠诚度。依云网站制作精良，清透纯净，产品特色与网站风格一致。

六、制定品牌传播组合

在完成品牌传播预算的编制后，就可以根据预算多少来确定传播组合。品牌传播组合决策主要是指在广告、销售促进、直接营销、公共关系和人员推销等各种传播方式间进行选择。即使是在同一行业中的公司，它们对于传播组合的选择都有所不同。如在化妆品行业，雅芳公司把它的促销资金集中用于人员推销传播，而露华浓公司则着重于广告传播。公司总是探索以一种传播工具来取代另一种传播工具的方法，以获得更高效率的品牌传播，许多公司采用广告、直邮和电话营销来取代某些现场销售活动。互联网的广泛发展也为多样化的传播组合提供了有力支持。

七、测定品牌传播效果

品牌传播活动是否达到了预期效果，企业营销人员还要对其产生的影响力进行测量和评价。人们常用品牌传播活动前后的销售差异来衡量品牌传播对购买行为的影响，这种数据比较容易获取，也是经常被用来衡量评价品牌传播效果的方法，甚至在很多情况下是唯一方法。但考虑到品牌的构建和传播是一个长期的过程，这种方法往往低估了品牌传播的作用，因此目标受众对品牌的记忆和态度的变化也应该是评价品牌传播效果的重要内容。

第四节　品牌传播策略

一、广告传播策略

（一）广告与广告传播

广告是指品牌所有者以付费方式，委托广告经营部门通过传播媒介，以策划为主体、创意为中心，对目标受众所进行的以品牌名称、品牌标志、品牌定位、品牌个性等为主要内容的宣传活动。由于广告具有一对多的特性，所以广告是人们了解一个品牌的主要途径，绝大多数信息是通过广告获得的，广告也是提高品牌知名度、信任度、忠诚度，塑造品牌形象和个性的强有力工具，可见广告是品牌传播的重心所在，它虽然不一定能帮助一个新品牌建立领先地位，却是一个新品牌初登市场不可或缺的敲门砖。而且对于一个老品牌来说，广告起到了重要的应对竞争、维护市场地位的作用。

从传播的角度而言，只有在消费者参与到企业广告活动后，广告才能成为完整的活动。换句话说，只有当发送者与接收者双方都分享到被传播的思想，传播的意义才完整。信息发送者与接收者共同的经历越多，相互分享的思想越多，广告的效果才越好。在广告传播中，字形、图案或其他符号具有表面含义，提供特殊理解的内含义以及接收信息时所处的背景含义三个层面。传播者的主观意图仅仅是广告传播的一个方面，客观效果如何，更取决于受众接收广告信息之后的反应，这才是广告传播的核心概念。

广告传播的核心是信息，广告信息都要由两方面组成：说什么（内容）和怎么说（方式）。媒介是将经过编码的信息传达给受众的渠道。受众可分为个人或群体，是信息的目标。广告活动中，一切出发点是目标受众，即目标消费者。

(二) 品牌广告传播的特征

1. 传播主线是品牌的核心价值

成功的广告宣传都会围绕着某一条主线，这条主线就是品牌的核心价值。这是广告为品牌服务的中心点，通过它来体现品牌的个性，塑造与众不同而又独具魅力的品牌形象。唯有围绕核心价值进行广告诉求，才能形成该品牌区别于其他品牌的差异。

2. 定位和创意是塑造品牌的重要元素

成功品牌的广告在传播其品牌核心价值时，会运用一定的策划和技巧，不能一味地"喊口号、打标语"。在广告运用方面，两个重要的因素是定位和创意。有效的广告通常会明确产品和品牌的定位，正确传达与定位一致的信息，以在消费者心目中形成特定的品牌认知。同时，好的广告创意有助于形成并强化品牌认知，比如勇敢、悬念、爱心等，能够使消费者产生共鸣，更顺畅地接收品牌信息。所以，明确的定位和新颖的创意是广告塑造品牌的重要手段。

3. 广告语表达品牌精髓

广告在传播品牌时可以使用到的元素有声音、图像、文字等，但是其中最有力、最能够表达品牌精髓的往往是一句精彩的广告语。广告语大多采用高度凝练的语言，结合品牌核心价值，传达品牌最重要的精髓，并在消费者的心中打下烙印，持久影响消费者的行为。比如李宁的"一切皆有可能"、丰田的"车到山前必有路，有路必有丰田车"、人头马XO的"人头马一开，好事自然来"等广告语，表达了品牌精髓，进一步明确品牌定位，在潜移默化中给消费者留下了深刻的印象。

4. 广告信息在品牌传播过程中也会遇到噪声

传播学意义上的噪声，泛指阻挠歪曲信息本来面目的各种因素。噪声可以分为三类：①环境噪声，指发出信息者和受众之间交换信息时的外部干扰；②设备噪声，指交流过程中由装置不良等问题引起的干扰；③心理噪声，指由信息发出者和受众的编码、译码错误或偏差而引起的干扰。噪声是传播过程中不可避免的因素，广告在传播品牌信息的过程中也不例外。比如，消费者在翻看杂志过程中，将印有产品广告的一页翻过去了没有看到，这就是一种环境噪声；在报纸的分类广告栏目中，其他同类广告的干扰就是一种很严重的噪声；此外，受众接受广告信息的设备、受众所处的广告接受环境都会为广告的传播带来噪声，特别是现在的网络环境，网络信号往往成为产生噪声的重要原因。如何解决噪声是广告界探讨已久的课题，近年来随着科技的发展和广告市场环境的变化，出现了许多减少噪声的办法，主要是进一步细分市场，确保更精准地针对受众。

(三) 品牌广告传播的作用

1. 传递信息，扩大品牌知名度，促进品牌认知

首先，在较短时间内迅速扩大品牌知名度。这是广告的一个基本功能，人们在知晓一个新品牌的时候，往往是通过广告获得信息。品牌的知名度能够在一定程度上代表企业的实力、产品的品质、服务的质量，从而让消费者感到熟悉、安心，在购买时列入被选范围。其次，形成差异，强化品牌认知度。如今，商品经济发达，商品数量众多，同质化问题已经出现。在同质化的市场中，广告有助于帮助品牌进行市场细分，锁定并吸引特定的消费人群，是打造品牌差异的重要传播手段。以纯净水市场为例，各品牌之间的差异并不大，但是通过不同的广告诉求，使品牌之间形成了一定的差异，比如乐百氏"二十七层净化"、农夫山泉"农夫山泉有点甜"、娃哈哈"我的眼里只有你"。当某品牌形成了有别于其他品牌的感知差异，就会进一步巩固消费者对该品牌的认知，使其在知晓品牌名称的基础上，更加明确品牌的识别、定位以及品质。

> **小链接**
>
> **加多宝冠名《中国好声音》**
>
> 　　随着《中国好声音》的持续热播，"正宗好凉茶，正宗好声音"成为人们耳熟能详的口号，独家冠名的加多宝集团成为大赢家。同时伴随2012年广告投放、渠道开发、供应链优化等一系列的成功运作，加多宝完成了由经典红罐凉茶到加多宝凉茶的品牌转换。显然，加多宝的冠名并不仅仅是"加个名字"那样简单，除了主持人华少频繁重复的绕口令似的广告之外，现场大屏幕、舞台地面、评委座位旁、选手入场的大门……加多宝的标识和产品铺天盖地，甚至连评委、现场工作人员的调侃也离不开加多宝。与此同时，配合以全国几万个加多宝终端的海报、几千个产品路演，掀起PK华少语速成为"中国好舌头"的网络热潮，继续发酵《中国好声音》与加多宝的热度。

2. 承诺产品品质，建立正面联想，提高品牌美誉度

广告所传递的品牌信息承诺了产品的品质，表现了品牌的性能以及品牌使用中的愉悦感，迎合了消费者自我表现与自我认同的心理。通过广告传播，能够将品牌在消费者脑海中从简单的品牌名称及标志扩展成丰富的品牌联想，构建品牌形象。正面的品牌联想有助于消费者在形成认知之后，对品牌产生喜欢、偏爱、推崇和信赖的情感，从而增强品牌的美誉度。

3. 促进持续购买，培育品牌忠诚度

对于成功的品牌来说，消费者的忠诚度非常重要，其销售的很大一部分来自忠诚的消费者。品牌忠诚，或者说消费者对于某一品牌的持续性需求，在很大程度上来自其对品牌的心理依赖或者信任。而广告恰恰是强化这种品牌信任的重要手段之一。消费心理学认为，消费者为了寻求购买后平衡的心理，往往会更多地关心他们使用过或正在使用的品牌的广告，将他们已有的关于品质认知的体验与广告中的承诺进行对比和联系。如果相互吻合，则会加深原有的好感度和信任度，增加重复购买和使用的可能性，培养消费者的品牌忠诚度。

（四）品牌广告传播策略

1. 广告代言人策略

广告通过广告代言人来传播品牌信息，更容易被人接受。广告代言人通常有四类：名人、典型顾客、专家和虚拟代言人（卡通人物或动物）。选择名人代言品牌，可以利用名人的知名度和社会声誉提高广告的传播效应，也能增加品牌的信任度，强化品牌个性，提

升品牌的人气和档次。例如，力士香皂几十年如一日地聘用世界知名的女星奥黛丽·赫本、索菲亚·罗兰、简·芳达、戴米·摩尔、凯瑟琳·泽塔琼斯作为品牌代言人，通过众多女明星的言传身教和品牌口号"让力士带出明星一样的你"，告诉人们滋养皮肤、保持魅力的种种秘诀，打造了力士品质高贵、精致奢侈的品牌个性。选用典型顾客做广告代言人，强化了品牌运用的现身说法和产品特点，增强了品牌的亲和力，提高了品牌信息的真实性，使品牌更具说服力。例如，大宝SOD蜜定位于普通劳动者，其选用的广告代言人也是普通的教师、地质工作者和家庭主妇，一句"大宝，天天见"家喻户晓。选用专家做广告代言人，突出品牌专业性强、产品制作工艺优良、使用效用较好的特点。专家对品牌产品最有发言权，具有较高的可信性。例如，医药用专家代言宣传医药的配方、功效，精密仪器用专家代言人阐述设备的高科技性能，高级营养品用专家代言表明其对身体的益处等。卡通人物具有鲜明的个性和人格特征，更能引起人们的喜欢和爱戴。有些品牌舍弃明星改为选用卡通人物，反而收到了意想不到的好效果。例如，海尔兄弟一往无前、勇于探索、坚韧不拔的故事，塑造了海尔的品格，使海尔赢得了国内市场，也赢得了国际市场。腾讯QQ的晃动的企鹅，勤劳又可爱，为公司赢得了巨大的客户群体。选择明星代言人要注意以下几点：一是明星的个性特点应与品牌匹配，例如，周星驰的影视形象表现的是玩世不恭、油嘴滑舌，所以他很难代言学习用品广告；二是明星的道德水准问题，一旦出现道德问题，不但涉及费用，引起纠纷，而且会因为明星影响品牌的声誉，如某明星偷税漏税事件，导致多个代言停播；三是明星事件风险，明星的言行有时会触怒大众，其代言的品牌也会受到牵连，使销售量下降，如某明星曾穿日军军旗装，引起了消费者的强烈不满。

2. 理性诉求策略

建立品牌认知度就是告知消费者本产品或服务有哪些特质或优越性，使消费者一提起该品牌就能对其产品定位、特点等说出一二。一般在建立品牌认知度时会选取理性诉求策略。广告的理性诉求就是以商品功能或属性为重点对消费者进行说服的广告策略。在品牌推广初期，理性诉求是建立品牌认知、累积品牌资产的重要广告策略。

首先开门见山，直接说明产品的特点和功效，向诉求对象阐述产品的种种特性。例如，全新力士润肤露广告直接点出其有三种不同滋润配方和香味，充分呵护不同性质的肌肤：白色力士润肤露含有天然杏仁油及丰富滋养成分，清香怡人，令肌肤柔美润泽，适合中性和油性肌肤。这则广告，简单明了，将产品的特性和由此产生的功效一一准确阐述，可以使消费者对这种产品产生全面认识。

然后可以引用数据令消费者对产品和服务产生更具体的认知，翔实的数据远比空洞的、概念化的陈述更有力量。比如，乐百氏纯净水上市之初，就认识到以理性诉求打头阵来建立深厚的品牌认同的重要性，于是就有了"27层净化"这一理性诉求的经典广告。这个系列广告在众多同类产品的广告中迅速脱颖而出，乐百氏纯净水的纯净给受众留下了深刻印象，"乐百氏纯净水经过27层净化"很快家喻户晓。

直接陈述和提供数据的方法可以清楚传达信息，但难免不够形象。对比是形象传达信息的重要方法。对比的基本思路是选择对象熟悉的、与产品有相似或者相反特性的事物同产品特性并列呈现，从而准确点出最重要的事实。在宝洁的经典策略里，比较广告应用频繁。不管是洗发水还是洗衣粉，从横比到纵比，展现自己的产品比竞争对手的产品更洁净、更廉价。宝洁将自己的产品与竞争者的产品相比，通过电视画面的"成效图"，你能清晰地看出宝洁产品的优越性，从而眼服心服。比较的经典广告策略，在宝洁系列产品的扩张之路上，几乎无往而不利。在新碧浪的广告中，运用了典型的戏剧叙事手法——身为导游的广告女主角，因为工作的关系，衣服意外地弄上了好大一块油渍，怎么也洗不掉，没办法，最心爱的衣服不能再穿了，直到有了新碧浪，再顽固的污渍也洗得掉，衣服就像新的一样。亮出问题解决前后的洗衣成效比较，新碧浪的产品特点——超强的去污能力让消费者印象深刻。

3. 情感诉求策略

情感诉求是指针对消费者的心理、社会或象征性需求，表现与企业、产品、服务相关的情感和情绪，通过引起消费者情感上的共鸣，引导消费者产生购买欲望和行动。情感诉求以诉求对象的情感反应为目标，不包括或只包括很少的信息，依赖于感觉、感情、情绪而建立起品牌与这些情感的联系。情感诉求永远都是广告策划人关注的焦点之一。中华牙膏的一则经典广告如下：片中的主人公是一个小孩，住在北京老胡同里。当他听见门外老人的吆喝声时，立即飞奔回屋里，将所剩不多的中华牙膏挤到家中所有的牙刷上，然后拿着牙膏皮到老人那里换棒棒糖。老胡同、牙膏皮换糖这个广告里的一切就这样打开了千万观众记忆的闸门，让很多人想起了关于小时候的美好而珍贵的回忆。当前中国广告运用大量的以怀旧为诉求点的画面和广告语，而且在展现怀旧情绪时往往和传统文化中的家庭亲情相关联：故乡的山水、小城、慈祥和蔼的父母……其乐融融，温馨无比。

4. 影视植入策略

作为一种全新的广告发布形式，植入式广告近年来在我国影视传播中被越来越多地采用。植入式广告，英文名为 Product Placement，有时也叫 Brand Placement，是指将产品或品牌及其代表性的视觉符号甚至品牌理念策略性地融入媒介内容之中，构成观众真实观看或通过联想所感知到的情节的一部分，在观众专注的状态下将产品或品牌信息传递给观众，让观众留下对产品及品牌的印象，继而达到营销目的的广告形式。在受众注意力资源日渐匮乏的情况下，植入式广告的到达率与关注质量都备受广告人的青睐并能巩固知名品牌的品牌知名度。在国外，植入式广告早已成熟。据统计，目前的美国电影中，平均有30分钟会提供给植入式广告。据相关调查，美国电视剧有75%的资金来源于植入式广告。

植入式广告的最高境界就是将品牌的价值观和文化植入进去，毫无疑问，耐克在《阿甘正传》中做到了。作为一个智商只有75的少年，执着于奔跑，并通过不断奔跑，去面对自己的命运，不断在马拉松上越做越好，最终穿着耐克鞋跑遍了全美国。作为电影的主角，阿甘坚持的理念与耐克想要表达的主题如出一辙，阿甘在片中一直奔跑，让每个人都难以忘怀，只要一提起阿甘的跑步鞋，就马上反应过来那是一双耐克鞋，以至于本片让人产生错觉——这真的不是耐克的广告片吗？耐克通过《阿甘正传》达到了价值渗透，将其价值理念与文化作品达成深度绑定，并有效地传达给了全球数亿热爱此部影片的观众，并将产品和主题核心完成了深度融合。在中国，植入式广告也不乏经典之作。"牌子，班尼路！"是当年《疯狂的石头》中"笨贼"的一句经典台词，伴随着这句圈粉无数的调侃，班尼路的名气开始响彻大江南北，甚至有网友直言这句台词为班尼路省了几亿元的广告费。可惜后来班尼路经营不佳，逐渐在年轻人市场中没落，但当时这则植入广告确实给班尼路带来了很大的收益。

（五）广告传播媒体的选择

由于不同的广告媒体具有不同的优势与劣势，企业在进行广告活动的时候，必须进行正确的选择。一般来说，广告媒体的选择需要考虑以下因素。

1. 消费者接受媒体的习惯

由于消费者的性别、年龄、收入、受教育的水平、职业及生活习惯不同，他们对广告媒体的接触有很大差别。企业针对不同消费者的特点选择广告媒体，例如，对于儿童用品，选择电视可能更为合适；对女性用品，一般选择女性APP等。

2. 产品的性质和特点

不同性质的产品，其使用价值与使用范围各异，所选择的广告媒体必须适合其产品的性质与特点。比如，技术性的产品多选择专业性杂志，而生活用品一般采用大众传播媒体；照相机可以采用电视、网络媒体作为传播媒体，而服装则应该选择有色彩的杂志广告媒体或网络直播平台。

3. 销售的范围

广告宣传的范围要和商品销售的范围一致。一般来说，全国性销售的产品可以通过全国性的广告媒体进行传播，只在地区内销售的产品则只选择地方性的媒体。

4. 媒体的费用

各种广告媒体的收费标准不同，所以广告的成本也各不相同；即使同种媒体，也因范围、时间等而价格各异。必须注意，广告费用不能只关注绝对数字上的差异，更重要的是注意目标沟通对象的人数与成本之间的对比关系。

5. 其他因素

这包括媒体的知名度、竞争对手的特点以及企业的经济实力等。总之，企业在进行媒体选择时，必须考虑自身内外的各种因素，综合权衡利弊后进行决策。

二、公共关系传播策略

（一）公共关系的含义

菲利普·科特勒认为，公共关系（Public Relations）包括"设计用来推广或保护一个公司形象或它的个别产品的各种计划"。公共关系的对象是公众，所谓"公众"是指"任何一组群体，它对公司达到其目标的能力具有实际的或潜在的兴趣或影响力"。所谓公共关系，是指某一社会组织（企业）为正确处理、改善与社会公众的关系，促进社会公众对组织（企业）的认识、理解与支持，达到树立良好社会形象、促进商品销售目标等目的的一系列促销活动。

（二）公共关系传播的目标

1. 积累品牌资产

品牌公关具有高度可信任性、消除消费者心理防卫的特征。通过品牌活动消除与消费者的心理距离，获得消费者认可，通过品牌沟通引起消费者共鸣，从而产生情感倾斜、欣赏、依恋和忠诚，以达到提升品牌魅力、巩固品牌形象、积累品牌资产的目的。

2. 树立品牌形象

树立企业品牌的良好形象和信誉是公共关系的主要任务之一。企业的公共关系活动促使企业通过积极赞助和参加公益性的公关活动，保持与社会公众的沟通，从而帮助企业逐渐建立起良好的品牌形象，获得公众的拥戴和支持。例如，微软公司在美国连续多年获得"最受尊敬的公司"的称号，这一方面由于它锐意进取的创新精神，另一方面得益于它有效的公关活动。

3. 促进产品销售

公关不能直接导致品牌的销售，但是会促进品牌的长期销售。公关不像广告一样直接宣扬品牌的卖点，所以短期内品牌的销量不会有很大提高，但公关活动多具有公益的性质，深入消费者的内心，所以对品牌的影响是长期的，产品销量也会长期保持增长。

4. 降低推广成本

公共关系的成本要比广告的成本低得多，因此，对那些预算有限的企业来说，公共关系是一种非常理想的品牌传播方式。例如，中国台湾知名IT厂商宏碁（Acer），在创业初期，并没有钱做广告。在1995年以前，宏碁在品牌传播策略上采取"穷人营销法"，尽量不打洗脑式的广告，奉行"长期经营"概念，首先是坚持塑造定位，其次才是追求知名度；用不断翻新的新闻事件传播一致性的品牌核心价值理念；利用频繁的新闻媒体曝光来获取广告效益。1986年，宏碁设立了龙腾科技论文奖；1987年，在高雄首创"千台计算机教室"活动，吸引10万人次前往操作。此外，宏碁还多次举办国际计算机围棋赛、学生计算机夏令营、关系企业经营策略研讨会等活动。直到2000年以后，宏碁公司才在品牌推广方面加大了投入，以短短7年时间跻身世界品牌500强。

（三）公共关系传播的方式

1. 出版物

企业内刊或报纸是企业出版物最主要的形式。把这些刊物在工作场所赠送或邮寄给客户，可以帮助客户了解企业动态，解答客户疑惑，使客户理解企业文化。例如，招商银行的《招银文化》不但是招商文化的一个载体，也是联系银行与客户的纽带。有的企业甚至出版正式书籍，如《华为真相》《海尔的品牌之路》《蒙牛内幕》等，给读者带来管理智慧的同时也传递了企业的品牌精髓。淘宝、微信等企业还出版了网络营销相关的案例教材，在传递企业文化的同时，也为不少消费者提供参考。

2. 新闻报道

公关人员需要挖掘公司、产品或员工的亮点，以在媒体或新闻发布会上展示。新产品上市经常使用新闻的方式来做铺垫。与广告的"强行推销"相比，这种被称作"软文"的新闻报道方式更加柔和。而且，由于软文是新闻的形式，像是报社记者的报道，因此利用了其立场的中立性以及报纸新闻的权威性来增添产品信息的可信度。比如，云南白药牙膏上市的时候，在报纸上推出了《云南白药里的国家机密》《谁在买20多块的云南白药牙膏》等系列软文报道，引发了许多消费者的好奇。

> **小链接**
>
> **美国苹果在日本的媒体公关**
>
> 经过长达24年的协调和谈判，日本政府准许美国苹果于1995年1月在日本销售，为了促进美国苹果在日本的销售，美国苹果种植主协会在日本开展了一系列旨在改变日本消费者食用苹果习惯与观念的促销活动。美国苹果在日本上市的前一天，时任美国总统的克林顿在美日贸易会谈结束仪式上，把一篮子美国红元帅苹果赠给日本首相，对此美国和日本的电视台都给予报道，日本两家大报《朝日新闻》和《读卖新闻》也刊载了新闻照片。为了直接影响日本消费者，销售美国苹果的商店还都插上美国国旗。另外，美国苹果在日本上市的第一天，还举办了精彩的"咬苹果大赛"，美国苹果种植主协会在东京闹市区搭起高台，人们自愿登台参赛，能一口咬下最大块苹果者，获得一件印有美国图案的运动衫，每个旁观者赠送三个美国红元帅苹果，这项有趣的活动获得日本大众媒介的充分报道。日本消费者在一笑之中了解到美国人吃苹果的方式，并留下深刻的印象。

3. 公益活动

企业也可以通过赞助消费者感兴趣的公益事业引发消费者的注意和好感。挖掘品牌内涵故事，强势媒体广告投放，制造事件公关炒作，借助活动品牌营销等都是企业做品牌的方法和策略。企业做大了，品牌做强了，接下来要考虑的就是如何更好地为消费者服务，如何更好地去回报社会。参与公益事业，无疑是一种不错的选择。因为，做公益的过程就是在为企业塑形象、树品牌。

比如，2022年3月3日腾讯公益主题活动在洛阳市启动。活动是根据腾讯公益基金会"主题小红花日配捐"活动推出的，由洛阳市卫健委、市妇联、市慈善总会联合举办，旨在汇聚爱心善意，关注弱势群体，共筑"大爱洛阳"。活动分为两个部分，3月以"红丝带关爱两癌女性"为主题，4月以"关爱自闭症心理健康"为主题。

2017年圣诞期间，农夫山泉与英国喜剧救济基金会携手合作，举办以"戴上红鼻子，快乐做公益"为主题的公益活动。农夫山泉在本次公益活动中采购了30万个红鼻子，所购买的费用在扣除红鼻子成本后，悉数捐给深圳关爱行动公益基金会，定向用于"免费午餐"公益项目，一共将捐献25万份免费午餐给山区儿童。农夫山泉配合活动将瓶身造型换成了红鼻子瓶盖，红红的小丑鼻子瓶盖给消费者一种新奇的感觉。人们基于发现新事物的新奇感，纷纷对其进行宣传，给农夫山泉红鼻子瓶带来不一样的曝光率。

4. 企业赞助

赞助（Sponsorship）是目前非常普遍的一种营销手法，大大小小的赞助随处可见。常见的赞助包括赞助文化活动、体育比赛等。说到企业赞助，不得不说到健力宝——中国企业赞助第一家。1990年北京亚运会的赞助商很少，国际品牌也鲜有参与。健力宝以1600万元的赞助费，成为当时国内第一家赞助亚运会且赞助额最多的企业。这样的付出也得到了相当高的回报——2010年接受《东方早报》采访时，时任健力宝总经理助理的陈维坚透露，当年10月，"我们的订货额从1亿多元飙升到7.5亿元，翻了6倍多。"刚刚成立没多久的李宁公司则赞助了火炬接力专用服装和中国代表团的领奖服装。以亚运会为契机，20 世纪 90 年代成为中国自主品牌崭露头角、风起云涌的岁月。在北京夏季奥运会期间，除了三星、可口可乐、阿迪达斯这样实力雄厚的赞助商，还有一家企业也在默默地为中国奥运事业付出，并先后凭借 5 个奥运会合作伙伴的身份让全世界都看到这家中国民族科技企业的坚持，它就是——爱国者。

三、口碑传播策略

（一）口碑传播的含义

何谓"口碑"，《新闻周刊》（*News Week*）称口碑是"传播性闲聊；关于某个热点人物、地方或事物的真实的街道层次的热烈谈论"。在品牌营销领域，口碑的传播者和传播的信息有其特定内容，正如《口碑营销》（*The Anatomy of Buzz*）一书的作者伊曼纽尔·罗森（Emanuel Rosen）所言："口碑是关于品牌的所有评述，是关于某个特定产品、服务或公司的所有的人口头交流的总和。"在此，品牌信息在企业自身、对手、媒体、渠道成员、意见领袖和消费者等各群体内部及群体之间形成人际传播，即通常所说的口碑传播。口碑传播与口碑营销差别并不大，一般人们倾向于将两者等同使用。也有学者对口碑、口碑传播、口碑营销三者的定义进行了详细辨析，认为口碑传播指的是将顾客对企业的看法传递给其他顾客的过程，口碑营销指的是以口碑传播为途径的营销方式。

（二）口碑传播的步骤

日本口碑营销专家中岛正之等人在 ICETILE 公司开发的"口碑传播活用模型"基础上，详细说明了口碑营销的基本程序。

1. 寻找

意见领袖是口碑传播的起点，企业需要自主选出这些人。对口碑传播对象有正面理解且能进行肯定性发言的用户是意见领袖的合适人选。意见领袖通常可以从自己公司的顾客当中挑选，也可以是那些对目标市场有权威影响力的人士。

2. 加深印象

在挑选出意见领袖之后，企业需要向他们传递"希望大家知道的品牌信息"和"希望大家传播的品牌信息"。提供信息的要诀是：传播的故事性和使用用户满意度很高的品牌特性。品牌特性是口碑传播的内容，而故事性是口碑传播的形式。通常来说，企业可以让意见领袖参与企业产品研发，或让他们到生产基地和研究所参观，并亲自参与生产制作，增加体验感。如，青岛啤酒博物馆邀请幸运顾客参观啤酒生产过程，现场品尝刚刚下线的啤酒；还可以让他们参加特别的活动，如邀请用户参加周年庆典，以增加参与感和对企业的亲切感。

3. 保存

推广过程分为"引人谈论"和"引人观看"两部分。"引人谈论"是让意见领袖拥有发言的机会。与人员推销不同，企业不能直接让意见领袖来传递企业制定的品牌信息，而应当由他们选出自己理解的信息，再以自己的语言传递出去。让意见领袖派发样品，举办聚会活动或利用品牌的广告作为共同话题都可以引起消费者谈论。"引人观看"是让更多的人看到意见领袖所传递的信息。

4. 验证

通过问卷调查和内容分析等方法可以了解口碑营销的效果。调查的对象有：①意见领袖，询问他们何时、何地、向谁进行了口碑传播；②新用户，询问他们是从谁那里得到信息，因何而购买了此商品的；③目标市场，将他们接受口碑传播前后对品牌的印象进行对比；④网友留言，收集本品牌相关的网友自发性留言。

五粮液利用博客进行口碑传播

中国酒业巨头五粮液集团国邑公司（以下简称"五粮液国邑公司"）大胆地尝试了博客体验式口碑传播营销。公司与国内的专业博客传播平台博啦网www.bolaa.com合作，通过该平台在博客红酒爱好者中组织了一次大规模的红酒新产品体验主题活动。活动开展后短短几天，报名参加体验活动的人数就突破了6 000人，最终五粮液葡萄酒公司在其中挑选了来自全国各地的500名知名的博客红酒爱好者参加了此次活动，并分别寄送了其新产品国邑干红以供博客品尝。博客们体验新产品后，纷纷在其博客上发表了对五粮液国邑干红的口味感受和评价，此举在博客圈内引发了一股关于五粮液国邑干红的评价热潮，得到了业界的普遍关注；五粮液国邑公司通过此次活动受益匪浅，不仅产品品质得到大家的认可，品牌知名度得到了大幅度提升，而且实实在在地促进了产品销售，许多参加活动的博客表示五粮液新产品确实口感不错，自己也会购买五粮液国邑干红。五粮液葡萄酒公司负责人认为，通过让博客真实品尝国邑干红葡萄酒，不仅能在第一时间获得用户体验的第一手资料，而且通过博客体验进行的口碑传播，能使红酒品牌得到更广泛的传播，激发消费者的购买欲望，培育忠实用户群体。

四、互联网传播策略

（一）互联网传播的概念

互联网传播，指的是将互联网作为传播媒介，运用属于互联网技术的各种工具达到品牌传播目的的传播方式。随着Web2.0时代的来临，博客、标签、维客、社交网络、RSS等技术被更多地运用于互联网传播中。普通用户在互联网信息传播中的地位正在飙升，他们不仅成为信息的接收者，同时更是信息的制作者和发布者。这种信息传播模式的根本性变革为品牌传播带来了机遇和挑战。

（二）互联网传播的模式

1. 体验式传播——在体验中获取品牌信息

体验在网络中被广泛运用，表现最明显的就是网络游戏营销。在游戏的特定情境中设置植入式广告，能够给消费者带来全新的品牌体验，有效地避免了消费者对强制性广告的抵触心理。此外，网络的体验还表现在其他方面，例如消费者通过企业官方网站了解品牌文化、在线模拟产品使用等。具体来说，在网络上有很多可以与消费者对接的体验接触点。这种对接主要体现在浏览体验、感官体验、交互体验和信任体验等方面。

2. 数据库传播——让品牌信息精确达到

所谓网络数据库传播方式，就是将企业在电子商务或是网络营销过程中形成的各种数据通过系统进行分类和统计等处理，以此获取制定品牌传播策略所需的信息，并在此基础上制定有针对性的品牌信息传达给受众。随着互联网技术的发展，网络与数据库得以更好的结合，通过对数据的收集、挖掘和分析利用，品牌信息可以以消费者易于接受的方式，更加准确地传播到其目标消费人群中，不仅品牌传播的效果有所提升，而且避免了资源浪费，有利于企业"将钢用在刀刃上"。

3. 病毒式传播——品牌信息的迅速复制

所谓"病毒式传播"，是企业以网络短片、网络活动或电子邮件的方式在全球网络社区发动的品牌传播活动。它的本质就是让用户们彼此间主动谈论品牌，这种与品牌之间有趣、不可预测的体验，使得信息像病毒一样传播，利用快速复制的方式传向数以百万计的受众，显示出强大的影响力。

4. 社区式传播——展示"同质"群体的影响力

网络社区是互联网上特有的一种社会形态，通过将具有共同兴趣或特征的访问者集中到一个虚拟空间，使拥有同质性的消费群体建立起某种经常性的联系，提供自由交流的平台。网络社区逐渐成为一个真正意义上的聚集场所，在某种程度上甚至代替了人们在现实生活中的聚会。在某些方面具有同质性的消费者的集合，或角色或兴趣的共通使品牌信息在社区中的传播非常有效，因此，合理地利用舆论领袖影响消费者对品牌态度非常重要。

 阅读材料

小成本也能有大传播

品牌感悟：

作一个比喻，传统的销售好比找好鸟在的地方，直接用枪打鸟；营销和广告则是在地上撒一些食儿，引来鸟儿，然后用网捕鸟。现代品牌营销已经上升为2.0版，注重体验和互动，筑起鸟巢，让鸟儿主动过来，一起玩耍。

品牌分析：

无工厂、无实体店、无电视广告，小米公司三年时间销售突破百亿元大关，以"山寨版"苹果的定位跻身一线手机厂商，令人称奇。仔细研究小米的成功，很重要的一点是互联网营销。

小米3，其中有一项对消费者颇有吸引力的功能：WiFi密码共享。

当小米用户进入覆盖有WiFi的公共场所（如咖啡厅），可以选择一键"分享网络密码"，其他小米用户便可直接连上加密WiFi。然而，这一功能发布两天后，由于存在安全争议，小米关闭了此功能。

从WiFi密码分享功能产品传播的角度来看，小米有可能是自己炒自己。如果说是竞争对手在引导舆论抵制小米WiFi密码分享功能，那么可以说，竞争对手直接帮小米3付了一大笔广告费。

小米3是2013年小米的非常关键的一部机型。在中低端市场，由于更多竞争对手的加入和追逐，小米已经从智能手机市场的挑战者转为被挑战者，小米的性价比优势不断缩小。

在此背景下，小米2做得差强人意，故障率大升，经常死机，用户体验不大好，导致小米手机的粉丝不断流失，小米迫切需要一款能证明自己是"发烧手机"的机型。小米3承担了这一重任。

所以，小米对WiFi密码共享的功能有过详细市场分析和调查，不可能随意推出，也不可能忽略其带来的网络安全问题，更不可能不了解官方对这一功能的相关态度和规定。

有报道称，新浪微博一位认证为"映画咖啡老板娘"的网友nikomiu在9月6日发布了"抵制小米WiFi共享"的微博。

"我是咖啡店主，我的店带宽只有4M。有人蹭网会让我的顾客享受不到应有的上网服务。""如果小米3的推出使蹭网行为变多，我只能每天更换密码……"

这有可能是小米自己一手策划的马甲——"自己反对自己"，以此吸引舆论和用户的关注和讨论。因为，越来越多的人到商家去，不管是蹭网，还是闲坐，都是一种人气，商家欢迎还来不及，为何还要反对？

越禁止，越大卖。雷军一贯模仿乔布斯式的"饥渴营销"，通过各种限量策略或限时策略，充分引起消费者的关注和重视，激发消费者的购买欲望，从而实现消费者需求的大爆发。

这次雷军把这一招做到了极致。WiFi密码共享不仅成为一个手机功能，同时上升为一个公众事件，引发全民关注和讨论。美中不足的是，两天时间，没有等到官方叫停就直接关闭了，省掉了炒作的高潮。

剩下的那些手机公司，就只能看着小米天天打免费广告了。

品牌指南：
互联网营销玩法无定式。

思政话题：
互联网时代，我们应该如何把互联网技术与自己的学业、职业相结合？

本章小结

本章首先介绍了品牌传播的定义、特点及意义。品牌传播就是向目标受众传达品牌信息以获得他们对品牌的认同，并最终形成对品牌的偏好的过程。品牌传播具有信息聚合性、受众目标性、媒介多元性以及操作系统性的特点。品牌传播能帮助企业建立品牌的基础认知，满足消费者的情感需求，还能强化品牌和目标消费者的关系。

其次，阐述了品牌传播的模式。品牌传播模式主要有信息沟通模式和AIDMA模式。信息沟通模式由九个要素构成，其中两个要素表示沟通的主要参与者——发送者和接收者，另两个表示沟通的主要工具——信息和媒介，还有四个表示沟通的主要职能——编码、解码、反应和反馈，最后一个表示系统中的噪声。AIDMA模式表示在信息传递过程中消费者的态度和行为变化的过程。

第三部分介绍了品牌传播的步骤。开发有效的品牌传播过程包括七个步骤——确定目标受众、确定品牌传播目标、设计品牌传播信息、编制品牌传播预算、选择品牌传播渠道、制定品牌传播组合和测定品牌传播效果。

最后介绍了品牌传播的策略。品牌传播策略主要有广告传播、公共关系传播、口碑传播、互联网传播等。广告传播策略主要有广告代言人策略、理性诉求策略、情感诉求策略以及影视植入策略。公共关系传播的主要方式有出版物、新闻报道、公益活动以及企业赞助等。互联网传播的主要模式有体验式传播、数据库传播、病毒式传播和社区式传播。

复习思考题

1. 品牌传播的含义是什么？
2. 品牌传播的意义有哪些？
3. 品牌传播的主要模式是什么？
4. 品牌传播的步骤包括哪七步？
5. 品牌传播主要的策略有哪些？
6. 广告传播策略有哪些方式？
7. 公共关系传播策略有哪些方式？

案例分析

品牌传播成就蒙牛

一、比附伊利，品牌建立

2000年9月，蒙牛出资100多万元，投放了300多幅主题为"为内蒙古喝彩"的灯箱广告，内容是"千里草原腾起伊利集团、兴发集团、蒙牛乳业；塞外明珠辉照宁城集团、仕奇集团；河套峥嵘蒙牛王；高原独秀鄂尔多斯——我们为内蒙古喝彩，让内蒙古腾飞"。

实际上，以蒙牛当时的实力、地位和产业规模，这些品牌都是蒙牛难望项背的，但蒙牛通过广告使自己与对方平起平坐，使消费者感觉蒙牛与这些品牌一样，也是名牌，也是大企业。借伊利等名牌企业的名气提高自身品牌的影响力，无形中就将蒙牛的品牌打了出去，使蒙牛从一个不起眼的小乳品企业，一跃成为知名的品牌企业。这次广告活动加速了蒙牛品牌的快速成长，首先叫响了内蒙古，获得了家乡人民的好感。接着，开始向全国扩张，带着"来自内蒙古大草原"的旗号，驶向全国。

二、演绎草原，品牌发展

初入深圳市场时，蒙牛没有采取线上的疯狂投放，而是利用"来自大草原"的牛奶口号，与消费者进行直接的沟通，免费品尝。蒙牛的各路人马穿着蒙古服装，打着横幅和标语到各个小区门口，横幅上写的是"来自内蒙古大草原纯天然无污染的牛奶""不喝是你的错，喝了不买是我的错"，蒙牛产品全部免费送给居民品尝。结果，小区的居民一喝，感到不错，于是到超市的时候就会问——蒙牛的产品一下子在深圳各大超市迅速火了起来。依靠这招"小区包围超市，所有产品免费品尝"的策略，"草原好奶"的产品概念深入人心，蒙牛的产品快速进入北京和上海的市场。

"来自大草原，香浓好感受"、"深深草原情，浓浓草原心"、蓝色天空、乳白色牛奶、大草原风情，蒙牛的这些象征元素时刻伴随着市场活动。蒙牛产品的包装、蒙牛线下的物料、蒙牛线上TVC等，都在演绎着"蒙牛是大草原"的产品概念。

三、搭载"神五"，品牌崛起

2003年10月16日，"神州五号"顺利返回。6时46分，北京指挥控制中心宣布：中国首次载人航天飞行取得圆满成功!几乎与此同时,牛根生一声令下,公司全员行动,候车亭在行动,超市在行动,电视台在行动,报纸在行动……

"举起你的右手,为中国喝彩!"蒙牛"航天员专用牛奶"的广告铺天盖地地出现在北京、上海、广州等大城市的路牌和建筑上;全国30多个城市的大街小巷蒙牛广告随处可见;蒙牛的电视广告也出现在了全国几十家电视台的节目中,"发射—补给—对接篇"在央视和地方台各频道同步亮相,气势夺人,展开了新一轮大规模的电视广告攻势;同时,印有"航天员专用牛奶"标志的新包装牛奶和相应的众多POP、宣传页也出现在各卖场和销售终端。一时间蒙牛宣传势不可挡。

这一年,蒙牛销售额达到40多亿元人民币。蒙牛实现了"名利"双收,尤其在品牌的传播方面,蒙牛实现了质的飞跃,由一个二线品牌直接上升到一线品牌,成了中国乳业的第一军团,可以说实现了"品牌崛起"。

四、联合超女,品牌蔓延

2005年谁最火?超级女声。上至八旬老人,下到五岁小孩,对超级女声的喜爱达到了疯狂的程度。其中"蒙牛酸酸乳"成为大家熟知的产品,伴随着超女的大力推广,蒙牛深入千家万户。蒙牛利用超级女声,实现了蒙牛品牌认知度的提升、产品销量的突破,酸酸乳年销售额达到20多亿元。蒙牛,又一次实现了品牌飞跃。

蒙牛酸酸乳的成功传播不是单纯的冠名活动。从开始决定冠名后,蒙牛酸酸乳就已经规划立体传播的策略。为购买"超级女声"节目冠名权,蒙牛乳业投入了1 400万元。在竞得冠名权后,为了投放"超级女声"标志的公交车体、户外灯箱、平面媒体广告,蒙牛又追加了将近8 000万元的投资。海报印刷了1亿张,在超市内,"蒙牛酸酸乳"进行促销活动,堆头上整齐地陈列着本次活动的宣传单页,20亿包"蒙牛酸酸乳"包装上也印有2005年"超级女声"活动的介绍,蒙牛将"超女"的影响用到了极致。蒙牛酸酸乳通过电视、报纸、户外、车体的传播,引起足够的关注,再与线下的产品包装进行深度关联,利用大众媒体对超级女声的关注,让企业产品本身成为关注的焦点,达到了营销的目的,带来的是巨大的品牌效益和经济效益,大量年轻人因为喜欢这个节目,而开始喝蒙牛酸酸乳。

超级女声的海选活动,影响到了全国各地,无论一、二线城市还是农村市场,知名度都非常高。蒙牛品牌也随之深入消费者心中,口碑的传播都是"蒙牛酸酸乳——超级女声",蒙牛两个字家喻户晓。

五、经典特仑苏,品牌领袖

2005年年底,特仑苏横空出世。"不是所有的牛奶都叫特仑苏",上市初期的广告语,突出了产品的高贵、神秘,建立了产品利益区隔,为品牌的高端建设打下基础。特仑苏蛋白质含量3.3%,超出了国家标准2.9%。产品的营养价值远远高出普通牛奶,使特仑苏理所当然地成为高端纯牛奶的代表。随之,又推出了特仑苏OMP"造骨蛋白"概念,以高科技突出品牌的技术优势,从而烘托出品牌价值。特仑苏在包装盒上面也进行了大胆的改进,放弃了传统的绿色调,风格典雅、高贵、简洁、大方,在同类产品中脱颖而出,成为牛奶中的"贵族"。

接下来的宣传推广,特仑苏采取一种唯美、典雅的情调,让人想象特仑苏的历史。蒙牛特仑苏的推出,让消费者、经销商、行业专家眼前一亮,也成为媒体报道的对象。特仑苏让蒙牛品牌定位又得到了提升,所有的广告标版后面开始出现"蒙牛,只为优质生活"。

"只为优质生活"是在特仑苏推出的基础上提出的,采取了产品带品牌、品牌促产品的"双腿"策略。特仑苏成就了蒙牛高端的定位,蒙牛成了中国乳品的品牌领袖。

案例思考题:
1. 蒙牛采用了哪些品牌传播策略?
2. 蒙牛的品牌传播策略有何特色?

本章实训

一、实训目的
1. 了解品牌传播的步骤和策略。
2. 能针对具体的品牌实例进行有关品牌传播的策划。

二、实训内容
通过查阅文字资料及上网收集某一个品牌的相关资料,完成以下任务。
1. 结合某一个具体品牌分析该品牌的品牌传播过程。
2. 对上述品牌的品牌传播策略进行分析。

三、实训组织
1. 把教学班同学分成五个组,并选出一位担任组长。
2. 每组独立收集、整理相关品牌资料,每组案例原则上不允许相同。
3. 由组长负责组织小组研讨,集中本组成员的研究结果,制作文本文件,并设计演示的PPT文稿。
4. 每组推荐一人上讲台演讲,其间师生可以向该组同学提问,教师引导学生参与研讨。

四、实训步骤
1. 每组独立收集、整理所选取案例的资料。
2. 小组讨论,汇总本组意见。
3. 撰写报告,并设计制作演示课件。
4. 各组代表发言,全班参与讨论。
5. 教师对各组表现进行点评。

第七章 品牌延伸

学习目的与要求

（1）理解品牌延伸的类型
（2）掌握品牌延伸的正向作用以及负向作用
（3）了解成功品牌延伸的策略
（4）掌握品牌延伸的步骤

开篇案例

娃哈哈的品牌从最初的儿童食品营养液已经延伸为多个品类，包括果汁饮料、乳品饮料、饮用水、碳酸饮料、茶饮料、运动饮料、保健品、八宝粥、瓜子、方便面和童装等。大多数品类又各自延伸出少则3个、多则10个以上品种。如碳酸饮料延伸为可乐、柠檬水、汽水等品种，其中副品牌"非常可乐"让奥运会网球女双冠军做广告，"中国人自己的可乐——娃哈哈非常可乐"在各种媒体上出现，知名度迅速提高。现在，以娃哈哈冠名的果奶、八宝粥、燕窝、绿豆沙、清凉露、AD钙奶、第二代AD钙奶、纯净水、非常可乐（系列）等产品，在中国食品饮料市场迅速扩展。

案例启示

品牌延伸就像一个充满诱惑的陷阱，企业要慎重对待。

本章知识结构图

品牌延伸
- 品牌延伸概述
  - 品牌延伸的定义
  - 品牌延伸的分类
  - 品牌延伸的作用
- 品牌延伸的策略
  - 塑造强势品牌
  - 注重延伸产品与主品牌的相似性
  - 延伸产品本身要运作成功
- 品牌延伸的步骤
  - 根据企业战略规划来选择延伸的母品牌
  - 选择品牌延伸的类型
  - 测量消费者对母品牌的认知情况
  - 识别可能的品牌延伸候选对象
  - 评估和选择延伸产品
  - 设计实施延伸的品牌营销计划
  - 评价品牌延伸的成败

定位论的鼻祖美国艾尔·里斯曾说:"若是撰述美国过去十年的营销史,最具有意义的趋势就是延伸品牌线。"国外的资料显示,一些出类拔萃的消费品公司所开拓的新产品中,有95%是采用品牌延伸进入市场的。一项针对美国超级市场快速流通商品的研究显示,过去10年的成功品牌(成功的定义是指销售额在1 500万元以上),有2/3使用品牌延伸策略。另外,英国国际市场研究公司(Research International)对22 000件产品进行调研后发现,其中82%的产品是原有品牌的延伸,而且这一趋势不会改变。该调研还发现,只有2%的营销经理表示,在未来的几年内,会把创建新品牌作为产品投入市场的主要手段。可见,品牌延伸已成为很多企业发展战略的核心。索尼、雀巢、先锋、三星等知名企业均是品牌延伸的典型代表。它们仅凭一个品牌就成功地向全世界推出了多种产品。

在我国,品牌延伸也备受各类企业的青睐,娃哈哈、海尔、联想、帅康等著名企业都从中受益匪浅。乐百氏营销总经理曾指出:"品牌延伸前乐百氏的销售额只有4亿多元,延伸后不到三年就达到近20亿元。品牌延伸使乐百氏的发展有了一个加速度。"可以说,在企业推出新产品的过程中,品牌延伸已成为最常使用的一种策略。

第一节 品牌延伸概述

国际上对品牌延伸问题的系统研究,起源于20世纪70年代末。1979年,美国学者泰伯(Tauber)发表了学术论文《品牌授权延伸,新产品得益于老品牌》,首次系统提出了品牌延伸的理论问题。此后在20世纪80年代,品牌延伸问题的研究引起了国际学术界的广泛兴趣,并因此获得了进一步发展。国内关于品牌理论的研究始于20世纪80年代,但真正涉及品牌延伸问题的研究直到20世纪90年代中期才开始。

一、品牌延伸的定义

目前，国际、国内营销学界对品牌延伸的概念尚未形成统一完整的理论阐述。

泰伯（Tauber）把品牌延伸定义为公司用消费者所熟悉的现有品牌，推出与公司现有产品类别不同的新产品，这样能够利用现有品牌在消费者心目中的认知或印象，顺利进入新的市场。

美国营销大师菲利普·科特勒认为，品牌延伸是指"把一个现有的品牌名称使用到一个新类别的产品上"。显然，他没把产品线延伸包括在内。

美国品牌专家凯文·莱恩·凯勒对品牌延伸的定义为："一个公司利用一个已建立的品牌推出一个新产品。"

上海交通大学的余明阳教授认为，品牌延伸有狭义和广义之分。狭义地看，新产品与原产品不是一个类别；广义地看，新产品不仅是新的产品类别，也可以是原产品线中产品项目的填补。

中山大学卢宏泰教授认为，品牌延伸是指借助原有的已建立的品牌地位，转移用于新进入市场的其他产品或服务（包括同类的和异类的），以及用于新的细分市场之中，达到以更少的营销成本占领更大市场份额的目的。

本书采用卢宏泰教授的观点。其要点在于：①母品牌已建立了品牌地位，没有声誉的品牌进行延伸是没有意义的；②新的产品或服务包括同类的和异类的，同类即原有产品线的延伸，而异类即新的产品类别，两种延伸都是品牌延伸；③品牌延伸的目的是以降低营销成本的形式来进入新的细分市场和扩大品牌的市场份额。在品牌延伸中，实施品牌延伸的现有品牌称为母品牌（Parent Brand），延伸的新产品称为延伸产品（Extended Product），公司通过品牌延伸时使用独立的新的品牌名称，但新的品牌与现有品牌同时使用，则新的品牌名称称为子品牌（Sub Brand）。

需要注意的是，品牌延伸与多元化经营并不是一个概念，多元化可能会采用同一个品牌，也可能采用多个品牌来经营。如果采用的是同一个品牌，那就属于品牌延伸，如三星公司推出三星液晶电视、三星手机、三星洗衣机、三星MP4等；反之，如果采用多个品牌就不属于品牌延伸了，如宝洁旗下有飘柔洗发水、汰渍洗衣粉、玉兰油护肤品等。

二、品牌延伸的分类

根据不同的划分标准，品牌延伸可以有以下几种分类。

（一）根据延伸的产品是否归公司所有分类

根据延伸的产品是否归公司所有，可以把品牌延伸分为公司内品牌延伸和公司外品牌延伸。

我们一般讲的品牌延伸都是公司内品牌延伸，是指延伸产品都属于一家公司所有，如美的空调和美的电饭煲都属于美的公司。公司外品牌延伸就是通常所说的品牌授权（Brand Licensing），是指企业把品牌授权给其他公司使用，以推出延伸的产品，如迪士尼、凯蒂猫（Hello Kitty）等都采用品牌授权的方式进行快速延伸。尽管延伸的产品属于另一家公司但是由公司授权，所以本质上也是一种品牌延伸。

（二）根据延伸产品与原产品之间的关系分类

根据延伸产品与原产品之间的关系，可以把品牌延伸分为产品线延伸和产品类别延伸。

1. 产品线延伸

产品线延伸是指母品牌用于延伸的产品与原产品同属一个类别，但定位于不同的细分市场。这是品牌延伸的主要形式，目前在品牌延伸中有 80%～90% 是属于产品线延伸，产品线延伸的方式有很多，如不同的口味、不同的成分、不同的形式、不同的大小、不同的用、不同的档次等。比如，随着消费者健康意识的增强，箭牌公司在绿箭、黄箭、白箭等口香糖的基础上推出了品牌名称为"5"的无糖口香糖，包括奔涌西瓜味、魅幻蓝莓味、激酷薄荷味等，这种延伸就属于口味延伸；可口可乐的香草可乐的推出就属于成分延伸；农夫山泉的桶装水和瓶装水就属于形式延伸；"一品国香"中华香米的5kg、10kg、25kg就属于大小延伸；宝马3系的320i和325i就属于档次延伸。

产品线延伸可具体分为三种延伸类型。

（1）换代延伸。假定甲品牌已推出定位于T市场的产品，并赢得了极大的市场份额，企业推出的换代产品是该市场的升级产品。公司决定继续使用甲品牌，把产品标以"甲2"，以后再标"甲3""甲4"，这种品牌延伸就称为换代延伸，如Windows95、Windows98、Windows2000、Windows2003、Windows XP等。

（2）水平延伸。这是指同一市场档次的不同市场面之间的延伸，即质量水平相同，但在尺寸和外观上有所改动的延伸，如商用洗衣机延伸到家用普通洗衣机和迷你型洗衣机；又如，佳洁士牙膏延伸的佳洁士儿童牙膏。

（3）垂直延伸。这是现有市场的品牌向更高档次或更低档次延伸，以获得更大的市场覆盖面的品牌延伸策略。如阿曼尼品牌，最早推出的乔治·阿曼尼是高级时装品牌，后来出的厄普里奥·阿曼尼是二线成衣品牌，阿曼尼牛仔是面向大众的三线品牌。其中，向上延伸难度较大，但不是不能成功。向下延伸相对比较容易，但存在潜在的陷阱和危机。为了避免出现株连效应和替代效应等不良后果，有的垂直延伸在原品牌后加上一个子品牌，以示区别，例如，奇瑞瑞虎、奇瑞QQ等。

> **小链接**
>
> **以改造原有产品拓展市场**
>
> 美国有一家生产牙膏的公司，产品优良，包装精美，深受广大消费者的喜爱，营业额蒸蒸日上。
>
> 记录显示，前10年，每年的营业额增长率为10%～20%。这令董事会兴奋万分，不过进入第11年、第12年、第13年时，增长则停下来，但每月大体维持在同样的数字，董事会对此3年的业绩表现感到强烈不满，便召开经理级以上的高层会议，商讨对策。
>
> 会议中，有名年轻的经理站了起来，对总裁说："我有一张纸条，纸条里有个建议，若您要采用我的建议，必须另付我5万美元。"
>
> 总裁听了很生气地说："我每个月都支付给你薪水，另有分红、奖金，现在叫你来开会讨论对策，你还另外要求5万美元，是不是太过分？""总裁先生，请别误会，您支付我的薪水，让我平时卖力为公司工作，但这是一个重大而又有价值的建议，您

应该支付我额外的奖金。若我的建议行不通，您可以将它丢弃，1分钱也不必支付。但是，您损失的必定不止5万美元。"年轻的经理说。

"好，我就看看它为何值这么多钱？"总裁接过那张纸条，阅毕，马上签了一张5万美元的支票给那名年轻的经理。那张纸条上只写了一句话："将现在的牙膏开口直径扩大1毫米。"

总裁马上下令更换新的包装。试想，每天早晚，消费者都用直径扩大了1毫米的牙膏，每天牙膏的消费量会多出多少倍呢？这个决定，使该公司第14个年头的营业额增加了32%。

2. 产品类别延伸

产品类别延伸是指母品牌延伸到不同于已有品牌产品类别的品牌延伸，使品牌突破了原来的产业或行业，实现了跨行业的扩展。法国品牌权威学者卡普菲勒教授把产品类别的品牌延伸细分为两种类型：连续性延伸和非连续性延伸。

（1）连续性延伸是指企业借助技术上的共通性在同一大类或近类产品之间进行延伸。如，索尼借助成像技术推出数码照相机、数码摄像机等；耐克借助运动产品的研发能力推出各类运动鞋、运动用品、运动装等。由于延伸的产品与最初的产品在技术上很接近，因此母品牌覆盖的产品范围较窄。

（2）非连续性延伸是指超出了产品之间的技术和行业上的局限，覆盖完全不相关的产品类别的延伸行为。比如，法拉利不仅拥有经典跑车，还借助自身无与伦比的设计优势和品牌优势，或独自或与其他公司合作，推出了自行车、手表、香水、手机、数码相机、笔记本电脑、主题公园等不同领域的产品；海尔既有电器，又有生物医药、金融、物流、旅游、房地产等不相关的产业；重型机械设备供应商卡特彼勒公司依据其坚固、粗犷、勇敢、不辞劳苦的品牌个性将产品延伸至鞋子、手表和牛仔裤等；雅马哈是摩托车品牌，也是古典钢琴的品牌。这种远离原有产品领域的延伸使品牌覆盖了更宽广的产品范围。

无论是连续性延伸还是非连续性延伸，都是不同类别的产品之间的延伸，原产品和延伸产品两者越相似，消费者对延伸产品的认可度就越高。类似产品之间的延伸会形成一个专门化品牌（如索尼是视听设备品牌），即连续性延伸形成专门化品牌，但是不同的消费者由于评价产品时所用的参照系不同，因而，产品的"相关性"的标准可能差异很大。消费者更多地从延伸产品与原产品在外观或用途上的相似性去评价相关性（如从网球鞋到网球拍），内行的评价者可能从所使用的技术和产品材质等方面去考虑（如从网球鞋到篮球鞋）。前一类称为浅层延伸，后一类称为深度延伸。

（三）根据延伸产品的品牌命名策略分类

根据延伸产品的品牌命名策略，可以把品牌延伸分为单一品牌延伸、主副品牌延伸和亲族品牌延伸。

（1）单一品牌延伸是指延伸的产品与原产品的品牌名称完全一样，如金利来领带和金利来西服。

（2）主副品牌延伸也称母子品牌延伸、复合品牌延伸，是指延伸产品与原产品的品牌名称采用两段式，前面的主品牌名称相同，后面的副品牌名称有差异，以体现产品特点，如别克凯越和别克君越。

（3）亲族品牌延伸是指延伸产品与原产品的品牌名称有部分相同，部分不相同，如麦当劳的麦乐鸡、麦香鱼、麦辣鸡等都有"麦"（Mc）字。

这三种策略中，尤以主副品牌延伸使用最为平常，因为它既利用到了原品牌的声誉又突出了不同产品的差异性。

三、品牌延伸的作用

（一）品牌延伸的正面收益

如果公司使用合理、得当的品牌延伸，则可以获得不同层面的正面收益。

1. 品牌延伸的基本作用

（1）降低消费者对新产品的感知风险。使用一个新的品牌名称推出新产品往往会让消费者感到有风险和不确定，这是因为消费者对新产品品质预期缺少依据。与此相对应，采用一个知名的和有正面形象的品牌名称推出的新产品则不会出现这样的问题。消费者会根据对已有品牌的认识和产品知识来形成对新产品的品质预期。这种预期由于有确切的依据，消费者对新产品的风险感知更低。例如，奢侈品牌LV生产手表，采用相同的品牌名称显然比新的品牌名称会获得更好的市场反馈，由于降低消费者的感知风险，因而提高了产品的可接受程度。

（2）提高延伸产品的质量认知。知名的、受欢迎的品牌的一个明显优势就是，消费者对其品质有一个较高水平的预期。对于延伸产品而言，消费者会根据他们对母品牌的认知，以及延伸产品与母品牌的关联程度，来形成其对延伸产品质量的预期。例如，阿迪达斯推出一款新的徒步鞋，消费者就会根据他们对阿迪达斯的了解，以及徒步鞋与阿迪达斯的相关程度，来推断阿迪达斯徒步鞋的质量。显然，这款徒步鞋沿用阿迪达斯的品牌名称，比取一个新的品牌名称，效果更好。

（3）满足消费者的多样化需求。当消费者对已有的产品系列感到厌倦时，往往希望更换它们。如果品牌在同一产品类别中提供多种具有差异化的产品供消费者选择，就可以使顾客不用寻求其他品牌也能解决购买问题。产品线延伸有助于品牌填充原有的产品线空白。例如，宝洁公司针对洗发水这一产品类别，不仅有飘柔、潘婷、海飞丝、沙宣等品牌，而且每一品牌下又有不同的产品系列，通过这种方式，消费者的多样化需求得以满足。

（4）提高营销效率。采用相同的品牌名称、包装、标签，用于分销渠道和终端、各种传播媒体、事件营销、赞助或联合营销等活动，企业可以更有效率地促进新产品的推广。不仅如此，以相同的品牌名称推出延伸产品，在说服渠道零售商推广延伸产品时会变得相对容易，因为知名品牌名下的系列化产品是公司增强与零售商议价能力的重要筹码。

（5）节约营销费用。从营销传播的角度来分析，品牌延伸同样具有明显的优势。我们知道，产品生命周期共有导入期、成长期、成熟期、衰退期等。在导入阶段，由于新产品以知名品牌冠名推出，营销传播只需要帮助消费者建立延伸产品与母品牌之间的联系就可以了，因而，企业仅需要通过较少的广告支持就可以达到相同的效果。在产品上市以后，由于延伸产品母品牌旗下的其他产品可以看作是一个整体，因而其广告效率会得以提高，例如，苹果公司正是将其平板电脑iPad与其他电脑一同进行推广的。

不仅如此，品牌延伸还可以节约其他相应的开支。例如，如果企业不选择通过品牌延伸推出新产品，而是同时建立一个新品牌来推出新产品，就不得不进行充分的市场调研，聘请专业机构设计高标准的品牌名称、品牌标识、产品包装、广告语，以及选择合适的品牌代言人，这些投入往往需要企业花费巨额的成本。

2. 品牌延伸对市场的拓宽作用

品牌延伸还可以为品牌及其所有者带来更好的结果，企业可以通过品牌延伸，实现拓宽与深化市场的功能，从而提高品牌资产，为母品牌带来更多的收益。

（1）拓宽市场。品牌延伸可以带来新顾客，扩大市场覆盖面。企业主要采取的做法是，通过产品线延伸扩大品牌的市场覆盖面，从而使母品牌受益。例如，高露洁通过产品线延伸，不断推出各种款式、香味的牙膏，来提高自己的市场份额。

（2）深化市场。通过品牌延伸还可以将市场做深、做透。与提高市场份额相对应的概念是提高客户份额（Share of Customer），即针对同一个消费者销售不同的产品，以此占据该消费者支出总额更大的比例。提高客户份额的策略最初应用于零售行业，如沃尔玛通过销售低价商品，带动消费者购买其他的商品，从而提高客户份额。而目前，许多商业银行也采用了这一策略，以相同的品牌名称，通过交叉销售（向同一消费者开展多种业务，如抵押贷款、信用卡、理财产品等），来提高客户份额。与零售渠道的做法不同，商业银行在交叉销售的过程中使用了相同的品牌名称，因而可以看作是品牌延伸概念的拓展。同样，在互联网行业，腾讯通过QQ品牌吸引用户，产生流量，然后基于顾客黏性，向相同的顾客群推出门户、搜索、电子商务等服务。品牌延伸能够起到很好的深化市场、提高客户份额的正面作用。

3. 品牌延伸对母品牌的反哺作用

品牌延伸最好的结果就是为母品牌带来反哺利益，包括丰富母品牌含义、提升母品牌形象、拓宽母品牌的宽度等。

（1）丰富母品牌含义。品牌形象一致的品牌延伸可以丰富母品牌含义，进而强化品牌的鲜明特色，凸显品牌定位。例如，消费者最初可能对百事的品牌形象并不清晰，通过利用百事的品牌名称延伸至运动鞋、音乐等，百事进一步强化其运动、时尚的品牌形象；而佐丹奴则采取相似的手法，通过将产品延伸至休闲手表品类，来强化其时尚休闲的品牌个性。

佐丹奴是一家始创于1980年的休闲服装品牌，主要向20~35岁的消费者传递一种自然随性的穿着概念。由于佐丹奴主要立足于休闲服饰领域，涉足手表领域仍然面临着一定的挑战。然而，由于佐丹奴手表的设计风格与佐丹奴在品牌形象上是一致的，因而达到了不错的效果。一方面，统一的品牌形象帮助消费者进一步理解了佐丹奴自然随性的品牌理念；另一方面，休闲手表所代表的优质、高端的品质有助于促进佐丹奴品牌形象的提升。

（2）提升母品牌形象。如果延伸产品具备高品质，就可以提升母品牌的形象。成功的品牌延伸有助于提升消费者对母品牌所在企业的信誉感知，如企业的专业程度、可信度、吸引力等。例如，耐克从跑步鞋延伸至专业的篮球鞋、运动服、运动器材，由于这些延伸产品卓越的产品品质，强化了耐克"卓越表现"与"运动时尚"的形象。

（3）拓宽母品牌的宽度。企业在成立之初往往局限于某个细分市场，消费者容易将品牌与该细分市场画上等号，随着企业的扩张，狭窄的品牌定位使产品的使用范围受到限制，企业需要更为宽泛的品牌定位，因而拓宽品牌内涵变得尤为重要。而如果企业能够选择合适的品牌延伸，就能够拓宽产品使用的边界。强生公司最初专注于婴儿清洁、沐浴等产品系列。胖乎乎的小脚丫、柔软的手指头、圆墩墩的小屁股、细嫩的皮肤和稚气可爱的神态,一度是以往强生婴儿护肤品电视广告主角的必备元素。然而,这些积极的品牌联想同样成为其进行扩张的制约与束缚。期望进军成人市场需要强生具有更为宽广的品牌内涵。2005年秋冬季节开始,强生婴儿牛奶润肤露的广告主角悄然由婴儿变为年轻女性,定位于温和、无伤害的护理产品,当其进入护肤品市场时,照样获得消费者好评。因此,强生延伸到成人护肤品市场,拓宽了品牌内涵。

(二) 品牌延伸的负面效果

1. 延伸的新产品不成功

(1) 母品牌的联想不能转嫁给延伸产品。如果延伸产品与母品牌的品牌联想存在较大的差异,消费者就难以将母品牌好的品牌联想转移给延伸产品。企业进行品牌延伸的目的可能是希望借助母品牌的知名度与优质的联想,但这能否使延伸产品受益还要取决于延伸产品与母品牌的匹配性。例如,李维斯牛仔裤所具有的品牌联想为休闲的生活方式、粗糙但耐用的原材料等,如果李维斯延伸至高档服饰,已有的品牌联想就会形成延伸成功的巨大障碍,延伸产品与母品牌的联想格格不入。

(2) 产生不合时宜的品质联想。如果母品牌的品牌联想根深蒂固,而品牌延伸目标品类的特点与母品牌又截然不同,消费者就可能产生对延伸产品不合适的品质联想。例如,三九品牌延伸至啤酒,就让消费者产生怪异的感觉,难以获得市场认同。因为三九集团以三九胃泰起家,在胃药领域建立起很强的品牌知名度和联想,然而,三九集团于1995年兼并收购了石家庄市啤酒厂,成立石家庄三九啤酒有限责任公司,由此推出"三九"牌啤酒,投放的广告词有"九九九冰酒,四季伴君好享受",这让消费者不知所措。首先,消费者在消费三九啤酒的时候容易联想到药的味道;其次,胃泰的功效在于保护胃,而饮酒过量会伤胃,三九是提醒人少喝酒保护胃,还是劝说消费者多喝酒刺激胃,这给消费者带来了认知冲突。2004年三九集团资产重组时,石家庄三九啤酒有限责任公司更名为石家庄市嘉禾啤酒有限责任公司,使用嘉禾品牌。这是企业盲目多元化过程中,品牌延伸的一个负面案例。

> **小链接**
>
> **活力28盲目的品牌延伸**
>
> 活力28曾是中国日化领域的一面辉煌旗帜:第一个提出超浓缩无泡洗衣粉的概念;第一个在央视投放广告的洗衣粉品牌;第一个上市的本土日化企业。但是,活力28显然不甘心仅仅局限在日化洗涤领域,洗发水、香皂、卫生巾、杀虫剂都很快进入了活力28家族。而活力28很快就尝到了品牌延伸的恶果。香皂因定价太高而滞销,最后只能作为福利,发给自己的员工;洗发水品质不过关,根本无法上市。至于纯净水,"做洗衣粉的做水",让消费者总觉得喝的纯净水里面有洗衣粉的味道。

(3) 延伸产品挤占母品牌的销售。延伸产品成功(如销量很高),可能仅仅是由于消费者对母品牌旗下原有产品的购买转移给延伸产品而已。也就是说,延伸产品实际上挤占了其他产品的销售。出现这一现象的原因可能是,延伸产品与已有的产品过于相似。

但如果母品牌原有的顾客本就可能流失，转而购买竞争品牌旗下的产品，这种挤占现象也可能不是一种坏事。例如，如果健怡可乐与原有的可口可乐在口味上很相似，那么，购买健怡可乐的一部分消费者就来自可口可乐品牌原有的消费群体。

（4）跷跷板效应。品牌延伸到另一个类别的产品时，会发生新产品销量上去了，原品牌产品的市场份额减少了的情况，就像跷跷板一样，一边翘起，一边就落下。这种情况往往发生在主品地位尚未牢靠，便过早延伸到别的行业的企业。当然，一些实力强大的品牌由于在延伸时主力太过集中于新品，忽视了竞争对手对原品牌产品的进攻，不过它们相对于那些实力弱的更易收复失地。因此，企业尚不具备"两线作战"的能力或时机时，不要轻易倾力去做品牌延伸，即使在延伸的同时也要提高警惕，严防原产品受到竞争对手的"乘虚攻击"。例如，在美国市场上，Heinz 原本是腌菜中的名牌，而且它占有最大的市场份额，后来公司把其延伸到番茄酱市场，做得十分成功，使 Heinz 成为番茄酱品牌的第一名；然而它在腌菜市场上却被 Vlasic 代替，丧失了该市场上第一品牌的地位。

2. 延伸产品对母品牌形成伤害

如果品牌延伸没有为延伸品带来益处，反而对母品牌造成负面影响，那么这将是最糟糕的结果。失败的品牌延伸可以给母品牌带来负面的影响，具体表现在以下几方面。

（1）模糊母品牌定位。如果延伸产品与母品牌难以找到共同点，就会模糊品牌的定位。延伸产品与母品牌的差异可能不仅仅体现在产品类别与用途上，同样可能表现为品牌形象的差异。延伸产品与母品牌的差异体现在品牌形象方面，与产品类别和用途方面的差异相比，更有可能模糊母品牌的定位。例如，LV 不仅生产皮包，同样生产手表，虽然皮包与手表属于不同的产品类别，但同样能够突出 LV 品牌奢华、高端的品牌形象，这就强化了母品牌 LV 的定位，把 LV 的形象更为明晰化了。这是一个正面的延伸案例。但是，李维斯生产中低端牛仔裤的同时，希望推出高端产品，进入高端细分市场，虽然产品品类都属于牛仔裤这一大类，却模糊了李维斯粗犷、物美价廉的品牌形象，这是一个负面的案例。

（2）损害母品牌形象。第一，失败的品牌延伸会损害母品牌的形象。品牌延伸失败不仅仅导致延伸产品的失败，更有可能将延伸产品的负面效应溢出，进而损害母品牌的形象。在此情况下，研究表明，母品牌旗下的产品与延伸产品越相似，母品牌就越有可能受到延伸产品的伤害。产品线受到伤害会进一步使母品牌的形象受到损害。

例如，奥迪 5000 是德国奥迪公司于 20 世纪 80 年代为完善奥迪汽车产品线所开发的一款车型。然而，从 1986 年开始，奥迪 5000 就屡次被指责存在"突然加速"的安全隐患，由此造成的交通事故更是达到了惊人的数目。由于这一指控的证据并不充分，奥迪公司将这些交通事故的原因归咎于美国人糟糕的驾驶技术，而这一做法酿成了一场公关危机。这一产品质量危机所造成的伤害并不仅仅针对这一车型，而是波及奥迪整个产品线。奥迪在美国的销量从 1985 年的 74 000 辆锐减至 1989 年的 21 000 辆。在奥迪的产品线中，受影响最大的除了奥迪 5000 以外，就是奥迪 4000 了。与此相反，Quattro 受到的影响相对较小，这有赖于其相对独立的品牌名称与广告策略。由此可以看出，品牌危机波及的程度是以相似性为基础的，相对于 Quattro，由于奥迪 4000 与奥迪 5000 具有相似的品牌名称和广告策略，消费者更有可能将这两者归为一类，因而更有可能成为品牌危机的受害者。

不过，如果延伸产品在最初投入市场时就失败了，其对母品牌的伤害反倒不会很大。

因为，延伸产品一开始就失败了，几乎没有人听说过，也就不至于对母品牌有太明显的伤害。

第二，过度向下延伸同样会损坏母品牌的形象。许多品牌期望通过向下延伸（即推出更低端的产品），借助已有的品牌知名度和美誉度，获取更大的销售和市场份额。然而，这种低端化操作与消费者对该品牌固有的品质预期产生冲突，从而损害了母品牌的形象。

例如，著名白酒品牌"五粮液"从1994年开始在短短的数年时间里延伸出百余个子品牌，大量的向下延伸模糊了五粮液高端的品牌形象，降低了五粮液的品牌资产。最终，五粮液集团于2002年12月决定取消38个子品牌。

品牌延伸有负面和正面的效果，最负面的效果就是伤害原来的母品牌，最好的结果就是增加母品牌的资产。公司的品牌延伸要力求取得正面的效果，最起码要做到不伤害母品牌已有的资产。

第二节 品牌延伸的策略

如今，众多的成功企业都愿意通过品牌延伸来充分挖掘品牌的潜在优势。但品牌延伸不是毫无方向和目的地开展的，应把握一定的技巧。品牌延伸可以采取这样的策略。

一、塑造强势品牌

强势品牌的存在是品牌延伸成功的基石。就品牌延伸而论，只有强势品牌才具有延伸价值和延伸力量，强势品牌的特征主要表现为：品牌具有很高或较高的知名度、品质认知度、积极丰富的品牌联想和忠诚度。

品牌知名度是指消费者认出或想起某种品牌的程度。一般而言，品牌的知名度越高，品牌就会被越多的人熟悉，延伸后被消费者认出、忆起的可能性越高，品牌延伸成功可能性就越大。

品牌品质认知度是指消费者对品牌所代表的产品或服务的整体品质的感觉。消费者购买商品不仅要花时间成本、精力成本，还要耗费心理成本，而现代社会生活节奏加快，消费者为节约更多时间去休闲，往往不愿"高度卷入式"地购买商品，常根据对品牌的品质认知去购买。被高品质认知的品牌具有一定的光环效应，在品牌延伸上具有更大的潜力，其品牌延伸也更容易成功，因为消费者会将原有的品质印象转移嫁接到新的产品上。

品牌联想是指一提起某品牌消费者脑中会想到什么，它源于企业对消费者持久的品牌传播和教育，以及消费者对品牌的理解、消费者间的口碑相传。品牌联想可从三个方面评价：一是品牌联想的强度，即消费者看到品牌就想起别的事物的程度；二是品牌联想的喜欢度，即指消费者看到品牌时产生的正面、积极的联想；三是品牌联想的独特程度，即一看到品牌就产生的异于竞争品牌的独一无二的印象。仅有品牌联想的喜欢度和强度，品牌延伸出来的产品很容易被淹没，最好是同时具备品牌联想的独特程度，这样延伸出来的产品便与众不同，更引人注目，成功的概率才更高。由于品牌延伸的同时品牌联想也在延伸，所以品牌经营者要充分利用各种手段和工具，找出那些直接或间接影响购买行为的品牌联想，开展有益的品牌延伸。

品牌忠诚度是指消费者对所用的品牌感到满意并坚持使用的程度。这一术语一般用来衡量消费者对所用品牌的依恋程度，或是转换品牌的可能程度。品牌忠诚度应是前面所讲的品牌知名度、品牌品质认知度、品牌联想的一个综合反映，也是消费者对品牌的态度在行为上的体现，企业一切的营销努力最终也是为了使顾客产生品牌忠诚度。品牌忠诚度越高，说明品牌越有价值，消费者越易产生爱屋及乌心理，这种忠诚度也可迁移到延伸产品中，因而品牌忠诚度越高越易取得品牌延伸的成功。

品牌知名度是顾客对品牌的认知，品牌认知度和品牌联想是消费者对品牌的态度，品牌忠诚度反映了消费者对品牌的购买行为，从认知到最终的忠诚行为是品牌延伸效果的量化指标。

二、注重延伸产品与主品牌的相似性

相似性是品牌延伸成功的条件。相似性是指延伸产品与核心品牌之间的某种共通性和匹配度。品牌延伸中的相似性可分为两类：与产品相关的属性或利益，以及与产品无关的属性或利益。与产品有关的属性或利益有三类，包括技术或资源的可转移性、互补性、替代性；与产品无关的属性或利益主要是价值性，如品牌形象、象征意义等，这些可归纳为品牌的核心价值或品牌内涵的主成分。进行品牌延伸应保持与原有产品的相似性，不能盲目进行。

首先应考虑品牌的核心价值与个性。一个成功的品牌有其独特的核心价值与个性（价值性），若核心价值能包容延伸产品，就可以大胆地进行品牌延伸，也就是说，品牌延伸应尽量不与品牌原有的核心价值与个性相抵触。

这里的品牌核心价值与个性不是指产品之间表面的关联度（替代性、互补性、技术性），而是指品牌后面隐藏着的文化和价值观，它使品牌不仅给消费者以物超所值的享受，更给消费者以民族文化、时代文化的享受。正是这种内在的核心价值和个性解释了许多关联度低，甚至风马牛不相及的产品共用一个品牌也能获得成功的原因。如登喜路（Dunhill）、都彭（S. T. Dupont）、华伦天奴（Valentino）等奢侈消费品品牌麾下的产品一般都有西装、衬衫、领带、T恤、皮鞋、皮包、皮带等，有的甚至还有眼镜、手表、打火机、钢笔、香烟等跨度很大、关联度很低的产品，因为这些产品都能提供一个共同的效用，即身份的象征，能让人获得高度的自尊和满足感。购买都彭打火机者所追求的不是点火的效用，而是感受顶级品牌带来的核心价值，即无上的荣耀。

值得一提的是，在品牌延伸之前应正确认识品牌的核心价值与个性。如果狭隘地认识品牌的核心价值，就有可能贻误品牌延伸的时机。如雀巢与咖啡的关系密切，消费者一提到雀巢，首先想到的就是咖啡，但这只是雀巢的核心价值之一，它还意味着"国际级的优秀品质、温馨、有亲和力"，这些才是雀巢品牌核心价值的主体部分，故能包括咖啡、奶粉、冰激凌、柠檬茶等许多产品。

因此，在进行品牌延伸时，首先，要分析延伸产品与原有产品之间是否存在共同的核心价值与个性，这是决定品牌延伸是否成功的关键。

其次，当延伸产品与主品牌不具有内在的共同核心价值与个性时，品牌延伸就应考虑延伸产品与原有品牌表面的相似性，尽量使延伸产品与原来的品牌在其产品的品位、特色及其消费对象等方面相吻合，如若不然便会损害其已在消费者心目中所树立的品牌形象。以服务系统、消费者和技术的相似为例。

（1）相同的服务系统。从营销到服务，如果能联系在一起，品牌延伸自然理所当然，否则，就显得不伦不类。如雅戈尔从衬衣延伸到西服，服装业的营销和服务是一致的，品牌延伸自然到位。

（2）使用者相似。使用者在同一消费层面和背景之下，也是品牌延伸成功的重要因素。比如，三笑牙膏到三笑牙刷，大宝化妆品到大宝洗面奶，都是面对同一消费群体，就能够成功；金利来，从领带到腰带，都紧盯白领和绅士阶层的消费，延伸成功。这样定位准确的品牌延伸不会"乱套"。

（3）技术上密切相关。主力品牌与延伸品牌在技术上的相关度是影响品牌延伸成败的重要因素。如，三菱重工在制冷技术方面非常优秀，因此，它自然将三菱冰箱的品牌延伸到三菱空调；海尔品牌延伸也是大致如此。相反，春兰空调与其"春兰虎""春兰豹"摩托车的形象没什么相关性，很难使消费者产生技术优势联想。

三、延伸产品本身要运作成功

上述两个策略只是讨论了品牌延伸理论的可能性，但是何时延伸、延伸到何种产品，还得看天时、地利、人和，即新产品的营销环境和企业的营销努力是否正在其时。如正在其时，那么新产品就会成功。新产品本身是品牌延伸成功的保障，下面就来看看影响新产品成功的因素。

（一）延伸新产品的市场需求量

在进行品牌延伸时，应考虑市场的需求量，看有没有可供挖掘的空间。在企业决定进行品牌延伸之前，要对目标市场进行周密细致的市场调研，要计算出市场的总容量，并尽可能细分市场，达到量化指标，结合自己准备推出的产品性能和特色，看是否值得进行品牌延伸，以及是否有胜算，而不是看别的企业进行品牌延伸就不分青红皂白，一拍脑门就上。

（二）延伸新产品面临的市场竞争态势

当被延伸产品的市场上，品牌纷杂、品牌市场格局未定、没有或未形成强势品牌时，被延伸的新产品容易成功，因为品牌的市场格局未定，即使有相对强势品牌浮出水面，其地位不稳、实力有限，心理优势和市场优势尚未确立，其他市场的强势品牌的优势在延伸中凸显，市场的相对优势也不可能对延伸品牌形成抗击优势，这样的市场有延伸空间，被延伸的新产品容易成功。在我国，纯净水行业尚未出现一个全国性的领先品牌时，"乐百氏""娃哈哈"顺利地从乳酸业成功跨入纯净水市场，成为这一行业的一流品牌的情况就属于此类。

相反，如果该市场上已有强势品牌，则延伸新产品难以成功。首先，强势品牌占据了市场最多的份额，实力最强，有能力抗击入侵者。其次，强势品牌的知名度和美誉度高，获得该市场多数消费者的肯定和喜爱，它占据消费者最有利的位置，并在心理上构筑起抗击入侵者的屏障。最后，强势品牌占据并控制了主要的销售渠道，它可能阻塞延伸者的销售渠道。在这样的情况下，其他市场强势品牌延伸进入，难以获得成功。3M进入复印机市场的失败、施乐进入计算机市场的败北、3M公司闯入胶卷市场被柯达扼杀，就是这方面的例证。

面对延伸产品市场早有强势品牌，市场格局早已定格的情况，延伸者如果能找出该市场有价值的空隙,并使延伸产品占领此空隙,被延伸的新产品仍有可能成功。如海尔由冰箱、空调延伸至洗衣机市场,当时以小天鹅、小鸭为龙头的洗衣机市场格局早已形成,两者是行业的强势品牌。海尔找到了全自动滚筒、高品质、高价格和优质服务洗衣机的市场空隙并占领了此位置,使延伸的新产品获得成功,进而使品牌延伸获得成功。

(三) 企业的支持力度

企业是否采取有效的营销策略和有力的营销手段来确保延伸的新产品的成功,会影响到品牌延伸的效果,因为如果延伸产品所在的行业内存在强大的品牌,那么仅靠品牌的知名度和品牌核心价值的包容力是远远不够的,延伸难以成功。企业仍须在产品、定价、渠道、促销、广告等营销方面付出很大努力。如在产品方面采取差异化战略,精确定位切割对手市场空隙或薄弱环节的市场份额;定价方面则可采取比对手稍低价格的策略;渠道方面则给予经销商更高的返利和更强大的渠道支持,以及采取减少渠道成员层级,使渠道扁平化,以更接近消费者和更快地顺应市场变化;促销方面则加大终端人员促销的努力,做好终端货架的生动化陈列,争取更好的展示位;广告方面可加大广告投放力度,采取意见领袖策略等。

第三节 品牌延伸的步骤

品牌延伸成功与失败的案例都非常多。为了提高品牌延伸的成功率,本书结合美国品牌专家凯勒、法国品牌学者卡普菲勒等教授的观点,同时分析品牌延伸的一些案例,提出品牌延伸必要的几个步骤,如图7-1所示。

图 7-1 品牌延伸的步骤

一、根据企业战略规划来选择延伸的母品牌

一般来说,被延伸的品牌以公司品牌居多,如海尔、美的、小米等,但也有一些案例

中延伸的是子品牌，如通用汽车在别克这一子品牌下推出了别克凯越、别克君威、别克君越、别克林荫大道等品牌的汽车。究竟选择公司品牌还是子品牌进行延伸，主要看企业的行业发展规划，如果企业计划进入新的行业，可以选择公司品牌进行延伸（当然，推出新品牌另当别论）；如果企业只是希望丰富和填补原有的产品线，则可以选择子品牌来延伸新产品更为明智。

不管是选择公司品牌还是子品牌，一个容易成功延伸的母品牌应该具有较高的知名度和良好的形象。从现有的成功经验来看，品牌延伸应该"步步为营"。在形成品牌知名度和品牌形象之前就急于延伸，会分散品牌的力量。

二、选择品牌延伸的类型

品牌延伸的类型将决定延伸产品的选择方向，因此在提出候选的延伸产品之前需要对延伸类型进行选择。首先要考虑的问题是采用公司内延伸还是公司外延伸，公司内延伸比公司外延伸的企业可控性更强，但对企业的财务、生产和营销压力也更大，选择前者还是后者，取决于公司对哪方面更加重视。之后的决策问题是采用产品线延伸还是产品类别延伸，一般的规律是先进行产品线延伸，在某一个产品领域做大做强之后，再凭借专业品牌优势来进行产品类别延伸。产品线延伸并不难，因为延伸产品与原产品同属于一个产品线，消费者容易形成一致性的认知。难的是产品类别延伸，由于各产品类别存在差异，延伸产品可能会与原产品发生冲突，不仅容易失败，还可能会损害母品牌形象。所以，不到万不得已，尽量不要采取产品类别延伸。一般来说，只有当原产品类别利润空间不大、竞争过于激烈的时候，延伸到新的产品类别才是明智之举。例如，康佳在电视机行业面临巨大竞争压力的时候，选择了手机、电冰箱作为延伸的新品类，以求获得新的利润增长点。

三、测量消费者对母品牌的认知情况

1. 先验认知

由品牌延伸的定义可知，延伸的基本前提是核心品牌具有知名度和美誉度，延伸的目的是借助知名度和美誉度光环产生晕轮效应，所以，品牌向何处延伸取决于消费者对核心品牌已有的认知。研究表明，消费者在购买产品时，在很大程度上受到品牌所提供的先验知识的影响，虽然消费者对品牌的先验知识有很多种，如产品类别、产品功能、产品价格、品牌定位、品牌形象等，但这些品牌属性为消费者提供的利益可以分为以下几类。

品牌为消费者提供了三种利益：功能性利益、象征性利益、社会性利益。根据学者对三个概念的解释以及消费者行为学常识（人们购买品牌是为了满足生理需要和心理需要），功能性利益可归入与产品有关的属性一类（功能或理性），而后两者可归入与产品无关的属性一类（心理或感性）。作者认为，任何核心品牌都是由功能性和心理性两种属性构成的，即任何品牌都具有二重性，只不过二重性的不同比例组合构成了核心品牌的差异。根据以上观点，如果将品牌的功能性和表现性（或心理性）按高低标准进行组合，将会形成一个矩阵，即 Chernatony-McWilliam 矩阵（C-M 矩阵），C-M 矩阵可以反映出消费者对品牌在二重性上的看法，也就是说，所有品牌都可按二重性归入 C-M 矩阵的不同象限，如图 7-2 所示，可以利用矩阵来评估消费者对核心品牌的先验认知。

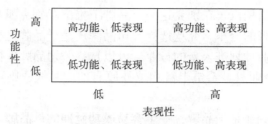

图7-2　C-M矩阵

C-M矩阵把品牌分为四类,分属矩阵的四个象限。

(1) 高功能、高表现型品牌。这类品牌在消费者心目中既具有完美的使用价值,又是一个很好的表现自我的工具,例如劳斯莱斯、牛津等。

(2) 高功能、低表现型品牌。这类品牌具有很高的使用价值,但缺乏象征意义,所以无法使消费者感受到心理上的满足,例如TCL、海尔等。

(3) 低功能、高表现型品牌。这类品牌使用价值平平,并不能给消费者更大的生理满足,但由于被赋予很强的表现意义和象征意义,所以能给消费者极大的心理满足,如路易十三、劳力士等。

(4) 低功能、低表现型品牌。这类品牌无论是在使用价值还是在心理价值上都平淡无奇,主要是一些食品、牙膏等。

以上四种品牌认知可被视为核心品牌现有的资源优势。这些资源优势限制了品牌延伸的能力和边界,决定了延伸产品的范围,延伸产品只有与这些资源优势相匹配才可能成功。

2. 品牌认知调研

消费者对该品牌的认知情况,需要对消费者进行品牌认知调研。调研的方法包括定性和定量两类。

(1) 常用的定性方法包括自由联想法和投射法。自由联想法采用焦点小组法或深度访谈法进行,调研者向访问者提问"看到或听到品牌A,你能想到什么",以探索品牌在消费者头脑中有关品类、价位、特色、个性等方面的联想。由于并没有对联想的内容和方向进行限定,因此可能会获得意想不到的答案。投射法是一种心理学测试技术,它能使被访问的消费者在轻松的状态下回答一个不愿回答或者难以回答的问题,原因是用以测试的一个简单图片或问题背后对应着复杂心理活动。常见的一类投射法工具是图片,可以是人物、风景、动物、建筑物、汽车等。通常的问题是:"你觉得品牌×给你的感觉像以下哪个图片?"国际市场研究公司有一项投射法的专利技术"品牌视觉画廊",它们是一些在全球经反复测试挑选出来的图片,每一张图片都有一种标准解释。例如,热带雨林的图片象征着生机与成长性,但很可能由于发展过快,容易失控。研究者让消费者根据对被测试品牌的直觉,选择若干张最能代表该消费者对品牌感觉的图片,以确立品牌形象的核心。

(2) 定量方法则是采用李克特量表来表述品牌认知和形象的问题,以便将消费者对品牌认知的程度进行量化。李克特量表的表达方式,如"品牌×是一个运动品牌。A. 完全同意; B. 比较同意; C. 中立; D. 比较不同意; E. 完全不同意"。显然,通过定性调研可以获得更为深入的信息,而定量调研则具有规模上的统计意义,二者结合可以取长补短。

四、识别可能的品牌延伸候选对象

以下介绍几个有关品牌延伸范围的模型,以帮助管理者识别可能的延伸产品候选对象。

(一)品牌延伸范围模型

美国品牌学者戴维森(Davidson)描述了品牌延伸的可能范围,具体包括内核、外核、延伸区域和禁区,如图 7-3 所示。

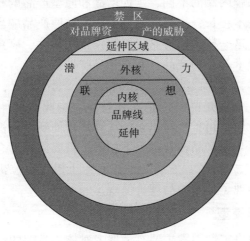

图 7-3 品牌延伸范围模型

内核的延伸是产品线的延伸,是距离原产品最近的延伸,如诺基亚推出的各种商务、音乐手机;外核的延伸是同一类产品的延伸,距离原产品比较近,如海尔彩电、冰箱、热水器等家电产品;延伸区域是不同类产品的延伸潜力,距离原产品比较远,如法国的 Bic 品牌产品从一次性圆珠笔延伸到一次性打火机;禁区是品牌不宜延伸的产品类别,强行延伸使得产品与原产品产生行业、市场、档次等方面的认知冲突,最终威胁到原品牌资产,如立白洗衣粉延伸到立白牙膏就存在行业认知冲突,而派克笔从高端延伸到低端就存在档次认知冲突。

(二)品牌延伸能力模型

如何确立延伸的候选产品?卡普菲勒教授提出了一个品牌延伸能力模型,如图 7-4 所示。

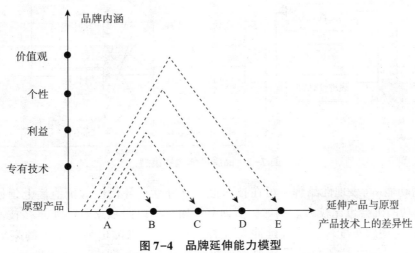

图 7-4 品牌延伸能力模型

该模型纵轴是品牌内涵,横轴是延伸产品与原型产品技术上的差异性,品牌内涵是指母品牌具有显著特征的方面,包括专有技术、利益、个性、价值观;延伸产品与原型产品技术上的差异性是指延伸产品与原产品之间的技术相关性。

由模型来看,根据品牌内涵的不同,延伸产品和原型产品的相似性也不同。专有技术是品牌原产品所具备的技术特长,据此所延伸的产品与原产品应当较为相似,如乌江三榨的专有技术是腌制榨菜,这一技术使得它可以制作古法榨菜、麻辣榨菜、低盐榨菜、川香菜片、原味榨菜、榨菜碎米等系列产品;利益是品牌带给消费者的产品利益,据此所延伸的产品与原产品距离稍远,如立白洗涤用品的利益是"不伤手",这使其能顺利从立白洗衣粉延伸到立白洗洁精;个性是品牌的拟人化特点,据此所延伸的产品可以离原产品较远,如万宝路的个性是豪迈、粗犷,所以它能从香烟延伸到牛仔裤;价值观是品牌所特有的理念,所延伸的产品可与原产品在技术上不相干,只要保持理念一致就行,如卡特彼勒的价值观是"坚韧、粗犷、户外",它旗下不仅有挖土机、拖拉机,还有风马牛不相及的皮靴、牛仔裤,因为都体现了相同的品牌价值观。

(三)品牌延伸边界模型

影响品牌延伸成败的决定性因素主要有消费者对核心品牌的认知和延伸产品与核心品牌之间的关联性。前一因素是品牌延伸的优势基础,后一因素是品牌延伸的指导原则,将二者结合起来,可以构建一个品牌延伸边界模型,如图7-5所示。品牌延伸的成败取决于延伸产品是否脱离了核心品牌所规定的延伸边界。延伸产品与核心品牌间的联系又可分为与产品特征有关的技术性、互补性、替代性以及与产品特征无关的价值性四种。其中,技术性是指核心技术与资源的可转移性;互补性是指延伸产品与原产品之间的配套补充,如柯达胶卷与柯达相纸、柯达连锁冲印店;替代性是指延伸产品与原产品之间可以相互替代;价值性是指品牌概念、表现、内涵等核心价值的一致性。结合前述C-M矩阵,可以确定四类品牌延伸边界。

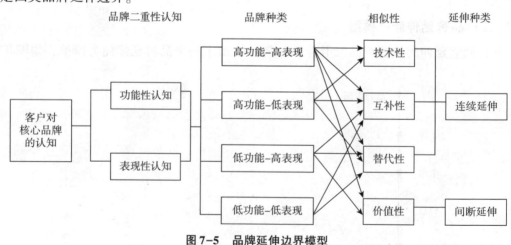

图7-5 品牌延伸边界模型

(1)高功能-高表现性品牌。可在技术性、互补性、替代性、价值性上延伸,较少受到限制,成功的机会也比较大。例如,劳斯莱斯轿车可以向私家游艇延伸(技术性、价值性),可以向专用轿车配件、装置延伸(互补性),也可以推出另一型号的豪华轿车(替代性)。又如,牛津大学不仅开设其他教育机构和出版专业图书(功能性延伸),还将品牌授权给一家服装生产商使用（价值性延伸）。

（2）高功能-低表现性品牌。应选择技术性、互补性、替代性这三方面延伸，而不宜向价值性方面延伸。例如，松下可以很成功地延伸到各类家电产品，却无法生产高档手表或名贵香水等表现性产品。

（3）低功能-高表现性品牌。应优先采用价值性延伸，也可以向互补性和替代性产品进行适当延伸。例如，高档洋酒本身并无太大功能性，但其名贵的特征会满足部分消费者的需求，所以更适合向名贵家居装饰品或珍藏品延伸（价值性），也可延伸到高档酒具（互补性），以及其他口感的高档洋酒（替代性）。

（4）低功能-低表现性品牌。从理论上讲，延伸困难很大。但是，若要延伸不是不可以，在互补性与替代性上如果操作得好，也能够获得成功。例如，一种普通食盐品牌可以延伸到碘盐、铁盐、钙盐上面（替代性），也可延伸到味精、酱油等其他调味品（互补性）。

 阅读材料

宝马品牌为何能延伸到衣服

品牌感悟：
品牌延伸就像一个充满诱惑的陷阱，成功延伸的品牌可以丰富其品牌。

品牌分析：
知道万宝路牛仔系列服饰卖得不错的人不少，但知道宝马轿车延伸到服饰的就不多了。宝马把品牌延伸到服饰行业，中国的第一家专卖店就开在北京东方广场，产品有男女正装、运动休闲与配饰系列。宝马服饰瞄准时尚、崇尚健康、喜爱运动的成功人士。宝马之所以能延伸到服饰，是因为宝马不仅象征着非凡的制车技术与工艺，还意味着潇洒、优雅、时尚、悠闲、轻松的生活方式，车和服饰都是诠释宝马核心价值观的载体。宝马服饰选用纯正美利诺羊毛等优质面料，并且强调时尚和功能并重，比如在受力点采用高科技的材料以加强拉力牢度，在冷风进口处，加上恒温面料来保暖。这些都是功能化的具体表现。

从外观看，宝马服饰在设计上力求与宝马汽车的风格一致。在颜色的选择上绚丽而不失稳重，线条上也保持宝马汽车流线型的设计。宝马汽车代表了豪华，宝马服饰也是服装中的贵族，在北京东方广场宝马生活方式店，衬衫的价格为1 823元，带汽车抽象图案的领带为1 571元，女士丝巾为1 571元。

车和服饰都能传神地体现宝马核心价值观，即潇洒、优雅、时尚、悠闲、轻松的生活方式，这种延伸无疑是对的。宝马延伸到服饰不仅能获得服饰的利润，更重要的是通过涉足服饰领域向更多的消费者推广宝马生活方式与宝马这个品牌。宝马注意到，人们空闲时很少到汽车展示厅闲逛，而去商业中心成为都市人们的一种休闲方式，因此宝马希望通过宝马生活方式店的服饰向人们直接展示宝马精良的品质和完美的细节，从而将人们培育成宝马汽车的潜在消费者。宝马希望在消费者还很年轻的时候，就钟爱宝马这个品牌，成为宝马汽车的潜在消费者。刚从大学毕业的男士，要购买一部宝马汽车，可能力不从心，但他可以先购买一件宝马服饰，从中感受到宝马生活方式。如果他女友对他这款宝马服饰赞美有加，他将对宝马品牌留下很深的印象。因此对宝马品牌的信任和忠诚度可提前培育，等到他事业有成、选择高档汽车时,就会先入为主,对宝马汽车情有独钟。这是培养市场、抢占商业先机的高招,让我们看到宝马的长远战略眼光和创新者的开拓精神。

宝马的案例说明,新老产品核心价值是否兼容是品牌延伸能否成功的决定因素。品牌核心价值具有包容力而使类别较远的产品共用一个品牌成功的例子比比皆是。万宝路延伸到与香烟类别相距很远的牛仔服、牛仔裤、鸭舌帽、腰带,获得了成功,因为这些服饰与香烟一样都张扬着勇敢、冒险、进取的品牌精神。万宝路没有延伸西服,无疑是明智的,西服品牌需要的是绅士风度,与万宝路的核心价值是相背离的。

品牌指南:
品牌延伸一定要与原有定位相吻合。

思政话题:
我们应该拥有怎样的品质并一直保持下去?

五、评估和选择延伸产品

对候选的延伸产品进行评估需要考虑两个方面的问题:一是消费者对延伸产品的接受程度;二是延伸产品对母品牌的影响。第一个问题需要启动对消费者的抽样调查,让消费者对备选方案进行评分,看看母品牌延伸到哪些新产品上更容易被接受并解释原因。为了保证所列的延伸方案没有遗漏,还可以请被访问者补充适合延伸的产品。通常会有好几个延伸产品的备选方案,被访问者被要求对最适合的对象进行排序。第二个问题的答案有三种可能:正面影响、负面影响、无明显影响。正面影响是管理者最希望看到的结果,通常延伸产品与原产品之间关系比较紧密,如海尔延伸到洗衣机、空调、电热水器等产品之后强化了海尔"家电巨头"的形象;无明显影响是管理者能够接受的结果,因为毕竟一些跨度很大的延伸很难直接给母品牌带来帮助,如海尔生物制药对海尔家电形象没有太大的促进作用;负面影响是管理者应极力避免的,有时候企业会犯各种错误,使母品牌受损。

一些可能招致负面影响的原因包括:①行业冲突,如娃哈哈 AD 钙奶与娃哈哈关帝白酒,一个是奶,一个是酒,二者并不协调;②市场冲突,如梦特娇同时拥有男装、女装和童装三个完全不同的市场;③档次冲突,如高档的茅台酒延伸到茅台王子酒和茅台迎宾酒等中低端白酒,并没有获得很大的成功。一个好的延伸产品应该能够被消费者接受,同时也对母品牌具有正面的促进作用。

六、设计实施延伸的品牌营销计划

明确了延伸产品之后,管理者需要设计品牌营销计划对其进行推广。本质上,延伸产品营销的关键在于建立延伸产品与母品牌之间的共同点,使母品牌的资产能够部分转移到延伸产品上。最核心的一个问题是延伸产品的品牌命名问题,即究竟采用主副品牌延伸、单一品牌延伸还是亲族品牌延伸。如果延伸产品与原产品属于同一类别但希望强调产品的特色,就可以采用主副品牌延伸,如马自达在中国合资公司推出的 M6、M3、M2 等不同风格的车型;如果延伸产品与原产品不属于同一个类别且类别之间不容易产生认知冲突,那么可以采用单一品牌延伸,如三菱空调和三菱电梯;如果延伸产品与原产品之间容易产生认知冲突(如档次差异大、行业之间易产生不良联想等)的话,则最好采用亲族品牌延伸。亲族品牌延伸是一种特殊形式的主副品牌延伸,适合于主品牌与副品牌若即若离的关系。比如，高档酒五粮液为了向中低端延伸，推出了五粮春和五粮醇等亲族品牌，其中"五粮"二字表明了几个品牌之间的根源关系，而"液""春""醇"则避免了各种不同档次产品的冲突。

除了品牌命名外，延伸产品营销的计划还有采用相同或类似的品牌标志，如华伦天奴的 V 形标志在皮具、服饰上都稍有微调；采用相同的品牌口号，如飞利浦在所有产品的广告上都以"精于心，简于形"作为结尾；采用类似的产品特征或广告诉求，如飘柔洗发水宣传"使头发柔顺"，而飘柔沐浴露和香皂宣传"使肌肤润滑"等。

七、评价品牌延伸的成败

最后管理者需要对品牌延伸的表现做出评价。这个评价基于两个标准，一是延伸产品是否获得了良好业绩，二是延伸产品对母品牌资产产生了什么样的影响。如果两个标准得分都很高，那么该品牌延伸就非常成功，如耐克从篮球鞋延伸到运动用品和运动服装就非常成功；如果只是第一个标准得分很高，第二个标准得分接近 0（没有什么影响），那么该品牌延伸效果尚可，如奥克斯空调延伸到奥克斯手机，后者对前者并无明显作用，延伸效果一般；如果第二个标准得分为负数，即延伸产品对母品牌产生了负面影响，那么无论第一个标准得分如何，该品牌延伸都是失败的，如 Clorox 漂白剂延伸到洗衣粉就很失败，因为人们总是担心使用了这种洗衣粉会使色彩鲜艳的衣服褪色。

中山大学卢泰宏教授指出，为了计算品牌延伸的成功率，需要考虑相似度、品牌强势度、品牌认知度、品牌联想、营销竞争力 5 个一级指标，以及 15 个二级指标。上海交通大学的薛可在此基础上，在《品牌扩张：延伸与创新》一书中提出了品牌延伸决策评估模型。该模型的目的是对品牌延伸的成功率进行量化，该指标体系涉及 3 个一级指标（品牌的强势度、核心品牌与延伸产品的相关性、环境因素）、8 个二级指标、31 个三级指标。其中，品牌的强势度是指品牌力的强弱和势能，是品牌长期积累的结果，包括品牌的美誉度、品牌的定位度、品牌的知名度；核心品牌与延伸产品的相关性包括产品相关度和受众相关度；环境因素是除品牌的强势度和核心品牌与延伸产品的相关性之外的其他要素，包括目标市场环境、同行竞争环境、延伸推广力度。通过层次分析法，指标体系中的各个指标能够被赋予权重，以便层层汇总计算出最终品牌延伸的成功率。

本章小结

品牌延伸是指借助原有的已建立的品牌地位，将原有品牌转移使用于新进入市场的其他产品或服务（包括同类的和异类的），以及运用于新的细分市场中，以达到以更少的营销成本占领更大市场份额的目的。

根据不同的划分标准，品牌延伸可以有以下几种分类：①根据延伸的产品是否归公司所有，可以把品牌延伸分为公司内品牌延伸和公司外品牌延伸。②根据延伸产品与原产品之间的关系，可以把品牌延伸分为产品线延伸和产品类别延伸。其中，产品线延伸可具体分为换代延伸、水平延伸和垂直延伸三种，产品类别延伸分为连续性延伸和非连续性延伸。③根据延伸产品的品牌命名策略，可以把品牌延伸分为单一品牌延伸、主副品牌延伸和亲族品牌延伸。

品牌延伸的正向作用：①基本作用；②对市场的拓宽作用；③对母品牌的反哺作用。品牌延伸是一把"双刃剑"，成功的品牌延伸能够使品牌资产得到充分利用，并在利用中增值，但盲目的品牌延伸，也有许多陷阱，存在很多负面作用：①延伸的新产品不成功；②对母品牌形成伤害等。

品牌延伸应讲求一定的策略：塑造强势品牌；注重延伸产品与主品牌的相似性；延伸产品本身运作成功。

为了提高品牌延伸的成功率，本书结合凯勒、卡普菲勒等教授的观点，同时分析品牌延伸的一些案例，提出品牌延伸必要的几个步骤：①根据企业战略规划来选择延伸的母品牌；②选择品牌延伸的类型；③测量消费者对母品牌的认知情况；④识别可能的品牌延伸候选对象；⑤评估和选择延伸产品；⑥设计实施延伸的品牌营销计划；⑦评价品牌延伸的成败。

复习思考题

1. 如何理解品牌延伸？企业为什么要进行品牌延伸？
2. 品牌延伸包括哪些类型？
3. 简述品牌延伸的正面效应。
4. 简述品牌延伸的负面作用。
5. 谈谈营销品牌延伸成功的策略。
6. 品牌延伸的基本步骤有哪些？

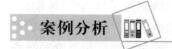

案例分析

霸王凉茶如何有胜算

"一千个人眼里有一千个哈姆雷特"。对于霸王高调推出霸王凉茶的举动，不同的人有不同的看法。

霸王凉茶的争议

2009年在中国香港上市的霸王集团，2010年在广州投资4.8亿港元推出霸王凉茶，高调宣布进军饮料市场。它不仅注册了资本金1.8亿港元的霸王（中国）饮料有限公司操作这一项目，在花都区购买了190亩①地兴建厂房，还请近年来凭借《叶问》《锦衣卫》红得发紫的功夫巨星甄子丹做代言，可谓声势浩大。

作为一个民族品牌，霸王当初凭借单一品类、单一品牌起家，而当其嫁接上资本之后，陆续投入资金涉足中草药洗护发、个人护肤、高端男士洗护用品领域，生产、销售霸王洗发水、追风洗发水、霸王男士洗护用品等系列品牌及产品，以"中药世家"为概念多元化发展。

---

① 1亩≈666.67平方米。

"我们非常明确的战略就是围绕中药世家概念实现多元化发展，延伸产品线。"操盘霸王凉茶项目的何慕如此表示。可见，霸王推出凉茶正是基于这样非常明确的多元化战略。

但是，霸王的多元化发展战略却引来了颇多非议。在霸王推出凉茶之时，一些营销人质疑说，霸王已经在消费者心中确立了防脱洗发水概念，现在却要进入毫无关联、跨度颇大的凉茶业，这样的多元化发展战略前景堪忧，是在自毁城墙，稀释已有的"霸王就是防脱发洗发水"的认知。一旦霸王凉茶业务陷入困境，有可能影响霸王现有的防脱洗发水主营业务。

而且，原本霸王在洗发水品类上有非常多的资源和优势，比如渠道，但是开拓凉茶业务，这些资源能否嫁接过来？而且霸王凉茶要走差异化路线，这种差异化路线具体应该如何走？

在记者采访的过程中，何慕表示，对目前正在操作的项目不便透露细节和做出评价，他说："对于争议、质疑，我们全都知道，但是我们觉得这个不应该放在嘴上说，最终还是要看具体操作得如何。我们现在正忙于后期的战略实施。"

箭在弦上，不得不发。霸王凉茶最终的命运如何，只能留待市场检验。营销是三分策划、七分执行。特别是在快速消费品这样一个波谲云诡的领域，每一种战略，每一种思想，乃至每一种具体的执行手法，都让人难以贸然进行评判。

这或许是一个天然的"试错"领域，让冒险家们不断地向几十亿、几百亿的财富梦想冲刺。谁敢说霸王凉茶不会成为下一个行业黑马呢？执行者们忙于执行，而旁观者的评头论足也未必没有价值，一方面可以立此存照，满足人们预测未来的心理；另一方面，通过智力碰撞，可以基于对营销实践的认知，于荒草荆棘之中，走出一条从未有人走过的路，供后来者借鉴，继续"试错"——"我们不知道什么能做，但我们知道什么不能做。"

霸王进入凉茶业，是有备而来，还是一时冲动？霸王的胜算有多大？

藏文辉（品牌实效管理专家）："我不太看好霸王进入凉茶业。从霸王多年来的行事风格看，进入凉茶领域并非一时冲动，而是蓄谋已久。不过，我认为它的蓄谋谈不上周全与缜密。霸王的发展利器是品类分化，几经波折，终于走上资本运作之路，有了做大、做强'中药世家'的迹象，但这并不等于它已经做大、做强了。霸王请成龙做形象代言人是正确的，通过传统的'中药世家'与'中国功夫'进行互动，提升霸王'中药世家'概念，取得了心智效应。但一上市霸王感觉自己已经成功了，其实霸王谈不上真正的成功。原因在于，'中药世家'在消费者的心智中是比较低端的形象，没有将中药世家做到根深蒂固，做成时尚消费，最多只能算是初步完成了市场分化竞争。如果要做到现有市场的品类分化长期竞争与区隔，完善产品线、扩大市场份额和提升品牌价值是霸王的当务之急。希望霸王不要因为自己在洗发水领域通过'中药世家'品类分化战略取得暂时性的胜利有自负心理。"

马超（品牌中国产业联盟专家）："我觉得霸王做凉茶未尝不可。存在即合理，关键是如何做。作为一家实力相对雄厚的上市公司，既然敢于涉足全新的品类，很显然它不是一时冲动，而是有备而来的。化妆品和凉茶看起来不搭界，但实际上它们都隶属于'中药世家'核心概念，都与中药有关。这与回力品牌类似，它一开始做橡胶鞋，然后很自然地延伸到轮胎产品。事实上，凉茶、防脱洗发水都是快速消费品，霸王进行横向延伸，问题应该不大。"

何启波（某公司营销副总经理）："单从企业寻找销售增长点的角度考虑，霸王进入凉茶业本是无可厚非的。然而对于一个在消费者头脑中初步'注册'的洗发品牌来说，骤然与一个无关联的行业衔接，无异于自毁'武功'。"

霸王凉茶的发展轨迹

2010年4月，推出霸王凉茶。

2011年，霸王凉茶实现销售收入1.67亿元，占到了霸王集团总业绩的18.8%，成为霸王集团第二大收入来源的"功臣"。

2012年，该业务仅实现营收1 758.3万元，占公司总收入比重降至3.2%，同比下降89.5%。

2013年上半年，霸王凉茶收入仅为79万元，同比下滑幅度达95%，经营亏损约为200万元。

2013年7月1日，霸王停止了凉茶分部的生产及销售。

案例思考题：

自霸王凉茶问世伊始，质疑的声音从未停过。该品牌从洗发水大跨度到凉茶领域的做法一直为业内所诟病，你如何看待霸王的品牌延伸？

本章实训

一、实训目的

1. 了解品牌延伸及其成功因素。
2. 能针对具体的品牌延伸实例进行分析。

二、实训内容

通过查阅文字资料及上网收集某一个品牌延伸的相关资料，完成以下任务。

1. 结合某一个具体品牌陈述该品牌的品牌延伸策略。
2. 对上述品牌的品牌延伸进行分析。

三、实训组织

1. 把教学班同学分成五个组，并选出一位担任组长。
2. 每组独立收集、整理相关品牌资料，每组案例原则上不允许相同。
3. 由组长负责组织小组研讨，集中本组成员的研究结果，制作文本文件，并设计演示的PPT文稿。
4. 每组推荐一人上讲台演讲，其间师生可以向该组同学提问，教师引导学生参与研讨。

四、实训步骤

1. 每组独立收集、整理所选取案例的资料。
2. 小组讨论，汇总本组意见。
3. 撰写报告，并设计制作演示课件。
4. 各组代表发言，全班参与讨论。
5. 教师对各组表现进行点评。

第八章 品牌运营

学习目的与要求

(1) 理解品牌联合的定义
(2) 掌握品牌联合的类型
(3) 了解品牌授权的定义
(4) 掌握品牌授权的策略

开篇案例

Intel 的品牌联合战略

1991年,为了抵御竞争对手在计算机机芯市场上的大举进攻,英特尔公司推出了奔腾系列芯片,并随之制订了耗资巨大的促销计划,拟每年花数亿美元,鼓励计算机制造商在其产品上使用 Intel Inside 的标志。对参加这一计划的计算机制造商购买奔腾芯片给予3%的折扣,若在计算机的外包装上注明 Intel Inside 的话,则给予5%的折扣。1992年,英特尔公司的销售量比上一年增加了63%。迫于消费者和小制造商的压力,几乎所有主要的计算机制造商都参与了这个计划。一时间,市场上销售的IBM、DELL、HP等名牌计算机企业原有品牌外均加上了 Intel Inside 的标识,HP公司甚至在某些地区市场开展了 Intel Inside HP Outside 的促销活动。

案例启示

找到志同道合的合作伙伴,通过品牌联合,借助相互的竞争优势,形成单个企业品牌所不具备的竞争力。

本章知识结构图

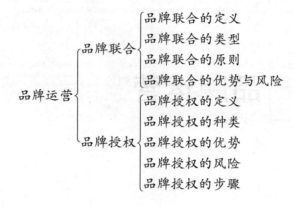

第一节　品牌联合

一、品牌联合的定义

传统的观点认为，品牌组合所管理的品牌都属于同一家企业；而新近的观点认为，品牌组合还包括该企业与其他企业合作的品牌，即联合品牌。联合品牌是一个名词，其动词形式即品牌联合。这是一个新的品牌研究领域，随着联合营销和并购的升温而逐渐被品牌研究与实践者重视。

帕克·简和舒克认为，品牌联合是指将两个现存的品牌名称结合而为一个新产品创造一个组合品牌名称。

路塞斯尔、卡利与苏瑞认为，品牌联合是在维持两个或更多原有品牌特性的条件下，将这些品牌结合而创造一个新的产品或服务。

在《品牌联合》一书中，英国英特尔品牌公司的副董事长汤姆·布莱克特（Tom Blackett）将品牌联合定义为："两个或者两个以上消费者高度认可的品牌进行商业合作的一种方式，其中所有参与的品牌名称都被保留。"

该定义有两点值得关注：一是联合在一起的品牌都是强势品牌，即所谓的"强强联合"；二是参与品牌的名称都要显示出来，而不是作为幕后支持或影子担保。

二、品牌联合的类型

从表面上看，品牌联合就是两个或以上的品牌进行的合作，似乎很简单，但实际上，由于合作的目的和创造的价值不同，品牌联合体现出不同的类型。大卫·艾克和英特尔品牌公司都对此提出过自己的分类。

（一）艾克的品牌联合分类法

大卫·艾克根据各合作品牌之间的关系，将品牌联合分成四种类型。

1. 合作主品牌

合作主品牌是指合作的几个品牌都承担着合作产品或营销计划的主品牌角色，即几个品牌在合作产品或营销计划当中的地位都是相等的,共同发挥主要驱动者的作用。通常在双方都具有某方面比较优势的情况下适合建立合作主品牌。比如,索尼爱立信(简称"索爱")手机综合了爱立信卓越的通信技术和索尼的创新设计能力,两个品牌都对合作产品产生了主要驱动作用。合作主品牌的品牌联合策略往往会使合作各方获得比它们独立经营更好的效果。美国市场营销协会曾经做过一个调查,有80%的人认为他们会购买索尼和柯达公司联合出产的数码影像产品,而如果被感知该产品是由索尼独家生产的,只有20%的人说可能会买;同样,被告知由柯达独家生产的,购买的比例也是20%。

2. 外部品牌化的差异点

一般品牌化的差异点都是在企业内部寻找,而外部品牌化的差异点是在企业外部寻求这个品牌已经具有吸引力、可信度和强有力的品牌联想,可以是品牌化的产品特性、服务、活动或产品成分。产品成分最为常见,如捷豹汽车(Jaguar)在英国使用的是康纳利(Connolly)皮革做汽车内饰,以体现与其他汽车的不同。外部的差异点应该是竞争对手所不具备的,如果竞争对手都能轻易获得,那就不适合作为外部差异点。比如,杜比系统、莱卡、Intel 都不适合作为差异点。要保证独家拥有外部品牌化的差异点,就必须与合作伙伴签订一个排他性的长期合同,规定外部合作者不得与竞争者合作。

3. 外部品牌化的活力点

令一些外部品牌合作者成为本品牌的活力点,即为品牌创造了活力、知名度、联想等。外部活力点的来源包括赞助活动、明星代言人、产品、国家或地区、卡通象征物等。蒙牛酸酸乳通过赞助超级女声歌手选秀活动,使得自信、率真的品牌个性被激活;动感地带凭借歌星周杰伦的代言,为品牌增添了不少独立自主的情感成分;雅虎请陈凯歌、冯小刚、张纪中三位中国著名的导演每人拍摄了一部网络视频广告,在网上流传甚广,这成为雅虎的一大亮点;一瓶香水只要与法国联系在一起,马上会被赋予浪漫的情调,而与西班牙联系在一起,则马上会被烙上激情的印记;卡通小狗 Snoopy 近 20 年来一直为中美大都会人寿保险有限公司(Metlife)代言,卡通小猫 Hello Kitty 则让一些女孩子专用产品(如发卡、女士皮包)变得可爱起来。

4. 战术性的品牌联合

以上的品牌联合带有一定的长期性,事实上,企业也可以选择与其他企业开展短期合作,以便获得声誉、差异性和活力。这种方式被称为战术性的品牌联合,包括合作广告、联合促销等。其中,联合促销(United Promotion)是战术性品牌联合的最主要形式。联合促销又叫合作促销,是两家或两家以上的企业联合在一起,相互以对方的产品或让利作为促销刺激的一种形式。这种方式不仅促进了双方产品的销售,而且强化了双方的品牌联想。例如,动感地带在全国面世不久就和麦当劳合作,推出了一系列的活动,包括每个季度将由动感地带客户通过短信、彩信、WAP 等方式投票组合麦当劳的动感套餐,动感地带客户凭 1860/1861 发出的一条身份确认短信可在全国各地的麦当劳店内享受获选"动感套餐"的优惠等。麦当劳的"我就喜欢"和动感地带的"我的地盘,听我的"在品牌主张上有异曲同工之处,同时两个品牌的目标市场有重叠,所以联合促销使得两个品牌的品牌联想都得到强化。

(二)英特品牌公司的品牌联合分类法

英特品牌公司根据合作中共有价值的创造因素对品牌联合进行了分类,四种品牌联合的类型在所创造的价值上由低到高分别是接触/认知型品牌联合、价值认可型品牌联合、元素组合型品牌联合和能力互补型品牌联合。

1. 接触/认知型品牌联合

这种品牌联合的目的在于增加合作伙伴的顾客作为宣传传播对象，以迅速增强公众对品牌的认知。比如，中国建设银行、深圳天成视讯（一家经营深圳地区有线电视网络的公司）、VISA卡三家合作推出了"数字龙卡"信用卡，就帮助中国建设银行和VISA卡通过有线电视的消费而进入了深圳的千家万户。对于消费者来说，几方的品牌合作要能带给他们一定的利益，否则他们不会有兴趣关注联合品牌和合作项目；而对于合作企业来说，则最好是对方能帮助扩大自己品牌的传播范围，以降低自己独立进行品牌传播的高昂费用。

例如，中国工商银行、中国国际航空公司（以下简称"国航"）合作，共同发行国航知音卡金卡。该卡有两个公司的标志，具有两个卡号，中间一个是中国工商银行的信用卡卡号，下边是国航的国航知音卡卡号。国航在中国工商银行的顾客群体中展示、宣传了自己的产品和服务，推动消费者认知自己的品牌，刷卡购买机票时，由于中国工商银行的信用卡金卡带来的方便和优惠而选择国航的航班。同时消费者利用金卡刷卡购买机票，可以得到累计积分，并给予机票折扣、免费升舱等优惠，当积分达到一定的数额，还会返还一定的飞行里程。可见两家企业的品牌联合给双方都带来了利益，中国工商银行为自己的信用卡赢得了更多的高端用户，提高了品牌的认知度。同时，中国工商银行信用卡与中国石油也进行了相似的品牌联合。

2. 价值认可型品牌联合

价值认可型品牌联合的关键是参与合作的公司具备在客户心目中的品牌价值的一致性，品牌之间有着密切的核心特性和价值上的联系，合作双方能够通过这种联系提高其互补性的品牌声誉，创造满足消费者的新价值，并从中分享品牌联合的收益。消费者认可品牌联合创造的价值，可以刺激品牌联合的经济效果，但价值认可在很大程度上减少了品牌联合的潜在合作伙伴。价值认可型品牌联合与认知型品牌联合的主要区别在于有价值创造。

价值认可型品牌联合有两种。一是互补型的专业品牌合作，强调联合品牌的专业性。如，中国五粮液集团与国内保健食品行业领军企业上海巨人投资有限公司利用在品牌、技术、资金和营销网络等方面的优势，采用五粮液的浓香型基酒，遵循四百余年中医古方，造出"五粮液黄金酒"，共同打造保健酒行业的领袖品牌。二是某行业品牌与具有高度影响力的专业组织合作，为市场提供新的产品或服务，例如，中国商业银行发行的信用卡、借记卡上有银联（UnionPay）的标志，实现信用卡、借记卡的跨行、跨国支付服务。再如，奥运会组委会、中国慈善协会等合作，采用合作方监制的方式推出品牌联合产品，以具有高度影响力的品牌为产品注释，提高联合品牌产品的价值。

3. 元素组合型品牌联合

元素组合型品牌联合是实践中最为常见的一种品牌联合，也是营销理论界研究最多的一种类型，是指一个产品上同时出现两个品牌的联合方式，其中一个是终端产品的品牌，另一个是终端产品所使用的成分产品（或组件）的品牌。终端产品品牌希望通过包含成分产品品牌的某种元素来说明或保证自身具有好的品质特征。通过元素组合型品牌联合，制造商和供应商向消费者传递了其产品和性能的特定信息，不仅提升了双方的品牌价值，而且分摊了宣传的费用。例如，1991年英特尔花数亿美元与康柏、戴尔、Gateway、联想等著名品牌电脑制造商合作，成为各电脑制造商的CPU供应商，以承担广告费用为条件，向各电脑制造商提供英特尔处理器并要求它们在电脑说明书、包装和广告上加入"Intel Inside"独特标志，使英特尔成为CPU制造行业的领军品牌。又如，李宁运动品牌服装与杜邦公司开发的莱卡面料品牌进行合作，推出"李宁·莱卡"联合品牌服装，由于莱卡的弹性纤维可以提升运动功能而被市场广泛认可。

4. 能力互补型品牌联合

能力互补型品牌联合是品牌合作的最高层次，两个强大的互补品牌结合在一起产生一种新的产品或服务，而且每个合作伙伴把自己的核心技术和竞争力投入这个产品或服务中，这是品牌合作从初级合作关系上升到高级合作关系。这种品牌联合的前提是各方都具有较高的声望和专业优势。例如，拥有10多年历史的著名钟表品牌劳力士联合LG开发劳力士手机，依托LG在时尚手机制造方面的专长，同时融入劳力士外观设计理念，使这款联合品牌手机具有精致的做工和不俗的气质。

三、品牌联合的原则

品牌联合可以深化品牌内涵，强化品牌个性，提高品牌认知度，同时品牌的强强联合可以实现企业优势互补，扩大市场范围，减少市场推广费用等。但品牌联合在品牌契合度、与消费者关系的匹配性方面比较复杂，因此，在品牌联合时要注意以下原则。

（一）根据实际需要选择品牌联合的类型

不同的品牌联合类型在选择合作者和合作经营方面是不一样的。当需要另一个著名品牌也起到驱动购买作用时，可以选择主品牌合作，必要时甚至合资；如果只是要满足某一短期的销售目标，则可以选择联合促销，一般的品牌联合要么是跨行业的联合，要么是一个产业链上下游的联合，而如果某一问题是整个行业共同面对的，则甚至可以发起同业竞争者之间的联合，例如，东莞机动车协会联合东莞众多车行所做的合作促销活动，就是这一策略的具体应用。面对目前比较萧条的车市，它们不是进行品牌间的恶意竞争，而是化干戈为玉帛，携手共同开拓市场。

（二）合作者的品牌内涵、目标市场等要相吻合

由于品牌联合将几个合作品牌放在一起进行推广，消费者会认为这些品牌的内涵具有同一类特征，而如果品牌的内涵并不吻合，就会让消费者产生认知混乱。另外，各合作的目标市场应该一致，因为各联合品牌在联合推广时所面对的是同一个市场。例如，帕萨特一向表现出成熟和稳健，如果与中国移动的"动感地带"进行品牌联合就会显得不伦不类，与"全球通"进行联合则成功的可能性就很大。因此，在选择品牌联合候选企业的时候，需要考虑该品牌的内涵以及对应的目标市场。

（三）合作品牌的产品类别要有一定的关联性

具有关联性的几个产品进行合作才更容易让消费者配合使用。如果产品之间没什么联系，那么产品的销量还是很难提高。不仅如此，不相关的产品联合还会影响品牌的定位。日本某咖啡制造商给法国蓝带烹饪学院提供了一个具有获利潜力的品牌联合机会，但经过仔细考虑，该学院拒绝了，因为它担心蓝带烹饪品牌所代表的特殊专业和价值会被过度延展到食品杂货市场领域中去。而当该学院与日本第四大食品生产商日本火腿公司达成协议,销售品牌联合的肉酱、羹汤和专业烹煮的菜肴时,则并没有这些疑虑。

(四) 合作者的资源要能互补

资源互补型的品牌才有更坚固的合作基础。例如,在英国,埃索石油公司(Esso)和特易购便利店(Tesco)联合在加油站建立了24小时营业的迷你超市。该超市既有埃索强大的品牌力量、优越的地理位置和加油站经营经验作为基础,又有特易购的品牌力量、顾客购买信息、采购能力和超市经营能力作为基础,因此合作关系是牢固的。

(五) 品牌在各自行业中的地位要均等

一般而言,合作各方在各自行业中的地位要均等,这样合作起来才能"门当户对"。否则,品牌联合中将会产生很多纠纷,而且处于高地位的品牌也不会心甘情愿地全力投入合作。例如,当年英特尔公司要启动"Intel Inside 计划"的时候,IBM 对此就兴趣不大,因为当时二者的市场地位差异较大。

四、品牌联合的优势与风险

(一) 品牌联合的优势

1. 有利于强化产品品质的信号

由于品牌联合往往是两个知名品牌之间的合作,能够向消费者传达品质得到改善的信号,相对于单独一个品牌来说,能够向消费者传递更好的产品质量保障。潜在的消费者更容易接受并购买联合品牌产品,因为当企业通过联合品牌推出新产品时,新产品的潜在消费者认为不止一家企业用自身的声誉为新产品的品质提供背书。

2. 有利于降低企业推出新产品的风险和成本

品牌联合通过市场上消费者熟悉的一个现有品牌来帮助新产品的推广,是一种帮助企业推广新产品的有效方式。相对于单一品牌,品牌联合可以获得更多的曝光率,研究表明,联合品牌的总利润比单一品牌的利润有明显的增长。同时,在竞争的市场上,与实施品牌联合的产品竞争的难度较大,进而能有效地降低新产品进入市场时的风险与成本。

3. 有利于克服进入新市场的障碍

品牌联合有助于双方利用联合品牌提升技术水平、培养生产能力和开拓市场能力,克服进入新领域或新市场的障碍,同时,参与品牌联合的双方可能拥有互补的品牌属性和品牌能力,从而改善消费者对品牌的评价,提升消费者心目中的品牌形象,推动联合的双方快速树立品牌形象。例如,2005年,摩托罗拉联合苹果公司发布了首款搭载苹果 iTunes 音乐播放软件的手机,使苹果在与摩托罗拉进行合作时熟悉了原本陌生的通信行业,与北美最大的网络运营商 AT&T 建立了合作关系,为其成为世界手机制造商打下了基础,最后苹果手机获得了巨大成功。又如,我国的一汽大众、北京现代等在合作中都推出了自己的自有品牌。

(二) 品牌联合的风险

1. 稀释原品牌的价值

品牌联合不一定带来双赢局面,被错误实施的品牌联合不仅可能对企业毫无益处,甚至至会造成对原品牌价值的稀释。例如,全球汽车产业中,通过并购来实现的豪华车品牌和大众汽车品牌的联合虽然能够使其共享零部件和技术,提高生产和采购的效率,实现规模经济和范围经济,但是这种联合也可能会削弱各自本身的品牌特色。

2. 品牌个性的不和谐

品牌都有个性特点,其他品牌的个性并不总是适合自己的心意。顾客对品牌联合的态度主要受品牌之间的和谐性、原品牌的品质和产品的制造难度三个因素的影响。品牌之间的和谐性越强,顾客就越有可能对所实施的品牌联合形成积极的态度。如果企业错误地选择了品牌联合的伙伴,导致品牌个性的不和谐,消费者就有可能对品牌联合形成负面的态度。

3. 破坏战略协调

品牌联合成功的一个关键是合作双方保持战略上的协调,但是当一个企业决定改变其品牌在市场上的定位或战略时,就有可能给品牌联合的伙伴带来不小的麻烦。要想避免这个问题,合作的双方必须在协议中对双方品牌将来可能的重新定位事先明文规定。另外,当参与品牌联合行动的一方被收购或合并时,也会对联合品牌的战略协调性产生影响,甚至导致合作关系的终结。

4. 品牌危机的"株连效应"

联合品牌中的一方出现任何危机都会对合作伙伴产生"株连效应",如果一个品牌所有者破产或遭受其他财务危机,使他不能继续承担对品牌合作项目的计划投资,那么合作关系将不得不终止,而另一方企业也会蒙受损失。

第二节 品牌授权

在迪士尼公司创始之初,一位家具制造商找到迪士尼的创始人华特·迪士尼说:"如果你允许我把米老鼠的形象印在我的写字台上,我给你 300 美元。"这笔钱不仅使迪士尼公司获得了意外的收入,同时也启发了华特,将品牌运用到其他公司的产品推广上具有很大的商业机会。今天,迪士尼公司在全球已拥有 400 多家品牌授权企业,其产品包括从最普通的圆珠笔,到价值 2 万美元一块的手表。

目前,美国是全球最大的专利授权市场,授权业占全球授权业的 65%,年均授权商品零售额有 1 000 多亿美元。在日本,卡通形象知识产权的买卖占全年卡通消费的一大半。

 阅读材料

2021 年中国品牌授权行业发展现状

品牌感悟:

中国品牌互相支援,发挥集群效应,打造国际化品牌。

品牌分析:

中国玩具协会品牌授权专业委员会(以下简称玩协品牌授权专委会)在 2021 中国品牌授权年会上独家发布《2021 中国品牌授权行业发展白皮书》。这是玩协品牌授权专委会连续第五年发布此类报告,也是全球唯一针对我国品牌授权行业的发展白皮书。本次行业报告特别邀请了玩协品牌授权专委会副理事长单位为报告专家顾问组。

据《2021 中国品牌授权行业发展白皮书》,2020 年我国年度被授权商品零售额达 1 106 亿元人民币,同比增长 11.5%。

截至 2020 年 12 月,按照企业实际开展授权业务的口径统计,活跃在我国的品牌授权企业总数为 586 家,同比增长 8.1%;已经开展授权业务的 IP 为 2 182 项,同比增长 8.8%。

中国品牌授权商总体状况

2020 年,娱乐类 IP 仍是最主要的 IP 类型(58.5%),其次是艺术文化(含博物馆)类 IP(占比 18.7%)、潮流时尚类 IP(占比 10.3%)。

*娱乐类包括卡通动漫、影视综艺、电子游戏、肖像形象、网络文学、音像图书等,如图 8-1 所示。

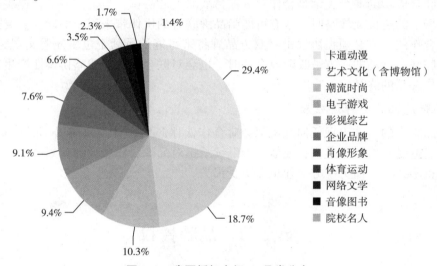

图 8-1 我国授权市场 IP 品类分布

2020 年活跃在我国授权市场上的 IP,主要国家(或地区)为中国内地(32.6%)、美国(30.5%)、欧洲其他国家(10.2%)和日本(9.8%)等。中国本土的授权行业快速发展,2020 年,中国内地开展授权 IP 数量占比首次超过美国,如图 8-2 所示。

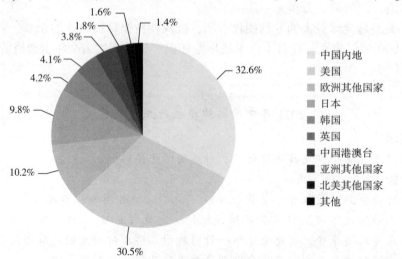

图 8-2 我国授权市场 IP 国家(地区)分布

中国品牌授权交易的授权金收取主要有四种模式：①有保底金，并收取溢缴授权金；②无保底金，按实际销售额的一定比例收取授权金；③无保底无分成无定额，资源互换，联合推广；④年度一次性定额收取授权金。

2020年，保底授权金+溢缴授权金仍然是最主要的授权金收取模式，占比45.1%。无保底金，按销售额一定比例收取也是重要的授权金收取模式，占比持续上升，占到25.1%，如图8-3所示。

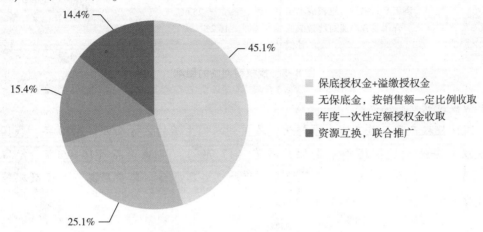

图8-3 授权商授权金收取模式

品牌授权商选择被授权商合作时，考虑的最重要三大因素没有变化：被授权商与IP调性的契合度（79.9%）、被授权商在行业中的规模和地位（72.6%）、被授权商及授权产品的消费人群和IP目标受众的一致性（64.4%），如图8-4所示。

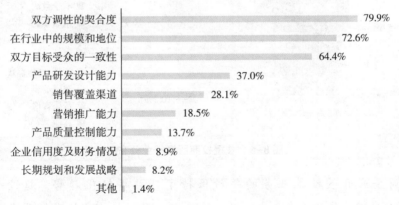

图8-4 授权商授权评估维度

缺少找到优质被授权商的有效渠道（73.3%）是目前授权商面临的排名第一的困难。被授权商缺乏IP运用和转化的能力（61.4%）也是困扰授权商的问题，这与被授权商普遍还在授权合作的初期磨合阶段不无关系。很难招到合适的授权专业人才（56.3%），近年来一直位居授权商前三大困难之一。授权商面临的困难如图8-5所示。

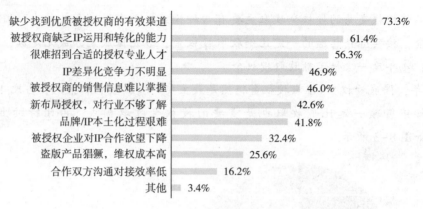

图 8-5　授权商面临的困难

中国被授权商总体状况

中国被授权产品日益丰富和多样化，覆盖到人们生活的方方面面。2020 年，我国已经开展授权业务的被授权商集中在玩具游艺（17.7%）、服装饰品（16.9%）、食品饮料（10.2%）、礼品纪念品（9.8%）等行业，此外，文具办公、婴童用品、电子数码等也是被授权商主要集中行业，如图 8-6 所示。

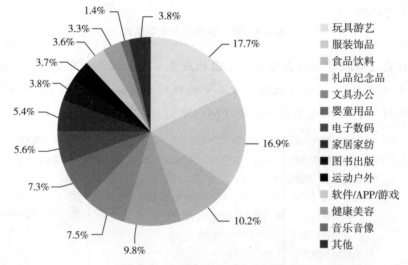

图 8-6　被授权商所属行业分布

被授权商企业开展授权业务的年份保持了日益年轻化趋势，超过一半的企业（50.3%）开展品牌授权业务在 3 年以内；刚刚涉足 IP 授权业务领域（开展授权年份为 1 年或少于 1 年）的企业占比 15.1%，如图 8-7 所示。

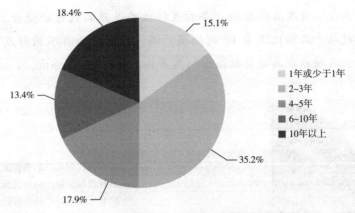

图 8-7 被授权商开展授权业务年份分布

40.5% 的受访被授权企业在 2020 年度合作的 IP 个数为 1~2 个，被授权企业合作的 IP 数量整体偏少。这与授权业务整体处于发展的上升期有关，多数被授权商选择与少量 IP 合作试水，对合作 IP 的选择也更为谨慎，如图 8-8 所示。

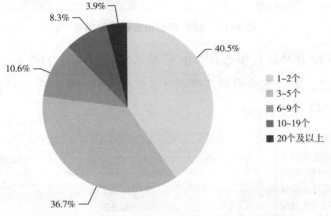

图 8-8 被授权商合作过的授权品牌数量构成

69.2% 的受访被授权商表示，丰富产品的 SKU 是开展授权业务最重要也是最直接的收益。此外，借助授权产品拓宽消费人群（52.1%），以及提高产品/服务的销售量（48.8%）等也是开展授权业务重要收益，如图 8-9 所示。

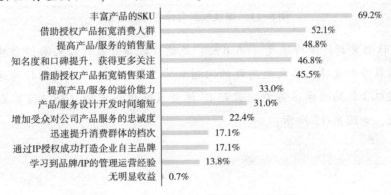

图 8-9 被授权商开展授权业务的收益

对被授权商来说,开展品牌授权业务的直接收益是产品销售额提升。从 2020 年整体销售情况来看,授权产品相比没有 IP 的同类产品,销售额均有不同程度的增长。92.9% 的受访企业表示,其授权产品销售额高出同类产品,如图 8-10 所示。

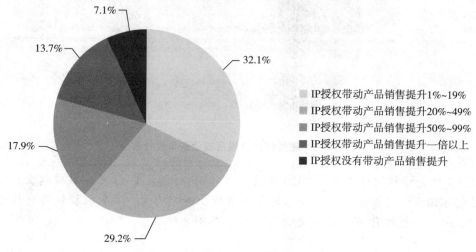

图 8-10 授权产品销售额提升幅度

被授权商选择 IP 进行授权合作时,IP 的知名度和影响力(80.4%)、IP 当下的活跃度和热度(58.0%)、IP 与我公司的品牌调性匹配度(41.9%)等为被授权商需要考虑的重要因素,如图 8-11 所示。

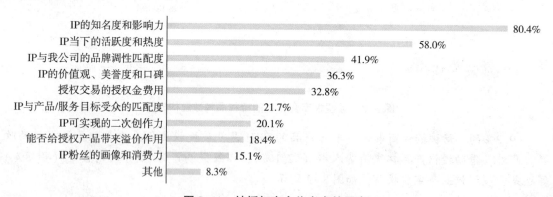

图 8-11 被授权商合作考虑的因素

IP 内容/话题更新,保持热度(66.4%)是被授权商开展授权业务过程中最希望授权商提供的后续服务和支持;其次是高效的沟通和审批(51.0%),顺畅的沟通和审批过程有助于提高授权合作的效率;另外,长期 IP 运营策略规划支持(38.1%)也日益受到被授权商的重视,如图 8-12 所示。

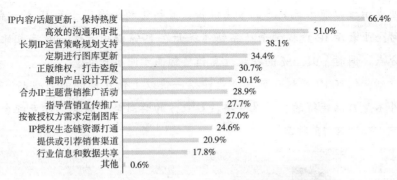

图8-12 被授权商最希望授权商提供的服务和支持

中国玩具被授权企业在地域上多集中在制造业较为强势、商品贸易较为发达的地区，以广东省（37.1%）、浙江省（20.5%）、江苏省（12.6%）等华南和华东地区为主，如图8-13所示。

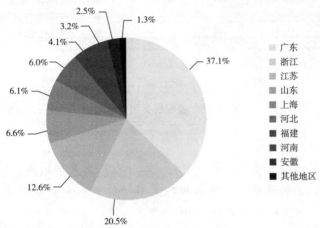

图8-13 玩具被授权企业区域分布

玩具企业是国内最早开展规范化品牌授权业务的行业之一，玩具被授权商企业开展授权业务的年份相对更长，有超过半数（52.5%）的受访玩具企业开展品牌授权业务的年份均在6年以上，其中有25.4%的玩具企业开展品牌授权业务的年份在10年以上，如图8-14所示。

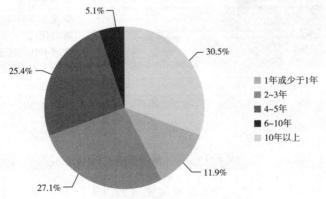

图8-14 玩具被授权企业开展业务年份

玩具企业表示授权能为玩具产品带来溢价，且销售额普遍高于无IP授权的同类产品。27.1%的受访企业表示IP授权带动产品销售提升在19%以内，这一数字相比上一年增加了5.7个百分点。同时，91.5%的授权玩具销售额高于同类产品。

也应注意到，依托IP授权让玩具企业获得一倍以上销售额的能力减弱，IP对销售额的促进作用并不是自动获得的，还是需要授权双方的共同努力运营、相互配合才能取得更好的销售成果，如图8-15所示。

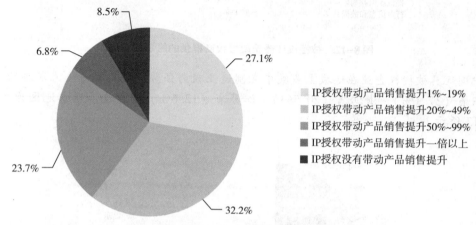

图8-15　授权玩具销售额差别

中国授权产品渠道商总体状况

授权产品的线下销售渠道中，购物中心（22.8%）重要性提高，成为最主要的选择；百货商超（20.8%）紧随其后，仍然占据较大市场份额；专卖店/独立门店（16.6%）上升成为第三大线下渠道，更精准面向IP受众，如图8-16所示。

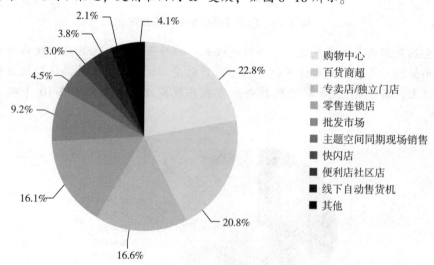

图8-16　线下销售渠道分布

品牌授权产品的线上渠道中，阿里系的淘宝（22.1%）和天猫（21.3%），以及京东（13.3%）依然占据线上销售渠道的前三强位置，与电商的整体格局一致。

另外，新兴的线上销售渠道包括抖音（7.8%）、自主开发APP/商城/小程序等（6.6%）。因为疫情防控期间集体居家，2020年的线上直播火爆，也带动了淘宝直播（5.8%）等平台对授权产品的销售。线上销售渠道分布如图8-17所示。

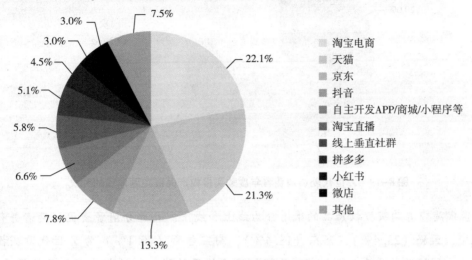

图8-17 线上销售渠道分布

授权产品销售过程中，产品设计同质化较严重（55.9%）首次成为渠道商遇到的排名第一的问题。授权产品的数量增多，市场竞争加剧，而缺乏差异化设计影响了销售的提升。排名第二的困难是产品追不上IP热度（51.8%），排名也比上一年提升，这些围绕产品本身市场竞争力的问题，成为渠道商的主要困难，如图8-18所示。

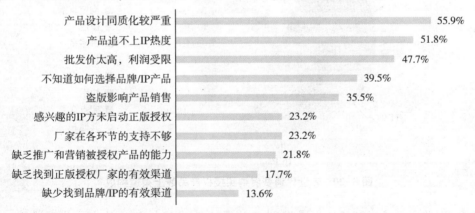

图8-18 渠道商遇到的困难

Z世代受访消费者购买授权产品调查分析

本次消费者调研中，玩协特别针对Z世代（出生于1995—2009年的群体）进行了专项调研。

2020年，Z世代消费者全年购买授权产品频次主要集中在4～6次，占比46.8%；相比于其他年龄段，Z世代群体更喜爱并习惯消费授权产品，如图8-19所示。

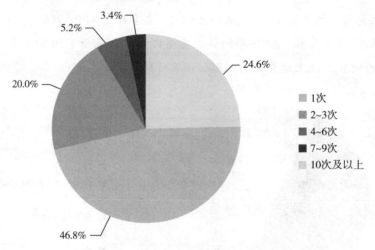

图 8-19 Z 世代受访消费者年度购买授权产品或主题体验的频次

Z 世代消费者购买授权产品的渠道分为线上和线下，大部分消费者偏好两者并行。线上渠道中，天猫（23.4%）、京东（18.4%）、淘宝电商（16.1%）为 Z 世代购买授权产品的前三大网络购物平台。Z 世代购买授权产品使用的线上渠道相比其他年龄段更分散，各渠道占比更平均，Z 世代愿意尝试使用新的产品购买渠道，如图 8-20 所示。

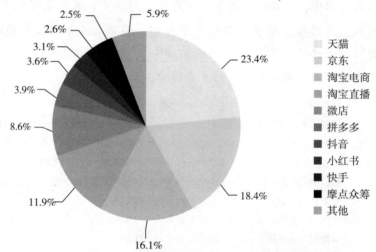

图 8-20 Z 世代消费者购买授权产品线上渠道构成

专卖店/独立门店（25.2%）是 Z 世代消费者购买授权产品的主要线下渠道；其次，便利店/社区店（21.6%）、百货商超（12.6%）也是重要的线下购买渠道。值得注意的是，2020 年由于疫情等原因，社区化的便利店/社区店购买渠道占比增长迅速，如图 8-21 所示。

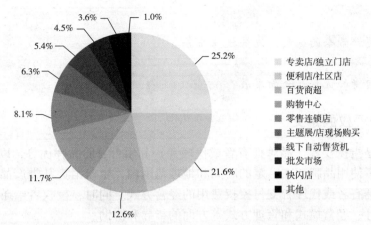

图 8-21　Z 世代消费者购买授权产品线下渠道构成

2020 年 Z 世代消费者经常接触和使用的最重要社交媒体平台前三分别是微信（65.1%）、抖音（48.8%）、微博（41.2%）；此外，B 站（40.8%）、QQ（39.2%）等社交软件也是重要渠道，如图 8-22 所示。

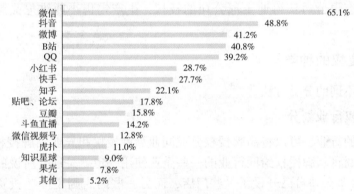

图 8-22　Z 世代消费者使用的社交平台构成

对待同类产品，Z 世代消费者普遍能接受有 IP 的授权产品比同类产品价格高。2020 年，有 65.9% 的受访 Z 世代消费者实际购买的授权产品比同类产品价格高 50% 以上，如图 8-23 所示。

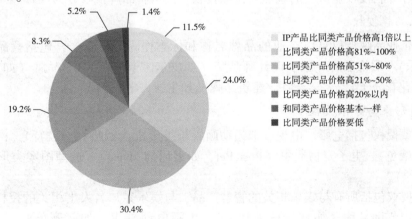

图 8-23　Z 世代受访消费者购买的授权产品比同类产品价格提升幅度

品牌指南：
享受品牌资产带来的福利，发展授权业务。

思政话题：
如何利用自身的优势，全面发展？

一、品牌授权的定义

品牌授权是指授权者（品牌拥有者或代理者）利用自身的品牌优势，以合法的协议形式允许被授权者使用品牌，在一定的时间和地理范围内，生产销售某类产品或提供某种服务，并向品牌拥有者或代理者支付授权费用的经营方式。同时，授权者给予被授权者人员培训、组织设计、经营模式和管理方式等方面的指导和协助。

在品牌授权的定义中有三个主体：一个是品牌授权商，是指拥有授权品牌的公司，如迪士尼公司拥有旗下所有卡通形象的版权；另一个是品牌代理商，是指品牌授权商指定代理某一地区授以业务的公司，如流氓兔的品牌授权业务是由韩国CLK娱乐公司负责代理的；还是一个被授权商，是指获得品牌授权商在合同约定范围内授权使用其品牌的公司，如立鼎国际企业有限公司获得迪士尼公司的授权，生产销售小熊维尼品牌的玩具、糖果产品。

二、品牌授权的种类

品牌授权有不同的分类方法。

（一）按授权行业划分

根据所授权的行业，可以将品牌授权分成同业品牌授权和异业品牌授权。同业品牌授权是指品牌授权商将品牌授权给同行业的一些企业使用，也就是通常所说的"特许加盟连锁"。比如，肯德基公司自己开设了一些门店，而另一些门店则是一些投资人以特许加盟的形式经营的，那些加盟店就属于同业品牌授权。异业品牌授权则是品牌授权商将品牌授权给不同行业的企业使用。

（二）按授权资产划分

结合国际专利授权业协会的观点，按照授权资产可将品牌授权分为四种。

1. 企业品牌授权

常见的企业品牌授权是以企业的品牌名称和标志作为授权资产，包括食品饮料品牌（如可口可乐）、服饰品牌、服装设计师品牌（如皮尔·卡丹）、汽车品牌（如吉普）、书刊品牌（如花花公子）、大学/地标/建筑品牌（如牛津大学）等。

2. 卡通形象与娱乐授权

卡通形象授权包括电影、电视、卡通动画娱乐类形象（如哈利·波特）、网络动画类形象（如流氓兔）、电子宠物形象（Post Pet，如索尼的Mome）、造型图案类形象（如腾讯的QQ企鹅）。

而娱乐授权包括所有与娱乐相关的智慧产品、与娱乐界知名人士相关的授权，如电影或家用录影带节目名称（如《星球大战》）、电视电动游戏（如《魔兽》）、影视偶像（如刘德华）。

3. 运动品牌授权

以运动品牌作为授权资产的是一些体育赛事品牌、体育团队或体育明星，如奥运、NBA、迈克尔·乔丹、刘翔、中国国家乒乓球队等。

4. 艺术授权

艺术授权包括艺术画作或艺术家（如毕加索）、图书、漫画（如几米的漫画）、印刷品等的授权。

（三）按授权目的划分

根据所授权的目的，品牌专家曾朝晖提出了五种常见的品牌授权类型。

1. 商品授权

商品授权是指被授权商可以将授权品牌的标志、人物及造型图案等无形资产，运用在产品的设计和开发上，并进行销售。例如，湖南三辰卡通集团授权加盟商生产销售蓝猫儿童食品，中粮集团授权食品企业生产梅林、长城品牌罐头，腾讯与万事达包业合作QQ休闲包品牌等。

2. 促销授权

促销授权是指被授权商可以将授权品牌的标志、人物及造型图案等无形资产，运用在自身品牌的促销、推广活动中，但不得应用在产品上进行销售。例如，购买麦当劳套餐赠送天线宝宝玩具或Snoopy玩具等。

3. 主题授权

主题授权是指被授权商可以将授权品牌的标志、人物及造型图案等无形资产，策划并经营某一主题项目，如迪士尼乐园里面的好莱坞主题酒店。

4. 连锁授权

连锁授权也称通路授权，是指被授权商可以加盟授权品牌的连锁专卖店或专柜、统一销售授权品牌的商品，如麦当劳、肯德基加盟连锁店。

5. 专利授权

专利授权是指被授权商可以将授权品牌的配方等专利技术，应用于经营活动中，例如土家掉渣儿烧饼涉及烧饼制作技术的授权。

三、品牌授权的优势

品牌授权的作用可从授权方和被授权方两个角度来看。

（一）品牌授权对授权方的作用

1. 以低投入获得主营业务之外的经济回报

在正常的主营业务经营之外，企业通过品牌授权获得一笔授权收入。由于在品牌授权当中，几乎不用投入什么成本（主要是一些交易成本），因此所获得的这笔投资回报率很高。而且，品牌可以根据其授权的区域、时间、行业不同，进行多个授权，从而大大提高授权收入和利润。

2. 降低产品研发成本，丰富产品种类

品牌的发展要求不断推出新产品以增添品牌活力，但自行研发新产品不仅开发时间长，而且失败率非常高。通过品牌授权，企业能够将新产品的研发工作"外包"给一家性价比最高的企业，自己则着力推广品牌。这样，企业能够大大降低新产品的研发成本，在短时间内就推出更多种类的产品。比如，通过品牌授权，蓝猫旗下已有玩具、文具、童装、图书、饮料、食品等各种产品。尽管这些被授权商生产的新产品并不真正归授权商所有，但在消费者看来，所有使用同一品牌的产品都应该是一家公司的，所以可以把品牌授权看成是一种"虚拟联合生产"的形式。

3. 降低营销推广成本，扩展授权品牌的影响范围

通过品牌授权，市面上能够看到某一品牌冠名的形形色色的产品。这些产品在货架上出售以及消费者消费的过程本身也是在传播品牌，从而降低了传统的媒体推广成本，扩大了品牌影响范围。全球3 000多家企业同时销售10万种迪士尼品牌授权产品，会使迪士尼品牌时刻出现在人们日常生活当中，迪士尼公司自己不需要花费推广成本就极大地提高了品牌曝光率。

（二）品牌授权对被授权方的作用

1. 降低新品牌的开发成本，加快产品的被接受度

很多被授权的企业本身具有较强的生产能力甚至研发能力，但在营销和品牌方面比较薄弱。据统计，在美国开发一个新品牌需要3 500万～5 000万美元，而新品牌的失败率高达80%。品牌建设说到底是一个心理认知的构建工程，要让消费者在众多竞争者当中接受一个全新品牌是需要时间和大量财力的。对于众多实力较弱、无法承受住品牌建设时间和费用考验的中小企业来说，首先凭借授权品牌让产品快速进入市场以积累资金和经验，利用授权品牌来带动自创品牌是一条"曲线救国"的战略途径。

2. 增加产品的受欢迎度，提高产品的利润率

一家普通的企业可以凭借授权品牌的知名度和吸引力来获得市场对其产品的认可。赖恩公司是一家制造电动玩具火车的企业，本来已向法院申请破产，后来获得迪士尼公司授权后生产米老鼠造型的火车玩具，投入市场4个月就卖了25万个，这家公司也因此起死回生。某市场当中的雀巢雪糕计划年销量100万件，将哆啦A梦（即机器猫）卡通形象用在雪糕杯外包装后，结果竟卖出了500万件。

3. 学习知名品牌的成功经验和经营模式，增强自身的竞争实力

很多品牌授权合同会规定，授权方在进行品牌授权时还要给予被授权者一些品牌经营和管理的培训、指导。如肯德基在进行特许加盟授权经营过程中，就要求候选人接受12周的餐厅相关事宜的培训，在日常经营过程中，还要用一些品牌管理手册进行指导。即使授权方没有提供正规指导，在合作过程中，被授权方也能了解到授权方的一些管理制度和风格。一家聪明的企业应该是善于学习的企业，懂得从与优秀企业的合作中学到品牌管理的经验。

四、品牌授权的风险

品牌授权对授权双方都具有重要的意义，但品牌授权也隐藏着风险和陷阱。因此，力

求长远发展的授权方和欲借助品牌之力腾飞的被授权方，都应该擦亮眼睛，避免这种风险。

（一）授权品牌不受保护的风险

获得国外企业授权加工的商品，与国内企业产品的注册商标相同或相近时，将构成侵权。因此，如果国外授权品牌取得的注册商标未在国内注册，并且与国内已注册商标相同或近似，那么在国内使用该商标就有侵权嫌疑。还有一种情况是品牌根本就无法注册，而为所有商家所通用，这样品牌就会减弱甚至失去其价值。例如，QQ这个名称，因为作为字母无法注册，所以实际上是一种公共资源，谁都可以用。因此，奇瑞推出了QQ汽车，腾讯也有QQ即时通信，如果某个企业愿意，也可以推出QQ糖果。而现在腾讯QQ准备对品牌授权，应用于食品、文具、玩具以及服装等行业，实际上加入者将面临极大的风险。不仅QQ的名称无法得到保护，即使是腾讯引为自豪的企鹅形象，在许多产品中也是屡见不鲜。

（二）授权变"圈钱"的风险

受品牌授权利益的驱使，一些不法之徒打着品牌授权的幌子，有的甚至连商标都未注册，便搞起了所谓的品牌授权，大肆圈钱，然后换一个招牌继续招摇撞骗。因此，作为被授权方，一定要在谈判时确认授权方是否拥有合法完备的授权资格，是否拥有良好的整体状况和商业记录，是否受到相关法律的保护，是否会因多方授权而引起市场上的激烈竞争，是否可以提供强有力的培训、法律和协调支持。在签订授权合同时，特别要在授权商品（品牌数量和商品大类）、销售区域（生产和销售的区域）、销售时间（双方履行合同的时间期限）三方面予以注意，否则会引起纠纷。

（三）授权产品冲突的风险

某些授权产品由于企业长期经营战略及实际操作的结果，消费者已经在某一产品上认同了该品牌，使其可延伸性变弱，在这种情况下，如果授权产品与原有产品的关联性较差，甚至产生抵触，就会使消费者产生心理不适，有损品牌形象。例如，品牌的原有产品一直是定位于儿童，如果授权产品定位于成人，就难以得到认可；如果原有产品是食品，而授权产品是药品、日化用品，就会使产品的可信度降低。一些商标所有者由于缺乏对自身品牌的严格管理，或者为了获取更多的利益，同一个商标授权给多种不同的商品及多家不同的公司，甚至是授权给相互冲突的产品，从而造成了自身品牌的混乱。例如，20世纪80年代，河北保定稻香村注册了"稻香村"糕点类食品的商标，随后授让给苏州稻香村，后来苏州稻香村许可北京稻香村使用其"稻香村"品牌，后来又授权成立香港稻香村，四家同时使用稻香村品牌名称，品牌标志却具有较大差异，这几家企业虽然都经营糕点类食品，但产品生产标准、口味都不一样，给消费者甄别和选择带来了麻烦，甚至有的消费者一直认为其假冒伪劣严重，影响了稻香村的品牌声誉和品牌价值。

（四）克隆仿冒的风险

克隆仿冒现象非常普遍，一个品牌做出了名，马上就会有大量的跟风者，让消费者难辨真假。例如，克隆伊利的伊俐牛奶、克隆洪大妈的洪六妈。许多享誉已久的品牌销售受挫，与克隆品和仿冒品的泛滥有着直接的关系。对于侵权产品，授权方应予以坚决打击。

（五）授权监控的风险

被授权者是通过"购买"的方式获得品牌使用权的，所以被授权者必然考虑投资的短期收益，不会注重品牌的维护与发展，很可能出现一些短期行为。由于品牌授权者并不直接进行产品的生产，有的品牌授权者甚至是"二道贩子"，无法对具体的授权企业进行产品质量上的监督，一旦出现质量问题就会危及整个品牌。

因此，授权方应构建一套成熟的品牌授权体系。对授权厂商的选择要慎重，全面考核被授权者资格，确立长远互利的合作关系，绝不能谁交钱就给谁干。同时，要把握发展加盟商的节奏，量力而行，切忌操之过急。以迪士尼为例，在授权活动开展的初期，迪士尼只管扩充加盟商队伍，对产品的质量不闻不问。后来广告大师贺蒙·凯曼建议迪士尼应该注意授权产品的质量，防止劣质产品玷污品牌，得到迪士尼采纳。迪士尼与贺蒙·凯曼公司签约由其代表迪士尼处理授权业务。依靠贺蒙·凯曼公司的专业化运作和严格把关，迪士尼授权产品的质量大幅提高。

五、品牌授权的步骤

目前，通常用于品牌授权的品牌主要是卡通品牌，如电影、电视、卡通动画娱乐类、网络动画类、造型图案类等的授权，也可以是传统的企业品牌，如运动品牌、明星品牌、艺术品牌等。卡通品牌的创造完全是一个从无到有、创建虚拟形象的过程，因此，建立卡通品牌形象的授权更加困难。下面介绍卡通品牌授权步骤。

（一）创造品牌形象

用来授权的品牌必须是一个具有良好形象的品牌。卡通形象创造一般有两种方式。

1. 根据广为流传的传统故事结合现代流行元素开发

以流传多年、家喻户晓的传统故事为基础，创建卡通娱乐形象，一经推出就很容易被人们接受。例如，我国的传统故事《西游记》中的孙悟空、《哪吒传奇》中的哪吒等经过现代元素的处理，都能成为人见人爱的卡通形象。

2. 新创品牌形象

没有传奇故事基础，重新创造一个新的卡通娱乐品牌形象。这个形象的最大特点是符合现代人的价值观，如不屈不挠的海尔兄弟、智勇双全的黑猫警长、机灵可爱的米老鼠。品牌形象创造要在个性上对品牌形象进行鲜明的定位，然后根据这个个性定位来选择人物或动物种类，之后对其进行标志性的设计，包括五官、动作、语言等。受众都是从外到内地理解品牌形象的，而品牌设计者必须从内到外地进行设计。

（二）品牌形象传播

在设计完卡通品牌形象之后，接下来的工作就是将形象向市场推广，一般采取整合传播方式。例如，52集大型动画连续剧《哪吒传奇》在中央电视台开播后，动画图书《哪吒传奇》也受到儿童的欢迎，该套丛书曾连续十几周高居北京图书大厦销售排行榜首位。

媒体之间的联动加快了卡通品牌形象的建立，一旦品牌形象开始被大众熟悉和了解，企业还可以让卡通形象从书里或银幕上走到台前，进入人们的现实生活中与受众互动。

（三）通过品牌授权进行周边商品的延伸开发

一旦卡通品牌形象受到人们的青睐，前来要求授权的产品生产商就会络绎不绝。授权产品的开发是品牌授权的核心环节，不能因为一点点授权费用就对授权产品降低门槛。对授权产品的选择有以下要求。

（1）授权产品在产品类别上应与原品牌产品之间有较高的特征相似性。任何一个品牌在产品覆盖面上都是有边界的，授权产品的类别过于杂乱，会对品牌造成损害。

（2）授权产品的品类特征必须与原品牌在品牌核心价值上保持一致。如果原品牌形象是天真可爱的，那么可以授权给文具、玩具、童装、手袋、茶杯等日用品，而不适合手提电脑、商务手机、西服等专业产品。

（3）授权产品的品类不可交叉重复，每一品类只授权给一家企业使用。

（4）授权产品制造商必须具有一定的实力，因为一旦授权，建设品牌的责任实际上分摊在了品牌拥有者和品牌被授权商身上。实力不够的被授权商一旦出现问题，消费者可能会认为是该品牌出现问题。

（四）维护品牌知名度，不断开发授权商品，延长品牌寿命

在日益变迁的市场上，授权品牌需要不断更新维护，否则可能会出现老化现象。如果维护得好，一个上了年纪的卡通形象仍然会焕发青春活力。加菲猫、米老鼠已出现多年，而米其林轮胎先生更是"百岁老人"，但它们在受众心目中还是非常年轻的。卡通品牌的保鲜秘诀包括下面几种。

1. 不断更新品牌形象

卡通品牌形象在发展初期一般是由著名画家绘制的，非常符合当时人们的审美观，但时过境迁，如果不根据当今的时代潮流进行修改，必定会失宠于新一代的受众。在保留卡通形象原有灵魂的同时，应增加新的价值理念。

2. 不断出现在媒体上

品牌与消费者的关系是在不断接触的过程中积累起来的，如果接触少了，关系自然也就淡了。卡通品牌必须充分利用各种媒体使自己展示在受众面前。例如，可以通过出续集的方式不断在漫画、报章连载、小说、电视剧中出现，提高卡通形象的曝光率。

3. 不断出现在现实当中

各种媒体的传播毕竟使卡通形象活在虚拟空间，为了进一步拉近与受众的距离，卡通形象应当走进人们的生活，让人们觉得卡通是鲜活、亲近的。例如，腾讯QQ、迪士尼都授权开设了多家专卖店，销售带有其品牌的产品，或者让卡通形象经常现身大型百货公司的促销活动。

4. 不断开发新的授权产品

通过广泛授权，让卡通品牌形象走到各种产品的包装和外形上，是令卡通品牌永葆青春的最佳方法。这些带有卡通形象的产品深入人们的生活，使卡通形象成为人们生活中的朋友和伴侣。这不仅会使人们熟悉卡通品牌形象，而且会与之建立深厚的情感关系。

2021年全球授权商Top 75

License Global每年发布的全球授权行业年度报告及榜单，是根据上一年国际市场上IP/品牌授权方面的概况，及各家版权方的被授权商品（包括玩具、婴童、幼教、游戏等）销售额总结得出。

相较于前几年的榜单数据，License Global给出的2021年排名也出现了明显的变化——迪士尼仍以540亿美元的授权商品销售额继续领跑，排在前十的IP授权方有了新面孔：精灵宝可梦和Bluestar Alliance，前者依靠电子游戏、手机APP和集换式卡片在2020年依然收获了51亿美元的销售额，同比增长9亿美元，位列榜单第8；后者作为体育用品品牌，依靠从Nike收购的Hurley和广泛的线上销售渠道收获了10亿美元的销售额增长，位列榜单第9。

此前排在前十的IP授权方，有的也在2021年跌出前10。如，东映动画尽管旗下有"龙珠"这样的顶级IP，也只能在2020年保持基本稳定的态势，销售额由2019年的39亿美元下滑到2020年的38亿美元，在榜排名下降至第11位。

从IP授权方所在地来看，和往年一样，美国、欧洲、日本公司几乎包揽了整个榜单，奥飞娱乐和天络行两家中国公司在2021年分列第39位和46位。2021全球授权商Top 75如表8-1所示。

表8-1 2021全球授权商Top 75　　　　　　　　　　　　　　　　　　　　亿美元

排名	公司	2020年授权商品零售额
1	华特迪士尼	540
2	Meredith Corporation	301
3	Authentic brands Group	138
4	华纳传媒	110
5	孩之宝	78
6	NBC环球	75
7	ViacomCBS	58
8	宝可梦	51
9	Blustar Alliance	45
10	三丽鸥	39
11	东映动画	38
12	The Electrolux Group	36
13	史丹利百得	36
14	宝洁	35
15	Kathy Ireland Worldwide	31
16	花花公子集团	30
17	WHP Global	30
18	卡特彼勒	24.4

续表

排名	公司	2020年授权商品零售额
19	WildBrain	23.9
20	NFL Players Association	21.7
21	Rainbow	21
22	美泰	20
23	Focus Brands	18.8
24	好时	17
25	鲜果布衣	15
26	BBC	14
27	芝麻街	14
28	Spin Master	10.6
29	美国职业摔跤	10
30	Dr. Seuss Enterprises	9.98
31	特艺集团	9.05
32	职业高尔夫巡回赛	7.74
33	Keurig Dr Pepper	7.5
34	赫斯特集团	6
35	The Smiley Company	5.73
36	法国拉加代尔集团	5
37	Sharper Image	5
38	米其林	4.86
39	奥飞娱乐	4.5
40	固特异轮胎	4.5
41	碰碰狐	4.37
42	Emoji Company	4.09
43	汤米巴哈马	4
44	索尼影业	3.9
45	伊斯曼柯达	3.83
46	天络行	3.8
47	帝亚吉欧	3.2
48	Animaccord	3.17
49	动视暴雪	3.17
50	BuzzFeed	3.05
51	星期五餐厅	3.01
52	斯凯奇美国	3
53	The World of Eric Carle	2.87
54	Sports Afield	2.45

续表

排名	公司	2020年授权商品零售额
55	俄亥俄州立大学	2.39
56	百威英博	2.35
57	绘儿乐	2.35
58	Funimation Global Group	2.3
59	世嘉	2.07
60	Studio 100	2.03
61	Art Brand Studios	2
62	Roto-Rooter	2
63	美国邮政	2
64	Melitta	1.7
65	不凡帝范梅勒	1.58
66	Games Workshop Group	1.5
67	ITV Studios	1.43
68	The Scotts Miracle-Gro Company	1.41
69	F1	1.36
70	AgfaPhoto	1.25
71	Jelly Belly Candy Company	1.03
72	Acamar Films	0.98
73	银行传媒	0.75
74	美国陆军	0.74
75	Rust-Oleum Corporation	0.65

因为新冠肺炎疫情，"一些公司的2020年财报和其他能够佐证授权商品零售的数据不能被认可"，所以License Global 一改统计全球授权商 Top 150 的传统，2021年缩减为 Top 75。

排在第一位的，还是迪士尼。虽然迪士尼的乐园业务、专卖店收入在2020年受到了巨大的冲击，但授权商品销售额与2019年的547亿美元相比，下降幅度较小，为540亿美元。凭借这一不错的销售成绩，迪士尼继续稳居 License Global 全球授权商第一名。

除了迪士尼，排在2021年全球授权商 Top 10 的还有301亿美元的 Meredith Corporation、138亿美元的 Authentic Brands Group、110亿美元的华纳传媒、78亿美元的孩之宝、75亿美元的 NBC 环球、58亿美元的 ViacomCBS、51亿美元的宝可梦公司、45亿美元的 Bluestar Alliance 及39亿美元的三丽鸥。

如果仅看被授权商品销售额，2021年全球授权商 Top 10 与 2020 年并无大的差距。如，2020年全球授权商排在第10位的也是三丽鸥——被授权商品销售一年44亿美元。2021年和2020年全球10强授权商榜单如表8-2所示。

表 8-2　2021 年和 2020 年全球 10 强授权商榜单　　　亿美元

排名	2021 全球授权商 Top10		2020 全球授权商 Top10	
	公司	2020 年授权商品零售额	公司	2019 年授权商品零售额
1	华特迪士尼	540	华特迪士尼	547
2	Meredith Corporation	301	梅雷迪斯	265
3	Authentic Brands Group	138	Authentic Brands Group	123
4	华纳传媒	110	华纳传媒	110
5	孩之宝	78	PVH Corp	106
6	NBC 环球	75	通用品牌	71
7	ViacomCBS	58	孩之宝	69
8	宝可梦	51	维亚康姆公司	58
9	Blustar Alliance	45	通用汽车公司	46.2
10	三丽鸥	39	三丽鸥	44

但自 11 位开始，IP 授权方和被授权商品的销售额就有很大差距了——2018 年 Welch's（美国饮料品牌）以 4.9 亿美元的商品零售额位列当年榜单第 75，而 2020 年第 75 名 Rust-Oleum（美国工业涂料品牌）仅有 0.65 亿美元的销售额。

此外，也有新的 IP 授权方入榜，如排名在第 63 的美国邮政和第 69 的 F1。

本章小结

品牌运营是品牌扩张的重要途径。在品牌扩张过程中，企业采取的品牌运营方式有品牌联合、授权经营等。

首先是品牌联合。品牌联合是在维持两个或更多原有品牌特性的条件下，将这些品牌结合而创造一个新的产品或服务。一般情况下，品牌联合是指具有相近价值取向并且是两个强势品牌联合在一起，品牌的强强联合才有意义，即联合的两个品牌的地位应该是相同的，不是主副品牌关系，也不是来源品牌或担保品牌关系。根据共同创造价值的潜力，可将品牌联合划分为接触/认知型品牌联合、价值认可型品牌联合、元素组合型品牌联合和能力互补型品牌联合四个层次。

品牌联合时要注意以下原则：①根据实际需要选择品牌联合的类型；②合作者的品牌内涵、目标市场等要相吻合；③合作品牌的产品类别要有一定的关联性；④合作者的资源要能互补；⑤品牌在各自行业中的地位要均等。

其次是品牌授权。品牌授权是指授权者（品牌拥有者或代理者）利用自身的品牌优势，以合法的协议形式允许被授权者使用品牌，在一定的时间和地理范围内，生产销售某类产品或提供某种服务，并向品牌拥有者或代理者支付授权费用的经营方式。品牌授权按授权目的划分有商品授权、促销授权、主题授权、连锁授权和专利授权。品牌授权要经过创造品牌形象，品牌形象传播，通过品牌授权进行周边商品的延伸开发，维护品牌知名度、不断开发授权商品、延长品牌寿命的过程。

复习思考题

1. 阐述品牌联合的内涵和原则。
2. 品牌联合有哪些类型？
3. 阐述品牌授权的定义和意义。
4. 品牌授权有哪些步骤？
5. 品牌授权存在哪些风险？

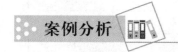

迪士尼的品牌授权策略

华特·迪士尼（Walter Elias Disney）年轻的时候生活非常贫困。他曾经在美国堪萨斯城住过一段时间，为当地的一个教堂作画，由于没有钱，他不得不利用他父亲的汽车间作为工作室。

就在这间工作室里，迪士尼发现了一只瑟瑟缩缩偷吃面包屑的小老鼠，它就是迪士尼笔下老鼠米奇的雏形。谁能想到，那只早已去世的堪萨斯城的老鼠，竟然是世界上最受欢迎的卡通形象的祖先。

一、"米老鼠"的魅力

"米老鼠"所收到的信件比其他任何电影演员收到的都要多，它在银幕上游历过的国家，比世界上其他任何演员也还要多。就这样，迪士尼靠着"米老鼠"一举成名。

现在，当然没有谁可以再拿300美元就获得迪士尼品牌授权，多数迪士尼授权商依然认为自己与迪士尼的这笔生意是划算的。

迪士尼是世界各国人民所公认的高端品牌和娱乐品牌，仅次于可口可乐、微软等。迪士尼是老少皆宜的品牌，91%的中国青少年认为迪士尼是他们心目中最喜欢的品牌。当然对于成年人来说，迪士尼同样占据着他们心中非常重要的位置。

主题公园、电视、电影、商品都支持了迪士尼的品牌价值。在迪士尼看来，中国迪士尼乐园是其在中国的品牌价值的体现，也是其最重要的资产之一。

在全球，3 000多家授权商正在销售着超过10万种与迪士尼卡通形象有关的产品。在中国，也有170多家公司取得了迪士尼的品牌授权。爱国者MP3上的米老鼠造型、三枪儿童内衣胸前的小熊维尼、儿童家具用品上的灰姑娘故事，都需要取得迪士尼的品牌授权并缴纳授权费。

二、迪士尼授权的条件

一个有米老鼠的杯子和一个没有米老鼠的杯子，对于喜欢米老鼠的人来说，当他端起杯子喝水的时候，感觉就不一样。因为这个卡通形象背后的各种故事，早已经深入人心，当人们看见与之有关的产品的时候，就会想起那些快乐的故事。

在迪士尼消费品部亚太区的上海办公室，按照品类分成了6个团队：服装、鞋帽、玩具、家居、电器和饰品。这6个团队加起来也不过五六十人，但是维持着中国地区170多家授权商、5 000 多家网点的运行。

这也是迪士尼要把品牌授权给专业公司的原因,迪士尼不会自己来生产,也不会亲自管理更多流程。因为迪士尼有上万个种类的产品,而其观点是让专业的公司去做专业的事,迪士尼只做最擅长的品牌环节。

成为迪士尼的授权商,要满足两个条件:第一,在制造、经销或零售方面具有最少5年的经验;第二,在相关专业产品方面具有5年或以上的行业经验。

"我们对授权商也有一个筛选的过程,如研发和设计能力、产品质量是否有严格标准、分销网络的覆盖有多广、营销能力是否能够把销量提高上去……同时,还有一项指标,就是工厂生产是否符合劳工标准。"迪士尼消费品部零售与市场推广总监说,"正式成为迪士尼的授权商之前,我们会有一系列严格的考核,之后还会有阶段性的考察,以此来保证消费者购买到的迪士尼产品的质量。"

在迪士尼进入内地市场初期,授权商中很大一部分来自中国台湾和香港地区,但是现在大多数是境内公司了,主要分布在长三角、珠三角这些制造业基地。迪士尼亚太区新兴市场、零售销售及市场推广副总裁说:"迪士尼在中国发展了170余家授权商,接下来的目标自然是要找到另外100家合作伙伴。"

三、开放的卡通形象

随着迪士尼这样的策略的推进,它也遇到了同样来自电影工业的其他公司的竞争。华纳兄弟影业(Warner Brothers)也希望通过与顶级时装设计师的合作来为品牌形象增添光环,该公司曾与高级订制女装品牌黛安·冯芙丝汀宝(Diane von Furstenberg)达成一项合作,作为兔八哥(Looney Tunes)和DC漫画公司(DC Comics)的东家,华纳兄弟影业同冯·芙丝汀宝女士合作所推出灵感来源于神奇女侠(Wonder Woman)的成衣系列。

为了吸引艺术家和设计师加入创意团队,迪士尼在对待其卡通形象的态度上更加开放了,这种改变甚至在公司内部激起了争论。洛杉矶的生活时装店 Fred Segal Fun 销售的T恤上面印的米老鼠看上去就像个街头恶棍,带着金质碎钉装饰项链和时髦的浅底软呢帽。近期即将推出的男士首饰系列中有一款指环上显现的是一个狂暴的米老鼠的形象,它呲着妖异的长牙。

迪士尼消费品部的执行副总裁对如此具有挑衅性的形象却持保护态度,"我们走的是险棋,但并没有走出圈子。"她说,"让艺术家和设计师们能够自由地去选择我们的创意产品,并继续发掘其中的艺术价值,同时不失去理性意涵,是我们吸引优秀人才参与品牌更新的唯一出路。"

设计师们觉得,这样一家处事谨慎的知名公司能有如此勇于尝试的精神,他们对此印象深刻。来自洛杉矶的设计师夏洛蒂·塔兰托拉(Charlotte Tarantola)说,她将以白雪公主和7个小矮人为蓝本,设计一个限量版的系列,她做出此决定的部分原因是迪士尼同意她去挖掘该童话中"阴暗、成人性格的那个侧面"。

作为一家小企业的掌舵者,塔兰托拉对能够使用迪士尼品牌进行创作感到兴奋:"世上每个人都多少会被迪士尼打动过,如果成为迪士尼的合作者能够对我的公司有帮助,那太棒了!"

四、迪士尼的合作伙伴

对大众来说,迪士尼是一个承载人们对于美好幻想与奢望的童话。从童话故事起步的迪士尼,慢慢蜕变为时代缩影、文化符号、商业大亨……影响力巨大的迪士尼渐渐成为各大商业企业的航向标,迪士尼历年来授权了众多衍生品,但从近两年的衍生品品牌观察,"时尚服饰"行业是迪士尼重视的合作伙伴,米老鼠、唐老鸭、高飞、小熊维尼等一系列卡通人物形象从美国走向世界,这些自有 IP 作为迪士尼商业帝国的核心资产,已经成为一块迪士尼的金字招牌,为这些跨国企业带来了源源不断的利润。"80 后""90 后"作为新时代里新的消费群体,是迪士尼重点关注的对象。

华特迪士尼中国区消费品与互动总经理向第一财经记者表示:"目前迪士尼消费品销售中有 60% 对象是儿童,40% 是年轻人,随着我们电影作品的更多引入和消费品策略更向年轻人倾斜,明年预计会有 55% 是儿童,45% 是年轻人。迪士尼将会有更多服装旗舰店的开设计划,而且新店更加注重年轻人市场。"

以迪士尼大热动画为例,《冰雪奇缘》电影中安娜和艾莎所穿的"公主裙"在不到一年的时间内在全美大卖 300 万件。单单是"艾莎裙"一项,迪士尼就获得了约 4.5 亿美元的惊人收入。

Vans 是和迪士尼最早合作的品牌之一,这要追溯到 20 世纪 70 年代。几十年来,Vans 不断推出迪士尼联名款,真正的经久不衰,备受青年朋友的喜爱,其推出的印花系列鞋履受到全世界的关注,成为各路大牌明星的私服。

2015 年,优衣库在美国市场推出了印有米老鼠的 T 恤等服装,销量火爆。美国优衣库营销总监对媒体透露,"一天内一些款式已经卖出了超过 70%"。

时尚界联姻迪士尼,有出于"品牌年轻化"的考量。在其呈现的部分平面广告中,主角不是孩子,不是产品,而是各种肤色、平凡活力的成年模特,他们身着合作系列服装与米奇的影子玩乐着,像是成年人的现实与内心。"FUN(乐趣)"与"MAGIC(魔力)"成为优衣库希望给品牌带来的延伸感觉。而涉及的产品也不仅仅是童装,成人目标的产品占了合作产品的三分之二。

2016 年,AAPE BY A BATHING APE 联合迪士尼发布了 2016 款的联乘系列新品,迷彩的图案带来了新鲜感与神秘感。2016 的联乘系列新品是以最经典的黑色 Mickey Mouse 及猿人头像"moon face logo"为题材,针对青年群体大热的朋克风设计,是一款充满暗黑味道的迷彩酷炫单品。

2017 年,日本运动潮流品牌 ASICS Tiger 发布了与迪士尼的联名系列——美女与野兽,作为对迪士尼同名经典动画片的致敬和对全球同步上映的真人电影的浓情献礼。这种情怀和文化 IP 的结合,深得青年的消费心理,这款运动鞋成了当季的销量王。

迪士尼合作款林林总总,要说最瞩目的当属 Coach。Disney x Coach——90 岁的迪士尼和 75 岁的 Coach,这一次 Coach 设计出一整套的方案,T 恤、机车皮衣、运动鞋、双肩包等,让你穿戴着迪士尼去迪士尼。

五、迪士尼的授权效果

2021 年 6 月,License Global 发布了全球授权行业年度报告与榜单,回顾了过去一年国际市场上 IP/品牌授权方面的概况,并结合 2020 年度各家版权方的被授权商品(包括玩具、婴童、幼教、游戏等)销售额总结出榜单。华特迪士尼位居榜首,年销售额达 540 亿美元。

案例思考题:

案例中,迪士尼授权成功,给你带来什么启示?

本章实训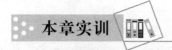

一、实训目的
1. 了解品牌授权、品牌联合及其成功因素。
2. 能针对具体的品牌授权、品牌联合实例进行分析。

二、实训内容
通过查阅文字资料及上网收集某一个品牌授权或品牌联合的相关资料,完成以下任务。
1. 结合某一个具体品牌陈述该品牌的品牌授权或品牌联合策略。
2. 对上述品牌的品牌授权或品牌联合策略进行分析。

三、实训组织
1. 把教学班同学分成五个组,并选出一位担任组长。
2. 每组独立收集、整理相关品牌资料,每组案例原则上不允许相同。
3. 由组长负责组织小组研讨,集中本组成员的研究结果,制作文本文件,并设计演示的 PPT 文稿。
4. 每组推荐一人上讲台演讲,其间师生可以向该组同学提问,教师引导学生参与研讨。

四、实训步骤
1. 每组独立收集、整理所选取案例的资料。
2. 小组讨论,汇总本组意见。
3. 撰写报告,并设计制作演示课件。
4. 各组代表发言,全班参与讨论。
5. 教师对各组表现进行点评。

第九章 品牌资产

学习目的与要求

（1）理解品牌资产的内涵
（2）掌握品牌资产的构成要素
（3）理解品牌资产的评估方法
（4）掌握提升品牌资产的策略

开篇案例

知名市场研究机构 Interbrand 发布了"2020 年全球最佳品牌排行榜"。全球品牌 100 强名单显示，上榜 100 强品牌总价值达到 23 265 亿美元，同比 2019 年增长 9%，其中前三强品牌价值占总榜单价值的 30%，这一数字在 2010 年仅为 16%。排名前十的品牌总价值占 2020 年榜单总价值的 50%。具体来看，苹果、亚马逊、微软、谷歌四大科技公司的品牌价值突破 1 000 亿美元。全球品牌百强排行榜还有 60 家企业品牌价值在 100 亿~1 000 亿美元之间，有 36 家企业品牌价值在 40 亿~100 亿美元之间。全球企业品牌价值百强榜中，华为依旧是中国唯一上榜的企业，其品牌价值为 63.01 亿美元，排名第 80 位。2020 年全球最佳品牌排行榜 10 强如表 9-1 所示。

表 9-1 2020 年全球最佳品牌排行榜 10 强　　　　百万美元

排行	品牌名称	品牌价值	排行	品牌名称	品牌价值
1	Apple 苹果	322 999	6	Coca-Cola 可口可乐	56 894
2	Amazon 亚马逊	200 667	7	TOYOTA 丰田	51 595
3	Microsoft 微软	166 001	8	Mercedes-Benz 奔驰	49 268
4	Google 谷歌	165 444	9	MCDONALD'S 麦当劳	42 816
5	SAMSUNG 三星	62 289	10	Disney 迪士尼	40 773

案例启示

这个案例回答了企业为什么要去做品牌的问题，原因是强势品牌可以获得更好的回报，品牌的价值体现在品牌资产的积累，为企业带来源源不断的利润和持续发展的驱动力。正如可口可乐已故 CEO 罗伯托·郭思达所说："我们所有的工厂和设施可能明天会被全部烧光，但是你永远无法动摇公司的品牌价值；所有这些实际上来源于我们品牌特许的良好商誉和公司内的集体智慧。"

本章知识结构图

```
                    ┌─ 品牌资产概述 ─┬─ 品牌资产的定义
                    │                └─ 品牌资产的特征
                    │
                    ├─ 品牌资产的构成 ─┬─ 品牌资产构成要素
                    │                  └─ 品牌资产构成的无形要素
                    │
品牌资产 ───────────┤                  ┌─ 基于财务要素的品牌资产评估方法
                    ├─ 品牌资产的评估方法┤─ 基于消费者和市场要素的品牌资产评估方法
                    │                  │─ 基于财务要素和市场要素的品牌资产评估方法
                    │                  └─ 基于财务要素和消费者要素的品牌资产评估方法
                    │
                    │                  ┌─ 提高品牌资产的差异化价值
                    └─ 品牌资产的提升策略┤─ 理性延伸，提升品牌资产
                                       │─ 讲好品牌故事，提升品牌资产价值
                                       └─ 通过加强企业内部管理来提升品牌资产价值
```

20世纪80年代，商业并购热潮又开始席卷全球，这次并购除了体现出杠杆收购的特征外，另外一个特征也十分突出，即并购金额远远超过被并购企业的账面资产。比如，在1988年雀巢收购英国郎利·麦金塔什公司的案例中，收购价格高达50亿瑞士法郎，是郎利公司股市价格的3倍、资产总额的26倍。这引起了品牌管理学者的关注，他们开始意识到"品牌"作为一个无形资产在企业价值中的巨大贡献。于是，品牌资产（Brand Equity）这个概念开始在业界盛行起来，并引发了学界对有关品牌资产的内涵、结构、创建和评估模型等问题的深入研究。20世纪90年代初，品牌资产概念被引入我国，并开始影响我国的品牌相关活动。1991年9月20日，由法制日报社、中央电视台、中国消费者报社联合举办的"中国驰名商标评选活动"落下帷幕，首批中国驰名商标共10个：茅台（酒）、凤凰（自行车）、青岛（啤酒）、琴岛—利勃海尔（电冰箱）、中华（香烟）、北极星（钟表）、永久（自行车）、霞飞（化妆品）、五粮液（酒）、泸州（酒）。1995年，北京名牌资产评估事务所开始借鉴《金融世界》杂志（*Financial World*）的方法每年提供《中国品牌价值研究报告》，品牌资产开始为我国企业所重视。

第一节　品牌资产概述

一、品牌资产的定义

品牌资产是品牌管理中的重要概念，20世纪80年代以来，在西方管理界广为流传，它将古老的品牌思想推向了一个崭新的高度。大部分营销相关从业者认为，品牌资产是一种解释营销效果的重要概念，是可以用产品的附加价值来解释的概念，是营销投资的一个重要结果。品牌资产在西方从诞生之日起就没有一个统一的被广泛接受的定义，存在着不同分歧；品牌资产的概念自20世纪90年代初出现在我国，至今众说纷纭，出现了许多不同定义。仁者见仁，智者见智，部分定义汇总如表9-2所示。

表 9-2 部分品牌资产定义汇总

出处	品牌资产定义
营销科学研究所	品牌客户、渠道成员和母公司等采取的一系列联合行动,能使该品牌产品获得比未取得品牌名称时更大的销量和更多的利益,还能使该品牌在竞争中获得一个更强劲、更稳定、更特殊的优势
凯文·凯勒 大卫·艾克	由于顾客对品牌的认知而引起的对该品牌营销的不同反应,能够增加或减少产品服务对于其公司和公司客户所产生的价值的一系列品牌资产和负债以及品牌名称与象征
拉贾·斯拉瓦斯塔瓦 阿兰·斯考克尔	品牌资产包括品牌影响力和品牌价值。品牌影响力是一系列关于品牌客户、渠道成员及母公司的联合行为,它们能使该品牌拥有特定持久的竞争优势。品牌价值是管理层通过采取一系列大力增加当前和将来利益并减少风险的行为,以增强其品牌并由此产生的经济效益
沃克·史密斯	通过各种成功的计划和活动,为一种产品或服务累积起的各种在交易中可度量的财务价值
美国品牌资产委员会	品牌资产向顾客"提供一种能够拥有的、值得信赖的、有关联的特别承诺"
林恩·普绍	一组品牌的资产和负债,它们与品牌的名称标志有关,可以增加或减少产品或服务的价值,也会影响企业的消费者和客户
亚历山大·比埃尔	品牌给产品或服务带来的现金流
华南国际市场调研公司	对于同类无品牌产品或服务而言,消费者愿意为某一品牌产品或服务所付的额外费用

资料来源:凯文·莱恩·凯勒. 战略品牌管理 [M]. 李乃和,译. 北京:中国人民大学出版社,2003.

上述定义包含了三种概念模型:财务会计概念模型、基于市场的品牌力概念模型、基于品牌—消费者关系的概念模型。

(一) 财务会计概念模型

财务会计概念模型主要着眼于为公司品牌提供一个可衡量的价值指标。这种概念模型认为品牌资产本质上是一种无形资产,因此必须为这种无形资产提供一个财务价值。这种概念模型认为,一个强势品牌是非常有价值的,应该被视为具有巨大价值的可交易资产。英国 Interrband 执行董事 Paul Stobart 是该概念模型的支持者,他曾认为:"关于品牌的一个重要问题不是如何创建、营销,而是如何使人看到它们的成功以及在财务上的价值。"这种概念模型的产生背景是公司必须对股东负责,一家规范的企业必须在一定的时期内向股东报告其所有资产(包括有形资产与无形资产)的价值。因此如果不给每一个品牌赋予货币价值,公司管理人员及公司股东就无法知道其公司的真正总价值,甚至会导致价值的低估,从而对企业造成重大损失。尤其是在收购或兼并行动中,就更需要知道品牌的价值。

品牌资产的财务会计概念模型主要可用于以下目的:①向企业的投资者或股东在企业募集资金时提交财务报告,说明企业经营绩效;②便于企业筹集资金;③帮助企业制定收购决策。

财务会计概念模型把品牌资产价值货币化,迎合了公司财务人员把品牌作为资本进行运作的需要。

但是这一概念模型存在着许多不足之处，最大的不足是过于关心股东的利益，集中于短期利益，很可能导致公司短期利益最大化，从而牺牲品牌价值的长期增长；过于简单化和片面化，因为品牌资产的内容十分丰富，绝不是一个简单的财务价值指标所能概括的；会计财务概念模型对于品牌管理没有任何帮助，它只能提供品牌的一个总体绩效指标，但却没有明确的品牌资产的内部运行机制。

（二）基于市场的品牌力概念模型

基于市场的品牌力概念模型认为一个强势的品牌应该具有强劲的品牌力，在市场上是可以迅速成长的，从而把品牌资产与品牌成长战略联系起来。这种概念模型认为，财务的方法只是在考虑品牌收购或兼并时才很重要，财务价值只应是评估品牌价值的第二位指标，除此之外，更重要的是要着眼于未来的成长。品牌资产的大小应体现在品牌自身的成长与扩张能力上。例如，品牌延伸能力是体现品牌力的一个重要指标，对于一个企业而言，引入一个全新品牌的成本要比品牌延伸的启动成本高得多，而且失败的概率也更大，因此品牌延伸已为绝大多数企业所使用。而品牌延伸可以把现有品牌资产中的贡献因素向新的产品延伸，这些因素包括品牌名称、消费者对品牌的态度、对现有品牌的忠诚度、现有产品与延伸产品之间的适应性、品牌形象等。

基于市场的品牌力概念模型是顺应品牌的不断扩张和成长而提出的，该模型与财务会计概念模型最大的不同在于：财务会计概念模型着眼于品牌的短期利益，而基于市场的品牌力概念模型研究的重心则转移到品牌的长远发展潜力。提出该模型的学者开始比较深入地研究品牌与消费者之间的关系，并第一次把品牌资产与消费者态度、品牌忠诚度、消费者行为等指标联系起来。

（三）基于品牌—消费者关系的概念模型

基于市场的品牌力概念模型尽管已开始注意到消费者与品牌资产的关系，但是该模型主要重心还是在于品牌的长期成长及计划。

迄今为止，绝大部分学者是从消费者角度来定义品牌资产的。他们意识到，如果品牌对于消费者而言没有任何意义（价值），那么它对于投资者、生产商或零售商也就没有任何意义了。因此品牌资产的核心便成为如何为消费者建立品牌的内涵。

有人认为，消费者看待品牌资产的关键首先在于建立一个持久的、积极的品牌形象。品牌形象事实上是一个品牌本身或生产品牌的企业的个性体现，消费者可以用形容词来描述其对品牌或企业的感觉和认识。另外有些人则认为，长期的顾客忠诚度关键在于让消费者了解品牌，让消费者掌握更多的品牌知识。消费者对品牌知识的了解可以分几个阶段进行，最重要的是品牌知名度、品牌形象。品牌知名度又分为品牌认知和品牌回忆，品牌形象又可分为态度的和行为的。如果建立一个好的品牌联想，消费者就可以建立一个积极的品牌态度。品牌能够越多地满足消费者，消费者对品牌的态度就越积极，也就有越多的品牌知识可以进入消费者的脑海。一旦在消费者心目中建立了品牌的知识，品牌管理者就要确定品牌的核心利益，即品牌能够满足消费者哪一方面的核心需要。

二、品牌资产的特征

品牌资产是一种特殊资产。总的来说，品牌资产作为企业资产的重要组成部分，主要有以下几个基本特征。

（一）品牌资产是一种无形资产

虽然品牌资产是客观存在的，但它毕竟是超越生产、商品、厂房、设备等一切有形资产之外的资产，是一种无形资产。

无形资产是一种不具有独立实体形式的特殊长期资产，它与有形资产一样，具有长期资产的一般特征。无形资产具有动态性，它具体包含的内容和范围随着科学技术和人们观念的变化而不断扩展变化。无形资产的存在形式又是多样的。

品牌资产作为一种重要的无形资产，越来越受到企业管理人员的重视，并把它反映在企业财务之中，以无形资产形式出现在企业的会计账上。在企业兼并、并购、合资、资产重组、核算企业资产的种种活动中，品牌资产更成为企业关注的重要无形资产。但由于品牌作为无形资产，具有直观把握的难度，目前我国相当一部分企业还未能对品牌资产给予足够的重视，甚至没有把品牌资产提升到与有形资产同样重要的高度，这是业界应该注意的。

（二）品牌资产在利用中增值

对一般有形资产而言，其投资与利用往往很分明，存在着明显的界限，投资会增加资产存量，利用会减少资产存量，而品牌资产作为一种无形资产，其投资与利用常常是交织在一起的，难以截然分开。品牌资产的利用并不必然是品牌资产减少的过程，而且，如果品牌管理利用得当，品牌资产非但不会因利用减少，反而会在利用中增值。例如，某企业将已成功的品牌不失时机地扩展到其他产品上，品牌的影响力即会扩大，如此，品牌资产不但没有因此下降，反而会有所增加。

（三）品牌资产难以准确计量

品牌资产评估需要用一系列指标体系进行综合评价，是一项全新而又复杂的技术，同时品牌资产是一种无形资产，它的计量难于有形资产，甚至可以说是难以准确计量的。首先，品牌作为一种无形资产，是高智力的成果，主要是由复杂的脑力劳动创造的。因此它的货币表现，其数值相对较高，其计量也很复杂，具有测量的不准确性和不确定性。其次，品牌资产的特殊构成决定了品牌资产难以准确计量。前面已提到，品牌资产是由品牌认知、品牌品质形象、品牌忠诚等构成，这些构成要素相互联系、相互影响、相互融合，彼此交错，难以截然分开，而且有些构成要素具有共享性，可以转移，可能为多个控制主体所利用，这些都使得品牌资产难以准确计量。最后，品牌的潜在获利能力具有很大的伸缩性和不确定性，如品牌在消费者中的影响力、品牌投资强度、品牌策略、产品市场容量、产品所处行业及其结构、市场竞争的激烈程度等，这些也增添了准确计量品牌资产的难度。

（四）品牌资产具有波动性

从品牌资产构成上可以看出，无论是品牌知名度的提高，还是品牌忠诚度的增强，抑或是品牌品质形象的改善，都不可能一蹴而就。品牌从无到有，从消费者感到陌生到消费者熟知并认同而产生好感，是品牌运营者长期努力的结果。尽管品牌资产是企业以往投入的沉淀与结晶，但这并不表明品牌资产只增不减。事实上，企业品牌决策的失误、竞争者品牌运营的成功，都有可能使企业品牌资产产生波动，甚至可能是大幅度下降。实践证明，知名品牌的价值并非人们想象得那样单向直线上升，而是上下波动的。在品牌发展的过程中，会出现品牌自然老化现象，也可能遇到突发事件对品牌产生灾难性的打击，此时如果品牌管理者不能正确决策，那么品牌的资产价值就急剧下降；但如果能采取行之有效的措施，品牌的资产价值不但不会下降，反而会上升。可以说，每一个品牌的资产都处在变化之中，有的上升，有的下降，有的甚至出现负价值。这种波动与市场环境变化有关，但是最根本的是由品牌之间的激烈竞争引起的。拥有世界知名品牌的企业也不可能高枕无忧。

第二节　品牌资产的构成

一、品牌资产构成要素

品牌资产的内涵可以从财务会计的视角、品牌力视角和消费者与品牌关系视角来理解，不同视角理解的品牌资产，其构成要素也有所差别。比如，财务视角强调产品价格、现金流量，品牌力视角强调市场占有率等，而消费者与品牌关系视角强调消费者是品牌资产的来源，产品的知名度、品质认知、品牌联想和忠诚度是品牌资产的来源要素，市场占有率、产品价格和企业销售收入等是来源要素基础之上的衍生要素。因此，本节分析品牌资产的构成要素时，只关注以消费者与品牌关系为基础的构成要素，另外两个视角定义品牌资产的构成要素将在资产评估中介绍。

品牌资产的积累来源于消费者的认知、联想和忠诚。品牌资产是无形资产，它不可能由有形的实物资产来表示。一方面，品牌的现实性表现方式（如品牌名称、标识、包装等）是营销活动中对消费者产生作用的一部分载体；另一方面，品牌还取决于消费者对品牌营销活动的反应，如品牌认知、品牌联想、品牌忠诚等。因此，品牌资产由两个方面的要素构成：一是企业传播载体部分，主要是品牌名称、品牌标志和标记、品牌广告语、品牌广告曲和包装，成为品牌构成的有形要素；二是消费者接受企业传播信息而形成的品牌知名度、品牌品质认知、品牌联想、品牌忠诚度和其他专有资产，成为品牌构成的无形要素。

品牌资产构成的有形要素在前面的章节中已经详细阐述过，在此不再介绍。

二、品牌资产构成的无形要素

美国加州大学大卫·艾克教授在《管理品牌资产》（*Managing Brand Equity*）一书中，首次提出了组成品牌资产（Brand Equity）的五大元素，即品牌忠诚度、品牌知名度、品牌品质认知度、品牌联想及其他品牌专有资产。大卫·艾克的品牌资产五星模型如图9-1所示。

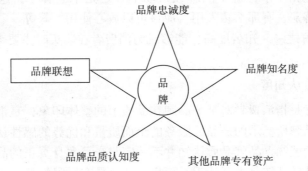

图9-1　大卫·艾克的品牌资产五星模型

(一) 品牌知名度

知名度是指品牌被公众知晓的程度,是评价品牌资产的量化标准之一。从消费者的心理和行为反应来看,品牌知名度就是目标群体对商品、公司、商标等信息的学习和记忆结果。它作为一种条件联系,形成和消退也依赖于强化。这种强化的根源在于消费者通过体验和感受商品各种物理特性(价格、款式、包装、质量等)而形成的认知。认知是一个由浅入深的变化过程。

1. 品牌知名度的层次

(1) 未提示第一提及知名度。知名度最高的程度应该就是在没有任何提示状况下,想到某一类别就立刻想到并且说出品牌名,这叫作未提示第一提及知名度,如提到计算机就会想到 IBM 一样。

(2) 未提示知名度。第二种层次则是仍然没有提示,但也会想到的品牌名,只是没有第一个想到而已,这个层级虽然没有第一提及的知名度高,但也非常重要,这是因为消费者在购买时虽然有品牌忠诚的惯性,但是面对选择实在太多,所以也会经常变换品牌,却只会在几个深植脑海中的品牌内选择,这些品牌名,我们叫作品牌目录群,而品牌目录群就是在未提示下会想到的那些品牌。

(3) 提示知名度。第三层次是经过提示之后,表示记得,并且了解品牌。这个层次是沟通活动的第一个目标站,如果没有达到此层次,沟通效果仍然是无效的。

(4) 无知名度。如果经过提示,消费者依然对品牌毫无印象,那就可以认为是无知名度的品牌。

2. 品牌知名度的价值

(1) 品牌联想的代名词。品牌的内涵是经由传播,一次一次地教育累积而成的,每次沟通的信息不尽相同。对空调而言,有时强调其品质,有时强调其省电,还有时强调其无声,消费者经过了解后,这些信息在脑海中会全部累积在品牌名上,当想到要买空调时则会一一浮现不同品牌的不同特性,这正是品牌认知的意义。

(2) 熟悉度引发好感。人是惯性的动物,对于熟悉的事物,自然会产生好感及特殊的情绪,这是品牌知名度的第二个好处,熟悉会带来好感。

(3) 知名度是一种承诺。高的知名度自然能有大品牌的印象,有品质的保证感,当消费者面对其他同样的商品时,知名度代表着销售者的承诺,这种承诺包括:这家公司投资这么大的广告,一定错不了;这个品牌在市场上一定是个老牌子;这个品牌铺货一定很好;这个品牌这么普遍,有那么多人用,应该可以放心使用,等等。

(4) 品牌目录群之一。知名度高,能够成为消费者在购买时主要考虑的品牌之一,是销售成功的关键所在。

(二) 品牌品质认知度

品牌品质认知度是指消费者对某一品牌在品质上的整体印象,是消费者的一种主观判断,它是消费者对品牌所标示的产品或服务的全面质量和优势的感性认知,是对品牌全面的、综合的、无形的感知。品牌品质认知并不一定与产品本身真正的品质相符。不相符的原因有两个:品牌品质认知是主观认识,而主观认识是有局限性的;不同的顾客有着不同的偏好和要求,其对品质质量的关注点不同,有的顾客可能因为对产品性能要求不高而感到满意,有的顾客可能对价格较高的高品质产品持有一种消极态度,还有的顾客可能因对产品的品质过分信赖而不惜代价。

对品牌的品质认知可以从内在要素和外在要素两方面去理解和认识。内在要素是指产品的具体、物理性的资产。只有在改变产品本身的内在要素时才会发生变化,而且只有当使用产品时才会消耗内在要素。例如,耐用品的品质包括使用简易性、功能性、使用表现、耐久性、服务能力以及社会地位;服务行业的内在要素包括信赖、负责、保证、认同和可见性。外在要素与产品实体无关,即使改变它们产品实体也不会有所改变,例如,价格、品牌名称、标志等。我们研究品牌认知度,其实也希望品牌能获得消费者好的认知,即美誉度。

研究品牌认知度具有以下价值。

1. 提供购买的理由

好品质的商品是所有消费者的选择,如果没有品质的认定,品牌是不可能被纳入考虑范围的。

2. 差异化定位的基础

在选择具有竞争力的定位时,必须确定诉求点是消费者所真正喜爱的特点,而这些特点通常也是那些品质上的特点。所以在寻找定位时,如果能在品质上找到差异化的竞争优势,那么就是最强而有力的市场定位。

3. 高价位的基础

高价位的商品,通常消费者会期望具有较高的品质;相反,较高品质的商品如果卖较高的价位,消费者也会接受的。

4. 通路的最爱

高品质的产品,代表着消费者的购买意愿,也正是经销商的最爱,所以具有高品质印象的产品在铺货上具有相当好的先机。

5. 品牌延伸性

具有高品质印象的产品在品牌延伸上有更大的能力,因为消费者会将原有的品质印象转嫁到新的产品线上,这对新的产品线而言,是有很大助益的。

 阅读材料

郭美美"美"不美?

品牌感悟:

在这个时代,要获取注意力并不是一件很困难的事情。但是,要赢得一定的影响力却很难。注意力经济已经成为过去,现在是影响力经济时代。对于品牌,特别是对于个人品牌来说,影响力才是竞争力。

品牌分析:

在全面品牌管理理论的个人品牌体系中,一个"美誉度"定律——牺牲美誉度换取知名度的做法并不可取。为了博得大众不健康的心理需求,做出哗众取宠的行为,盲目追求得来的个人知名度,无法维持太久。脱离主流价值观和道德观,强求出名也是一种臭名,很快会被大家遗忘。

2011年6月,一个名叫"郭美美Baby"的微博颇受网友关注。这个自称"住大别墅,开玛莎拉蒂"的20岁女孩,在微博上多次晒出其豪宅、名车、名包等照片,被网友指责"炫富"。而她的认证身份居然是"中国红十字会商业总经理"。这一事件引发了轩然大波,网友纷纷对中国红十字会进行质疑,同时恶炒郭美美。

回顾整个事件,郭美美事件总体来说是一次吸引眼球的炒作。她对整个过程的掌控十分到位,较有章法。比如,在个人品牌知名度的炒作过程中,郭美美运用造势、借力、猎奇等手段,用较小的成本达到了传播炒作最大的效果。

郭美美虽然成功推广了自己的知名度,吸引了眼球,迅速走红,但是美誉度却在"地板上",人们对她的印象仅仅停留在了最初的噱头上——炫富,有背景,美女,潜规则。郭美美成为中国网络的围观吐槽对象。所以,广告商判断她的个人品牌商业价值为负溢价,如有优秀品牌沾上了郭美美,很可能导致消费者的蔑视。

将注意力转为影响力,是个人品牌商业价值质的跳跃的关键一步。可惜的是,在打造品牌的纵深过程中,她未能完成这一跨越,郭美美的名声不再。

从注意力的角度说,郭美美成功利用红十字会炒作了自己。很遗憾,利用炒作和负面信息出名的她至今也没能扭转自己的形象。换句话说,她难以实现个人品牌的纵深推进,实现个人品牌价值的持续提升。

品牌指南:
用牺牲美誉度的方式来换取知名度的炒作,是最为冒险的品牌打法。

思政话题:
有媒体这样评价周恩来主席,"中国的周恩来先生在联合国里面被认为是一位很值得尊重的人",他去世时,联合国为哀悼这位深受世界人民尊敬的伟人而降半旗。

引导学生感受周总理的人格魅力,教育学生如何做一个"美誉度"高、有魅力的人。

(三) 品牌忠诚度

品牌忠诚是指消费者在与品牌的接触过程中,由于该品牌所标示的产品或服务的价格、质量因素,甚至是由于消费者独特的心理和情感方面的诉求所产生的一种依恋和稳定的感情,并由此形成的偏爱,消费者长期重复购买该品牌产品的行为。品牌忠诚是消费者对某品牌产生的感情的度量,测度它的指标是重复购买次数、购买的决策时间、对价格的敏感程度、对竞争者的态度、对品牌产品瑕疵的态度等。

1. 品牌忠诚度的层次

(1) 无品牌忠诚度。消费者对品牌漠不关心,无品牌意识,完全按照自己惯用标准进行决策,而这个惯用标准通常情况下是价格,哪个价格低就选哪一个。许多低值易耗品、同质化行业和习惯性消费品都没有品牌忠诚度。

(2) 靠习惯维持的品牌忠诚度。消费者购买某一品牌的产品或服务后,并没有明显的不满之处,会继续购买该品牌,形成消费习惯和偏好。但是这种习惯是脆弱的,一旦有明显的诱因,如竞争者利用价格优惠等,就有可能改变主意和以往的习惯,转而购买其他品牌,所以这类消费者的品牌忠诚度也不高。

(3) 基于满意的品牌忠诚度。消费者对产品或服务很满意或至少不反感,从而对某一品牌具有习惯性购买的行为。他们认为,更换品牌可能意味着风险,担心所更换的品牌不会令人满意,因此不会轻易更换品牌。

(4) 以情感为纽带的品牌忠诚度。消费者对产品品牌有着忠贞不贰的情感依赖,品牌已如他们生活中的朋友,一旦更换品牌,就会有背叛对方的愧疚感。

(5) 完全的品牌忠诚度。消费者对某品牌有着强烈的偏好,有时可能发展成一种偏执,甚至把使用该品牌视为一种实现自我追求、自我价值的表现。他们为成为该品牌的使用者而自豪,并乐于向其他人推荐该品牌。

2. 品牌忠诚度的价值

(1) 降低营销成本。品牌忠诚度高表示消费者离开的概率较低,对营销人员而言,要维持原有的业绩或是扩大增长,营销费用的投入也会更低。

(2) 易于铺货。好销的产品必然可以争取到较好的货架陈列位置,在渠道经营上也会有较好的谈判能力。

(3) 易于吸引新的消费者。品牌忠诚度代表着每一个使用者都可以成为一个活的广告,不仅能提高知名度,也会为产品做见证,减少新的消费者的风险认知。

 阅读材料

品牌即情感

品牌感悟:

在一个消费者面前摆上一瓶可口可乐和一瓶百事可乐,让他闭上眼睛去喝,他会出现选择性障碍,因为两瓶的品位都差不多。但当他看到两个品牌,会坚定不移地做出情感选择。这说明,消费者购买的主要动力不是功能性需求,而是情感性需求。

品牌分析:

企业家一直希望研发一种好的产品去占领市场,这种思维需要修正。产品最终的价值是由消费者的认知与情感相互作用决定的。一个产品要想真正打动消费者,必须满足消费者的情感需求,形成消费者对品牌内涵的认知和联想,使品牌成为一个有血有肉的情感集合体,从而产生精神和价值层面的共鸣,形成品牌忠诚。

"品牌即情感",品牌提升的最后阶段应是情感价值提升阶段,这样才能有强大的感染力。所以,品牌的物质品质和情感价值是支撑品牌的两条腿,缺一不可,相互配合方能支撑起一个强劲的品牌。不同品牌的情感具有高度的差异性,将情感注入品牌,才能在同质化竞争中脱颖而出。

可口可乐诞生于1886年,而百事可乐比可口可乐晚12年。一直以来,百事可乐扮演着挑战者的角色,"两乐"的搏斗缠绵百年,其间剧情跌宕起伏,精彩纷呈。

20世纪80年代之前,在"两乐"之战的前期,人们一直认为可口可乐是碳酸饮料的领导者,所以无论从市场渗透率还是品牌影响力,百事可乐都难以挑战可口可乐。经历了与可口可乐无数交锋之后,百事可乐终于抛弃了跟随战略,明确了自己的定位,以"新生代的可乐"形象对可口可乐实施了侧面攻击,希望撕开一道口子。

百事可乐提出的"新一代的选择"的全新品牌定位,把可口可乐划分为传统可乐,进行了定位区分。这种区分引起了觉醒的70年代青年的共鸣,打动了大批消费者的心,一时销量大增,市场占用有率直追可口可乐。

为了应对百事可乐的挑战，可口可乐改变了以前的配方，希望用稍甜的新配方赢得竞争，但这一做法却激怒了一些对老配方忠诚的消费者，他们纷纷采取行动反对可口可乐公司推出新配方可乐，销量急剧下滑。在明显感觉到推出新配方的压力和窘迫后，可口可乐尊重消费者，最终重新启用老配方。

其实，在美国人心中，可口可乐是正宗的可乐，体现了美国的精神与形象，消费者在对可口可乐的不断消费中，对老配方的情感认同也在不知不觉中加深，一种情感早已把消费者与老配方可乐紧密联系起来，即使是出现更好喝的饮料，也无法打破这种情感依赖。

消费者早已不仅是消费一种饮料，也是在寄托一种情感，而这种转变，就是情感在品牌忠诚中的作用。因而，品牌建设应该创造更多的情感诉求，加强公众与品牌的情感沟通，以情感之力来保证忠诚度。

品牌指南：
只有打动消费者的心，才能最终实现品牌的价值。

思政话题：
孟晚舟说：有五星红旗的地方，就有信念的灯塔。如果信念有颜色，那一定是中国红。从消费者对品牌的情感依赖引申到我国公民对国家的情感依赖，树立忠于祖国、忠于人民的信念。

（四）品牌联想

品牌联想是指消费者记忆中与某品牌相关联的每一件事情，是品牌特征在消费者心目中的具体体现。当人们想起一个特定的品牌时，会很自然地与某种特定的产品、服务、形象甚至愉快的场景等联系起来；当对某种产品或服务存在需求，或者体验到某种场景时，就会和某一特定的品牌对接起来，这些都是品牌联想的具体表现。例如，提到肯德基，人们就会想到和蔼可亲的 Sanders 上校白色的西装、满头的白发、饶有兴味的山羊胡子、亲和的微笑；提到海尔，人们就会想起勇往直前的两个小兄弟。

一个成功的品牌包含丰富的品牌信息，这些信息都可以成为品牌联想的来源。不同的消费者群体会从不同的角度理解和记忆这些信息，这就是品牌联想的支撑点，或品牌联想的来源。对于不同类别的产品，消费者会从不同的方面与该品牌联系起来。例如，提到洗衣粉的各种品牌时，人们易于联想不同品牌产品的特殊功效；提到红酒和香水等产品时，人们更倾向于和其产地联系起来等。企业要根据产品特征和消费者需求，向消费者传递相关的信息，以便消费者产生积极的联想，在产生需求时能联想到自己的品牌。

品牌联想的价值主要体现在以下几方面。

1. 差异化

广告的最主要功能之一就是教育消费者，使其对品牌能产生联想，而所想到的特质正是该品牌的独特销售点，进而对品牌产生差异化的认知，甚至好感及购买欲，这也正是传播定位的主要目的。

2. 提供购买的理由

大部分的品牌联想，都直接与消费者利益有关，而这些利益点也正是消费者购买的理由，如奔驰品牌象征着一种社会地位，所以奔驰轿车成为许多大企业老板的首选。

3. 创造正面的态度及情感

在传播上，我们常有感性诉求及理性诉求两种做法，理性诉求所要说明的是为什么，所以必须提供许多理由；而感性诉求则相反，是将消费者对事物的自然情感转嫁到对品牌的情感上，如化妆品常借美好的画面或音乐来产生偏好，软性饮料也常利用欢乐的场合、气氛来烘托，这些联想固然不是理由，却都能产生正面的情绪的联想。

4. 品牌延伸的依据

麦斯威尔咖啡成功地建立"好东西与好朋友分享"的品牌印象，并依据这一印象，品牌延伸推出麦斯威尔罐装咖啡，在营销成本及效果上皆有事半功倍的好处。

 阅读材料

提供独特的品牌联想

品牌感悟：

最有力的竞争是远离竞争，这也是竞争的最高境界。每一个成功品牌都可以根据自身的特点，为其目标消费者提供独特的联想和价值；与此相反，所有失败的品牌都难以做到这一点。

品牌分析：

创建品牌的实质是建立品牌独特概念的联想，由此进入消费者心智，让消费者喜欢并忠诚于你。成功品牌和失败品牌的差别就是消费者对它们的联想度和辨识度的高低，前者能够提供独特、清晰、令人印象深刻的品牌联想。

独特的品牌联想和识别是品牌差异化战略的原点，品牌附加值的源泉。不夸张地说，独特的品牌联想是品牌的核心竞争力，品牌符号、品牌营销、品牌战略和品牌架构的形式都可以复制，但是唯有进入消费者心智的品牌联想难以复制，而成功的强势品牌做到了这一点。

中国品牌开始建立消费者的独特联想，对品牌和产品进行定位。比如，格力电器被认为是空调专家，生产的空调质量好、科技领先，当然价格也比较贵。这与其他中国家电品牌联想形成鲜明的对比——如廉价、质量差、没有核心技术。格力空调是如何改变消费者对中国家电的认知和联想的呢？

在第一阶段，格力电器提出"好空调 格力造"，通过专业化、销售全面下沉，提升市场占有率。在这一阶段，竞争对手较弱，行业产品参差不齐，通过"好空调"这一简单的品牌定位进入广大消费者心中。

进入第二阶段，市场竞争激烈，竞品质量和品牌提升较快，"好空调"的联想不足以让新消费者心动，也不足以支撑格力空调的领先战略。于是提出"掌握核心科技"概念，通过传播、营销和广告长期向消费者、员工和政府等各个利益相关方灌输这一联想认知。

业内专家对格力的压缩机技术是否真正处于国际一流水平仍有争议，但在消费者心目中，格力空调与核心科技紧紧联系在一起。消费者认为格力空调掌握了核心科技，这个联想、共识比什么都重要。

品牌指南：

创造并保持独特的品牌联想，让消费者记住你。

思政话题：

品牌即人，人即品牌，学生个体应该有意引导周围同学、老师对自己产生正向联想，塑造个人品牌。

（五）其他品牌专有资产

除了上述四种资产以外，尚有一些归类上不明确的资产，如著作权、专利、商标登记等。品牌除了在消费市场具有资产价值外，在法律上因为法律登记可以得到保护，所以也在无形中成为另一种资产。

 阅读材料

无形资产大于有形资产

品牌感悟：

品牌才是企业最重要的资产。品牌企业的无形资产应大于有形资产。无形资产代表着声誉、影响力，以及对社会的贡献和责任。很多西方的500强把企业资产的70%看成是无形资产。

品牌分析：

品牌资产是品牌知名度、美誉度及忠诚度等多种因素的复合体，是超越生产工具和产品等有形资产的一种无形资产。

现代公司正往"轻资产化"方向发展。许多公司剥离生产线和车间，将订单转移到外地，专注于品牌和研发。区别于可见的厂房、设备等有形资产，企业资产正呈现无形化的态势，其中，品牌资产是公司非常重要的无形资产。

品牌资产价值可以带来两个放大：一是对于投资者来说，品牌资产价值高的品牌被收购的PE（市盈率）估值将会放大；二是对于消费者来说，市场给出的价格超过一般价格平均水平，产品溢价放大。因而不同的品牌带来的投资流和现金流不同，这种额外放大的投资流和现金流就是品牌资产。

可口可乐公司创始人艾萨·坎德勒曾说，"假如可口可乐的所有公司所有财产在今天突然化为灰烬，只要我还拥有可口可乐这块商标，我就可以肯定地向大家宣布：半年后，市场上将拥有一个与现在规模完全一样的新的可口可乐公司"。

这句话强调了"可口可乐"品牌无形资产要远远胜过有形资产。1967年可口可乐公司的有形资产才10亿美元，而今，其品牌价值已经超过500亿美元，成为全球最有影响力的品牌之一。

可口可乐公司历史上也曾发生过几次危机事件。无论在什么时候，可口可乐都是把品牌放到重要的位置。为了维护无形的品牌资产，适当地牺牲有形资产，也是常有的事。

1999年6月中旬，比利时的消费者饮用了可口可乐后中毒，导致已经拥有113年历史的可口可乐公司遭遇了罕见的品牌危机。可口可乐公司为了维护品牌资产，总共收回了14亿瓶可口可乐，直接经济损失达6 000多万美元。

尽管可口可乐付出了沉重的回收代价，却赢得了消费者的信任，维护了公司最重要的资产——品牌资产。这事件并没有阻挡可口可乐公司的国际化步伐，相反，国际品牌形象提升得更快。

中国的部分企业仍然不看重无形资产。从近几年发生的食品质量事件来看，企业更在意利润和规模的损失，却忽视品牌形象损失，造成了公众和消费者对国内食品行业信心不高。中国食品行业的核心问题不是技术问题，不是产品问题，而是无形资产——品牌低下的问题。这给消费者造成了强烈的品牌认知：中国食品不安全、有问题，严重制约了食品产业健康发展。

品牌指南：
无形的品牌资产是企业的强力保障。

思政话题：
诚实、有担当、有责任感等，是当代大学生应有的品质，是个人强大的无形资产。

第三节　品牌资产的评估方法

品牌资产（Brand Equity）是一种无形资产，如何对其价值做出合乎情理的评估成为品牌管理研究的一个焦点，相关的研究层出不穷。英特品牌（Interbrand）咨询公司和《金融世界》是国际品牌资产评估的国际权威机构，每年发布全球品牌评估报告，备受瞩目。

近年来，越来越多的企业开始使用品牌资产进行融资活动。品牌资产评估使得企业资产负债表结构更完整。评估品牌将品牌资产化，使得企业负债相对降低，显示企业资产质量较好，企业资产信誉大幅提高，获得银行大笔贷款的可能性大大提高。因此，品牌资产评估具有重要的现实意义。

基于对品牌资产定义的不同理解，品牌资产主要存在三种概念模型：财务会计概念模型、基于市场的品牌力概念模型和基于品牌—消费者关系的概念模型。构成各种品牌资产评估方法的基本要素也可以分为三大类：财务要素，如成本、溢价、附加现金流等；市场要素，如市场占有率、市场业绩、竞争力、股市价值等；消费者要素，如知名度、品质认知、品牌忠诚度等。我们可以将各种评估方法的基本分类进行归纳，如表9-3所示。

表9-3　品牌资产评估方法的分类

评估方法要素	特点	代表性方法
财务要素	品牌资产是公司无形资产的一部分，是会计学意义的概念	历史成本法、重置成功法、股票价格法、收益法
消费者因素+市场因素	品牌资产是与消费者的关系程度，着眼于品牌资产的运行机制	品牌资产十要素模型
财务要素+市场要素	品牌资产是品牌未来收益的折现，加入市场业绩的要素对传统的财务方法进行调整	英特方法、《金融世界》方法
财务要素+消费者	品牌资产是相对于同类无品牌或竞争品牌而言的，消费者愿意为某一品牌所支付的额外费用	溢价法、品牌抵补模型（BPTO）、BrandZ评估法

一、基于财务要素的品牌资产评估方法

（一）历史成本法

历史成本法沿用了会计计量中的传统做法，品牌价值是通过获取品牌时，企业所付出的现金或者现金等价物来衡量的，依据品牌资产的购置或开发的全部原始价值估价。最直接的做法是计算对该品牌的投资，包括设计创意、广告、促销、研究、开发、分销等。

这种方法的主要问题是如何确定哪些成本需要考虑，如管理时间的费用要不要算，如何算。品牌的成功归因于公司各个方面的配合，我们很难计算出真正的成本。即使可以，历史成本的方法也存在一个最大的问题，它无法反映现在的价值，因为它未曾将过去投资的质量和成效考虑进去。使用这种方法，会高估失败或较不成功的品牌价值。

（二）重置成本法

重置成本法是按品牌的现实重新开发创造成本，减去其各项损耗价值来确定品牌价值的方法。

重置成本法主要考虑的因素有品牌重置成本和成新率，二者的乘积即品牌价值。

重置成本是第三者愿意出的钱，相当于重新建立一个全新品牌所需的成本。重置成本法的基本计算公式为：

$$品牌评估价值 = 品牌重置成本 \times 成新率$$
$$品牌重置成本 = 品牌账面原值 \times (评估时物价指数 \div 品牌购置时物价指数)$$
$$品牌成新率 = 剩余使用年限 \div (已使用所限 + 剩余使用年限) \times 100\%$$

（三）股票价格法

股票价格法由美国芝加哥大学的西蒙（Simon）和沙立文（Sullivan）提出，适用于上市公司的品牌资产评估。

该方法以公司股价为基础，首先将有形资产与无形资产相分离；其次从无形资产中分离出品牌资产、非品牌无形资产（如专利等）以及行业外可以导致获取垄断利润的因素（如法律等）三个部分，确定其各自的影响因素；最后，建立股市价值变动与各影响因素的数量关系模型，得到品牌价值占总资产价值的百分比。

在金融市场中，品牌被视为企业的无形资产。企业的金融市场价值是企业有形资产和无形资产收益的总和，是企业资产创造的未来现金流和收益的期望值。如果存在完善的资本市场，证券（包括普通股票、优先股票、长期负债和短期负债）的价值提供了企业资产价值的无偏估计。剔除掉有形资产、能够降低成本的其他非品牌因素（如专利）和产业环境（如管制）等因素之外，就可以从企业的总体市场价值中识别出品牌的价值。利用股票价格法需要具备成熟和完善的资本市场，因此，这种方法在资本市场不发达的国家和地区的使用受到限制。股票价格法虽然考虑到品牌的市场表现，但是从企业的财务数据中推算出品牌价值，无法提供给企业足够的有用信息，也没有明确说明品牌价值的真正来源。正如联合利华公司所指出的，以这种方式评估企业的品牌资产价值，企业无法了解品牌价值的真正来源；给消费者造成的印象是，品牌仅就是高价格和剥削顾客。著名的品牌问题专家、美国加州大学伯克利分校教授大卫·艾克（Aaker）也指出，品牌价值评估的一个基本要求是充分反映品牌价值的来源，为企业改善经营提供必要的依据。许多营销专家对于

将品牌丰富的内涵简单地归结为单一的财务数据也颇有微词。

（四）收益法

收益法又称收益现值法，是通过估算未来的预期收益（一般利用"税后利润"指标），并采用适宜的贴现率折算成现值，然后累加求和，得出品牌价值的一种评估方法。在对品牌未来收益的评估中，有两个互相独立的过程，第一是分离出品牌的净收益，第二是预测品牌的未来收益。收益法计算的品牌价值由两部分组成，一是品牌过去的终值（过去某一时间段上发生收益价值的总和），二是品牌未来的现值（将来某一时间段上产生收益价值的总和）。

但是，有些人对收益法仍然持怀疑态度，他们认为，这种方法的不可靠性在于：预计的现金流量，无法将竞争对手新开发的优秀产品考虑在内；贴现率选取具有主观性；时间段选取也具有主观性。

二、基于消费者和市场要素的品牌资产评估方法

我们已经在前面的章节中介绍了大卫·艾克的品牌资产五星模型。1996年，艾克为了增强模型的应用价值，对五星模型进行了完善，强调了市场行为，增加了对市场状况的评估，提出了品牌资产评估的十要素模型（Brand Equity Ten），如表9-4所示。

表9-4　品牌资产评估的十要素模型

五星模型指标	十要素指标
忠诚度评估	1. 价差效应 2. 满意度/忠诚度
品牌认知度评估/领导型评估	3. 品牌认知 4. 领导性/受欢迎程度
联想性/区隔性评估	5. 价值认知 6. 品牌个性 7. 企业联想
知名度评估	8. 品牌知名度
市场状况评估	9. 市场占有率 10. 市场价格与渠道覆盖率

品牌资产十要素模型为品牌资产评估提供了一个更全面、更详细的思路。其评估因素以消费者为主，同时也加入了市场业绩的要素。它既可以用于连续性研究，也可以用于专项研究。而且该模型所有指标都比较敏感，可以此来预测品牌资产的变化。其不足之处在于：对于具体某一个行业品牌资产的研究，这些指标要进行相应的调整，以便更适应该行业的特点。例如，食品行业的品牌资产研究与高科技行业品牌资产研究所选用的指标就可能有所不同。

三、基于财务要素和市场要素的品牌资产评估方法

基于财务要素和市场要素的品牌资产评估有两家权威机构：英国的英特品牌咨询公司（Interbrand Group）以及《金融世界》杂志。下面主要介绍英特品质评估模型、《金融世

界》的操作方法、北京名牌资产有限公司的方法。

（一）Interbrand 评估方法

Interbrand 评估方法是由 Interbrand Group（英特品牌公司）开发的，Interbrand Group 公司是 1974 年成立于英国伦敦的著名品牌咨询公司，它是世界上最早和最权威的研究品牌资产评估专业机构之一。从 1990 年开始至今，英特品公司每年都会评出"全球最佳品牌 100 强"，这一评估活动成为人们了解全球名品牌的平台，上榜企业也纷纷成为业界关注的焦点。该公司所独创的 Interbrand 评估方法也得到了全球众多市场营销和金融专业人士的认可。每年各大企业排名的变化情况，能够为利益相关者带来相对有价值的信息。目前，除了在全球范围内进行"全球最佳品牌 100 强"评选以外，英特品牌公司也在各国开展品牌的评选和排名。

Interbrand 评估方法的一个基本假定是，品牌之所以会有价值，"不全在于创造品牌所付出的成本，也不全在于有品牌产品比无品牌产品获得更高的溢价，而在于品牌可以使其所有者在未来获得比较稳定的收益"。也就是说，短期对比有品牌和没有品牌的企业，收益的差异并不明显；但是从长期来看，企业有无品牌、所拥有的品牌影响力大小将对收益的稳定产生很大的影响。以餐饮为例，"麦当劳""必胜客"等知名品牌与其他一些地方性品牌，甚至不知名牌相比，明显具有更稳定的市场需求。因为选择这些品牌的顾客，在将来很可能还会选择这些品牌；而对不具备竞争力的品牌而言，存有其顾客很可能在将来转换品牌消费的风险。知名品牌的价值就在于，它能为企业带来稳定的市场需求，从而保持稳定的未来收益。

所以，英特品牌公司认为，一个品牌的价值和其他经济资产的价值一样，是未来收益的折现值，用公式表达为：

$$V = E \times B$$

式中，V 为品牌价值，E 为品牌未来净收益，B 为品牌强度。由公式可知，Interbrand 评估方法的计算需要三个阶段来完成，图 9-2 列出了这一方法的基本思路。

Interbrand 模型采用综合视角，在公司内部财务分析之外，集合了企业外部的市场分析和品牌分析，进一步完善了对品牌价值的估算方法。

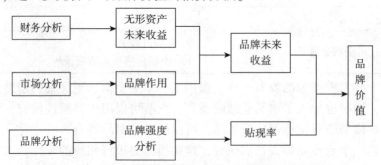

图 9-2　Interbrand 评估方法基本思路

1. 财务分析

财务分析的目的是计算某个产品或服务的无形资产未来所带来的回报。用公式表示为：

无形资产未来收益＝产品或服务的未来总收益－有形资产收益

其中,未来总收益(一般是五年内)计算的数据通常来源于该品牌五年的发展统计数据、对外公开的财务数据和第三方提供的数据。扣除的有形资产收益是整个行业即使是无品牌产品也能创造的价值,比如存货、固定资产、流动资金等投入,一般在固定的行业中会有一个公认的平均回报率。

在估计无形资产未来收益的过程中,需要注意以下几个问题。

(1)应只包括使用被评估品牌所创造的收益,非品牌产品或不在该品牌名下销售的产品应排除在外。在企业销售产品的过程中,可能会有一部分产品并未使用该品牌,那么这时就应该把这部分产品创造的利润扣除,避免过高估计品牌所创造的未来收益。

(2)合理估计有形资产所创造的收益。应合理界定与产品或服务相联系的有形资产,如设备投资、分销系统等,并对其创造的收益进行合理估计,从总收益中扣除。

(3)收益的计算应扣除所得税。这样才能使品牌收益的计算具有一致的基础,才能符合品牌作为企业资产一部分的性质,同时也具有可比性。

2. 市场分析

市场分析的目的是将品牌收益从无形资产收益中剥离出来,从而确定无形资产未来收益中属于品牌创造的收益部分。用公式表示为:

$$品牌未来收益=无形资产未来收益-非品牌无形资产未来收益$$

由于行业性质不同,品牌对顾客购买行为的影响也有大有小。例如,食品、饮料、化妆品等,商品的品牌对顾客的影较大,因此这些行业中品牌所带来的收益占无形资产收益的比重也较大;而像许多高科技产品和工业产品,专利技术、客户数据库、分销协议等非品牌无形资产占无形资产收益中的较大部分,品牌的作用则不是很明显。为了确定品牌价值,必须将无形资产未来收益中的非品牌因素扣除。Interbrand 公司在确定品牌收益比重时,采用一种叫作"品牌作用指数"的方法,其基本思路是:从多个层面审视哪些因素影响产品无形资产的未来收益,以及品牌在多大程度上促进了无形资产未来收益的形成。行业品牌的作用越大,品牌作用指数就越高。尽管"品牌作用指数"带有一定主观和经验的成分,但 Interbrand 公司认为,它仍不失为一种较系统的品牌作用评价方法。

3. 品牌强度分析

品牌强度分析的目的是确定被评估的品牌与同行业其他品牌相比的相对地位,从而衡量该品牌在将其未来收益转变为现实收益过程中的风险,并最终确定适用于未来收益贴现时的贴现率。

Interbrand 评估方法主要从以下十个方面评价一个品牌的强度。

(1)品牌承诺(Commitment),即公司内部对品牌的承诺或信仰,体现于品牌在时间、影响力、投资方面所获得的支持程度。恰当的品牌承诺有助于扩大企业规模,增加企业价值。越能够做出合理承诺并能将其付诸实践的企业,其品牌价值也就越高。

(2)品牌保护(Protection),即品牌所有者的合法权益受到法律保护的程度,主要是指企业的专利权和商标专用权情况。获得法律保护的商标专用权,并积极采取措施保护其品牌名称的企业,会比没有获得法律保护、在品牌名称上存在争议的企业获得更高的分数。

(3)品牌明晰性(Clarity),即品牌价值、定位和主张必须清楚地阐明和共享。企业不但需要让目标受众明确了解该品牌的作用,也要从顾客角度观察不断变化的品牌价值观念。能够洞察到顾客需求的企业能够占据更大的市场份额，从而获得更高的分数。

（4）品牌反应（Responsiveness），即企业品牌适应市场挑战、变化和机遇的能力。品牌应该具有不断发展和更新自己的愿望和能力，尤其是在近两年经济衰退的背景下，品牌需要更加灵活地应对社会经济和竞争的压力。越是能够适应变化的品牌，越能够得到更高的分数。

（5）品牌可靠性（Authenticity），即顾客对品牌的认可程度。顾客更愿意购买他们觉得可靠的品牌，因此传承性强、顾客认可度高的品牌更具有价值。

（6）品牌相关性（Relevance），即品牌能够在多大程度上满足地区内甚至全球范围内顾客的需求。随着互联网技术的发展，在扩大了市场范围的同时，也要求品牌能够适应各地区顾客不断增长的需求。因此，能够满足更多顾客需求的品牌能创造更多的利润，品牌也就能获得更高的分数。

（7）品牌了解性（Understanding），即品牌所有者和顾客不但可以了解品牌的标识，还能够了解品牌所具有的与众不同的特点和品质，只有这样才能提高顾客对品牌的忠诚度，从而保证市场份额，使品牌更有价值。

（8）品牌一致性（Consistency），即品牌在其所有市场中经历的成功程度。目前在这方面能够成为典范的是耐克，该品牌以它标志性的品牌标志符号，在世界范围内的各个地方用相同或相似的款式，创造了一个普遍共通的成功经验。

（9）品牌表现（Presence），即一个品牌给顾客带来的积极感觉，可以通过传统或先进的社会媒介表现出来。品牌的表现越好，越能为商家提升信誉度，从而进一步提高销售业绩。新生媒体的不断涌现也为品牌提供了新的提高自身价值的机会。

（10）品牌差别化（Differentiation），即在顾客心目中该品牌在多大程度上能区别于其他品牌。品牌的差异化程度越大，说明品牌的不可替代性越强，顾客的忠诚度也就越高，企业就能够有较大的盈利空间，从而使品牌更有价值。

对于上述品牌强度组成的十个方面，Interbrand 评估方法首先根据历史经验和实际的对比参照进行打分，其次对每一个分数加权，最后得出一个总分数，即品牌强度分数。在实际生活中，任何一个品牌都很难达到满分的理想状态，但是在上述因素中得分越高，说明品牌竞争实力就越强、品牌的获利年限越长。根据大量的数据调查，在 Interbrand 评估方法中将品牌的最低预期获利年限确定为 6 年，最高预期获利年限确定为 20 年，也就是说 B 的取值范围为 $6 \leqslant B \leqslant 20$。

以上简要介绍了 Interbrand 评估方法的思路和基本做法，下面，我们将用一个例子来演示如何利用 Interbrand 模型计算品牌价值。为了简便我们做出如下假定。

（1）净销售收入是以当年年度为基数，即第 0 年不变价计算。

（2）销售净额全部都是被评估品牌所创造的销售额，不包括自有品牌和无品牌产品的销售。

（3）有形资产包括固定资产和流动资产，均以第 0 年不变价计价。

（4）有形资产的收益去除了通货膨胀的影响。

（5）品牌所产生的未来收益按照无形资产未来收益的 75% 来计算。

（6）在对行业、市场和品牌分析的基础上，确定贴现率为 15%。

（7）第五年之后品牌收益增长为 0。

具体计算如表 9-5 所示。

表 9-5 Interbrand 品牌评估方法计算实例

万元

时间	前年	去年	第0年	第1年	第2年	第3年	第4年	第5年
净销售额	440.0	480.0	500.0	520.0	550.0	580.0	620.0	650.0
营运收益	66.0	72.0	75.0	78.0	82.5	87.0	93.0	97.5
使用的有形资产	220.0	240.0	250.0	260.0	275.0	290.0	310.0	325.0
有形资产计提收益（5%）	11.0	12.0	12.5	13.0	13.8	14.5	15.5	16.3
无形资产收益	55.0	60.0	62.5	65.0	68.8	72.5	77.5	81.3
品牌收益	41.3	45.0	46.9	48.8	51.6	54.4	58.1	60.9
税率	33%							
税后品牌收益	27.6	30.2	31.4	32.7	34.5	36.4	38.9	40.8
贴现率			15%					
贴现因子			1.0	1.15	1.32	1.52	1.75	2.01	—
现值现金流			31.4	28.4	26.1	24.0	22.3	20.3	—
第五年品牌创造价值	152.4							
第五年品牌残值	135.3							
品牌总价值	287.7							

具体计算过程如下：

(1) 营运收益=净销售额×15%

(2) 有形资产收益=使用的有形资产×5%

(3) 无形资产收益=营运收益−有形资产收益

(4) 品牌收益=无形资产收益×75%

(5) 税后品牌收益=品牌收益×（1−33%）

(6) 现值现金流=税后品牌收益/贴现因子

(7) 第五年品牌创造价值=$\sum$现值现金流

(8) 第五年品牌残值=$\sum$税后品牌收益/贴现因子

(9) 品牌总价值=第五年品牌创造价值+第五年品牌残值

从表 9-5 中可以看出，被评估的品牌到第五年所创造的累积收益现值为 152.4 万元，第五年品牌残值折合现值为 135.3 万元，因此，该品牌的总价值为 287.7 万元。

（二）美国 Financial World 品牌评估方法

美国《金融世界》(Financial World) 杂志从 1992 年开始，组织了六人专家小组进行研究讨论，旨在寻找一种正确评估品牌价值的方法，并在每个年度对世界顶级品牌进行品牌资产的评估报告。从总体来说，Financial World 品牌评估方法是对 Interbrand 评估方法的继承和发展，在基本思路和基本假定方面都大致相同。其特色表现在以下两个方面。

第一，Financial World 更多地以专家意见来确定品牌的财务收益等数据。

第二，Financial World 将品牌分为产品品牌和公司品牌两个层次来评估，产品层面称为商标，公司层面称为商号。因为 Financial World 认为，产品品牌和公司品牌是两种性质不同的无形资产，能够为企业带来不同的收益和现金流。品牌是指公司生产的主要产品所使用的名称和标志，如潘婷。而公司商号是指公司的名称和标志，如生产销售潘婷品牌的宝洁公司，两者的区别就在于公司可以同时生产一系列不同产品品牌的商品，并且能够通过收取特许权使用费来获得收入。因此，对公司商号进行评估时需要考虑该公司的全部收入，而对产品品牌评估时，则需要剔除其他产品收入对该产品品牌收入的影响。这是 Financial World 评估方法的一个重要基础。

这种品牌评估方法的基本思路分为两方面：一是对产品商标的评估，二是对公司商号的评估。

1. 对产品商标的评估方法

（1）计算品牌的利润贡献额。首先，从公司报告、分析专家、贸易协会、公司主管人员处得到有关品牌销售额的数据，并基于专家对行业利润率的估计，计算出公司的营业利润。其次，从营业利润中剔除与品牌无关的利润额，主要涉及资本净收益（营业利润×资本报酬率×扣除通货膨胀后行业资金平均利润率）和税收，从而最终得出与品牌相关的利润。

（2）估算品牌强度倍数。按照 Interbrand 公司建立的模型估计品牌强度倍数，该数值的范围在 6~20。品牌越强，倍率越高。

（3）计算出品牌价值。计算公式为：

$$V = P \times B$$

式中，V 为品牌价值，P 为品牌利润贡献额，B 为品牌强度倍数。

2. 对公司商号的评估方法

Financial World 对公司商号评估采用了特许经营协会（Trade& Licensing Asociates，TLA）的方法，其理论基础在于衡量一个公司商号价值的最好尺度是在现实生活中其他当事人为使用该商号所愿意支付的特许权使用费。TLA 建立一个大型数据库，包含涉及几乎所有消费品的 5 000 多种特许经营协议，并以这些具有可比性的许可协议为基础进行评估。TLA 评估思路的基础仍是现值法。先根据顾客认可度、利润、产品扩张能力、市场份额增长率等 20 种因素确定商号强度，将公司分为 1~5 级，5 级为最高；强度越大，公司可能获得的特许权使用费率就越高。同时，不同行业间的特许权使用费率差别很大，在某食业可能低至 0.25%，而在珠宝或化妆品等高利润行业中可能高达 15%。然后确定公司商号的有效寿命、预期销售增长率、折现率等，将未来收益期内的预益进行折现。TLA 的商品价值计算公式为：

商号价值=当年销售收入×特许权费率×有效寿命×预期销售增长率×折现因子

下面，我们将以"吉列"品牌剃须刀为例，来展示如何利用 Financial World 品牌评估方法计算品牌价值。

第一步，经调查，"吉列"品牌产品在全球范围内的销售收入为 26 亿美元。

第二步，计算"吉列"品牌产品税前的营业利润，计算公式为：

营业利润=销售收入×营业利润率

在评估客观性的原则下，根据咨询人员、竞争对手和剃须刀行业专家的数据，认为"吉列"的营业利润率应为37%，由此可以算出该产品的税前利润为9.62（即26×37%）亿美元。

第三步，计算品牌产品的税前超额利润，即在营业利润中扣除企业的正常投资回报。计算公式为：

$$品牌税前超额利润额 = 税前利润 - 品牌产品销售额 \times 平均资本产出率 \times 扣除通货膨胀后的平均资本利润率$$

该步骤的计算过程为：

①根据估算"平均资本产出率＝占用资金营业收入"，确定与该销售收入规模相对应的企业正常投入资本。

根据专家分析，1元的销售收入需要使用0.38元的资本，那么相应产品的平均资本产出率即确定为38%，则正常投入的资本为9.88（26×38%）亿美元，即"吉列"剃须刀当年26亿美元的销售额需要投入9.88亿美元的资本额。

②估算投入资本的正常回报，即普通品牌投资所能获得的平均资本利润额。根据调查，普通品牌的剃须刀在扣除通货膨胀后的资本平均利润率为5%，则正常资本回报约为0.49（9.88×5%）亿美元。

③扣除正常回报，计算品牌带来的超额利润。

"吉列"剃须刀所获得的税前超额收益为9.13（9.62-0.49）亿美元。

第四步，确定品牌的净收益。为了防止品牌价值受整个经济或整个行业波动的影响过大，*Financial World* 采用最近两年税前利润的加权平均值，最近一年的权重是上一年的两倍。两年加权后的修正利润结果为8.71亿美元。

第五步，从品牌税前超额收益中扣除所得税的影响，由此计算出品牌所获得的净利润增加额。按照规定，"吉列"剃须刀的所得税率为34%，则品牌净收益约为5.75［8.71×（1-34%）］亿美元。

至此，"吉列"品牌利润贡献额 P 已经求出，为5.75亿美元。

第六步，专家根据品牌影响因素打分确定品牌强度倍数。考虑到"吉列"剃须刀在世界品牌排名中的稳定性，并且其品牌领导地位、品牌全球化、品牌支持和品牌保护等都处于良好状况，只是品牌趋势和市场类别受到顾客和社会追求健康产品的影响有所削弱。因此品牌强度倍数 B 定为17.9。

第七步，税后品牌价值计算。

品牌价值（V）= 5.75×17.9 = 102.925（亿美元）

（三）北京名牌资产评估有限公司的评价方法

北京名牌资产评估有限公司的评价方法简称"名牌法"，它是在参考美国 *Financial World* 评估方法的基础上，结合我国实际国情加以创建的。从评估方法的角度分析，该方法在设计的过程中充分考虑到了中国品牌的实际情况，比如，区别于西方利润中心的思想，该方法以品牌实现的市场份额为中心；再如，根据中国市场的实际特点引入了行业修整系数的概念，这些都更加符合中国的竞争机制状况，对中国的知名品牌有相对客观公正的评估。

"名牌法"需要品牌价值的研究对象满足以下几个标准：①中国自己的品牌（包括中

外合资企业在中国共同创建的品牌);②产品能够与顾客见面;③行业市场份额领先;④顾客对产品有选择权;⑤能够提供评价所需要的相关材料数据;⑥能够从公开信息中获得符合上述标准的品牌。

与 Interbrand 公司评估方法的假定不同,"名牌法"认为,品牌资产的价值最终要体现在顾客对产品的购买上面。因此对于品牌价值（V）的衡量,"名牌法"采用了三个评估指标：品牌的市场占有能力（M）、品牌的超值创利能力（S）以及品牌的发展潜力（D）,具体计算公式如下：

$$V = M + S + D$$

（1）品牌的市场占有能力。该指标是为了显示品牌的历史业绩,主要通过销售收入指标折算出来的。公司研究表明,品牌的市场占有能力与品牌价值之间存在高度关联,因此该指标在中国品牌价值计算中占有较高的影响权重。考虑到不同行业品牌对销售收入影响不同,需要对销售收入进行折算以保证各行业之间具有可比性。例如,快速消费品中,品牌的贡献可以达到（2~4）:1,而在高新技术产业中大约只有 0.5:1。

（2）品牌的超值创利能力。其计算方法借鉴了一般商标评估的折现法,通过利润和利润率加以反映,超过了行业平均利润水平的部分按照一定年限（一般为三年）折现进行计算,也就是说,如果利润率低于行业平均利润水平,这个部分的价值将是零。从这个角度看,"名牌法"强调仅将具备超额创利能力的品牌作为评估对象,而非所有品牌。同时,该指标又与顾客的信任度有关。一般而言,顾客信任程度越高的商品,如海尔品牌,顾客对品牌的忠诚度也就越高,所以对价格变化的敏感程度也就越低,从而使品牌具备了获得超额创利能力的条件。另外,该指标也与品牌的市场占有能力相关。因为品牌市场占有力越强,在面对相同的条件下,如成本增加、竞争压力大等,获得的销售收入越高,则意味着获得比同行业其他产品更多的超值创利能力。

（3）品牌的发展潜力。如果说前两个指标都着眼于品牌历史价值,那么这个指标则着眼于评估品牌未来的发展状况。强势品牌所具备的强大的未来获利能力正是品牌的魅力所在。在确定品牌发展的潜力系数时,需要考虑的因素包括：①企业商标在国内外注册数量与范围,也就是法律保护状况；②品牌已使用的年限,也就是品牌的稳定使用历史；③产品出口或海外经营状况,也就是品牌超越地理和文化边界的能力；④广告宣传投入,也就是品牌所获支持的力度；⑤技术领先,如专利开发能力等。

另外,该方法在评估过程中还提出了"行业修整系数"的概念。这正是基于我国市场经济发展尚不完善、行业之间明显的利润率差异仍然存在的现状而制定的。具体而言,该体系创立的行业修整系数的作用体现在两方面。首先,行业修整系数可以帮助修正行业规模。例如,烟草汽车等规模性行业,如果不加以调整,评价的结果将会被这些企业占满,而相当多的消费类产品就很难占据一席之地,这也是不符合品牌在实际生活中的影响的。其次,行业修整系数有利于修正产业链上不同环节对品牌价值的影响。例如,产业链上游企业对其产品品牌的影响力较小,因为这类企业和最终顾客的接触频率较低,从而影响到最终的品牌价值,行业修整系数可以对这些事实进行修正。同时,该行业修整系数采用 3~5 年的移动平均法计算而得,并非固定不变的。

"名牌法"将三项指标的得分按照一定权重相加后就得到了品牌总价值。通过行业调整,三部分的构成权重一般平均为 4:3:3,具体到不同行业也会进行相应调整。例如,当某品牌所处的行业规模较大,如汽车行业,那么在和其他规模较小的行业相比较时,第一个指标"品牌的市场占有能力"的权重就应相对降低，而小规模行业的权重就应相对提高，以获得相对客观的评估结果。

从发展的角度看，"名牌法"也存在尚需完善的方面：首先，"名牌法"没有能够区别产品品牌价值和公司商号价值，这对于中国目前品牌市场发展状况来看，显然夸大了品牌的价值。其次，"名牌法"采用的以市场份额为核心的评估方法，虽然适用于中国当前的发展状况，但是市场占有率仅是判定品牌价值的一个方面，把它作为评估的中心难免有失偏颇，并且很容易给企业带来只重视市场份额而忽视利润创造的错误导向。随着中国品牌市场的不断成熟完善，以创利为基础的品牌评估方法会得到更好的发展。最后，参与"名牌法"评估的品牌仍然存在数量较少且行业分布不均的情况，虽然这也和品牌本身的实力相关，但要进一步提高品牌评估体系的权威性，就必须在上榜品牌的全面性和科学性上进一步完善。

通过上述方法，我们利用长虹品牌产品某年的经营数据来计算品牌价值。长虹品牌产品某年的经营状况如表9-6所示。

表9-6 长虹品牌产品某年的经营状况

销售收入	营业利润	资产总额	资产利润率
42.74亿元	8.36亿元	31.12亿元	26.86%

第一步，计算品牌的市场占有能力（M）。鉴于当年该品牌产品的市场占有率达到20%以上，超过绝大多数同类产品，并且增长势头迅速，因此，此次评估中评定其产品的市场占有能力非常强。

第二步，计算品牌的超值创利能力（S）。鉴于专家认为当年该电子行业的平均资产利润率为1.8%，故得到该品牌的超额收益为8.21（8.36-8.36×1.8%）亿元。同时，也考虑到了该品牌连续四年销售收入和营业利润的增长率都超过40%的客观事实。

第三步，确定品牌的发展潜力（D）。本方法考虑了若干相关因素，包括品牌强大的市场销售能力，具有远远高于国内同行业其他企业的营业利润水平，以及强大的市场领导能力，认为该品牌的市场潜力巨大。

第四步，通过上述分析，分别估算了该电子产品品牌的市场占有能力、超值创利能力和发展潜力，并考虑了其他因素的影响予以调整，最终确定了当年品牌价值为87.61亿元。

四、基于财务要素和消费者要素的品牌资产评估方法

从1998年起，WPP集团旗下的英国品牌咨询公司明略行（Millward Brown）开展了名为BrandZ的基于顾客的品牌资产研究，截止到2018年，已累计有50个国家超过300万名消费者对5万个品牌的访谈数据。明略行开发了专有的品牌资产评估模型，该模型是建立在庞大的顾客数据，以及著名公司彭博（Bloomberg）、数据监控（Data-monitor）等多方面市场数据基础之上的，并从2006年每年发表"BrandZ全球品牌100强"榜单。

BrandZ品牌价值的计算方法大体分为四个步骤。

（一）计算无形资产利润

首先根据彭博和数据监控公司的数据，按照国别计算每一个品牌的利润总额，其次根据公司和分析师报告、行业研究、收益估算等指标将无形资产所创造的利润剥离出来。

（二）计算品牌贡献

在无形资产所创造的利润中确定哪些利润是由品牌带来的，具体数额用百分比来表示。BrandZ 评估法认为，其积累的访谈数据中，顾客忠诚度这一指标能够很好地估算品牌在无形资产中所占的比例。

（三）计算品牌倍数

通过 BrandZ 和彭博当中的数据估算市场大小、品牌风险以及品牌成长潜力，进而计算出品牌倍数。

（四）将以上三个方面的数据相乘，就可计算出品牌价值

计算公式为：

$$品牌价值 = 无形资产利润 \times 品牌贡献比例 \times 品牌倍数$$

除了公布品牌价值之外，BrandZ 的品牌榜单中还有品牌贡献和品牌动力的排名。其中品牌贡献反映了产品的品牌对公司盈利的贡献程度，分值为 1~5；品牌动力反映了品牌在短期内（通常是一年）的增长情况，分值为 1~10。

明略行的 BrandZ 评估方法与其他方法相比有很明显的独特性：首先，该方法将顾客的访问数据作为品牌评估的依据，通过顾客忠诚度这一指标来计算品牌贡献，实际上是结合了顾客和市场两个方面来评估品牌价值，对比于 Interbrand 评估方法，明略行的 BrandZ 评估方法不但可以反映品牌的财务价值，还可以反映品牌的成长动力，并为公司的品牌管理提供依据。其次，BrandZ 评估方法不仅只评估发达国家的品牌，也同时将发展中国家的品牌列入排名的评估范围。在这一点上也同 Interbrand 等方法有显著不同。其原因在于，Interbrand 评估方法过分注重品牌的国际化水平，国际化不够的品牌很难列入评估范围，这导致在品牌国际化方面，发展中国家明显不如发达国家。这也是为什么中国的品牌很难被列入 Interbrand 全球品牌排行榜的原因；而 BrandZ 评估方法则不同，即使是不具有高度国际化水平的品牌，也可以被纳入评估范畴，因此才出现了中国移动在全球排行榜上以 52 616 亿美元位居第八的优异成绩。最后，BrandZ 评估的是单个品牌而不是公司品牌，所以在某一行业品牌价值排行榜中，会出现一家公司的不同品牌同时上榜的现象。

第四节　品牌资产的提升策略

品牌资产是企业的重要资产，是节约企业市场活动费用的有效手段，又是提升企业产品溢价的源泉，是取得市场竞争优势的法宝。提升品牌资产价值，可以促进品牌声誉的价值溢出，促进品牌资产的扩张，可以建立有效的壁垒以防止竞争对手的进入。那么，如何提升品牌的资产价值呢？具体来说，可从以下几个方面入手。

一、提高品牌资产的差异化价值

品牌资产的价值关键体现在差异化的竞争优势上。这种优势可表现在产品的质量、性能、规格、包装、设计、样式等带来的工作性能、耐用性、可靠性、便捷性等方面；也可表现在由服务带来的品牌附加价值上，如服务的快速响应、服务技术的准确性、服务的全

面性、服务人员的亲和力；还可表现在塑造品牌联想和个性上，品牌联想能够影响顾客的购买心理、态度和购买动机。所以品牌能够提升顾客的感知价值，反过来，也可促进品牌价值的提升。

二、理性延伸，提升品牌资产

利用品牌（尤其是名牌）资产实施兼并与合作是资本运营的一个重要方式，也是企业实现规模经济、实现低成本扩张、提高企业资源配置效率、提升品牌资产价值的有效手段。因为创建强势大品牌的最终目的是持续获取更好的销售与利润，而无形资产的重复利用是不用成本的，只要有科学的态度和过人的智慧来规划品牌延伸战略，就能通过理性的品牌延伸与扩张，充分利用品牌资源这一无形资产，实现企业的跨越式发展。但是，诸如公司并购等品牌扩张战略是一项风险相当大的业务，为了有效地促进并购后公司业绩的增长和品牌资产价值的提升，必须慎重地制定策略。

三、讲好品牌故事，提升品牌资产价值

纵观国际国内市场，那些具有良好声誉、在行业市场拥有良好表现的品牌，必然是一个品牌要素齐全、给人留下良好印象的完美品牌。品牌故事对于深化消费者对品牌的理解与认知起着至关重要的作用。具体主要表现在以下几个方面。

（一）完美地体现品牌的核心价值理念

品牌核心价值理念是品牌带给消费者利益的根本所在。品牌故事就是通过形象化、通俗化的语言和形式，将品牌核心价值理念传递给目标受众。不同行业甚而同行业中的不同品牌，由于其经营方式、追求目标不同，它的核心价值理念也是迥然不同的。

（二）增进与消费者的情感交流与心灵共鸣

品牌故事娓娓道来、形象生动，能消除目标受众对品牌的陌生感和隔阂感，达到增进与密切目标受众的情感交流，进而实现品牌与目标受众的心灵共鸣。

（三）形象巧妙地传递品牌信息

品牌故事的另一个明显作用，就是通过传播渠道传递品牌的相关信息。品牌叙事更多的是以一种经过精美包装的形象化形式，将所要传递的品牌背景、品牌价值理念和产品利益诉求点等品牌信息，诉诸人们的视觉感官，使人们在欣赏玩味、潜移默化中接受品牌提供的信息，增进目标受众对品牌的识别和认可。

 阅读材料

故事就像一把钩子

品牌感悟：

故事就像营销传播中的钩子，故事越好，钩子就越弯；故事越鲜活，钩子就越锐利。弯而锐利的钩子才能够"钩"住消费者的心，鲜活的品牌故事可以强化消费者对优秀品牌的印象。

品牌分析：

为了建立品牌的联想，品牌需要发现并建立个性化的故事。创造品牌故事的目的，就是

让消费者对该品牌产品快速产生联想，并形成情感联系。否则，在各种品牌竞争之中，品牌名称只能是表面的口号，无法让消费者产生深刻的印象和快速的联想。

强势品牌具有吸引力的重要原因，是这些品牌本身就是故事，品牌编织了一个个精彩、鲜活的故事；而普通品牌往往没有鲜活的品牌故事。

品牌管理者容易陷入一个误区，在品牌推广时喜欢陈述产品的功能和优点，进行大量的行业分析，却无法落地形成传播力。其实，多安排一些品牌和文化专员，深入公司车间和销售一线，撰写现场故事，提炼鲜活的企业文化和管理案例，往往比自吹自擂更有力。

万科物业的品牌很响，里面的故事很多。万科物业规定，在与业主发生矛盾时，物业人员特别是保安应该"骂不还口，打不还手"；物业人员见到业主时，应该主动问声"你好"。万科第一任物业管理处经理陈之平，走到小区哪里都怀揣抹布，随时准备清洁小区。

正如莱波拉所说："你的公司也有自己的故事，无论你是否注意到。尽管故事看起来很简单，有些甚至微不足道，却是非常有用的品牌工具，特别是用于培训员工如何塑造和持续宣传品牌。"

品牌指南：

要讲"好故事"，更要"讲好"故事。

思政话题：

讲好自己的故事，提升个人品牌魅力；讲好中国故事，弘扬我国优秀传统文化，提升国家品牌形象。

四、通过加强企业内部管理来提升品牌资产价值

从根本上来讲，提升品牌资产价值，主要还是要从企业内部挖掘潜力，毕竟外部环境是不容易改变的，而企业自身的资源相对来讲是可以控制的。那么，从企业内部的角度出发，可以从以下几个方面入手来提升品牌资产价值。

（一）要切实转变观念，真正树立起品牌意识

凯恩斯说，观念可以改变历史的轨迹。那么，对于一个企业来讲，观念可以改变企业的命运。现实中，很多企业把品牌喊得很响，但是真正涉及建立品牌资产的投入时，却总是认为这只是一笔费用，而不是长期投资，没有真正从内心认识到建立品牌资产的长远意义。因此，转变观念就显得尤为迫切。

（二）品牌资产价值的提升需要长期不间断的投入

我们知道，品牌资产的作用在于可以为企业投入的资产带来未来超额收益，而现期的投入是获得未来收益的基础。企业未来发展趋势表明，企业通过消耗有形资产来建立无形资产，企业资产特别是核心资产日趋无形化，无形资产尤其是品牌资产逐步成为企业价值的主体。所以，建立和提升品牌资产价值应该有长远的眼光和打算，眼睛不能只盯在眼前利益上，要舍得投入人力、物力和财力。

（三）通过个性化的定位来提升品牌资产价值

品牌的建立一定要有明确的定位，结合自身的优势打造品牌的个性。市场竞争的激烈导致产品同质化越来越严重，因此，一个品牌的鲜明个性就显得特别重要了。这可以从不同的途径来实现，比如技术领先、产品差异化和市场专一化等。

本章小结

品牌资产定义的概念模型有三种：财务会计概念模型、基于市场的品牌力概念模型、基于品牌—消费者关系的概念模型。

品牌资产有以下几个特征：①品牌资产是一种无形资产；②品牌资产在利用中增值；③品牌资产难以准确计量；④品牌资产具有波动性。

品牌资产构成的无形要素一般从品牌知名度、品牌忠诚度、品牌品质认知度、品牌联想、其他品牌专有资产五个维度展开。

品牌资产评估方法有以下几类：第一类是基于财务要素的评估；第二类是基于消费者和市场要素的评价；第三类是结合财务要素与市场要素的评估方法；第四类是基于财务要素和消费者要素的评估方法。

提升品牌资产价值，可以促进品牌声誉的价值溢出，促进品牌资产的扩张，可以建立有效的壁垒以防止竞争对手的进入。通常有四种途径：①提高品牌资产的差异化价值；②通过理性品牌延伸扩张，走外延提升品牌资产之路；③通过品牌叙事提升品牌资产价值；④通过加强企业内部管理来提升品牌资产价值。

复习思考题

1. 简述品牌资产的概念。
2. 简要说明品牌资产构成的无形要素。
3. 品牌资产的评估方法有几类？简述其原理。
4. 简述品牌资产的提升策略。

案例分析

星巴克——以营销创新提升品牌资产

1992 年，星巴克在美国 NASDAQ 上市成功。这意味着星巴克在 1987 年由舒尔茨接盘后迈入又一个崭新的发展征程。资本市场和投资银行家不为迷人的公司价值观而感动，他们关注的是公司业绩和各类财务指标。同时，美国的咖啡零售市场的竞争也日趋激烈。当时美国精品咖啡协会估计，1992 年全美约有 500 家浓缩咖啡馆，1999 年暴增至 10 000 家。为保持和提升品牌资产，星巴克必然顺应时局，以新的企业精神不断开拓。营销创新扮演了重要的角色。

一、市场开发

20 世纪 80 年代末到 90 年代初，星巴克公司发展的战略重点是在美国西北部太平洋地区以及加利福尼亚州，芝加哥的连锁店是这一时期唯一不在西海岸地区的星巴克分店。1993 年，公司在连锁店选址方面做出了重大的突破，首次将星巴克的旗帜插到了东海岸的华盛顿特区。1994 年，收购当地的咖啡连锁店"咖啡关系"（The Coffee Connection），把它在波士顿的咖啡店全部转换成为自己的旗号。1994 年公司还进入东南部及南部大城市如明尼阿波利斯、纽约、亚特兰大、达拉斯以及休斯敦等。1995 年拿下巴尔的摩、辛辛那提、费城、匹兹堡、拉斯维加斯、奥斯汀以及圣安东尼奥。

星巴克向各地拓展采用"集中战略",即攻进某个大城市时,会在距离相近的区域内开数家店,而后以城市为根据地进一步向郊区及小城镇市场拓展,店面的密集虽然会面临"同根相煎"的局面,但星巴克相信在同一地区的集中开店有助于品牌建立,同时也能为消费者提供便利。

二、产品开发

原料固然是品质的基础,而新产品的不断开发创新则是事业发展的根本所在。1995年,星巴克推出由职员自主开发的、用碎冰打成的法布基诺(Frappuccino),成了夏天热咖啡的替代品,让向来喝热咖啡的美国人爱上了冰品咖啡,也吸引了许多不太喝咖啡的客户群。这个将咖啡、牛奶和冰块按比例调和在一起的甘甜、清凉的低脂乳咖啡冰品,差点因与星巴克正宗形象抵触而被舒尔茨封杀。但在1996年会计年度,这款产品高占总营业额的7%,被美国《商业周刊》评为1996年年度最佳产品之一。舒尔茨事后总结出"业主切莫打压下属进取和创新的精神"。

通过与百事可乐公司的联手合作,星巴克生产的瓶装法布基诺打进了美国的各大超级市场,1998年,瓶装法布基诺成为美国市场最受欢迎的即饮咖啡。大获成功的星巴克公司仍然不敢有丝毫的懈怠,1998年,公司面向市场推出了几款淡咖啡饮品。这些贴有特殊标签的咖啡是针对某些特定的消费者量身定做的,而星巴克咖啡的传统口味则是比较浓的。与此同时,公司在产品多样化的道路上继续探索。1998年,名为Tiazzi的果茶饮料出现在星巴克的连锁店中,这是一款混合有芒果和浆果香味的饮品,针对的消费对象是那些并不习惯咖啡口味但渴望在炎热的夏季得到一杯清凉饮料的顾客。

三、多元化发展

星巴克突破传统咖啡连锁店格局的转折点是在1994年。公司决定开发瓶装咖啡饮品、冰激凌或其他有创意的产品,让消费者能有更多元的方式来享受咖啡。推出爵士乐CD是最有代表性的一例。

1994年,星巴克同西雅图著名的音乐家肯尼·G联袂进军CD市场,在圣诞节前后的6个星期内销售量超过了60 000张。舒尔茨相信音乐"对于星巴克咖啡的外观感受和内在灵魂来说都是一个重要的组成部分"。在获取成功后,公司继续在自己的连锁店内销售限量的CD唱片,其中大多数是应消费者的强烈要求才组织的。每一张CD的问世都经过了公司的精挑细选,它们或迎合消费者的品位,或弘扬公司的品牌形象,或强调季节性旋律,张张精雕细刻,备受消费者青睐。20世纪90年代中期,星巴克公司推出了自己的系列产品,包括一种以布鲁斯乐曲命名的咖啡。这个举动引发了一场声势浩大的商业运动,其核心就是以首都唱片(Capital Records)发行的爵士音乐CD和星巴克的布鲁斯音乐商标。星巴克进入音乐市场的意义,除了增加营业额外,更重要的是向消费者宣告:"星巴克将继续推出意想不到的新产品,来满足或取悦广大客户。"这让星巴克永远是一个令人惊喜的名字。

四、战略联盟

星巴克提升品牌资产的另一大战略是采用品牌联盟迅速扩大品牌优势。它在发展的过程中一直寻找合适的合作商,拓展销售渠道,与强势伙伴结盟,扩充营销网络。品牌联盟使星巴克在顾客心中创造出了单个品牌无法实现的精彩效果。它寻找那些能够提升自己品牌资产的战略伙伴,为此要求合作伙伴能够理解和掌握星巴克品牌的精髓和宗旨。仅在

1991年至1997年间，星巴克就发展了与12个战略联盟的伙伴关系，星巴克相信，将来的成功依旧要靠培育与企业内部和外部的合作关系来实现。

Barnes & Noble 书店是同星巴克合作最成功的公司之一。该书店曾经发起一项活动，即把书店发展成人们社会生活的中心，这与星巴克"第三生活空间"的概念不谋而合。1993年 Barnes & Noble 开始与星巴克合作，让星巴克在书店里开设自己的零售业务。星巴克可吸引人流小憩而不是急于购书；而书店的人流则增加了咖啡店的销售额。

1994年8月，星巴克和百事可乐发表联合声明，结盟为"北美咖啡伙伴"，致力于开发咖啡新饮料，行销各地。星巴克借用了百事可乐100多万个营销据点。而百事则利用了星巴克在咖啡界的商誉，提高了产品形象。两者共同推出的罐装"法布基诺"造成了轰动。

1996年，星巴克和全美最大的联合航空公司（United Airline）合作，在飞机上供应星巴克咖啡。这次的合作每年至少为星巴克增加了2 000万客人，大大提高了品牌的知名度，高空品尝星巴克，增加了星巴克的浪漫品位。

五、渠道创新

1998年，全美国通过超级市场和食品商店销售出去的咖啡占当年总销售额的一半。在超过26 000家的食品杂货店中蕴藏着比星巴克零售连锁店和特种销售渠道更加广阔的市场。充分利用这个渠道可以为公司带来几百万的消费者。除此之外，将产品打入超级市场还能够节省公司的运输费用，降低操作成本，公司的零售能力也将进一步强化。舒尔茨等公司高层决策者认为，超级市场是继续拓展星巴克咖啡销售量的重要途径。尽管当初舒尔茨因不忍新鲜咖啡豆变质走味而立下"拒绝进军超市"的规矩，但环境变化不断要求公司修改行事原则。1997年，舒尔茨和他的高级管理层下令进军超级市场，尽管风险和困难重重——毕竟超级市场并不是公司能够控制的销售场所，毕竟家庭煮制咖啡无法做到像公司那样严格的制作过程而保证咖啡味道，然而，令舒尔茨担忧的情况并没有发生，相反，决策产生了良好的效果。

六、国际营销

星巴克在美国市场的地位巩固后，于1996年正式跨入国际市场，在东京银座开了第一家海外咖啡店。至2002年，星巴克已在日本开设了467家分店。借鉴开发日本东京市场的成功经验，星巴克公司于20世纪90年代末相继在欧洲和东亚地区开设了多家连锁分店。到2002年，星巴克已经打入了全球32个市场，现在更以每一天开张三四家店的速度成长。

星巴克的国际市场营销策略是在坚持品质等标准化的同时，又融入当地文化，寻找适合地方的市场开拓策略。融入当地文化一直是星巴克的追求之一。它对所在地的历史、地理和文化的尊重不只限于海外，即使在美国本土，一家开设在韩裔人居住区的星巴克，其风格也会特别关注与周围韩国古董店、茶叶店的协调，从而达到与整个社区总体上的一种融洽。

在国际经营模式上，星巴克在全球普遍推行三种商业组织结构：合资公司、许可协议、独资自营。星巴克根据各国各地的市场情况而采取相应的合作模式。以美国星巴克总部在世界各地星巴克公司中所持股份的比例为依据，星巴克与世界各地的合作模式主要有四种情况：星巴克占100%的股权，比如在英国、泰国和澳大利亚等地；星巴克占50%的股权，比如在日本、韩国等地；星巴克占股权较少，一般在5%左右，比如在美国夏威夷，中国的台湾、香港和增资之前的上海等地；星巴克不占股份，只是纯粹授权经营，比如在菲律宾、新加坡、马来西亚等地。一般而言，美国星巴克在某一个地区所持的股权比例越大，就意味着这个地方的市场对它越重要。另外，星巴克制定了严格的选择合作者的标准，包括如合作者的声誉、质量控制能力和是否以星巴克的标准来培训员工等。

案例思考题：
1. 星巴克的品牌资产在案例中是如何体现出来的？
2. 星巴克营销创新如何助益品牌资产提升？

本章实训

一、实训目的
1. 了解品牌资产的构成、评估方法及其管理等相关理论。
2. 能够对现实的品牌资产的价值做出初步的评估，并能对其管理策略提出建设性、操作性建议。

二、实训内容
1. 实训资料：搜集苹果品牌资产有关资料。
2. 具体任务。根据所掌握的苹果品牌相关资料，为苹果品牌资产做出初步评估，并能对其价值进行有效管理提出一定的建议。
3. 任务要求。
（1）品牌资产管理模块：了解苹果品牌资产的构成要素；了解苹果品牌资产的管理策略。
（2）品牌资产评估模块：了解苹果品牌资产评估的一般方法；对各种评估方法进行比较。
（3）品牌资产价值管理模块：根据所掌握的情况，给出合理的品牌价值提升战略，制定详细的品牌资产价值提升方案。

三、实训组织
1. 按实训项目将班级成员分为若干小组，每组4~6人，采用组长负责制，组员合理分工，团结协作。
2. 相关资料和数据可以进行实地调查收集，也可以采用二手资料，有专人负责记录和整理。
3. 小组充分讨论，认真分析，形成小组的实训报告。
4. 各小组在班级进行实训作业展示。

四、实训步骤
1. 指导教师布置实训项目，指出实训的要点和注意事项。
2. 各组明确实训任务，制定执行方案，请教师指导通过之后执行。
3. 小组成员分工明确，广泛收集资料和数据。
4. 由专人进行资料的汇总，记录详细完整。
5. 各组讨论形成核心思想，归纳要点，形成讨论稿，完成实训报告。
6. 通过实训作业展示，由各组互评成绩。
7. 指导教师进行综合评定和总结。

第十章 品牌维护

学习目的与要求

（1）理解品牌维护的内涵
（2）理解品牌自我维护的内容和方法
（3）掌握品牌经营维护的策略
（4）掌握品牌法律维护的策略

开篇案例

六必居品牌可谓家喻户晓，居必备六项——柴米油盐酱醋，以此命名。

明朝嘉靖年间的当朝宰相严嵩为其品牌"六必居"题名。关于严嵩给六必居写匾有种种传说，最普遍的是，在严嵩没做官以前，闲居在北京，时常来六必居喝酒，与六必居的掌柜和伙计都很熟悉。店里听说他写得一笔好字，掌柜的求他写了此匾。当时严嵩还是个小人物，所以没落款。

还有一种传说，六必居的匾是严嵩做官以后写的。据说严嵩爱喝六必居的酒，严府时常派人到六必居买酒。店掌柜想用严嵩的社会地位以抬高六必居的身价，就托严府仆人请严嵩为六必居写块匾。于是男仆就去求女仆，女仆又去求夫人。夫人知道严嵩不能为一个普通店铺写匾，就天天在严嵩面前反复练写"六必居"三个字。严嵩看夫人写不好，他就给写个样子，让夫人照着样子去练，于是严嵩书写的"六必居"大匾就这样写成了，所以没有题名。

自从严嵩手书"六必居"的黑底金字大匾挂出后，原来无名的小酱园身价倍增，而且由于是当朝宰相题字，也使自家酱菜他人不敢假冒，自此"六必居"扬名天下。

这是自品牌现象出现后，我国第一个有明显品牌保护意识的"注册"防伪行为。虽然此时的"注册"还不是严格意义上的具有法律效应的"注册"，但是无论是从品牌保护意识还是从市场竞争意识来看，"六必居"无疑开了一代风气之先。

清光绪二十年（1904年），清政府出台了《商标注册试办章程》，这是我国历史上第一个有关商标品牌方面的法规。自此，品牌的注册管理纳入法制轨道。中华人民共和国成立以后，1950年颁布了《商标注册暂行条例》，1963年公布了《商标管理条例》和实施细则，1982年全国人大常委会通过了《中华人民共和国商标法》，1993年对商标法进行修改并重新公布，从而使商标制度在中国逐步建立并走向正轨，品牌的注册和管理也日臻完善。品牌成为具有严格法律效应并受到法律保护的商业行为。我国的品牌管理不断实现系统化、规范化、法制化。

案例启示

品牌创建不易，维护更不易。品牌需要防火墙，需要寻求法律的保护，才能走得更远。

本章知识结构图

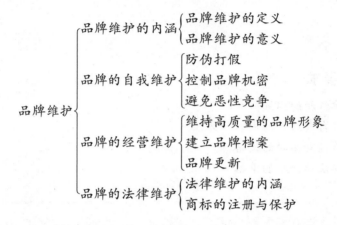

在品牌创建和经营的过程中，有的品牌经历了几十年甚至上百年而经久不衰，而有的品牌却在经历了短暂的辉煌后被市场淹没。我国的老字号同仁堂，经历了上百年的历史，仍然是中国药业的领导者；而爱多（VCD）、旭日升（冰茶）等品牌一度得到市场的高度认可，却在之后黯然失色，现在已经难觅踪迹；金华火腿、山西老陈醋等品牌，由于原产地等因素闻名全国，目前，在市场竞争中已雄风不再；还有的品牌在市场竞争中发现自己的品牌被其他经营者仿冒或抢注，使品牌经营和发展遇到了障碍，而重新获得自己品牌的合法地位需要付出巨大的成本，于是干脆就放弃了。因此，品牌维护在企业品牌经营和发展中具有重要的意义。

第一节 品牌维护的内涵

一、品牌维护的定义

品牌维护是指企业针对外部环境的变化给品牌带来的影响所进行的维护品牌形象、保持品牌市场地位的一系列活动的总称。

品牌维护是贯穿品牌管理整个过程的重要工作。品牌创建要经过品牌设计、品牌定位、品牌性格塑造、品牌传播、品牌延伸等步骤，还要规避品牌市场扩展、品牌竞争中的风险。在确立了品牌的知名度，有了忠诚的顾客群体后，有的企业认为品牌建设工作已经完成，剩下的就是充分利用品牌资源、挖掘品牌资产"金矿"的过程。事实上，品牌建设是一项经常性的持续工作,在经营过程中,要对品牌进行必要的监测,保持品牌与消费者的密切沟通,对品牌要素进行适时的更新,以适应市场的变化,防止品牌老化。同时,注意从法律层面上对品牌进行保护,防止商标等品牌要素在未开发市场特别是国际市场上被抢注,确保品牌运营的可持续性。

我国老字号七成自生自灭

商务部统计数据表明:中华人民共和国成立初期,全国"中华老字号"约有16 000家。由于经营不善,到20世纪90年代,这一群体已锐减为1 600家,相当于中华人民共和国成立初期老字号总数的10%。而令人忧心的是,即使这仅存的1 600多家"中华老字号"企业,其经营也是危机频现——70%名存实亡、经营"十分困难",20%"勉强维持经营",只有10%"蓬勃"发展。

企业千辛万苦创出品牌之后,仍不能松懈,要对品牌精心呵护,否则品牌会很快衰落,消失在汹涌澎湃的商潮之中。那些想抱着知名品牌吃一辈子的人,其实是在扼杀品牌,最终必将被市场淘汰。市场是无情的,它不管你是中国品牌还是世界品牌,只要你违反了市场变化的规律,就必然会导致企业经营的失败。

二、品牌维护的意义

在品牌管理过程中,品牌维护的现实意义如下。

(一)品牌维护有利于巩固品牌地位,有效防止品牌老化

由于内部原因和外部原因,品牌在市场竞争中的知名度和美誉度下降,销售萎缩、市场占有率降低等品牌衰落现象,被称为品牌老化。品牌老化是一种逐渐下滑的趋势,如果不对品牌进行维护,随之而来的就是失去原有的市场。

进行品牌维护可以有效地防止品牌老化。随着企业经营环境的变化和消费者需求的变化,品牌的内涵和表现形式也要不断发展变化,为品牌注入新的元素,满足消费者尝试新特色、新款式、新时尚的追求,例如,可口可乐适时调整口味、李维斯牛仔裤的式样随着市场需求而变化等。维护品牌不断创新的形象,保持和增强品牌生命力,更好地满足消费者的需求,在竞争中始终处于有利地位,保持品牌的市场地位,是克服品牌老化的唯一途径。

(二)品牌维护有助于保持和增强品牌生命力,更好地满足消费者的需求

消费者是企业品牌经营者的"上帝",以市场为中心,也就是以组合消费者需求为中心。消费者的"口味"是不断变化的,这就要求在同一品牌下进行产品更新,品牌内容要随之进行相应的调整,几乎每一个知名品牌都在不断地变化着,以满足消费者的口味与偏好。就连曾说"福特汽车只有一种颜色,那就是黑色"的福特汽车也推出了不同颜色、型号的汽车,以适应市场需求的变化。以市场为中心,完全满足消费者需求,要求品牌经营者建立完善的市场监测系统,随时了解市场上消费者的需求变化状况,及时调整自己的品牌。

(三) 品牌维护有利于抵抗竞争者的攻击

在市场竞争中，有两种竞争者对品牌形成巨大的威胁。一是自己不创建品牌，把生产的产品贴上别人的品牌进行销售，这一现象被一些经济学家称为"黑色经济"。据估计，假冒品牌商品总量约占世界贸易额的2%，甚至更多。假冒品牌商品不仅侵犯品牌的商标形象，使消费者难辨真假，而且由于质量等因素，在消费者使用过程中会产生不利影响。对于品牌拥有者来说，品牌被假冒将会引起市场混乱，降低市场控制能力，而且会严重影响品牌的经济效益，败坏品牌声誉，甚至导致品牌拥有者破产。二是品牌被恶意抢注。由于品牌有了知名度，得到了市场的普遍认可，产品经营也很顺利，在经营过程中企业突然发现自己的品牌被别人注册，品牌持续经营出现了障碍。因此，要有效地维护品牌，必须进入法制轨道，通过立法保护、司法保护和商标保护对品牌进行维护，防止竞争者的恶意攻击。

(四) 品牌维护有利于预防和化解危机

随着消费者维权意识和公众舆论监督程度的不断提高，品牌面临越来越多的危机事件。

企业的品牌运营活动是在变化着的市场环境中实现的。企业在选择运营策略、制定管理制度、决策投资项目等活动中，若不能与外部环境相适应，企业的品牌运营就可能陷入品牌危机。同时，品牌维护要求品牌产品或服务的质量不断提升，可有效地防范由内部原因而引起的品牌危机，同时加强品牌的核心价值，进行理性的品牌延伸和品牌扩张，有利于降低危机发生后的波及风险。

第二节　品牌的自我维护

品牌经营者努力营造着高知名度的品牌，然而品牌的知名度越高，假冒者就越多，技术失窃的可能性也就越大，品牌搏杀竞争，品牌之间相互攻击而两败俱伤的现象也就越普遍。因此，品牌经营者为使品牌健康成长，必须注意进行自我维护。

一、防伪打假

对于市场上出现的假冒产品，企业必须引起足够的重视，并采取适当措施加以制止。如果名牌产品的商标和包装技术含量不高，伪造者就易于仿制。因此，企业要大力开发和运用专业防伪技术，同时，要提高顾客对真假产品的辨别能力。企业应利用广告和公共关系等手段，来宣传自己产品的特点、商标、包装和质量等，并教授消费者正确区分真假的方法，力求在全社会形成一个共同监督的保护体系，坚持不懈地开展打假活动。企业和个人都应积极配合工商行政管理部门与商标局等单位，整顿市场秩序、查处侵权行为，并对假冒伪劣等不法行为给予坚决打击。

(一) 防伪打假的内容

防伪打假，可以采用品牌认证、溯源与防伪技术，这些是企业为了品牌识别、保真、保值和增值而实施的品牌注册、标记、数字技术标识等方法、技术与举措。

品牌认证技术是指组织对品牌产品实施先进的品牌认证与技术防护方法,以有效做好品牌的唯一标记和标记识别体系。用户可以通过唯一的标记和对标记的识别鉴别品牌产品的真假,实现品牌产品的识别与防伪。

品牌防伪技术,是指为了达到品牌防伪目的而采取的技术手段,它是在一定范围内能准确鉴别品牌及品牌产品的真伪,却不易被他人或机构仿制和复制的技术。简单地说,就是防止品牌伪造、仿冒的技术。

品牌溯源技术是指组织构建有效的技术手段标记品牌识别信息,以在产品采购、生产与流通过程中实现产品信息的全程记录与可追溯。当产品发生问题时,根据相关的记录逆向逐级查找产品信息,直到找到问题所在。品牌溯源技术便于企业及时定位产品问题,查找原因和解决问题,为品牌产品信息管理提供了逆向可溯的查询手段和全程监控体系。

(二) 防伪打假的方法

在正品和仿冒产品此消彼长的持续斗争中,品牌保护的方式和方法也在不断发展和进步。现在市场上品牌防伪的常用方式有:激光防伪技术、射频识别防伪技术、二维码技术等。

1. 激光防伪技术

激光技术实现品牌防伪是利用激光彩色全息图制版技术和模压复制技术完成的防伪标签,可实现的制版技术有点阵动态光芒、一次性专用激光膜、3D光学微缩背景、多彩光学随机干涉、中英文铀缩文字等。激光防伪技术目前主要包括激光全息图像防伪标识、加密激光全息图像防伪标识和激光光刻防伪技术。

全息防伪技术是采用激光全息图像建立品牌防伪标识。全息防伪技术具有图像清晰、色彩绚丽、立体感强、一次性使用的特点。多通道全息防伪在转动标识时,会看到在标识的同一位置上出现不同的图案。全息防伪技术主要包括:①常规全息防伪技术;②多通道全息防伪技术;③隐形加密技术;④360°计算机点阵全息技术;⑤双层全息技术;⑥荧光加密全息技术;⑦动态编码防伪技术;⑧电码防伪技术;⑨核微孔防伪技术及基因防伪技术。

隐形加密技术是将加密图案制作于标识的任一位置,在激光再现仪下可看到加密图案。360°计算机点阵全息技术在图像360°的观察范围内会出现放射状、环状、螺旋状等光点的组合与变换,动感极强。双层全息技术能把全息标识揭开,还能看到印有图案和文字的第二防伪层,有双保险的防伪效果。荧光加密全息技术原理与人民币荧光加密原理一样。动态编码防伪是将商标置于眼前,缓慢地转动商标会出现连续动作的图案。电码防伪标识由激光防伪技术和电话电码防伪技术相结合制作而成,通过查询统一的中心数据库可以核对真伪。核微孔防伪标识由激光防伪技术和核微孔防伪技术组成,仅用一支水笔便可分辨真伪。基因防伪是在标识背胶中加入基因因子,通过专用仪器进行检测。

2. 射频识别(RFID)防伪技术

射频识别(Radio Frequency Identification, RFID)是一种无线通信技术,通过无线电信号识别特定目标并读写相关数据,而无须在识别系统与特定目标之间建立机械或者光学接触。采用射频识别也是实施品牌认证、溯源与防伪的重要手段。

在品牌产品实施射频识别时,无线电信号通过调成无线电频率的电磁场,把数据从附着在物品的标签上传送出去，以自动辨识与追踪该产品。品牌标签在射频识别时从识别器发出的电磁场中就可以得到能量，并不需要电池；也有标签本身拥有电源，并可以主动发出无线电波（调成无线电频率的电磁场）。标签中包含了电子化存储的品牌信息，数米之内可以被识别。与条形码不同的是，射频标签不需要处在识别器视线之内，也可以嵌入被追踪物体之内。

目前许多行业运用了射频识别技术。将品牌产品标签附着在一辆正在生产中的汽车，工厂可以追踪此车在生产线上的进度。制药企业在药品生产、仓储和流通中也可以动态精确追踪药品的位置。某些射频标签可以附在衣物、个人财物上，甚至于植入人体之内。在养殖领域，射频标签也可以标记在牲畜与宠物上，方便对牲畜与宠物的积极识别（积极识别意思是防止数只牲畜使用同一个身份）。

3. 二维码技术

二维码（2-Dimensional Bar Code）技术是指采用某种特定的几何形按一定规律在平面（二维方向上）分布的黑白相间的图形记录数据符号与品牌信息。二维码技术在代码编制上巧妙地利用构成计算机内部逻辑基础的"0""1"比特流的概念，使用若干个与二进制相对应的几何形体来表示文字数值信息，通过图像输入设备或光电扫描设备自动识读以实现信息自动处理。二维码技术具有条码技术的一些共性：每种码制有其特定的字符集，每个字符占有一定的宽度，具有一定的校验功能等，同时还具有对不同行的信息自动识别功能及处理图形旋转变化等特点。

二维码具有储存量大、保密性高、追踪性高、抗损性强、成本便宜等特性，这些特性特别适用于表单、安全保密、追踪、证照、存货盘点、资料备援等方面。利用二维码标识的数据存储能力，组织可以将产品信息、品牌信息、企业信息、网站信息、营销信息等丰富信息编入二维码中，并根据二维码系统的编码原则，为组织品牌的每一个产品赋予唯一的二维码。组织在后续所有经营环节均可通过该产品的二维码获取品牌产品全部信息，消费者也可以通过扫描二维码获取品牌产品的相关信息，并与组织通过网络互联实现良性互动。

在欧美市场，二维码应用已较为成熟与广泛。相对而言，中国市场的二维码应用处于推广普及阶段。二维码广泛应用的制约因素除了产业需求规模、行业应用方案成熟度、业内企业经营能力、运营商支持、终端硬件适配、盈利模式等多方面因素外，还有社会发展环境和企业家经营意识的问题。二维码由于其契合信息产业发展趋势，具有技术领先性与高兼容性、高互联性与低成本等特点，将逐步成为链接商品流与品牌信息流，促进实物产品与品牌信息协同经营，促进产品流与大数据流协同经营最得力的工具之一。

（三）二维码在品牌防伪中的应用

基于二维码技术的品牌溯源与防伪是指利用应用日趋广泛的二维码技术，依据二维码单品单码的特性，为组织的品牌产品都赋予一个唯一的二维码来实现有效的品牌溯源与防伪。消费者通过扫描这个产品随附的单品二维码，就可以有效实现产品的认证防伪和产品溯源。通过系统查询、追踪与商品管理，实现品牌的溯源防伪，并能依托二维码技术规划和实施商品信息管理、促销管理与客户管理。下文将详细阐述二维码在品牌溯源防伪中的应用。

组织采用二维码等先进技术手段实现品牌认证、溯源与防伪，是实现品牌产品保真、保值与增值的重要手段，有助于确保品牌产品品质、提升品牌溢价、建立消费者信任。组织采用二维码技术，还可实现产品流与信息流的协调、监测与管控。组织可通过附加在产品上的品牌信息流实施品牌推广、互动沟通和客户关系管理，这也是实现有效数字品牌管理的重要方法。

1. 品牌认证与防伪

品牌防伪是通过对产品的认证防伪来实现的，产品防伪是为每一个产品赋予一个唯一的二维码。

这个码的唯一性可以通过企业系统为其赋予，也是采用国家二维码注册解析中心统一注册的，可实现全球唯一性。我们可以由此确定该产品在生命周期内生产、流通、营销方面的信息。如果通过二维码信息监测发现一个品牌产品的二维码同时出现在多个地方，或是出现在消亡时间以后，那么二维码所代表的产品就会被系统拒绝识别和判定为假货。

品牌防伪也会引出第二个问题，为了保证该二维码的唯一性，该二维码的生产工艺和加密方法就需要保密。由于二维码生产工艺的保密性和环境建设的唯一性，可以通过硬件绑定、软件算法绑定与品牌绑定确保每一家企业所产生的二维码的权威性与唯一性。这样即使有另外的企业复制该企业的生产环境或二维码的生产工艺，也无法生产出与该企业相同的二维码，从而保证了二维码的保密性与唯一性，有效实现品牌溯源与防伪。

2. 品牌溯源

产品溯源是对产品追本溯源，全程监测产品的源头原材料、生产、仓储流通、销售诸环节，通过信息技术手段实现对产品的全程可追溯管理。基于二维码的品牌溯源系统是利用二维码软硬件系统对组织品牌下的所有产品都赋予一个唯一二维码作为其系统身份，通过移动互联技术，完成产品从生产、储运、营销售卖、使用维修服务，直至产品消亡的整个生命周期的记录与追踪。同时，通过二维码自动识别与快速检索，可以实现产品生命周期各个过程的记录，实现逆向的追本溯源，用来查找问题、定位问题、协助解决问题，这样的一个系统就是一个溯源系统。

产品溯源最早是1997年欧盟为应对"疯牛病"问题而逐步建立并完善起来的食品安全管理制度。这套食品安全管理制度体系由政府进行推动，覆盖食品生产基地、食品加工企业、食品终端销售等整个食品产业链条的上下游，通过类似银行取款机系统的专用硬件设备进行信息共享，服务于最终消费者以确保食品质量安全。一旦食品质量在消费者终端出现问题，可以通过食品标签上的溯源码进行联网查询，查出该食品的生产企业、食品产地、具体农户等全部流通信息，明确事故方相应的法律责任。

组织建立一套二维码系统，可以为每一个单体产品赋予一个二维码，实现品牌溯源。组织同时也为消费者提供了一个产品品牌信息交互平台，让用户通过互联网接入平台，可以得到产品真品的验证，实现产品的认证防伪。消费者可以通过每个产品唯一的二维码，利用二维码识别技术，通过联网查询实现该品牌产品的真假，放心消费。

3. 商品储运管理

二维码在商品储运管理中的应用，主要是利用二维码技术实现商品的仓储和物流的全程数据化管理。组织可以利用二维码的唯一性和自动识别的特点，通过对产品包装及产品上标识的二维码的自动监测与识别，实现产品在物流运输过程的全程记录、跟踪和监管，实现货物流与信息流的同步监控，实现智能物流管理。同时，组织通过商品上标识的二维码，可以有效实施商品在各级仓库的快速精准的出入库管理，实现智能仓储，自动入库、出库、盘库等管理。

通过二维码技术应用，组织可以有效地实施物流运输过程中的精确定位、精确监控，以及防损、防错管理。如果商品在物流仓储过程中出现问题，则可以通过系统，利用二维码技术实现数字化的商品储运追溯，快速精准地查找问题、定位问题、解决问题。

4. 渠道经营防窜货管理

基于二维码技术实施渠道经营中的防窜货管理，主要是利用二维码技术实现渠道产品流的数字化管理，通过附着在产品上的二维码信息精准掌控产品的渠道流通信息，有效防止窜货与假货。同时利用电子凭证，实现电子结算，助力组织O2O商业模式的高效运营。

组织利用产品上附着的二维码信息的唯一性，可以针对各个产品流通渠道进行精确管理。企业可以设定每个渠道的流通产品的独立二维码确定产品的唯一身份标识，并通过将此二维码作为结算依据实现产品的唯一确认与结算，从而实现产品的精准结算，以有效解决长期困扰企业的市场渠道窜货管理难题。在产品的渠道流通与销售过程中，由于每个渠道的产品都会覆盖一定的区域或领域，组织同时可以通过用户手机对产品的认证获得手机的位置，获取产品的交易与使用位置，进而确定产品的位置，实现了商品销售去向的有效确认。企业可以清楚地知道各个渠道里的每一产品的流通过程、销售去向及客户信息。如果某一区域出现了不属于该区域的二维码产品信息，说明该区域有窜货嫌疑，可以根据该二维码所属区域及时、精确地核查，进行问题处理。

5. 供应链管理

基于二维码实施供应链管理是指利用二维码技术，通过对附着在产品上的二维码信息实施精确监测与管控，实现对整个产品生产流通过程的实时、精准管理，以及对产品流和产品信息流的精确有效管控，以有效管理组织供应链体系的经营质量、效率与效益。

组织对于上游供应商的管理可以采用供应商准入制度管理，只有获得供货品质认证和准入的企业才能给企业供货。组织可以利用二维码技术标记供应商的原材料、零部件和产品，实现供应商产品的标准统一与有效识别。每个供应商的产品按照相同的二维码体系独立标识，便于企业对产品的供给质量、数量的精确管理和控制。组织可以审查与规范上游供应商的供货原料质量与数量，并以二维码系统予以标记，建立产品原材料与零配件的全程可追溯系统、物流仓储监控系统，以及针对产品质量问题的追溯与倒查机制。组织通过实施品牌溯源体系，可以将对产品的质量控制从组织自身经营延伸到源头管理，以有效提升原材料和零配件品质与数量、流通过程管控质量与管控效率，降低组织经营的风险，提升经营成效。

组织对下游厂商的管理与维护，可以通过构建二维码系统建立品牌产品标识，采用二维码标识的品牌产品给供应商进行供货，以有效确保品牌产品的正品与良品的交付品质与交付数量。组织依据实时监测的产品二维码信息，可以准确跟踪和掌控品牌产品的物流信息与销售信息，及时了解企业产品的销售分布，并以此实现对客户产品信息与销售信息的精确掌控。以所掌握的最终销售信息与供应商进行结算，明确奖惩措施，可以有效提高对经销道的监测与管控，并有效地解决常见的市场窜货问题，有利于组织维护品牌形象，维持品牌的稳健发展。组织利用二维码建立产品标识系统，还可以在销售产品上有效区分竞争品牌产品与假冒伪劣产品，通过对产品信息的精确掌控有效化解由此引发的质量纠纷与销售纠纷。

二、控制品牌机密

当今世界是信息的世界，谁掌握信息，谁就掌握了主动权。在知识经济时代，信息可能比资产更为重要。在和平年代里，经济情报已成为商业间谍猎取的主要目标，事实要求品牌经营者必须树立信息观念、高度戒备，保护自己品牌的秘密，以防泄密。

（一）要有保密意识

当今社会，各种间谍技术高超，信息手段发达，稍不留神，就会给品牌造成不可估量的损失。有时重要信息的失窃是由在没有保密意识下的不自觉行为造成的。

 阅读材料

"7X 商品"的秘密

品牌感悟：

品牌技术是品牌领先地位持续确立的前提。这意味着该企业能比竞争对手提供更多的功能和品质，这是品牌资产领先的关键。技术越先进、越独特，品牌的壁垒就会越高。

品牌分析：

技术含量和水平决定着品牌壁垒的坚固程度。通过对产品技术的持续创新，企业可以策略性地形成与其他竞争对手的技术区隔，建立竞争对手无法超越的技术，从而保障其不取代性，持续领先竞争对手。

可口可乐公司的技术命脉是诞生在1886年的可口可乐配方。可口可乐公开的主要配料包括糖、碳酸水、焦糖等。可口可乐的技术秘密是配方中占不到1%比例的神秘配料——"7X 商品"。

正是"7X 商品"的存在，使得可口可乐配方像谜一样神奇，其他公司好像无法在技术层面超越可口可乐公司。

百事可乐等竞争对手斥巨资对可口可乐配方进行分析和解密，但是一直以来，始终无法破译配方背后的技术密码。同时，为了保持可口可乐的技术壁垒，可口可乐公司对"7X 商品"的保护也做到了极致。

"7X"信息的三个组成部分分别由三个公司高级职员保护。如果有人想查询配方，必须要向公司递交申请。在得到董事会批准后，才能在有官员在场的情况下，在指定的时间内打开，堪称顶级技术的商业秘密。

在对外交易中，可口可乐配方也同样保密。可口可乐公司只向合作伙伴提供半成品，获得其生产许可的厂家只能得到浓缩的原浆，以及将原浆配成可口可乐的技术和方法，却无法得到原浆的配方及技术。

2006年8月，可口可乐公司在印度曾经发生过一次品牌技术危机事件。当地出售的可口可乐被发现含有杀虫剂成分，印度最高法院勒令可口可乐公司交出配方。但是，为了保护公司的技术秘密，维持技术壁垒，可口可乐公司坚决不公布配方。

可口可乐公司不惜得罪印度，抬出美国政府向印度政府施加压力。这一对立的后果是，可口可乐在印度市场受阻，但是保住了独家配方，畅销全球其他市场。

颇具讽刺意味的是,由于百事可乐的冲击,可口可乐公司曾经想更新产品技术而引发技术壁垒的动摇。1985年,可口可乐宣布要推出新配方。新可乐配方要比旧可乐稍甜一些,但是消费者不买账,纷纷抵制新配方的可口可乐。直到可口可乐恢复旧配方,才平复了这场因为技术更替而引发的品牌危机。

品牌指南:

研发独一无二的产品技术,构建品牌壁垒。

思政话题:

如何保持自己的独特技术,在职场中魅力永存?

(二)谢绝技术性参观和考察

经调查显示,在世界上,每一项新技术、新发明领域中,有40%左右的内容是通过各种情报手段获得的,而许多经济间谍正是打着参观的幌子来盗取情报的。所以,品牌经营者有必要谢绝技术性参观和考察。对于无法谢绝的参观,各企业通常需要专人陪同,以防止技术秘密外泄。

一天,法国一家著名的照相器材厂来了一批日本客人。这家工厂的两位实验室主任自始至终陪同。在观看一种新的显影溶液时,一位客人俯身贴近盛溶液的器皿,仔细看了下。这种极为平常、自然的举动,一般人都不会注意。可是,精明的实验室主任却发现了这位客人的领带比一般人的长,当他俯下身子时正好使领带末端"无意地"沾到了溶液。回去只要把领带上的溶液痕迹化验分析一下,就很容易得到这种显影溶液的配方了。这时,实验室主任悄悄地叫过一位女服务员,对她吩咐了一番。

当参观结束后,客人们心满意足地回到休息室时,那位女服务员彬彬有礼地走到那位客人面前说:"先生,您的领带脏了,请换条新的。"说完,便为他解下领带,给他换上一条崭新的漂亮领带。那位客人很尴尬,但又有苦难言,只好鞠躬道谢,红着脸走了。

(三)严防家贼

正所谓"明枪易躲,暗箭难防",品牌的失密常常是自家人所为。家贼又可分为两种:一种是竞争对手派来卧底的;另一种则是原来是本企业的技术人员,为了更高待遇而跳到竞争对手那儿去。针对这两种情况,必须严格限制接触品牌秘密的人员。

三、避免恶性竞争

随着经济的发展和市场的繁荣,品牌之间的竞争日益激烈,但绝对要以正当竞争手段为前提,坚决避免品牌之间的恶性竞争。

(一)切忌互相搞降价比赛

价格是商品价值的货币表现形式,消费者常以价格的高低来判断商品质量的好坏。降价是一项极为有效的促销手段,可以增加企业产品的销售工作。如格兰仕几乎每日都要通过降价来清洗整个微波炉市场;联想集团、清华紫光用降价占领笔记本市场;国美的发展壮大就是靠价格战取胜的。然而价格绝不是万能工具,它极易破坏消费者的品牌忠诚,也使品牌经营者受到巨大损失。

（二）切忌互相攻击品牌

经营者们在激烈的市场竞争当中不应攻击竞争品牌，更不能互相诋毁，否则将容易两败俱伤，搬起石头砸自己的脚。

前些年，麦当劳快餐店曾在荷兰各地推出一系列促销广告，其中一则广告上醒目地写着"不！不！不要吃中国餐！"，这立刻引起荷兰华人社团的严重抗议，华人社团与法律顾问取得联系，诉诸法律，这一攻击行为导致麦当劳的形象和声誉都受到了严重的损害。

第三节　品牌的经营维护

所谓品牌的经营维护，是指企业经营者在具体的营销活动中所采取的一系列维护品牌形象、保持品牌市场地位的活动，主要包括以下几方面。

一、维持高质量的品牌形象

质量作为品牌的基础，会影响到品牌的生存和发展。高质量会带来品牌的成长，带来高的市场份额。质量是品牌的灵魂，高质量的品牌往往拥有较高的市场份额。反之，一个品牌的知名度很高，但它的产品质量出了问题，会影响品牌形象，使品牌受损。比如，豪门啤酒在20世纪90年代初曾经风靡一时，然而，由于其与河北、山东等省份某些酒厂合作生产后，没能控制好质量管理，严重影响了其高档啤酒的形象，大量劣质豪门啤酒充斥市场，仅仅数日就令豪门啤酒风光不再。

对品牌经营者而言，维持高质量的品牌形象，可以通过以下几方面进行。

（一）评估产品目前的质量

目前生产的品牌产品中，是否严格按照本企业的生产质量管理体系进行？与ISO 9000系列国际质量认证体系是否还有差距？在品牌组合中，目前被消费者认为低的是哪些品牌？是整个品牌还是某个方面？企业的销售人员是否完全具备与产品品牌有关的业务知识？品牌经营者应该从内部挖掘潜力，即全力贯彻实施内部质量管理体系，从根本上了解消费者对品牌的意见和建议。

（二）随时掌握消费者对质量要求的变化趋势

企业在设计产品时应考虑顾客的实际需要，随时掌握消费者对质量要求的变化趋势，建立独特的质量形象。倾听顾客意见，对现有产品进行改良；倾听专家意见，以便在产品质量上有所突破。

（三）塑造独特的高质量形象

从品牌广告、营销、公关、策划等多种角度塑造独特的品牌质量形象，也是维持高质量品牌形象的关键。知名品牌主要由"品位高雅""质量可靠""设计入时"等内在因素起主要作用，但品牌也要善于包装，也就是通过各种有效的手段进行宣传，让更多人了解。

二、建立品牌档案

由于市场竞争激烈，消费者对某一品牌的忠诚度不稳定，所以，建立与消费者相对稳定、长期的关系，培养消费者的忠诚度是非常关键的环节。建立品牌档案就是一个很好的方法。将消费者的资料收集起来，包括他们的姓名、住址、职业，用于关注消费者的交易行为和交易习惯。在掌握消费者各种有关信息和对这些信息不断更新的前提下，深入分析消费者现时的偏好和未来的需求，在成本可行的条件下尽可能服务于消费者，满足消费者的要求，并就产品的开发、推广等提出合适的参考建议。另外，通过品牌档案，还可以加强与消费者的感情交流，赢得客户的好感，提升企业的品牌形象。

三、品牌更新

品牌更新是指品牌以技术进步为支撑，以市场的需求为导向，以企业发展为目标而开发新的产品、新的用途、新的创意，开辟新的市场的过程，以便克服品牌老化问题，延续品牌生命。

（一）产品更新

通过技术的不断升级换代来开发产品的新用途、推出新产品，保持品牌市场领导力，使技术的领先性与品牌的核心理念一致，升华品牌形象是品牌自我发展的必然要求。三星在移动设备领域一直被视为苹果的追随者，大多数手机厂商在可穿戴设备领域徘徊时，三星率先发布了 GALAXY Gear 智能手表，可以打电话、利用 S Voice 功能编写短信、建立日历备忘录、定时、查看天气等，行销全球 140 个国家和地区，这意味着三星不再是苹果的跟随者，在技术和营销的双驱动下，从跟随者向领导者转变。

（二）名称更新

如果现有名称已不能诠释品牌的内涵，不利于品牌的传播，那就有必要更换新名。联想英文名称更换的一个重要原因便是如此，在联想的数码相机、手机等业务日益壮大起来以后，创新、活力、动感才是联想新标志所要体现出来的，而以往高科技的联想、国际化的联想、服务的联想的战略定位也会随之升级。在这种情况下，原来的英文名称 Legend（传奇）已不能适应形势的发展，于是，联想将 Legend 更名为 Lenovo，寓意为"创新的联想"。

（三）标志更新

标志实际上只是品牌与消费者沟通的一种方式。作为品牌诉求对象的消费者是不断变化的，如果品牌不能根据消费者的变化，适时地对标志进行调整，就会出现沟通障碍，面临失去新的消费者的危险。标志的更新往往伴随广告语更新。2006 年华为更换了品牌标志，品牌内涵也由"蓬勃向上，积极进取"，变更为"聚焦、创新、稳健、和谐"。

> **小链接**
>
> **肯德基品牌标志的变化**
>
> 肯德基是世界上最大的鸡肉餐饮连锁店，全球总部设在美国肯塔基州的路易斯维尔市，1952 年由创始人桑德斯（Sanders）先生创建。2006 年 11 月 15 日，肯德基开始

在全球范围更换第五代标志。

肯德基自从1952年正式面世以来，经历五代标志，如图10-1所示。本次换标是为了"与时俱进"，不断带给消费者新鲜感。配合此次换标，在美国内华达州51区沙漠地带制作了一个全新的8 129平方米的巨幅桑德斯上校标志，肯德基随即成为第一个从太空可以看到的品牌。

图10-1　肯德基品牌标识变化

新标志保留了桑德斯上校招牌式的蝶形领结，但首次将他经典的白色双排扣西装换成了红色围裙。这红色围裙代表着肯德基品牌家乡风味的烹调传统。它告诉顾客，今天的肯德基依然像桑德斯上校那时一样，在厨房里辛勤为顾客手工烹制新鲜、美味、高质量的食物。

五次品牌标志的更换，变化的是为了更贴近现代的风格、不断调整的表达方式和元素；不变的是桑德斯上校的亲切微笑、热情好客的气质。

（四）产品包装更新

名称和标志的更新一般都伴随着包装的创新。产品包装也是"无声的推销员"，它是消费者在终端所见到的最直接的广告，是产品在货架上的形象代言人。包装的改变，可以带来品牌形象的改变。

第四节　品牌的法律维护

一、法律维护的内涵

品牌的法律维护是指企业制定一系列措施，适应或对抗外部环境对品牌损害事件的发生。例如，预防外部其他生产厂家的仿冒等侵权行为，维护品牌专营权利；预防外部竞争者的商标抢注行为，维护品牌的合法经营等。本节主要讲述商标注册与保护策略。

商标注册是指商标的使用人为了取得商标专用权，将其使用或准备使用的商标依照法律规定的条件、原则和程序向商标主管机关提出注册申请，经商标主管机关审核予以注册的制度。商标注册是确定商标专用权的法律依据，只有经国家商标局核准注册的商标才受法律保护，该商标所有人才享有商标专用权。

阅读材料

苹果商标为何"屡战屡败"

品牌感悟：

品牌资产需要防火墙。品牌资产的知识产权要寻求法律保护，这样品牌的功能才能持续发挥。在这一点上，由于品牌的知识产权法律保护意识淡薄，许多知名品牌遇到过"李鬼"，吃过亏。

品牌分析：

2013年上半年以来，苹果不断在全球一些国家申请注册其智能手表"iWatch"的商标。但是在中国，"iWatch"商标已经被其他公司注册，类似商标"iWatching"也已被注册。未来苹果Watch进入中国时可能再次面临纠纷。

从iPhone到iPad，不管苹果产品有多好，由于缺乏商标保护意识和体系，苹果进入中国时不断遇到商标难题。最后，苹果都支付了昂贵的"转让费"，可谓"屡战屡败"。

2004年，汉王科技注册了"i-phone"商标，使用范围为固定电话。2009年7月，苹果和汉王达成i-phone商标转让协议，折合人民币2 490万元。

2010年，苹果iPad进入中国，但中国台湾企业唯冠科技在中国拥有iPad商标，于是两家公司陷入商标纠纷。一度传出唯冠要求转让费用达30亿美元之巨，双方打了一场知识产权的世纪大案。这一官司一度让苹果陷入商标困境。

从根本上讲，最有效的办法是提前进行全球品牌知识产权保护，注册商标，寻求法律保护，面临侵权时拿起法律武器保护自己的知识产权。

品牌指南：

构建品牌资产保护不能一错再错，甚至错上加错。

思政话题：

我们也应该具有法律保护意识，遇到问题时，勇于拿起法律武器保护自己。

二、商标的注册与保护

商标的注册与保护是实施品牌认证、有效保护品牌的重要方法。企业可以通过规划和设计商标来建立品牌识别，并统一应用于企业的产品与服务，以形成相对于竞争对手的有效品牌区隔，建立客户认知。同时，企业可以通过注册品牌商标和外观保护，以及知识产权等方式保护商标等无形资产，并通过法律手段来实现对于品牌及品牌产品的有效保护，打击假冒伪劣产品。

小链接

Apple Watch为何没取名为iWatch？

苹果公司的产品线大多以"i×××"命名，无论是"Apple iPhone""Apple iPad"还是"Apple iPod"，都是如此。但是唯独到了Apple Watch，却缺少了一个"i"，这是为什么呢？

因为OMG Electronics（高迪数码）已经在2012年9月申请注册了这个商标。

而"iWatch"商标在其他国家也是被争得头破血流,名为 M. Z. Berger & Co. 的公司在 2007 年 6 月就注册了这个商标,但被斯沃琪(Swatch)告上法庭,理由是名字太过相近,会干扰 Swatch 用户。

在欧洲,一家名为 Probendi 的公司从 2008 年就持有"iWatch"商标,并且在官网声明要起诉在这个地区所有侵权的厂商。曾有报道称,Apple Watch 未进入瑞士市场也是因为商标问题。

从 iPhone 到 iPad,苹果总是面临商标被提前注册的问题,iPhone 是从思科手中买下的,iPad 进入国内市场也与一家厂商经历了马拉松式的诉讼。

斯沃琪(Swatch)是一个时尚手表品牌,是瑞士手表的典范。2014 年 3 月在苹果尚未推出智能手表之际,Swatch 就向英国提出反对苹果注册"iWatch"商标的请求,原因在于 Swatch 认为苹果公司的"iWatch"与"Swatch"商标过于相似,容易造成混淆,侵犯消费者权益。同时,Swatch 向苹果已注册"iWatch"的所有国家的商标局接洽,并表示抗议。

综合考虑之后,2015 年苹果推出首款智能手表时,为其取名"Apple Watch"。另外根据美国政府的备案,Swatch 过去曾经采取过一系列行动阻止其他公司注册"iWatch"商标,而目前苹果已在日本、墨西哥、土耳其等国家注册过"iWatch"商标。

根据英国广播公司 BBC 的报道,英国知识产权办公室(Intellectual Property Office)在经过 4 月的听证会后,2016 年 9 月正式通过了瑞士手表制造商 Swatch(斯沃琪)提交的上诉材料,苹果将无法在英国注册"iWatch"商标。

依据《中华人民共和国商标法》(以下简称《商标法》),商标权人在享有商标专用权的同时,还享有禁用权。保护商标专用权、行使商标禁用权,实际上是企业运用法律武器,抵制和禁止一切商标侵犯行为的权利。

只有商标权受到法律的严密保护,商标权人才能放心地依法使用品牌或商标,品牌或商标的作用才能得到充分发挥,才能维护注册商标的信誉,保护商标权人的合法权益,维护市场经济运行秩序。

(一)及时注册商标,获得商标权

及时获得商标权是品牌法律保护的基本前提。我国《商标法》第三条规定:"经商标局核准注册的商标为注册商标,包括商品商标、服务商标和集体商标、证明商标;商标注册人享有商标专用权,受法律保护。"我国《商标法》对商标注册采用"申请在先"的原则,在同一种商品或类似的商品上,以相同或相似的商标申请注册的,初步审定并公告申请在先的商标。如果相同的商标在同一天注册,则采用"使用者先"的原则,因此,及时注册商标、获得商标权是品牌受到法律保护的前提。

注册品牌名称的同时,还要注册标志、包装和广告语,例如,可口可乐公司对中文"可口可乐"、英文"Coca-Cola"的名称和带状标志以及瓶子外形都进行了注册。在注册名称时,企业最好对相近或相似的名称进行注册,如娃哈哈品牌在进行名称注册时,同时注册了哈哈娃、娃娃哈、哈娃娃等与娃哈哈文字不同排列的名称。不但要在国内注册,还要在未来市场注册,防止恶意抢注。不但要注册所在行业的品牌,还要注册相近行业的品牌,以便品牌延伸。除了传统的品牌注册外,最好注册网络域名,所注册的域名应覆盖企业、产品名称、数字组合，以构建周密、全面的网络保护圈。

（二）及时续展

商标权的保护是有时间限制的。对此，各国的法律规定不尽相同。在英国及沿袭英国制度的国家，商标权的保护期限为 7 年；古巴、斯里兰卡、坦桑尼亚等国的保护期限为 15 年；美国、意大利、瑞士、菲律宾等国的保护期限则长达 20 年。我国现行的《商标法》规定，注册商标的有效期为 10 年，自核准注册之日起计算。注册商标有效期满，需要继续使用的，商标注册人应当在期满前 12 个月内按照规定办理续展手续；在此期间未能办理的，可以给予 6 个月的宽展期。每次续展注册的有效期为 10 年，自该商标上一届有效期满次日起计算。期满未办理续展手续的，注销其注册商标。至于续展次数，商标法则没有限制。只要企业愿意并能在法定期限内及时续展，商标专用权就可以成为企业的一种长久的权利，受到法律的长期保护。

（三）商标设计应该与众不同

商标是由各种保护性要素组成的，这些要素包括名称、标识，甚至外形包装的各种审美要素。这些要素必须具有独特性，才能更好地得到保护。商标设计越独特，越有利于防止其他竞争者仿冒，也就越能更好地受法律的保护。例如，麦当劳快餐店设计了一个金黄色拱门形状"M"作为其商标，单纯、明快，视觉印象特别醒目，不仅具有良好的冲击效果，而且在消费者心目中形成良好的印象，竞争者不便仿冒。

在企业品牌经营与商标管理实践中，结合我们的经验，商标管理通常包括商标战略规划、商标设计与注册、商标侵权法律事务处理、商标买卖、驰名（著名）商标申办等内容，牵涉专业事务，一般由专业机构协助企业处理更为高效。

本章小结

本章主要介绍了品牌维护的内涵、品牌自我保护的策略、品牌经营维护的策略以及品牌法律维护的策略。

首先，介绍了品牌维护的定义，品牌维护是指企业针对外部环境的变化给品牌带来的影响所进行的维护品牌形象、保持品牌市场地位的一系列活动的总称。品牌维护的意义在于：①有利于巩固品牌地位，有效防止品牌老化；②有助于保持和增强品牌生命力，更好地满足消费者的需求；③有利于抵抗竞争者的攻击；④有利于预防和化解危机。

其次，介绍了品牌自我保护的内容，主要包括：①防伪打假；②控制品牌机密；③避免恶性竞争。

品牌的经营维护包括：①维持高质量的品牌形象；②建立品牌档案，不断培养消费者的品牌忠诚度；③品牌更新。

品牌法律保护主要体现在注册商标上：①及时注册商标，获得商标权；②及时续展；③商标设计与众不同。

复习思考题

1. 如何理解品牌维护？
2. 简述品牌自我保护的方法。

3. 简述品牌经营维护的方法。
4. 简述品牌法律维护的方法。

案例分析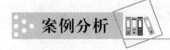

王老吉商标之争

一、事件概述

价值1 080亿元的"王老吉"商标合同争议案在历时380多天后以广药胜诉告终,鸿道将被停用"王老吉"商标。

二、事件发展

1. 品牌起源

清咸丰二年(1852年),王泽邦将解暑之用的药方制成凉茶,称之为王老吉,防病保健。因配方合乎药理,价钱公道,远近闻名。王老吉凉茶畅销两广、湖南、湖北、江西、上海等地。后来,王老吉第三代传人于香港设店,又在澳门开设分店,并将王老吉"杭线葫芦"的商标注册,成为第一个注册的华商商标。1956年国家实行工商业社会主义改造,王老吉凉茶归入国有企业——广州羊城药厂,隶属广药集团。

2. 问题产生

1995年,作为王老吉商标的持有者,广药集团将红罐王老吉的生产销售权租给了加多宝,而广药集团自己则生产绿色利乐包装的王老吉凉茶,也就是绿盒王老吉。

1997年,广药集团与加多宝的母公司香港鸿道集团签订了商标许可使用合同。2000年双方第二次签署合同,约定鸿道集团对王老吉商标的租赁期限至2010年5月2日。

2001年至2003年期间,时任广药集团副董事长、总经理李益民先后收受鸿道集团董事长陈鸿道共计300万元港币,得到了两份宝贵的"协议":广药集团允许鸿道集团将"红罐王老吉"的生产经营权延续到2020年,每年收取商标使用费约500万元。

2011年11月,广药集团开始将王老吉的其他品类授权给其他企业。对此,加多宝发表声明,双方的矛盾开始公开化,并在2011年年底诉诸中国国际经济贸易仲裁委员会。

3. 事件结果

2012年5月10日晚间,广州药业在香港联合交易发布公告称,根据中国国际经济贸易仲裁委员会2012年5月9日的裁决书,广药集团与鸿道(集团)签订的《"王老吉"商标许可补充协议》和《关于"王老吉"商标使用许可合同的补充协议》无效,鸿道(集团)有限公司停止使用"王老吉"商标。2012年5月15日,广药集团赢得王老吉商标。

三、后续事件

从争"王老吉"商标开始,王老吉与加多宝的争议还包括争"怕上火,喝××"广告语、争"独家配方"、争红罐包装……从2010年开始,广药和加多宝7年来打了二三十场官司。

这些官司中,大多以广药获胜告终。

2011年4月,广药向中国国际经济贸易仲裁委员会提出仲裁请求,2011年12月29日,此案进入仲裁程序。

2012年5月9日，中国国际贸易仲裁委员会裁决，加多宝母公司鸿道集团停止使用"王老吉"商标；5月17日，鸿道集团向北京市第一中级人民法院提起了撤销裁决的申请。

2012年7月，北京市第一中级人民法院终审裁定驳回鸿道集团的申请。

2013年，广州市中级人民法院裁定，加多宝立即停止使用"王老吉改名为加多宝""全国销量领先的红罐凉茶改名为加多宝"等"碰瓷"广告语。

2014年，广东高院一审判决，红罐凉茶装潢所有权归王老吉所有，加多宝不得再使用红罐包装。

2015年，广州市中级人民法院判决，加多宝使用的"独家配方"等宣传用语，对王老吉构成侵权，责令立即停止……

以上诉讼均以广药获得胜利告终，加多宝不仅要登报道歉还得赔钱。

终于到2017年8月16日的"红罐包装"终审判决，最高人民法院终审认为，广药集团与加多宝公司对涉案"红罐王老吉凉茶"包装装潢权益的形成均做出了重要贡献，判决双方可在不损害他人合法利益的前提下，共同享有"红罐王老吉凉茶"包装装潢的权益。

该案二审判决一出，双方均表达了自己的态度，加多宝高调表示"衷心感谢"，王老吉低调表示"尊重判决结果"。至此，这一起耗时多年的诉讼终于尘埃落定。加多宝更换了金色包装，并且最终免受上亿元的巨额赔偿，并且通过该诉讼使自己的品牌高度曝光，达到了非常好的宣传目的；王老吉可以继续使用"红罐"，并且通过此次诉讼迅速占领市场，也达到了其诉讼目的。从这一角度来看，最高人民法院的二审判决，达到了"定纷"的目的。

案例思考题：
1. 王老吉与加多宝的纷争根源何在？
2. 企业应该如何保护自己的品牌？

本章实训

一、实训目的
1. 了解品牌法律保护、自我保护、经营保护的方法。
2. 能针对具体的品牌维护实例进行分析。

二、实训内容
通过查阅文字资料及上网收集某一个品牌维护的相关资料，完成以下任务。
1. 结合某一个具体品牌陈述该品牌的品牌维护策略。
2. 对上述品牌的品牌维护策略进行分析。

三、实训组织
1. 把教学班同学分成五个组，并选出一位担任组长。
2. 每组独立收集、整理相关品牌资料，每组案例原则上不允许相同。
3. 由组长负责组织小组研讨，集中本组成员的研究结果，制作文本文件，并设计演示的PPT文稿。
4. 每组推荐一人上讲台演讲，其间师生可以向该组同学提问，教师引导学生参与研讨。

四、实训步骤

1. 每组独立收集、整理所选取案例的资料。
2. 小组讨论,汇总本组意见。
3. 撰写报告,并设计制作演示课件。
4. 各组代表发言,全班参与讨论。
5. 教师对各组表现进行点评。

第十一章　品牌危机

学习目的与要求

（1）理解品牌危机的含义
（2）了解品牌危机的影响
（3）了解品牌危机形成的原因
（4）掌握品牌危机的处理及善后

开篇案例

2013年中央电视台（简称"央视"）的"3·15"晚会把目光转向了如日中天的苹果公司。央视"3·15"晚会质疑苹果公司的售后服务问题不断："整机更换"维修方式名不符实，更换iPhone时并不更换后盖；更换产品保修期并不顺延，违反《移动电话商品修理退还责任规定》；多款产品违反国家三包规定，iPad保修规则并不按照3G认证时笔记本的三包政策；诸多售后服务中外有别，中国服务明显逊于海外。

凭借强劲的需求和较为完美的产品，苹果一直受到中国消费者的追捧。2012年苹果在大中华区的营收达到238亿美元，占总营收的15%。中国市场成为仅次于美国的第二大市场。

与销售火爆相比，苹果对中国市场用户的双重标准在业界早已不是什么新闻。苹果一直高高在上，没有一个说法，对外界的批评毫不在意。苹果固执地认为自己是强势品牌，必须按照自己的规则来提供服务，消费者也一定会理解。

在央视的强力曝光后，苹果中国只进行了简单回应："苹果公司致力于生产世界一流的产品，并为所在市场的消费者提供无与伦比的用户体验。这也是为什么我们在每一家苹果零售店提供深受消费者喜爱的面对面支持。我们也与全国270多个城市的超过500个授权服务点密切合作。我们的团队一直努力超越消费者的期望，并高度重视每一位消费者的意见和建议。"

这段回应让人觉得答非所问，还觉得自己有理。投诉是公司改善产品和提升服务最好的机会，按道理说，苹果应该虚心接受投诉，根据消费者需求，不断完善改进，获得消费者、媒体、公众等多个利益相关方的理解。

苹果缺乏品牌危机意识，发布前不能预防，发布后没有一个诚恳的回应，这导致了其自成立以来大中华区的最大品牌危机。最后不得已，苹果 CEO 库克出场安抚中国消费者，被迫改变了维修政策。

案例启示

很多企业因为忽视危机苗头，缺乏相应的预警、干预和处理机制，任其发展，从而酿成危机事件。全面的危机意识才是企业危机防范中最坚固的防线。明智的企业会提前建立危机预警机制，通过舆情监控和媒体沟通，及时发现品牌危机征兆，迅速处理，第一时间将危机"扼杀在摇篮当中"。

本章知识结构图

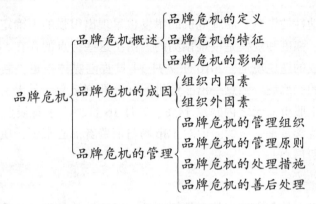

品牌运营过程受多方面因素的影响，有来自企业外部的威胁，也受企业自身经营管理的影响。企业的品牌发展就是在这样一个多变的整体环境下，一步一步向前迈进。微观和宏观环境的变化，往往是企业难以预料的。如果企业不能准确、及时地对危机加以处理，就会产生由品牌危机引发的企业危机，给企业带来难以估量的损失。品牌危机是由企业宏观和微观环境变化而给品牌带来的形象危机，导致品牌信任度降低，产品销量下降，以及由此可能给企业带来的诸多不良后遗症。品牌危机管理就是要为企业建立品牌危机防御体系，抵御各种潜在的对品牌的损害，消除品牌危机，它是企业战略防御体系的重要内容。

第一节 品牌危机概述

一、品牌危机的定义

"危机"这个词近来频频在工商企业管理中出现，如企业危机、产品危机、财务危机、人才危机、品牌危机等。学术界对危机有若干种界定，其中最适合用来理解品牌危机的是弗恩·班克思（Fern Banks）的定义。班克思把危机定义为对一个组织、公司及其产品或名声等产生潜在的负面影响的事故。具体到品牌上，品牌危机（Brand Crisis）是指由于组织内、外突发原因而对品牌资产造成的始料不及的负面影响，包括品牌形象的损害以及品牌信任度的下降，进而威胁到企业的生存。与企业危机、产品危机、财务危机、人才危机等概念不同的是，品牌危机反映为消费者与品牌关系的恶化。品牌一旦发生危机就会造成严重后果，如消费者对品牌声誉评价降低，对企业产品或服务的认可度和信任度下降，市场占有率降低，有时还会直接影响企业后续产品的推出。人有生老病死，品牌也是如此。呵护不周，品牌就会像一个脆弱的生命体一样受到种种伤害，甚至因此一蹶不振。一些叱咤风云的著名品牌风光不再，很多时候是因为品牌危机来临时，没有得到很好的化解。在中国，不仅本土企业，就连跨国公司出现品牌危机的事件也不在少数。因此，良好的处理危机的能力应当成为优秀企业管理者的一项基本功。

二、品牌危机的特征

（一）突发性

品牌受市场波动性的影响，品牌危机的爆发也呈现出很强的不确定性，这种危机发生的具体时间、形式、强度和规模是很难预测的。由于这些特点的存在，品牌危机发生时往往造成企业仓促应战的尴尬境地。2010年7月14日香港媒体报道，霸王旗下产品含有被美国列为致癌物质的二恶烷。消息一出，危机的狂潮即刻掀起，各大主流媒体、各大网站开始进行报道。霸王股价一天之内暴跌14%。7月16日，广东省质监局发布新的检测报告称，霸王的二恶烷含量是安全的。但对于市场与消费者信心来说，质监部门的报告无法在短时间内重振消费信心。

（二）危害性

品牌危机具有极大的危害性，甚至是颠覆性、毁灭性的打击。品牌危机一旦发生，消费者对企业的信心立刻动摇，产品销售立即受到影响。2000年的PPA事件使中美史克的康泰克销售额一夜之间从6亿元减到零！

（三）高关注性

危机出现之后，媒体会在第一时间赶到并进行报道，这将使社会公众及时了解到品牌危机事件的爆发状况与来龙去脉；有关当局、专家、投资方、员工以及其他利益相关者也会密切关注事态的发展变化；尤其是我们现在所处的网络时代，信息的快速传播与传播的无障碍，也必然导致品牌危机被社会公众广泛关注。另外，媒体还在一定程度上担负着"社会公德"维护者的角色，也有义务去报道侵害消费者利益和社会利益的事情。一旦企业陷入此类品牌危机，就有可能会陷入万劫不复的境地。

（四）关联性

品牌危机的爆发常常要牵动各种关系和各项工作，这时企业的核心工作就是解决危机问题，企业所有的工作均围绕着这项工作而展开；企业的利益相关者会关注事态的发展，他们或者参与到解决危机事件的工作之中，或者审视企业解决危机事件的工作进展；企业的利益相关者为防止自己的利益受损，会不断地给企业施加压力。品牌危机的关联性更多地表现为负面效应增多，正面效应减少；怀疑者比例上升，信任者比例下降；指责者增多，同情与认同者减少。这其实就是"墙倒众人推"效应和"多米诺骨牌"效应。

三菱帕杰罗事件

帕杰罗事件发生在 2000 年 9 月 15 日，宁夏地矿厅司机黄国庆驾驶着三菱帕杰罗越野车，载着中国地质科学院副院长等 3 位专家前往固原。在一个下坡弯道处踩刹车时，突然发现刹车失灵，车速无法降低，而此时迎面开来一辆东风大货车。眼看就要发生撞车事故，黄师傅紧急采取拉手制动、换挡等措施，同时急忙打方向盘，将车开到公路右侧边缘（右边是一个深沟），与大货车擦身而过，一场重大交通事故总算避过。黄师傅有着 20 多年的驾驶经验，发生这种事他感到十分蹊跷，因为这辆三菱帕杰罗越野车使用还不到一年，行程也只有 2 万多公里，出现这样的事故很不正常。停下车后，经过黄师傅仔细查看，才发现在刚刚踩刹车的地方留有一大摊制动液（刹车油），显然是刹车制动管出了问题。回到银川后，黄师傅立刻将车辆送到宁夏出入境检验检疫局机电处检验，这一检验发现了三菱帕杰罗越野车存在安全隐患。这件事没过几天，宁夏又发生一起三菱帕杰罗刹车失灵事件，造成了车辆与迎面过来的马车相撞的恶性事故。宁夏出入境检验检疫局意识到问题的严重性，立刻又检查了几辆三菱帕杰罗 V31、V33 越野车的后轴制动管，检查结果令人震惊：这些车辆的制动管全部存在磨损现象，严重的已磨通，有的刹车油早已渗出。宁夏出入境检验检疫局立刻将情况上报，引起国家出入境检验检疫局的高度重视。三菱帕杰罗 V31、V33 越野车是日本三菱汽车厂专门为中国设计的，而我国大量使用三菱帕杰罗 V31、V33 越野车的还有四川、贵州、西藏、甘肃、内蒙古等西部、西北地区，这些地区的山区路况一般都不太好，这也正是这些地区大量使用越野车的原因。由于三菱帕杰罗 V31、V33 越野车设计存在严重问题，估计这些地区存在严重安全隐患的帕杰罗越野车也比较多。一位专家分析，在这之前的几年这些地区很可能已经出现由三菱越野车刹车失灵造成的交通事故，只不过当时并没有想到是由于设计不当导致的。

帕杰罗事件发生后，国家检验检疫部门紧急约见了三菱汽车公司北京事务所代表，通告了有关情况，要求日方尽快采取措施解决问题。三菱汽车公司最初辩解说这种情况是由于中国的路况不好造成的，而且提出，只能为通过正常贸易渠道进入中国的这两种越野车更换制动油管。这种提法遭到国内人士的强烈反驳：所谓越野车就是为路况不好的地段设计的，如果都是走高速公路就没必要买越野车了，何况这样的车型还是专门为中国设计的；另外，三菱公司只要生产了有严重安全质量问题的产品，就有责任和义务进行维修和更换，否则由此造成的人身财产损失三菱汽车公司都负有不可推卸的责任。

经过双方艰苦的谈判，日本三菱汽车公司北京事务所终于同意为中国境内的所有三菱帕杰罗 V31、V33 越野车免费检修和更换制动油管，并提供了 44 家特约维修站地址。2001 年 2 月 12 日下午，三菱汽车公司北京事务所也在北京宣布，针对中国国家出入境检验检疫局提出的三菱帕杰罗 V31、V33 越野车存在安全质量问题，三菱公司就此决定召回检修三菱帕杰罗 V31、V33 越野车。而且不管这些越野车是通过什么途径进入中国的，都可以免费到公布的 44 家三菱汽车维修站检修和更换制动油管。中国消费者协会虽然对三菱公司的召回措施表示赞同，但认为这还远远不够，他们认为对帕杰罗 V31、V33 不仅仅要召回修理，还要赔偿消费者所受的损失，对设计失误造成消费者支出的检测费用、送修费用、误工费用、运输费用等，以及由于此车用不上而使用别的车辆所增加的费用等，都应给予补偿。对于三菱车安全隐患造成的人身伤害和死亡，三菱公司也应赔偿，如应负责支付死亡赔偿金、伤残医疗费、误工费、亲属抚恤费等，如造成消费者残疾的还应支付轮椅费、拐杖费等。对于赔偿，三菱公司并没有明确表态，这也说明了三菱公司在处理此次事件过程中态度不积极。

三、品牌危机的影响

（一）对顾客的影响

品牌事件可能会导致消费者对品牌信任度降低，以致顾客购买行为发生相应的改变。如果受到媒体的负面宣传，企业又没有正确地处理事件，引起了品牌危机，同时发生信任危机，品牌的信誉及形象下降，顾客的不购买行为就变成了顾客群体和社会的公开抵制行为。

（二）对金融关系的影响

企业的金融关系大体可以分为两类：股东和债权人。危机一旦发生，媒体报道对上市公司来讲会引起企业股票价值的波动，股东利益受损。这种波动的大小应该与股票的综合指数进行对比才能确定。品牌危机是信誉的危机，外部债权人在品牌遭受危机时，会依据企业的品牌组合，可能对企业提出更苛刻的条件，对持续的信贷或借贷将持谨慎的态度。

（三）对竞争对手的影响

品牌危机发生时，有时竞争对手是负面宣传的制造者和传播者，但现实中，竞争对手很少介入或引发危机事件。如果危机的产品品类具有"传染性"，竞争对手会坚决地与危机企业划清界限或帮助企业化解危机。当然，更多的情况是，竞争对手抓住这个机会，从危机企业手中夺取市场份额。

（四）对企业本身的影响

品牌危机也会给企业管理者造成沉重压力，因为他们辛苦经营的品牌可能会付之一炬。而作为领导，他们面临的不仅仅是公众或政策或利益团体带来的压力，企业员工的期待更可能使他们压力倍增。品牌危机会对企业的经营产生影响，启动危机应急机制，检查问题出现的原因，企业的生产可能不得不停下来，也会产生较高的额外成本。为了应对危机，管理者可能把时间、精力更多地放在对事态的判断和决策而不是企业的经营管理上。

 阅读材料

"溃坝定律"

品牌感悟：

要伤害一个品牌只需一次巨大的溃坝。日渐累积式的小漏洞会形成一次巨大的溃坝，系统性风险也将扑面而来，我们将其总结为危机公关的"溃坝定律"。

品牌分析：

"溃坝定律"恰如其分地说明了危机公关事件的产生、反馈、放大及危害过程，如果企业与媒体之间沟通阻塞，负面新闻将会随之而来，企业品牌形象将出现"溃坝"风险。

媒企关系堪称防护堤坝，负面新闻和传闻是上游的洪水。两岸的良田是企业苦心经营的品牌知名度、美誉度和忠诚度。很多时候，品牌危机突然到来，看似由于不可预测的急性事件瞬间引爆，但是根源在于媒企关系中的多个小漏洞。

"冷暴力"是媒企关系巨大的破坏力因素。企业不理会或者疏于经营维护与媒体之间的关系，就是对媒企关系最大的伤害。

正所谓"千里之堤，溃于蚁穴"，如果企业平时不注意处理与媒体的公共关系，不注意去修补"蚁穴"、加固"大堤"的话，危机事件迟早要冲垮脆弱的媒企关系大坝。2013年6月13日，媒体报道了国家药监局有关负责人约谈强生公司的事件，这是国家药监局首次因质量召回问题约谈国外企业。对于此次被约谈的原因，国家药监局网站显示是4月23日和5月3日强生召回韩国药品。

国家药监局有关负责人指出，强生公司药品及健康相关产品频繁发生因质量原因的召回事件，说明强生公司的质量管理系统可能存在缺陷；并要求强生凡是出现产品缺陷或质量问题都必须采取召回措施，必须向药品监管部门报告，必须主动向公众披露信息，凡在国外召回药品必须在华同步召回。

国外召回是什么原因？国内为何不召回？媒体对此会有什么反应？在约谈前后，"召回"必将成为一次品牌危机事件。然而，强生公司并没有预判到这一点，媒体的沟通和公关也就无从谈起，主动公开信息就更无从谈起。

事件发生后，强生只是在官网发出声明，表示强生在中国执行的质量管理体系和产品召回制度，与其他国家或地区完全一样。某些境外的产品召回不涉及中国市场，主要是因为该产品从未在中国注册上市，或生产厂家、批号不同。

作为全球500强企业之一的强生，短短7年时间，产品召回就高达51次，而其中48次召回与中国无缘，早已被国人诟病，强生公司不可能不知道。不过，在一次又一次的召回中，强生一次又一次地放弃了与媒体的沟通和解释。

在最后一次召回中，媒体穷追不舍，引发公众对强生"内外标准"不一的质疑。最终，国家部门出面施压，国家药监局约谈强生成为压倒骆驼的最后一根稻草，强生品牌在中国遇到了前所未有的危机，出现"大溃坝"。

品牌指南：
加强媒体关系，高筑危机防护坝。

思政话题：
我们总会遇到各种危机，要积极沟通，有应对危机的勇气以及策略。

第二节　品牌危机的成因

引发品牌危机的因素很多，大多数危机是由公司对某个领域的忽略或者不经意的失误造成的，如质量管理体系在某一个细小环节出现问题。也有一些是由于组织外部原因造成的，比如假冒伪劣等。

一、组织内因素

(一) 产品质量问题

产品质量是品牌发展的根本和基石。产品是将品牌与公众联系在一起的媒介,也是公众直接了解品牌的途径。品牌危机的爆发,常常是因为消费者对产品不满。产品质量问题主要由产品品质引发,具体的危机表现形式包括产品不安全、品质不稳定、夸大功能、偷工减料、粗制滥造等。这类突发性品牌危机通常是由于企业失职、失误或者内部管理工作出现缺漏而引发。虽然不少企业加大了对产品质量的管理力度,如引进了一系列国际认证体系,设立了专门的质检中心等,然而,任何企业都不能保证产品销售给客户后绝对不会出现问题。企业的问题产品概率哪怕只有0.01%,但只要消费者遭遇到了这样的小概率事件,就相当于接受了概率为100%的失败产品,这必将引起他们对该企业的不满,当个体的抱怨逐渐发展到一定程度时,就会导致公众对企业的不满,从而引发品牌危机。

(二) 人力资源因素

人才是企业的重要资源。如果一个企业不能稳定员工队伍,其管理运作就一定存在问题,这必然会影响到品牌的建设与发展。如企业在发展中由于各种原因所造成的掌握核心技术的人才流失,或关键职位人员的衔接不到位,将导致企业发展后劲不足,从而使企业发展停滞不前,甚至会给企业造成重大损失。这种损失不仅表现在销售和利润方面,更可能表现在品牌方面,即表现为企业无形资产的损失,它比有形资产的损失更具破坏性,有时甚至是致命的。

大多数企业品牌的发展壮大,都在于企业拥有至少一位对品牌成功运行起到关键性作用的领导者。他是企业的核心,他带动品牌的发展,推动企业走向成功。因此,当关键人物由于某些原因退出时,必然会使企业遭受巨大的打击。这不仅会动摇投资者对企业的信心,更会导致员工对企业管理层的质疑,从而引发品牌危机。此外,普通员工的大量流失甚至集体跳槽,也同样会使企业元气大伤,殃及品牌形象。企业将在重新招聘、重新培训上付出大量成本和大量时间,这些都会对企业造成财力乃至实力上的削弱,从而诱发品牌危机。

(三) 营销因素

在企业营销过程中,各营销要素处理不当,都可能成为企业品牌危机的诱因。

品牌定位不准确,是企业品牌运行不畅的关键原因,它虽不是毁灭品牌的直接原因,却是拖垮品牌的根本所在。如果企业由于这一原因而长期不能使某品牌壮大,势必会对该品牌失去信心,进而选择更换新品牌,而下一个品牌可能会重蹈覆辙,这就使品牌运行步入恶性循环。

广告作为企业营销要素的重要因子,也可能因为创意禁忌、传播不当等给企业品牌带来重大打击。很多时候,企业在进行广告传播活动中,由于没有洞悉目标市场地域或文化限制,在创意中,触犯了地域文化禁忌,或无形中伤害了目标市场的感情,使得品牌陷入不利局面,甚者陷入品牌危机。比如,龙是中华民族几千年来的文化图腾和精神象征,一直为各族人民尊敬、崇尚甚至膜拜。所以,耐克拍摄的"恐惧斗室"篮球鞋广告,就因出现敦煌飞天及龙这样的中华民族文化图腾,被原国家广电总局要求立即停播。立邦漆广告也是触犯了中华文化图腾"龙"元素而被禁播。企业在广告传播中,为了避免广告传播带来的品牌危机,要全面洞悉目标市场的文化、宗教以及消费者情感方面的禁忌,这样才能保证品牌传播的效应。

(四) 战略因素

一个成功的企业,是建立在科学、合理、规范的战略规划基础上的,科学、合理的企业战略能使企业有效地整合资源,并能根据市场外部环境的变化而有效调整策略。面对市场的变化,企业战略是品牌战略的基础,是品牌战略实施的前提和保障,是品牌取得市场影响力的引航者和保护者。但是,企业战略决策要做到准确无误,是件非常难的事情。企业战略涉及的面很广,诸如产品研发、价格制定和调整、财务决策、兼并收购、销售模式构建、品牌战略实施、人力资源调配等。在市场竞争白热化的状况下,有时因为企业战略决策的失误,一些品牌就会陷入危机。例如,2003 年,中国家电企业 TCL 彩电业务全面超越长虹,手机业务也取得了突飞猛进的业绩,在中国家电企业一枝独秀。2004 年,TCL 开始了海外并购,先是收购了施奈德,接着是并购重组了汤姆逊彩电和阿尔卡特手机,一举从一家区域性公司,跻身为业务覆盖全球主要市场的跨国公司。但是,TCL 还没来得及在人们的喝彩声中平静下来,灾难就汹涌而至,从盈利 10 多亿元到亏损 10 多亿元,中间只隔一年的时间,从繁华到落寞的转换是如此迅速。由于企业战略决策的失误,TCL 经营出现了很大的困难,仅 2005、2006 两年,TCL 亏损就达到 35 亿元,差一点破产。没有雄厚的资金和良好的盈利支持,在研发上投入不足,使得品牌形象受到很大影响。企业战略行为,会对品牌产生正面或负面的影响,TCL 的海外并购战略,让 TCL 直到今天都没走出并购的阴影。这也反映了我国很多企业还不具备国际化的并购实力和管理跨国集团的能力,无法建立与国际化公司相适应的战略和企业文化,不能平衡市场、生产、文化、资金之间的关系,从而导致危机产生。抛开国家化并购不说,我国的很多企业,因为缺乏管理大企业的经验,在企业发展过程中无法建立战略的适应性,导致资金链出现问题,例如,当初红极一时的秦池酒、爱多 VCD 等,都是典型的案例。

> **小链接**
>
> **雀巢奶粉碘超标危机**
>
> 2005 年 4 月下旬,浙江省工商局抽检发现批次为 2004.09.21 的雀巢金牌成长 3+ 奶粉碘含量达到 191.6 微克,超过其产品标签上标明的上限量 41.6 微克。浙江省有关部门与雀巢联系,要求 15 天内予以答复。5 月 9 日,雀巢表示承认检测站检测结果。
>
> 5 月 25 日,浙江省工商局依据法律程序对外公布:雀巢金牌成长 3+ 奶粉为不合格产品,碘含量超过国家标准上限 40 微克。食品安全专家介绍,碘如果摄入过量会发生甲状腺病变,而且儿童比成人更容易因碘过量导致甲状腺肿大。消息一出,举国震惊。随之,雀巢选择了回避并抵赖的态度。5 月 26 日,雀巢明确表示不接受任何媒体采访;5 月 27 日,雀巢中国公司在给各大媒体发布的声明中宣称:雀巢碘检测结果完全符合《国际幼儿奶粉食品标准》,雀巢金牌成长 3+ 奶粉是安全的。雀巢的声明并没有给市场带来信心。5 月 27 日,在上海,联华、欧尚等大超市纷纷将雀巢问题产品予以撤柜,而家乐福已向全国发布撤柜通知。

5月29日，中央电视台经济半小时播出《雀巢早知奶粉有问题》，对雀巢早知金牌成长3+奶粉存在问题却任由其在市场上继续销售提出批评。节目中，雀巢发言人承认按照国家标准，雀巢金牌成长3+奶粉是不合格的，但她认为这批产品是安全的，雀巢无须回收这些产品。雀巢的声明，引起公众的不满。6月1日，中国消费者协会公开指责雀巢公司不能自圆其说，公众和媒体也对雀巢公司的姿态进行质疑。雀巢遭遇空前的信任危机。

二、组织外因素

（一）宏观因素

宏观因素的变化是企业不可能控制的，例如国家方针政策的变化、新法律条文的颁布、自然灾害的发生、重大疾病的爆发、经济危机的来临等。这些改变与发生不是针对某个品牌的，也不只对某个品牌或某些品牌造成伤害，而是会造成全社会的变动或伤害，属于不可抗力事件。如美国"9·11"事件，使许多航空公司、旅游公司甚至餐饮公司面临破产的危险；全球金融危机的影响，使许多企业举步维艰。

（二）假冒产品

市场上假冒伪劣产品屡见不鲜、屡禁不止，从价格便宜的食品，到国内知名的烟酒产品，再到国际名牌服装、鞋帽、箱包、化妆品以及奶粉等，可以说假冒伪劣产品无处不在。据统计，2002年宝洁公司在中国销售的各项产品中平均假冒率高达15%，公司为此损失达1.5亿美元。虽然政府和有关部门不断加大对假冒伪劣产品的打击力度，但仍有大量的假冒伪劣产品流入市场，给消费者和生产企业带来了损失。当市场上充斥着大量某个品牌的假冒伪劣产品时，消费者若无法辨别真伪，就会产生沮丧和失望情绪，从而对该品牌产品产生怀疑，拒绝或避免购买该品牌的产品。

（三）媒体报道

媒体工作者受时间、知识的限制，有时候可能会产生错误的报道，给企业和品牌带来不必要的损失。2013年3月8日，有消费者投诉称自己购买的农夫山泉饮用水中有黑色不明物。3月15日，农夫山泉发表声明，称已将产品送至第三方权威检测机构，检测结果显示，其符合国家标准的各项安全指标；并表示含有天然矿物元素的瓶装水在运输储存过程中，有时会受到温差等影响而析出矿物盐，并不影响饮用。4月10日，《京华时报》刊发了《农夫山泉被指标准不如自来水》的报道。4月12日，农夫山泉发表声明，称其饮用水的品质远高于现在的国家标准、行业标准和地方标准。5月3日，北京市桶装水销售协会发通知，建议下架农夫山泉桶装水。由于饮用水检测存在着多种标准，这也导致媒体和企业各执一词。直到5月9日，《人民日报》刊发了《农夫山泉抽查合格率100%》的消息，浙江省卫生厅明确就标准问题表态，并为农夫山泉正名，整个事件才告一段落。

（四）受其他品牌牵连

品牌的声誉还可能会受到其他问题品牌的负面影响。遭遇假冒是很常见的一种情况。假冒品牌不仅影响了原有品牌的销售，更严重的是损害了原有品牌的形象。前几年"南京冠生园陈馅月饼事件"就是这种情况。由于使用往年未售完的陈馅来制作月饼，南京冠生园被媒体曝光，结果全国20多个同名的冠生园公司都受到牵连，实际上这些冠生园公司与南京冠生园并无归属关系，彼此之间相互独立。还有一个案例也反映了品牌受到牵连的情况。当亨氏公司的"美味源"辣椒酱被查出含有"苏丹红一号"时，作为其供应商之一的调味产品生产企业森馨香精色素公司受到诸多质疑。最后调查表明，"美味源"辣椒酱的另一个供应商才是罪魁祸首，但森馨公司也在一段时间内陷入了危机。

（五）竞争对手攻击

企业对竞争对手采取一定的竞争措施，引发企业品牌危机。例如，农夫山泉在控制天然水资源，并逐渐削减纯净水的生产数量后，突然以发布专家研究结果的形式宣布，长期饮用纯净水对身体不利，农夫山泉将不再生产纯净水，致使以生产纯净水为主的企业陷入竞争危机。有时竞争对手的攻击是非正当的，目的就是制造危机。

第三节　品牌危机的管理

一、品牌危机的管理组织

（一）核心领导

领导小组由公司的董事会、总裁等组成，从战略层面把握危机的动向，对危机处理中的重大问题进行决策，并指挥各部门密切配合危机控制小组。核心领导小组的具体职能包括：①与政府和特别利益团体进行高层沟通；②向机构投资者、媒体、消费者、员工以及其他受到影响的群体传达信息；③明确保险政策，与法律顾问沟通，决定特别抚恤金的支付；④跟踪公众的动向，准备到相关现场探视；⑤尽快在公关人员的陪同下赶往事故现场，与社会公众和媒体进行必要的沟通；⑥对品牌危机处理进行决策。

（二）危机控制

品牌危机控制小组实质上是一个危机处理小组，负责传达领导层的进入应急状态、启动应急与恢复计划等重大决策。危机控制小组同时又要向核心领导通报事态进展。由于危机事件并非常态，所以成员多半是兼职的，但也有一些专职的危机管理专家。品牌危机的突发性、严重性和蔓延性使得企业的品牌危机控制小组必须在危机事件爆发后立即组建完毕。组建品牌危机控制小组必须系统化，因为品牌危机管理活动本身是一项系统工程。一般而言，危机处理对内涉及后勤、生产、财务、法律、人事等各个部门，对外不仅需要与政府部门打交道，还要与消费者、供应商、销售商、银行、税务等部门沟通。所以，组建一个高效、专业的危机控制小组是危机管理展开的必要保证。

（三）信息沟通

危机管理成功的一个关键要素是信息沟通，包括对内和对外的沟通。对内沟通是前提，目的是达到企业上下的一致性；对外沟通则是关键，因为一切危机都源于外界对企业和品牌的看法。有效的信息沟通包括确定正确的沟通对象、媒介和信息，同时还要保证沟通的快捷性和连续性。平时要加强危机管理小组与各部门之间的沟通，指定各部门的沟通负责人，以确保危机信息能够快速到达相关部门，从而避免危机程度因内部沟通不足而加剧的情况发生。企业需要挑选并培训一名专门的新闻发言人，保证企业对外发布信息的一致性，加强公众对企业的信赖感。在选择媒体时，需要注意媒体的权威性，以保证公众对信息的信任度和接收度。信息是危机处理的核心内容，公众对品牌看法如何全凭企业怎么解释，因此在对外发布信息之前，必须对信息字斟句酌，以免使危机恶化。据报道，在武汉野生动物园出现"砸奔驰"事件之后，奔驰公司声称这是"极端的、没有必要的行为""非理性的而且无意义的举动""不必要且侵害我公司的权益的行为"等，在言辞中透露出一种傲慢的态度，这样的信息沟通最终影响了奔驰的品牌形象。此外，沟通的迅捷性和持续性都是非常重要的，置之不理、反应迟缓或者"虎头蛇尾"都不是处理危机的正确态度。

品牌危机管理组织是一个富有弹性、适应性强的团队。领导团队是整个危机管理组织的核心，定战略、做决策、下命令，一般由企业最高领导担任组长，而企业其他权威领导是该团队的成员。领导团队的成员在危机管理中具有明确的岗位权力和责任，之所以让企业的最高负责人担任组长是为了确保一旦危机出现，危机管理组织的运行能畅通无阻，获得有效的资源配置。危机管理组织中还要有负责贯彻、执行领导小组的计划、意图和指令的成员。这些成员由企业各主要部门的负责人组成。如麦当劳的危机管理小组的执行团队成员是来自于营运部、训练部、采购部、政府关系部的一些资深人员。之所以来自企业各主要部门，是因为危机管理是一个系统工程，需要各部门配合，保障危机管理的高效率。危机管理组织是一个功能完备的系统，根据危机管理的具体内容，我们可以把危机管理组织成员归属于职能不同的部门，不同的职能部门有相应的权力配置。

二、品牌危机的管理原则

（一）主动性原则

任何危机发生后，都不可回避和被动应付，当务之急是要直面危机，首先要阻断、控制其蔓延、扩散的速度、范围，有效控制局势，挽救品牌生命，为重塑品牌形象、渡过危机奠定基础，切不可因急于追究责任而任凭事态发展。主动是一种处理问题的积极态度，表明企业的诚意和决心。然而，很多企业在危机之初总是一味地躲避，不是不接受媒体采访就是"无可奉告"。公关专家帕金森认为，危机中传播失误所造成的真空，会很快被各种流言占据，"无可奉告"的答复尤其会产生此类问题。这种态度将使企业无法控制恶劣局势的蔓延，使得品牌形象大大受损。

小链接

德国婴儿食品生产商嘉宝的两次品牌危机处理

1986年，德国婴儿食品生产商嘉宝的产品在美国销售时发现了玻璃碎片，马里兰州当局禁止部分嘉宝产品在该州销售。但嘉宝认为，自己没有做错什么，因为没有证据表明玻璃碎片是因生产过程的失误而引起的，它当然没有责任和义务召回产品。嘉宝认为召回只能引起媒体更多的关注并对销售产生负面影响，而且实施起来代价高昂，因而不予召回。嘉宝的态度最终激怒公众，导致品牌危机进一步恶化。前几年，同样的事件也在嘉宝身上发生过，但嘉宝当时的处理方式非常有效，虽然公司没有在生产环节上发现任何问题，嘉宝还是召回了50万罐果汁，因而赢得市场认同，顺利渡过危机。

（二）快捷性原则

危机对企业而言具有极大危害，如果不及时控制，很可能威胁到企业的生存。因此，企业在危机发生时要快速反应，及时与公众、媒体等进行沟通，尽量减少各种猜测、怀疑和流言。加拿大化学公司的唐纳德·斯蒂芬认为："危机发生的第一个 24 小时至关重要，如果你未能很快地行动起来并已经准备好把事态告知公众，你就可能被认为有罪，直到你能证明自己是清白的为止。"

（三）真诚性原则

真诚面对，如实相告，是品牌危机处理的一条不二的法则。保护消费者的利益，减少消费者的损失，是品牌危机处理的第一要务。贯彻真诚坦率的原则，避免危机深化的同时，也避免了出现品牌的诚信危机。因此，品牌事件或危机发生后，要及时根据情况向消费者、受害者、社会公众和舆论界致歉，赢得他们的原谅和同情。另外，任何危机的发生都会使公众产生种种猜测和怀疑，有时新闻媒体也会夸大事实，企业要想取得公众和新闻媒介的信任，必须怀着真诚、坦率的态度，越是隐瞒真相越会引起更大的怀疑。

（四）统一性原则

危机发生时，企业处在社会舆论的焦点上，企业的一言一行都被公众密切关注。企业在处理危机事件时，如果不能协调一致，而是针对危机事件人云亦云，这不但让人觉得企业管理混乱，使舆论和公众对其真实意图莫衷一是，更严重的是可能让公众认为企业缺乏诚信，一直在狡辩，从而使危机升级，给企业造成更大的损失。因此，这就要求企业在处理危机时，无论是对外的宣传解释还是对内的解释说明，都要口径一致，不能相互矛盾或存在较大差异。

（五）全员性原则

处理危机不只是危机处理小组的事，它关乎整个企业的安危，因此企业上下全体成员都应当参与。让员工参与危机处理，不仅能将员工与公司的命运捆绑在一起，而且能够上下同心协力，尽快将危机解决。河北某地有一个大型的食品企业，在公司内部有一本要求全部员工学习的公关小册子。小册子有"遇到哪些问题该怎么处理，遇到什么样的问题该怎么样回答，哪些东西是可以对外宣传的，哪些是不能宣传的，哪些是坚决不能说的"等内容。这个企业的做法虽然有些老土，但是在企业的公关统一口径中起到了很好的作用。因此，尽管近年来也遇到了很多麻烦，如效益滑坡、管理层震荡、产品质量有问题等，但这个企业并没有在危机面前倒下。

（六）人道主义原则

危机在很多时候会威胁人身、财产安全，在危机所造成的危害中，企业应本着人道主义原则，主动承担责任，对造成财产的损失给予相应的赔偿，对造成身体伤害的人员及时予以治疗，为重新树立企业品牌做好铺垫。

> **小链接**
>
> ### 危机管理的6C原则
>
> 如何建立一个有效的危机管理体系，从而成功地预防、处理危机，甚至反败为胜，在危机中恢复并得到发展呢？针对这一问题，我国公关领域的著名实战专家、关键点公关公司董事长游昌乔创立了"危机管理6C原则"，即全面化（Comprehensive）、价值观的一致性（Consistent Values）、关联化（Correlative）、集权化（Centralized）、互通化（Communicating）、创新化（Creative）。
>
> 1. 全面化
>
> 全面化可归纳为三个"确保"，一是确保企业危机管理目标与业务发展目标相一致；二是确保企业危机管理能够涵盖所有业务和所有环节中的一切危机，即所有危机都有专门的、对应的岗位来负责；三是应确保危机管理能够识别企业面临的一切危机。
>
> 2. 价值观的一致性
>
> 危机管理有道亦有术。危机管理的"道"是根植于企业的价值观与社会责任感，是企业得到社会尊敬的根基。危机管理的"术"是危机管理的操作技术与方法，是需要通过学习和训练来掌握的。
>
> 3. 关联化
>
> 有效的危机管理体系是由不同的子系统组成的有机体系，包括信息系统、沟通系统、决策系统、指挥系统、后勤保障系统、财务支持系统等。因而，企业危机管理的有效与否，除了取决于危机管理体系本身，在很大程度上还取决于它所包含的各个子系统是否健全和有效运作。任何一个子系统的失灵都有可能导致整个危机管理体系的失效。
>
> 4. 集权化
>
> 集权化的实质就是要在企业内部建立起一个职责清晰、权责明确的危机管理机构。同时，企业应确保危机管理机构具有高度权威性。为了提高危机管理的效率和水平，不同领域的危机应由不同的部门来负责，即危机的分散管理。但不同的危机管理部门最终都应直接向高层的首席风险官负责，即实现危机的集中管理。
>
> 5. 互通化
>
> 从某种意义上讲，危机战略的出台在很大程度上依赖于其所能获得的信息是否充分，而危机战略能否被正确执行则受制于企业内部是否有一个充分的信息沟通渠道。有效的信息沟通可以确保所有的工作人员都能充分理解其工作职责与责任，并保证相关信息能够传递给适当的工作人员，从而使危机管理的各个环节正常运行。
>
> 6. 创新化
>
> 危机管理既要充分借鉴成功的经验，也要根据危机的实际情况，尤其要借助新技术、新信息和新思维，进行大胆创新。切不可墨守成规，故步自封。

三、品牌危机的处理措施

（一）迅速反应，启动处理小组

企业要在危机初期快速反应，在第一时间迅速行动，以最快速度启动应急机制，及时、准确地判断事件的性质、影响程度及影响范围，进行正确的判断和决策，果断采取相应的对策和措施，以求将事件的影响降到最低，尽可能使事件处于可控范围之内。在应急阶段涉及事件责任问题时，在自身的审计未结束也没有权威结论之时，企业领导和有关人员既不能推诿卸责，也不能随意承担责任，更不能不负责任地猜测事件的原因和责任人，否则会陷入被动，留下后患。此时最有效的处理办法如下。

（1）耐心做好当事人和利益相关者的工作，安排相应的人员与当事人沟通，诚恳地对待并适当地满足当事人的要求。

（2）争取媒体的支持和配合，赢得当事人、利益相关者和媒体的理解，控制事态的发展，为以后的处理工作和控制措施预留空间、做好铺垫。

（3）对于影响范围很大、事件性质严重的灾难性危机，应在查明事件真相的基础上，向公众公布事件真相。对外信息披露尤其要准确无误，要争取新闻媒介的合作与支持，做好社会宣传工作。

（二）诚实面对，掌握事实真相

品牌危机发生后，企业要勇敢地面对问题而不是逃避问题，危机处理小组的职责在于尽快弄清品牌危机的真相，通过电话、E-mail 的方式以及询问目击证人、当事人等多种途径了解情况，掌握事件的来龙去脉，并对事件进行分析、判断，确认品牌危机的性质、范围及原因，做到心中有数；然后要分清责任，是己方的责任，决不推诿，不是己方的责任，也要积极帮助解决问题。

在品牌危机处理中，需要引导核心议题。因为无法为每个人的疑问提供答案，只能抓住主要矛盾，回答利益相关者最关心的问题。通常利益相关者对品牌危机的三个疑问是：品牌危机的局面是否得到了控制？品牌危机为何发生？危机受害者是否得到了妥善的安置？三个需要解答的疑问形成了三个需要引导的核心议题：一是品牌危机现状如何；二是品牌危机的诱因何在；三是受害者的命运如何。引导核心议题就是发布信息，重点回应利益相关者关心的核心议题，防止核心议题出现信息真空。

（三）公布真相，控制市场

由于公众有知情权，当出现品牌危机后，企业应向内部和外部利益相关者适时发布信息，以告知真相。告知内容包括品牌危机发生、发展情况，解决方案，以及咨询平台等。告知的方式有对外公告，发布新闻稿件，召开新闻发布会、座谈会，开通网站和热线电话等。告知策略要求主动、快速，充分发布品牌危机信息。主动说出真相是品牌危机处理中最关键、有效的策略。如日本索尼中国公司就曾在许多媒体、公众都还不知情的情况下，主动在自己的网站上公布了《致索尼彩电用户的通知》，把出现瑕疵产品事件的来龙去脉进行描述，并提出解决的办法。

面对品牌危机，快速反应固然重要，但真相的准确性和针对性则需要反复斟酌，一些尚无法确认的半真半假的"真相"不宜仓促告知，否则将滑入更深的危机泥潭。同时要追求理性、周全的告知,即在兼顾品牌自身和利益相关者两方需求的基础上,选择性地告知尽可能多的品牌危机信息。利益相关者渴望了解品牌危机全部真相,但并不意味着不假思索地告诉所有信息,比如有些真相公布之后可能为竞争对手或恶意利益相关者所利用,带来更严重的冲击等。因此,充分告知需要确定内容取舍的"度",这个"度"就是品牌自身和利益相关者共同关心的真相。

(四)勇于承担,提出解决方案

一般来说,品牌危机事件之所以发生,往往是因为企业产品或行为给消费者的生命财产等方面造成一定程度的伤害,引起消费者情绪的波动和社会舆论的关注。危机处理小组解决危机事件的一个重要原则就是耐心、诚实,为他人着想,主动承担责任,提出具有人文关怀精神的解决方案,给予利益受损者一定的物质补偿或精神补偿,绝不能做出让公众和媒体不满的事情,以保证品牌危机能尽快、更好地解决,并能够将危机转变成契机,为品牌的发展提供相应的思路、方法与机遇。

召回是最常见的方式之一。由产品质量问题造成品牌危机是比较常见的,一旦出现这种形式的危机,召回是危机处理的重要方式。召回可以平息消费者的不满情绪,表明企业的诚恳和对消费者负责的态度,可以获得消费者的认同和公众的认可,从心理上打动消费者和社会公众,避免品牌事件或危机的进一步升级,引起更大的品牌危机。问题产品召回导致的成本是真实存在的。在一些产品召回的事件中,企业虽然也做了很多的努力来防止召回事件的发生,但仍然会防不胜防。相对而言,食品、药品、玩具、日用品和汽车等消费品行业会经常发生召回事件。这些领域的企业必须具有极高的危机感和危机意识,中高层领导都应该有专业的危机公关能力,尤其是公司的客户服务部门和公共关系部门,更要进行全面系统的公共关系技能的培训。一旦发现并确认产品确实存在缺陷,企业应该采取适当的策略进行处理,但是这并不意味着所有的产品都需要公开地进行召回。有以下四种情况需要企业区别对待。

(1)危及人身和生命安全的产品需要召回。如果这样的产品出现,需要企业采取全面召回措施,并发出有意义的、完整的通知让公众尤其是用户最大范围地知晓,避免和防止发生重大伤亡的可能。

(2)有潜在危险但不会威胁到生命安全的产品,企业需要坚持收回产品。

(3)对生命或者财产没有重大威胁,但要求在一定范围内有限度收回的产品,这种情况可以不发出召回通知。例如,2004年索尼的彩电缺陷就属于此类,不过索尼公司仍然低调地发出了产品召回通知。

(4)一些因为生产和设计上有缺陷而可能影响使用效果或者达不到预期效果的产品,生产这些产品的厂家往往采取对产品进行软件升级、对消费者适当补偿或者打折处理的方式。例如,2012年一汽大众迈腾汽车的变速箱因为技术问题导致汽车启动抖动,一汽大众采取了分批更换相关部件的方式进行处理。

在产品召回中,企业危机处理组织一般应该事先处理好一系列问题,以给市场和公众一个良好的预期。根据所发生的产品召回事件的类型,决定谁将代表公司发言。比如宜家的产品召回过程中,在中国区域由其公关部经理给媒体和公众做解释。职位最高的领导一般不适合做危机公关的发言人,以给企业留有回旋的余地。例如,中国奶业的"三氧氰胺事件"中,蒙牛的牛根生充当了公司发言人,最后导致企业在事件中损失较同类企业大得多。企业还要决定是否召开记者招待会，在什么地方召开，发布什么内容，应该准备哪些资料。在产品召回的过程中，企业内部存在哪些问题，应如何进行自省自查和处理，如对责任人的惩戒；在公司网站和各大门户及专业网站上应如何发布和更新最新消息，才能确保媒体、消费者、分销商得到的消息是统一的；公司近期的经营状况、新产品或替代品的开发情况是什么样的，最近是否有重大的市场及品牌提升计划和行动。实际上，在产品召回的危机过程中，企业和消费者都是产品召回的受害者。对于现在或者将来，其产品哪怕存在一点点召回风险的企业来说，学习和培养危机管理能力、形成危机管理机制刻不容缓。

 阅读材料

危机不相信廉价的眼泪

品牌感悟：

危机本身并不可怕，可怕的是危机管理机制和系统的缺位。许多危机都是由于缺乏危机管理而酿成的。然而商场如战场，它不相信廉价的眼泪。

品牌分析：

全面品牌管理理论下，危机管理必须落实到全人员、全链条和全过程，上升到全面危机管理。

危机管理从事前预防阶段开始，企业要建立危机预警体系。对各个环节进行危机测评和分析。同时制订相应的应急计划，成立相关的危机管理委员会，确定危机管理的领导核心。

危机发生的时候，迅速启动危机应急预案，调动之前搭建的危机处理关系网，建立有效的信息传播系统，并且调动专项人力和财力来进行危机公关事件的处理。

在危机结束以后，则要处理好善后事务，做好形象修复工作。要听取各方意见，形成最终的事件报告，建立危机评估系统，测评本次危机公关事件各个利益主体的具体情况。

丰田集团就是因为没有把危机管理上升到战略高度，从而上演了丰田章男被美媒羞辱、泪洒现场的闹剧。

2009年，丰田汽车因为质量问题先后在全球范围内召回多款车型，开始时，丰田汽车自认为是全球汽车老大，不把危机事件当回事。

一直以来，丰田公司在危机公关事件上惯用的方法是拖延战术，寄希望于危机自动化解，不了了之。

比如2007年，丰田公司就曾与美国运输委员会协调，避免了大约5万辆丰田车被大规模召回，此举为丰田节省了1亿美元的召回费用。

尽管这一次的召回事件已经把丰田推到了风口浪尖，丰田依然消极如初，麻痹大意。他们认为美国人不会来真的，危机只是暂时的，只是媒体炒作而已。

不过，此一时，彼一时，金融危机后，这次美国政府是铁了心要"治"丰田。

由于丰田公司的管理层级严密，危机的最新信息无法第一时间上报给决策人，这导致丰田高层误判了危机的严重性。

由于形势误判，丰田公司并没有采取积极有效的措施予以回应，而是启动了令人大跌眼镜的遮掩计划，试图误导美国政府和消费者。

在一次说明会上，丰田章男甚至为了躲开一名电视记者的注意，乘坐一辆奥迪车逃离现场，将这场闹剧推至了高潮。

随着危机事态进一步发酵，到了迫不得已的时候，丰田章男不堪美国媒体的炮轰，终于出面道歉，宣布大规模地召回，最后泪洒现场，但为时晚矣！

此次召回事件导致丰田在全球范围内召回车辆合计 850 万辆，超过丰田 2008 年全球总销量，形成一次整体性的品牌危机事故。

丰田陷入危机旋涡，质量瑕疵是根本，危机管理的失败则是关键。企业若是没有在战略和执行上将危机管理落到实处的话，其后果不是用眼泪来收尾，而是要付出更多的代价。

品牌指南：
危机本身并不可怕，可怕的是危机管理机制的缺位。

思政话题：
对待人生当中出现的困难、危机，我们应该有怎么样的心态？

四、品牌危机的善后处理

企业在平息品牌危机事件后，就要着手于企业的恢复与重振工作，一方面尽力消除品牌危机产生的负面影响，将企业的各方面工作恢复到正常营运状态；另一方面则对企业形象和品牌进行重塑与强化，进而求得比以前更好的销售。恢复与重振工作，主要包括以下几个方面。

（一）品牌危机总结

危机总结是品牌危机管理的一个重要环节，它对制定新一轮的危机预警措施有着重要的参考价值，所以，应对品牌危机管理需要进行认真而系统的总结。对危机的总结，就是要重新审视品牌危机出现的原因，从制度上制定预防危机再次发生的相关规则，并且把本次危机处理的方法和经验记录下来，以供企业各部门参考。品牌危机总结是整个品牌危机管理的最后环节，一般包括三个方面的工作。

1. 调查危机发生的过程

调查是指对涉及此次品牌危机事件的整个管理过程的检查、收集和整理，包括危机预警工作的开展、对危机征兆的识别、危机爆发的原因、危机处理措施的采用、社会公众和组织成员对此次危机处理的看法和意见等，其中最重要的是危机发生的原因。找出危机处理过程中的成功方面以及存在的问题，从调查中发现企业日常经营管理中的薄弱环节，找出漏洞。

2. 评价危机管理的效果

评价是指对危机管理工作进行全面评价，包括对危机领导小组的建立、危机组织机构的设置、危机处置计划的实施、危机处理措施的效果等方面给予客观公正的评价。重点要考核新闻发言人，危机领导小组人员的工作是否到位，组织中资源配置是否合理，危机处理措施是否得当。对整个品牌危机管理工作给出综合评价，总结成功经验，找出不足之处，为企业提供改进建议，提高企业管理水平。

3. 整改危机管理的不足

整改是对以上两个方面发现的不足之处进行弥补与修正，优化品牌危机管理工作，确保今后不再出现类似的问题。危机的发生是任何企业都不愿遭遇的，无论是处理危机还是重新获得公众好感、恢复形象，都需要投入大量时间和精力，花费巨大。特别是对于那些临阵磨枪、仓促上阵的企业，其必须吸取深刻的教训，危机过后应立即着手制订企业危机管理计划，必要时请专家和公共关系公司进行指导和帮助，这样才不至于再犯同样的错误。

（二）加强企业内外沟通

加强企业组织内部沟通，让员工了解本次危机的始末、产生的危害以及企业处理的措施，并以此为契机加强对员工的教育，治愈员工在本次危机中受到的心理创伤，获得他们的认同，使企业尽快走上正轨。同时，使每一个员工都能从中找到差距和存在的问题，自觉将自己的行为、形象与企业的命运、形象连在一起，强化企业员工的凝聚力，团结一致共同对付危机。对外，企业要加强对外传播沟通，及时向媒体、社会公众通报危机处理的进展，并声明愿意负起道义上的责任，以此来重新赢得社会公众的信任。

（三）品牌形象回复与改善

在危机中，品牌形象取决于危机的诱因、形态、影响、管理成效以及利益相关者据此做出的评价等因素。品牌危机事态平息后，企业要对危机中的品牌形象进行客观的评估，以对形象现状有所了解和把握。唯此，才能制定针对性的形象修复和改善策略。要评估危机发生前的品牌形象状况、危机爆发和演进过程中的品牌形象状况、危机结束后的品牌形象状况以及具体变化。

根据品牌形象的评估分析，进行品牌形象修复和改善。危机恢复期品牌形象的修复和改善，是品牌危机恢复管理中的核心任务，其内容主要包括列出品牌形象恢复和改善的任务清单，按照优先序列对品牌形象恢复和改善的工作环节进行统一规划。培训员工，提高维护品牌形象的技巧和能力。完善沟通机制，改进沟通，拓展沟通渠道。制订品牌形象恢复和改善的计划。了解利益相关者危机后的状态和需要。重点解决恢复管理中的主要矛盾。举行特定活动，来振奋人心、调整情绪。

品牌形象恢复与改善首先要推行品牌社会责任。品牌社会责任的概念最早产生于英国，其主要观点是认为主动承担社会责任来完成品牌营销的使命，是品牌打造的更高阶段和最前沿手段。品牌社会责任是品牌形象恢复和改善的核心。品牌不仅要为企业负责，更要为所有的利益相关者、社会负责。履行社会责任的过程正是品牌赋予自身形象、完善价值的过程，也日益成为利益相关者借以评价品牌形象的重要尺度。

采取积极的公共活动是品牌形象恢复和改善的主要手段。恢复期的品牌公关方式包括媒体公关、领导人公关和成员公关。媒体公关是通过召开新闻发布会、记者见面会，安排媒体专访，发布新闻稿的方式输出品牌行动和价值主张。领导人公关是设计企业领导人的活动，通过其在公共场合恰如其分的言行举止，树立良好的品牌形象。如企业领导人在适当的时期去看望受损的利益相关者更能显示出品牌的形象，获得利益相关者的好感。成员公关是让企业每位成员都认识到品牌形象恢复与改善的意义，积极加入与利益相关者的沟通中来。

本章小结

本章首先介绍了品牌危机的含义、特征和影响。品牌危机是指由于组织内、外突发原因而对品牌资产造成的始料不及的负面影响。品牌危机具有突发性、危害性、高关注性、关联性的特征。品牌危机的影响是广泛而深远的。品牌危机可能会导致消费者对品牌信任度降低,以致顾客购买行为发生相应的改变,还会影响企业股东和债权人的投资态度,进而对企业自身造成沉重压力。

品牌危机的发生绝不是偶然的,其根源一方面在于企业管理上的漏洞,另一方面也可能在于企业外部的恶性竞争行为。企业要正确进行品牌危机管理,就势必要对危机产生的原因有深刻的认识。企业品牌危机可以从内部和外部两个方面来探讨。组织内因素主要有产品质量问题、人力资源因素、营销因素和战略因素。组织外因素主要有宏观因素、假冒产品、媒体报道、其他品牌的牵连以及竞争对手的攻击。

危机管理组织是一个功能完备的系统,根据危机管理的具体内容,可以把危机管理组织成员归属于职能不同的部门中,不同的职能部门有相应的权力配置。品牌危机的管理要遵循主动性原则、快捷性原则、真诚性原则、统一性原则、全员性原则以及人道主义原则。在危机处理的过程中,要迅速反应,启动处理小组;诚实面对公众,掌握事实真相;及时将公布向社会真相,以便控制市场;最后提出解决方案,不推卸责任。危机过后,要对品牌危机进行总结,加强企业内外沟通,促进品牌形象恢复与改善。

复习思考题

1. 品牌危机的含义是什么?
2. 品牌危机的影响有哪些?
3. 品牌危机形成的原因有哪些?
4. 简述品牌危机的处理原则。
5. 简述品牌危机的处理措施。
6. 品牌危机的善后处理包括哪几个方面?

案例分析

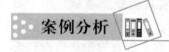

王老吉:喧嚣声中传美名

2008年5月12日,汶川大地震震动了全中国人民的心。在这场特大灾难中,企业的赈灾善举成为备受关注的焦点,由公众对死难同胞的悲悯之情引发的舆论洪流迅速席卷互联网,捐赠额度和速度成为人们评判企业是否乐于履行社会责任的重要标准。在这场舆论浪潮中,一些捐赠较少、行动较慢的企业遭到网民激烈的攻击,而另一些积极回应的企业则获得了公众空前的追捧,凉茶品牌王老吉即是典型的一例。

5月18日,在中央电视台《爱的奉献》大型募捐活动中,生产红罐王老吉的加多宝集团为四川灾区捐款1亿元。一夜之间,这个民族饮料品牌迅速成为公众聚焦的中心,许多人在第一时间搜索王老吉和加多宝的相关信息。加多宝网站随即被刷爆。"要捐就捐1

个亿,要喝就喝王老吉""中国人,只喝王老吉"等言论迅速得到众多网友追捧。

在一些网站论坛,不断流行着这样一个名为"封杀王老吉"的帖子:"王老吉,你够狠!捐一个亿,胆敢是王石的200倍!为了整治这个嚣张的企业,买光超市的王老吉!上一罐买一罐!不买的就不要顶这个帖子啦!"这个热帖被各大论坛纷纷转载。从百度趋势上不难看出,3个小时内百度贴吧关于王老吉的发帖超过14万个。王老吉的搜索量在5月18日之后直线上升,而"封杀王老吉"的流量曲线与王老吉几乎相当。天涯虚拟社区、奇虎、百度贴吧等论坛的发帖都集中在5月23日18点之前开始。接下来不断出现王老吉在一些地方断销的新闻。凉茶王老吉几乎一夜间红遍大江南北,一些人在MSN的签名档上开始号召喝罐装王老吉。

加多宝集团非常重视品牌传播,曾强调"在最短的时间里使王老吉品牌深入人心,必须选择一个适合的宣传平台,央视一套特别是晚间新闻联播前后的招标时段是具有全国范围传播力的保障"。诚然,此次加多宝慷慨解囊1亿元,体现了民族企业对抗震救灾高度关注的社会责任感。但结合王老吉的品牌推广成功经验,目前饮料行业中以王老吉为代表的民族饮料对抗洋可乐的竞争态势,以及加多宝重视"在传播上与竞争对手差异化竞争"的思路,不难理解加多宝集团此次在央视晚会上的行动。

然而,王老吉利用地震捐款进行网络舆论的炒作也引起了一定的争议。有网友认为王老吉"利用地震来炒作,感觉有点越过道德的底线",有些网友则认为"就算它是营销手段,我也要力挺,至少它给灾区人民捐了1亿元。真金白银,善心无价,越多越好"。

王老吉案例的功过和启示也许特别适合一句成语:仁者见仁,智者见智。然而,能够把握住时机是品牌管理的重要职能。

案例思考题:

案例中,面对网络质疑,你认为王老吉应如何进行品牌危机管理?

本章实训

一、实训目的
1. 了解品牌危机的处理原则。
2. 能针对具体的品牌实例进行有关品牌危机处理的分析。

二、实训内容
通过查阅文字资料及上网收集某一个品牌的相关资料,完成以下任务。
1. 结合某一个具体品牌陈述该品牌的危机产生过程。
2. 对上述品牌的危机处理过程进行分析。

三、实训组织
1. 把教学班同学分成五个组,并选出一位担任组长。
2. 每组独立收集、整理相关品牌资料,每组案例原则上不允许相同。
3. 由组长负责组织小组研讨,集中本组成员的研究结果,制作文本文件,并设计演示的PPT文稿。
4. 每组推荐一人上讲台演讲,其间师生可以向该组同学提问,教师引导学生参与研讨。

四、实训步骤

1. 每组独立收集、整理所选取案例的资料。
2. 小组讨论,汇总本组意见。
3. 撰写报告,并设计制作演示课件。
4. 各组代表发言,全班参与讨论。
5. 教师对各组表现进行点评。

参 考 文 献

[1] 梁东,连漪. 品牌管理 [M]. 北京:高等教育出版社,2012.
[2] 庞守林. 品牌管理 [M]. 北京:清华大学出版社,2011.
[3] 郑佳. 品牌管理 [M]. 杭州:浙江大学出版社,2010.
[4] 费明胜,刘燕妮. 品牌管理 [M]. 北京:清华大学出版社,2014.
[5] 王海忠. 品牌管理 [M]. 北京:清华大学出版社,2014.
[6] 生奇志. 品牌学 [M]. 北京:清华大学出版社,2011.
[7] 孙丽辉,李生校. 品牌管理 [M]. 北京:高等教育出版社,2015.
[8] 凯文·莱恩·凯勒. 品牌战略管理 [M]. 4 版. 吴水龙,何云,译. 北京:中国人民大学出版社,2014.
[9] 黎建新. 品牌管理 [M]. 北京:机械工业出版社,2012.
[10] 卢晶. 品牌管理 [M]. 北京:清华大学出版社,2019.
[11] 徐浩然,刘晓午. 首席品牌官日志 [M]. 北京:中国经济出版社,2014.
[12] 卢宏泰,黄胜兵. 品牌个性维度的本土化研究 [J]. 南开管理评论,2003 (1).
[13] 朱立. 品牌管理 [M]. 北京:高等教育出版社,2008.
[14] Kaplan A M, Haenlein M. The Early Bird Catches The News:Nine Things You Should KnowMicro-blogging [J]. Business Horizons,2011,54 (2).
[15] Kaplan A M, Haenlein M. Users of The World, Unite! The Challenges and Opportunities of Media [J]. Business Horizons,2010,53 (1).
[16] 张荣. 品牌管理实务 [M]. 苏州:苏州大学出版社,2016.
[17] 戴维·阿克. 品牌组合战略 [M]. 雷丽华,译. 北京:中国劳动社会保障出版社,2005.
[18] 亨利·明茨伯格,布鲁斯·阿尔斯特罗兰德,约瑟夫·兰佩尔. 战略历程 [M]. 魏江,译. 北京:机械工业出版社,2012.
[19] 让·诺尔·卡菲勒. 战略性品牌管理 [M]. 王建平,曾华,译. 北京:商务印书馆,2000.
[20] Tauber E M. Brand Franchise Extension [J]. New Product Benefit from Existing Brand Name Business Horizons,1981,24 (2).
[21] 周志民. 品牌管理 [M]. 天津:南开大学出版社,2008.
[22] 刘常宝,肖永添. 品牌管理 [M]. 北京:机械工业出版社,2011.
[23] 西尔维·拉福雷. 现代品牌管理 [M]. 周志民,译. 北京:中国人民大学出版社,2014.

［24］郭伟. 品牌管理［M］. 北京：清华大学出版社，2016.
［25］张亚萍，张树庭. 品牌传播管理［M］. 北京：经济管理出版社，2017.
［26］谷虹. 品牌智能［M］. 北京：中国工信出版社，电子工业出版社，2015.
［27］Kaplerer J N. The New Strategic Brand Management：Creating and Sustaining Brand EqLong Term［M］. 4th ed. London：Kogan Page Limited，2008.
［28］李桂华. 品牌价值评估理论与方法研究［M］. 北京：经济管理出版社，2020.
［29］谷虹. 智慧的品牌［M］. 广州：暨南大学出版社，2018.
［30］周志民. 品牌关系评估研究范畴［J］. 外国经济与管理，2005（1）.
［31］甘碧群. 市场营销学［M］. 武汉：武汉大学出版社，2002.
［32］黄静. 品牌营销［M］. 北京：北京大学出版社，2014.
［33］孙文清. 品牌危机管理［M］. 北京：经济管理出版社，2017.
［34］郑苏晖，丁俊杰. 品牌案例实务［M］. 北京：经济管理出版社，2017.